본향으로의 여정

Journey Towards Home
Original English edition copyright ⓒ 2017 S. Steve Park
This limited edition licensed by special permission of Wipf and Stock Publishers
(www.sipfandstock.com) through arrangement of rMaeng2, Seoul, Republic of Korea

This Korean translation edition ⓒ 2018 by Duranno Ministry, Seoul, Republic of Korea

이 한국어판의 저작권은 알맹2 에이전시를 통하여
Wipt and Stock Publishers와 독점 계약한 두란노에 있습니다.
신 저작권법에 의하여 한국 내에서 보호 받는 저작물이므로
무단 전재와 무단 복제를 금합니다.

C. S. 루이스가 안내하는 순례자의 길

본향으로의 여정

지은이 | 박성일
옮긴이 | 홍종락
초판 발행 | 2018. 6. 27

등록번호 | 제1988-000080호
등록된 곳 | 서울특별시 용산구 서빙고로65길 38
발행처 | 사단법인 두란노서원
영업부 | 2078-3352 FAX | 080-749-3705
출판부 | 2078-3331

책값은 뒤표지에 있습니다.
ISBN 978-89-531-3167-5 03230 Printed in Korea

독자의 의견을 기다립니다.
tpress@duranno.com www.duranno.com

• 본문에 인용된 성경은 표기가 없는 한 개역개정임을 밝힙니다.
• 본문에서《순전한 기독교》는 도서명을, '순전한 기독교'는 사상을 가리킴을 밝힙니다.

두란노서원은 바울 사도가 3차 전도여행 때 에베소에서 성령 받은 제자들을 따로 세워 하나님의 말씀으로 양육하던 장소입니다. 사도행전 19장 8-20절의 정신에 따라 첫째 목회자를 돕는 사역과 평신도를 훈련시키는 사역, 둘째 세계선교(TIM)와 문서선교(단행본·잡지) 사역, 셋째 예수문화 및 경배와 찬양 사역, 그리고 가정·상담 사역 등을 감당하고 있습니다. 1980년 12월 22일에 창립된 두란노서원은 주님 오실 때까지 이 사역들을 계속할 것입니다.

C. S. 루이스가 안내하는 순례자의 길

본향으로의 여정

박성일 지음 | 홍종락 옮김

두란노

목차

추천 서문 6
서문 16

Chapter 1. 루이스에 대한 재평가 _ 왜 C. S. 루이스인가? 25

Chapter 2. 루이스 신학의 중심 _ '순전한 기독교 사상'의 기원 41
    '순전한 기독교 사상'에 영향을 준 주요 요인 44
    '순전한 기독교 사상' 배후의 주요 동기 98
    '순전한 기독교 사상'의 주요 특징 105

Chapter 3. 타향살이 _ 불안과 방랑은 복음의 준비 111
    '지주'가 보낸 신호들 115
    '목자 민족'과 이교도 146
    '지주 아들'의 출현 167

Chapter 4. 본향 쪽으로 돌아섬 _ 회심의 교리 175
    회개의 본질 : 자아에 대한 죽음 180
    믿음의 본질 : 신뢰 210
    회심의 능동적 차원과 수동적 차원 219

Chapter 5. **본향길에 누리는 본향** _ 타락한 세상에서의 새 생명 229

    성도의 삶과 교회 233

    성경의 성례전적 역할 254

    기도와 헌신 276

    유혹자들과 유혹 299

Chapter 6. **마침내 이른 본향** _ 여행의 완성 315

    육체적 죽음의 의미 318

    루이스의 종말론 : 실제인가, 허구인가? 326

    《천국과 지옥의 이혼》: 개인적 종말론 334

    《마지막 전투》: 우주적 종말론 351

Chapter 7. **루이스 신학의 성찰** _ '순전한 기독교 사상'의 비평 373

주 400

추천 서문

C. S. 루이스(C. S. Lewis) 당대부터 지금까지 많은 그리스도인이 그의 저서들과 사랑에 빠졌다. 그럴 만한 이유가 있다. 그는 생전에도 기독교를 샘날 만큼 명료하게 전달할 줄 아는 기독교 신앙의 강력한 대변자였고, 지금도 여전히 그렇기 때문이다.

많은 그리스도인이 루이스를 자신의 입맛에 맞게 규정하려 시도했다. 복음주의자들은 그를 자신들의 입장을 잘 표현해 주는 창의적 복음주의자로 본다. 보수주의자들은 그를 문명의 전령으로 내세우고 싶어 한다. 토마스주의자[토마스 아퀴나스(Thomas Aquinas)의 사상에 토대를 둔 철학·신학의 사상 체계로서, 자연과 은총 또는 이성과 믿음을 이분화하는 입장이다. 본서 2장 "순전한 기독교'의 기원" 중에서 "루이스는 토마스주의자였는가?"를 참조하라-역주]들은 그가 플라톤, 아리스토텔레스, 토마스 아퀴나스의 전통에 서 있다고 본다. 불신자들 중에서도 루이스 소설의 가치를 발견한 이들은 좋아하는 어린이 책 저자나 아끼는 공상 과학 소설 작가로 그의 이름을 꼽는다. 주일 설교마다 그의 글을 한두 번은 꼭 인용하는 목사들도 있다.

하지만 모두가 루이스를 반기는 것은 아니다. 그의 글에서 만인구원론과 유신론적 진화론 같은 비정통 교리를 감지한 이들도 있었다. 문학비평가로서의 자질이 시원찮다고 보는 이들도 있고, 혹자는 그의 전통적 여성관을 탓하기도 한다.

　진짜 C. S. 루이스는 어떤 사람이었을까? 그가 죽은 지 50년이 지났지만 이 문제는 여전히 논쟁거리다. 지금은 뛰어난 전기도 많이 나와 있고 일급 참고서들도 부족하지 않다. 그의 개인 비서였던 월터 후퍼(Walter Hooper)는 《C. S. 루이스의 생애와 작품 완벽 가이드》(C. S. Lewis: A Complete Guide to His Life and Works)를 내놓았다. G. B. 테니슨(G. B. Tennyson)은 루이스의 평생 친구이자 개인 변호사였던 오언 바필드(Owen Barfield)가 쓴 여러 편의 글을 모아 《오언 바필드가 말하는 C. S. 루이스》(Owen Barfield on C. S. Lewis)라는 책으로 엮어 냈다. 《케임브리지 C. S. 루이스 안내서》(Cambridge Companion to C. S. Lewis)도 있는데, 귀중한 논문들의 보고라 할 만하다.

　로저 랜슬린 그린(Roger Lancelyn Green)과 월터 후퍼가 쓴 《C. S. 루이스 전기》(C. S. Lewis: A Biography)는 고전이다. 내가 가장 좋아하는 루이스 전기는 알리스터 맥그래스(Alister McGrath)가 쓴 《C. S. 루이스》(복있는사람 역간, 2013)다. 맥그래스는 루이스 생애 연구에 있어서 상당히 중요한 장을 열었는데, 루이스의 새로운 회심 일자를 제시한 주장이 그중 하나다.

　이런 책들 외에도 루이스 활동의 여러 측면을 다룬 책과 논문들이 수천 단위는 아니라도 수백 권, 수백 편이 나와 있다. 하지만 루이스를 이해하고 그가 기여한 바를 평가하려면 뭐니 뭐니 해도 그의 글을 직접 읽어야 한다. 《순전한 기독교》(홍성사 역간), 《기적》(홍성사 역간, 2008), 《나니아 연대기》 같은 고전뿐 아니라 여러 편의 논문, 문학 평론, 편지 등 덜 알려진 텍스트들도 읽어야 한다. 발견해야 할 보물, 찾는 자에게 보답을 안겨 줄 보물이 많다. 독자가 손에 든 이 책에는 오래된 보화, 새로운 보화가 가득 담겨 있다.

아마도 《본향으로의 여정》을 읽는 독자는 깊고 깊은 루이스의 세계와 그의 사상 속으로 빠져들 것이다. 제목을 정말 잘 지었다. 루이스는 자신의 작품 활동과 삶을 종종 순례로 생각했기 때문이다. 그의 픽션 작품 중 일부는 탐험의 전통에 서 있다. 《순례자의 귀향》(홍성사 역간, 2013)과 그의 판타지 작품들 및 자서전 《예기치 못한 기쁨》(홍성사 역간, 2003)은 하나님을 찾는 탐험을 '갈망', 유명한 '젠주흐트'(Sehnsucht, 기쁨)로 묘사하는데, 그 여행의 끝에는 놀라움이 기다리고 있다. 루이스가 하나님을 찾은 것이 아니라, 하나님이 루이스를 찾으셨다. 루이스는 인간이 하나님을 찾는다는 말은 쥐가 고양이를 찾아 나선다는 말만큼이나 터무니없는 소리라고 한 적이 있다.

J. I. 패커(J. I. Packer)의 다음 말(이 책의 저자도 이 말을 인급한다)은 루이

스가 기여한 바를 가장 잘 요약하는 듯하다.

[루이스는] 3가지 주제를 다룸에 있어서 독보적인 기독교 사상가이자 전달자다. 기독교 신앙의 합리성과 인류애, 제자도의 도덕적 요구, 모든 가치와 만족이 있는 본향인 천국.

이 책은 이 3가지 강조점을 잘 설명하고 있다. 저자 박성일은 전문 지식을 십분 발휘해 그 작업을 해 냈다. 그는 루이스가 좋아하는 작가들을 포함한 일부 저서의 배경 정보도 주의 깊게 드러낸다. 그리고 타락한 세상에서 살아가는 이들을 위한 루이스의 안내, 그의 자유의지 변증, 그리고 사탄, 유혹, '실제적 악마론' 같은 관련 주제들도 살핀다.

나는 저자의 독창적 기여로 크게 3가지를 꼽고 싶다. (1) 루이스가 신학을 하는 방식, 또는 그가 신학적 사고를 펼친 틀을 밝힌 점, (2) 마지막 일들에 대한 루이스의 견해, 즉 루이스의 종말론을 깊이 있게 탐구한 점, (3) 기도에 대한 루이스의 생각을 검토한 점이다.

첫 번째 저자의 독창적 기여는 루이스가 신학을 하는 방식, 또는 그가 신학적 사고를 펼친 틀을 밝혀냈다는 점이다. 다들 알다시피,

루이스 신학의 핵심은 기독교 신앙고백의 기본을 이루는 '순전한 기독교'다. 루이스가 말한 대로, 그는 우리를 현관 마루로 안내한다. 그 자리에 선 우리는 가구와 식사가 갖추어진 특정한 방을 찾아 들어가게 된다.

저자는 그리스 철학 일반과 특히 보에티우스(Boethius)가 루이스의 신학 방식에 끼쳤을 법한 영향력을 주의 깊게 조사한다. 그리고 그러한 것들이 루이스에게 영향을 주었을 수 있지만, 결정적이지는 않다는 결론을 내린다.

루이스에게 보다 중요한 요인은 낭만주의 문학이었다. 루이스는 '기쁨'이 삶의 의미를 여는 열쇠이고, 따라서 신학을 하기 위한 열쇠이기도 하다고 주장했다. 저자는 '기쁨을 낳는 갈망'을 표현한 작가들을 철저히 살피고, 그들이 루이스에게 어떤 영향을 끼쳤는지를 보여 준다. 또한 루이스가 초자연적인 것 또는 '누미노제'(Numinose, 형언할 수 없고 환원될 수 없는 경험)에 대한 갈망이 보편적인 것이라고 한 주장을 성공적으로 논증했음을 보여 준다. 루이스는 수수께끼 같은 인물인 조지 맥도널드(George MacDonald)를 따라 하나님의 선하심을 찬양하고 인간의 존엄을 높이 평가했다.

그렇지만 낭만주의는 루이스 사상의 궁극적 틀이 아니다. 저자가 지적한 대로, 낭만주의자들은 툭하면 자연 또는 자연주의로부터 신학을 도출하려 했다. 루이스의 작업은 정반대 방향으로 이루어졌다.

저자에 따르면, 루이스가 '순전한 기독교'를 강조한 일에는 두 종류의 결실이 따라왔다.

먼저, 역사적 기독교의 입장을 지지하는 모든 사람의 공통점을 발견하고자 한 건설적 결실이다. 그것은 어느 정도 에큐메니컬(ecumenical)한 시도였지만, 다양한 교파를 하나로 만들려는 운동을 뜻하는 현대적 의미의 에큐메니컬한 시도는 아니었다. 그리고 그 시도는 당대 사람들에게 기독교 세계관의 진리성과 타당성에 대한 신뢰감을 심어 주려 했다는 의미에서 복음 전도에 해당한다. 루이스는 먼저 히브리 민족에게, 다음으로는 그리스도인들에게 주어진 특별 은총인 계시를 기독교 세계관의 근거로 삼는다. 기독교 세계관의 일부 요소는 그 신화적 힘 때문에 다른 전통들에서도 볼 수 있다. (저자는 신화가 사실이 아닌 것을 뜻한다는 허위 주장을 거부한다.)

또한 루이스는 '순전한 기독교'를 강조함으로써 물 탄 여러 형태의 복음을 타파하려 했다. 그는 건전한 신학의 주적(主敵)이 도덕주의라고 보았다. 예수를 위대한 도덕 스승으로 전락시키는 것은 그분의 혁신적 메시지의 핵심을 무시하는 일이다. 루이스는 현대 신학이 생명도 없고 오만하다고 보고 강력히 비판했다. 그는 현대 교육의 여러 측면에 강하게 반대했고, 검증되고 참된 절대적 기준들을 외면하는 현대 미학 이론도 강력히 반대했다.

저자의 두 번째 독창적 기여는 루이스 이론의 구체적 내용을 아우르는 더 큰 연구의 틀을 제시한 데 있다. 그는 '귀향', 또는 회심한 사람들이 떠나는 여행의 최종 목적지에 대한 루이스의 견해를 밝혀냈다. 이 부분에서 저자는 인생 순례길의 마지막에 대한 폭넓은 예화와 신념들을 탐구한다. 나는 이 책만큼 그 주제들을 철저하고 설득력 있게 다룬 연구를 알지 못한다.

루이스는 '성례전적' 우주관을 갖고 있었기 때문에, 최후의 일들의 실체를 세상 끝에 가서만이 아니라 지금도 경험할 수 있다고 보았다. 그는 전형적인 토마스주의적 성사(聖事)주의자가 아니었다. 그의 견해는 형식적인 면이 훨씬 덜하다. 그러나 그가 생각하는 천국의 모든 것은 지상에 있는 그림자들보다 훨씬 실재적이다.

루이스는 교회가 중심적인 역할을 한다고 보았다. 그는 의식(儀式)주의를 날카롭게 비판했지만, 교회는 (최상의 모습일 때) 지혜로운 안내자들이 제공하는 건전한 가르침의 빛 아래 거하는 순례자들의 모임이라고 보았다. 그렇기 때문에 《스크루테이프의 편지》(홍성사 역간)의 악마 웜우드가 교회의 신뢰성과 효율성을 파괴하는 일에 그토록 골몰한 것이다. 만약 악마가 성공한다면, 교회는 사람들이 하나님의 임재를 인식하지 못하도록 가로막는 장애물로 전락할 것이다. 최상의 모습일 때 교회는 사람들을 이끌어 그리스도 안에서 살고 그분의 몸이 되게 한다.

저자는 심판과 지옥에 대한 루이스의 견해를 잘 설명해 준다. 그리스도인의 삶은 자기 개선이 아니라 정화의 삶이다. 회심하지 않는 자들에게 왜 최후의 심판과 최후 종착지가 있어야 할까? 《나니아 나라 이야기 5: 새벽 출정호의 항해》(시공주니어 역간)에는 거만한 유스터스가 용이 되었다가 예수 그리스도와 같은 존재인 아슬란에 의해 고통스럽게 비늘이 벗겨지는, 잊지 못할 대목이 나온다. 그런 정화의 변화, 즉 회심 없이 우리의 힘만으로는 그저 그런 상태에서 헤어나지 못한다.

지옥은 하나님이 마침내 죄인에게 "내 뜻이 아니라 네 뜻대로 되게 해 주마"라고 말씀하시는 지점이다. 신자들의 귀향에도 죽음과 상실의 슬픔에 따르는 괴로움은 있다. 그러나 예수 그리스도는 우리 모든 사람을 위해 죽음을 맛보셨고, 하나님의 영광으로부터 우리를 가로막는 가장 중요한 단 하나, 죽음의 힘을 제거하셨다.

저자의 세 번째 독창적 기여는 기도에 대한 루이스의 생각을 검토한 점이다. 기도에 대한 루이스의 접근법을 꼼꼼히 살피는 부분은 이 책의 대단히 신선한 대목으로 꼽을 만하다. 저자는 교회와 우리에게 필요한 안내자들, 그리고 성경 같은 다양한 은혜의 방편들과 함께 기도를 흥미롭고 설득력 있게 다룬다.

루이스의 성령 신학이 기도와 관련한 대목에서 철저히 전개된다는 사실을 저자가 발견하는 대목 역시 흥미롭다. 루이스가 삼위일체의 삼위이신 성령을 제대로 부각시키지 못했다고 여기는 해설자들이 많기 때문이다. 루이스는 기도가 효력이 있을 뿐 아니라 그리스도인을 들어 전능자의 품속에 안기게 한다고 보았다. "주의 뜻이 이루어지이다"라고 구하는 것은 옳다. 하지만 그러한 기도는 기도 응답이 주어지지 않는 상황에 대한 탈출구가 되기 십상이다. 대부분의 응답받지 못한 기도는 믿음이 부족한 결과다. 산을 만드셨고, 산을 능히 옮기실 수 있는 하나님을 믿지 못한 결과다. 기도할 때 우리는 더없이 연약해지고, 더없이 본향에 가까이 간다.

저자는 루이스 견해에 관한 몇 가지 문제, 심하게 말하면 부적절함을 그냥 넘어가지 않는다. 복음주의자들은 루이스의 성경 신학에 실망해 왔고, 저자도 그들의 우려 중 일부에 공감한다. 그들은 성경의 규범적 특성에 대한 루이스의 확신이 부족하다는 점을 감지했다. 하지만 저자는 그가 성경 언어를 귀하게 본다는 점을 옹호하며, 독자가 언어학과 문학 비평에 관한 방대한 지식이라는 맥락에서 루이스의 성경관을 바라보게 해 준다. 문학 읽기에 대한 루이스의 통찰력은 사실과 명제만 찾는 근본주의적 해석학의 유감스러운 한계를 피하는 데 큰 도움이 된다.

독자가 손에 쥔 이 책은 잔칫상이다. 작가에 대한 좋은 연구서가 마땅히 해 내야 할 바를 매력적으로 이루어 내어 루이스의 책을 읽고 싶어지게 만든다. 기독교 신앙을 권하는 데 평생을 바친 사람이자 루이스의 열렬한 팬인 저자 박성일의 활기차고 깊이 있는 연구서는 독자에게 큰 영감을 준다. 이 책 덕분에 나는 놀라운 저자 루이스의 저서들을 거듭거듭 다시 읽고 싶어졌다. 그리고 더없이 영광스러우신 루이스의 하나님, 기독교의 하나님을 이해하고 싶어졌다.

펜실베니아주 필라델피아에서
윌리엄 에드가(William Edgar)

서문

C. S. 루이스(C. S. Lewis)는 내 인생의 몇 차례 결정적 순간에 나를 도와주었다. 그 순간을 다 되짚어 볼 필요는 없을 것이다. 많은 독자에게 내 이야기는 특별하게 다가오지 않을 테니까. 그러나 적어도 그중 몇몇 순간은 이 책의 서문에서 언급해야 한다는 의무감을 느낀다.

첫 번째는 대학 신입생 시절에 《순전한 기독교》와 만난 일이다. 어린 시절에 나니아 시리즈를 통해 루이스를 처음 접한 많은 사람과 달리, 나는 대학생 때 그의 가장 유명한 변증서인 《순전한 기독교》를 통해 그를 알게 되었다. 당시 나는 일반 대학에서 신앙의 첫 번째 위기를 맞이한 지적으로 취약한 그리스도인이었다.

돌이켜 보면 나는 기도하는 여인이던 어머니가 중심이 된 경건한 기독교 가정에서 자라나는 복을 누렸다. 어린 시절 침대 곁에서 들려오는 어머니의 기도 소리에 잠에서 깼고, 저녁에는 가정 예배와 함께 하루를 마치곤 했다. 사실상 매일매일 기도로 시작하고, 기도로 끝난 셈이었다. 이런 기독교적 경건이 머무는 가정에서 자란 덕분에 나의 어린 시절은 따스함과 안정감으로 가득했다.

그리고 교회 생활은 성장기 내내 나에게 즐거움을 안겨 주었다. 고등학생 시절에는 모종의 회심 체험도 했던 기억이 난다. 어느 성경 수련회에서 내 죄를 대속하신 그리스도의 죽음의 공로를 다룬 설교를 듣고 마음이 움직였다. 나는 죄 용서와 의롭게 하시는 하나님의 은혜의 메시지에 깊이 감동했다.

그러나 기독교 신앙에 대한 이해는 오랫동안 그 수준에서 머물렀다. 강력한 기독교적 경건에 푹 잠겨 있었지만 그에 걸맞은 충실한 신학적 내용은 갖추지 못했다. 마음은 부드러웠지만, 훈련된 기독교적 지성을 갖고 사고할 준비는 되어 있지 않았다.

나는 일반 대학에 진학했고, 그때까지 안전망 역할을 해 주던 친숙한 기독교 공동체에서 멀리 떨어져 나왔다. 강의실에서 인문학 교육에 노출되고부터는 종교적 안정감이 크게 흔들렸다. 많은 교수가 획고한 무신론자였고 물러터진 나의 종교적 신념을 가차 없이 공격했다.

신입생 시절 인문학 지도 교수였던 B신부는 로마 가톨릭 사제였다. 그는 친절했지만 엄격한 학자였고, 그가 믿는 기독교는 내게 아주 낯설었다. B신부는 내 신앙이 어떤 기독교 전통의 영향을 받은 것인지 알고 싶어 했고, 내가 믿는 바를 설명해 보라고 했다. 하지만 나는 그에게 명확한 답변을 내놓지 못했다. 몇 차례 대화를 나눈 후 그는 내게 '복음주의자'라는 꼬리표를 붙였다. 그 꼬리표가 정말 의미하는 바를 알게 된 것은 그로부터 오랜 시간이 지나서였다.

B신부는 실존주의 철학에 심취해 있었다. 나는 그와 함께 제임스 조이스(James Joyce), 알베르 카뮈(Albert Camus), 프리드리히 니체(Friedrich Nietzsche) 같은 작가들의 책을 처음으로 읽었다. 그렇게 다른 사고방식에 노출되는 것이 처음에는 불편하기만 했지만, 얼마 후에는 용기를 내어 어린 날의 종교적 가정 교육이 과연 좋기만 한 것이었는지, 검증되지 않은 소박한 신앙을 붙들고 있을 타당한 이유가 있는지 묻게 되었다.

그 무렵에 거의 우연처럼 《순전한 기독교》를 만났다. 동네 서점에 들렀다가 맥밀란출판사에서 간행된 소박한 연파랑색 표지의 책과 마주쳤다. 저자에 대해 아는 바라고는 기독교를 옹호하는 글을 쓴 옥스퍼드대학교 영문학 교수라는 것 정도였다. 돌이켜 보면 그 책을 만나고 처음 느낀 기쁨은 저자가 펼치는 주장의 논리적 치밀함에 설득되어서라기보다는 나를 대신해서 발언하고 주장을 펼치는 사람이 곁에 있다는 안도감에서 나온 것이었다. 책을 읽어 갈수록 그의 말은 나의 신앙에 합리적이고 충실한 근거가 있음을 확신시켜 주는 듯했다. 루이스는 기독교를 지적으로 변호할 수 있다는 사실을 처음으로 보여 주었다. 그것은 내가 그리스도인으로 성장하는 데 있어 주요한 전환점이었다.

루이스를 처음 만나고 10년이 넘게 지났을 즈음, 그에게 진 빚이 기하급수적으로 불어나는 또 다른 경험을 했다. 신학 박사 논문을 쓰기 위해 연구 방향을 잡는 과정에서 나는 몇 번이나 속상한 변화를 겪었다. 19세기 미국의 성찬 논쟁에 관심을 가졌다가 종교적 체험에 흥미가 생겼고, 다시금 최근의 내러티브 신학 현상에 마음이 갔다. 그러다 왠지 모르게 산만해진 내 생각이 루이스를 다시 만나야겠다는 쪽으로 모아졌다. 놀랍게도, 루이스의 책을 읽자 내가 앞서 흥미를 갖게 된 수많은 문제에 대해 만족스러운 답을 얻게 되었다. 지금 봐도 루이스의 저작은 놀랄 만큼 폭이 넓다. 그는 당대 교회와 그리스도인들이 직면한 다양한 문제를 다루었다. 루이스는 참으로 중요한 기독교 사상가였다.

그 후 루이스의 신학 저술을 깊이 연구해 박사 논문을 쓰고 싶은 생각이 자연스럽게 들었다. 지도 교수님들의 격려에 힘입어 루이스의 기독교 정신을 탐구하는 여행에 나섰다. 박사 논문을 쓰는 고된 과정을 겪어 본 사람이 그 과정을 두고 즐거웠다고 말하는 경우는 드물다. 보람찬 것은 분명하지만 기쁨이 넘치는 시간이었다고 말하기는 어렵다. 하지만 나에겐 루이스와 더불어 생각하며 보낸 몇 년이 매우 흥미진진하고 활력이 넘치는 시간이었다. 그것은 내 정신뿐만 아니라 마음과 영혼에도 유익했다. 루이스에게 큰 빚을 졌다.

  나는 그 시간이 박사 논문을 준비하는 충실한 학문 연구의 기회가 되기를 바랐다. 그 결과물이 루이스의 생애와 업적을 기리는 칭송 일색의 성인전(聖人傳)이 되는 것은 원하지 않았다. 따라서 논리적 일관성과 기독교 정통 신학에 비추어 그의 사상을 검증하려 신중하게 노력했다. 내가 믿기로, 루이스는 그 둘을 고취하려고 나름의 방식으로 힘을 쓴 사람이었다.

  이 책은 그 여정의 결과물이다. 내용의 상당 부분은 박사 논문을 기반으로 하되, 독자들의 이해를 돕기 위해 몇 가지 수정을 가했다. 그래도 원래의 학술적 흔적이 남아 있는 부분은 불가피하다. 루이스를 깊이 흠모하는 일부 독자들은 나의 비판적 논평이 거슬릴 수도 있을 것이다. 그러나 이 책 전체의 완결성을 위해 그 부분을 남겨 두었다. 하지만 내가 모든 독자에게 내놓은 이 책은 비판적 학술 연구서 이상의 것이다. 나는 능력이 허락되는 한, 루이스의 신학 저술들에 주해를 달고 주제별로 그 결과를 제시하고자 했다.

  문학자였던 루이스를 조직신학적으로 다루는 일이 이상하게 여겨질 독자들을 위해 설명이 필요할 것 같다. 나는 루이스와 그의 저서들 자체를 일종의 조직신학으로 제시할 생각이 없다. 그러나 조직

신학자들이 성경을 대상으로 하는 작업과 유사한 작업을 하려 한다. 성경은 교리를 모아 놓은 백과사전이 아니다. 성경은 역사적 이야기부터 시, 실용적 지혜, 묵시적 비전, 전기, 개인 서한 등 다양한 유형의 문학 모음집이다. 마찬가지로 루이스는 시부터 설교, 변증적 논문, 판타지 소설, 성경 사색, 가상의 편지 등 다양한 장르의 글을 썼다. 루이스의 통찰과 개념들을 이해하려면 그의 저작들을 그 문학 장르들 안에서 주의 깊게 해설하는 데서 출발해야 한다. 내가 그 작업을 성실하게 감당했기를 진심으로 바란다.

또한 나는 루이스의 신학 개념들을 주제별로 정리해 그의 사상이 임의적이거나 일관성이 결여되지 않았음을 입증하고자 했다. 이 과정이 루이스의 독자들로 하여금 그의 기독교적 정신을 보다 포괄적으로 바라보게 하는 데 도움이 되었으면 한다. 더 나아가 루이스에게 진 감사의 빚을 갚는 적극적인 역할도 감당할 수 있으면 좋겠다. 물론 조직신학자들이 교리 논문을 펴내면서 성경에 호의를 베풀었다고 말할 수 없는 것처럼, 내가 어떤 식으로든 루이스가 하고자 했던 일을 도왔다고 생각할 수는 없다. 그의 불후의 유산은 나는 물론이고 다른 누구의 도움 없이도 확고한 지위를 유지한다.

이 책에서 좋다고 여길 수 있는 모든 부분은 지도 교수님들의 덕이므로 그분들에게 진심으로 감사드린다. 반면에 부족한 부분은 전적으로 나의 잘못이다.

싱클레어 퍼거슨(Sinclair Buchanan Ferguson) 박사님, 경건한 학문 연구와 말씀을 전하고 가르치는 헌신된 모습의 본을 보여 주셔서 감사합니다. 존 프레임(John Frame) 박사님, 제게 진리를 보여 주시고 다른 각도와 시각에서 진리를 보도록 도와주셔서 감사합니다. 저는 베드로처럼 멀찍이서 박사님을 따라다녔지만 (자주 연락 못 드려 죄송합니다) 박사님의 글들은 몇 년간 제 신학적 주식(主食)이었습니다. 윌리엄 에드가(William Edgar) 박사님, 기꺼이 저의 스승이자 동료가 되어 주시고, 늘 한없이 격려해 주시고, 박사님의 친절만 믿고 귀찮게 구는 저를 다 받아 주셔서 감사합니다.

끝으로, 가족에게 감사를 전하고 싶다. 본향으로의 여정의 동료 순례자인 사랑하는 모나, 그녀는 30년 동안 우정과 치유, 영감의 끊임없는 원천이었다. 그녀는 내게 성화의 교리가 신학적 상상물이 아니라 현실이라는 증거다. 이제는 성인이 된 세 아들 저스틴, 오스틴, 크리슨은 나의 힘이자 기쁨이다. 며느리 애그니스는 내가 언제나 꿈꾸던 딸이다. 두 손자 오웬과 테오의 등장은 아직은 익숙하지 않은 나의 인생의 새로운 국면이다. 그들 앞에 펼쳐질 날들은 상상할 수 없이 경이롭고 두려운 미래다. 그럼에도 그들 또한 본향을 향한 순례자임은 변함이 없다. 이제 새롭게 시작된 그들의 여정 앞에 이 책을 바친다.

솔리 데오 글로리아 (오직 하나님께 영광)!

펜실베이니아주 글렌사이드에서
박성일

Chapter 1.

루이스에 대한 재평가

_왜 C. S. 루이스인가?

루이스는 현대 세계에서
책임 있게 사는 그리스도인의 본보기다.

1963년 11월 22일, 옥스퍼드대학교 교수이자 인정받는 문학비평가, 판타지 소설 작가, 인기 있는 기독교 변증가였던 클라이브 스테이플스 루이스(Clive Staples Lewis)가 옥스퍼드 자택에서 세상을 떠났다. 그의 조용한 별세는 같은 날 댈러스에서 있었던 존 F. 케네디(John F. Kennedy)의 암살 소식에 묻혀 세상의 주목을 받지 못했다.

    루이스를 냉소적으로 보던 사람들에게는 그의 죽음을 가려 버린 이 우연의 일치가 그의 유산이 맞이할 운명의 전조처럼 보였을지도 모른다. 루이스는 기독교 신앙을 전달하는 사람으로서 큰 성공을 거두었지만, 사실 극심한 반대에도 종종 직면했다. 앨리스터 쿠크(Alistair Cooke)는 그를 "별 볼 일 없는 이류 예언자"로 조롱하며 제2차 세계대전이 끝나면 그에 대한 기억이 금세 사라질 것이라고 했다.[1] 루이스가 한창 작품 활동을 하던 기간에 런던에서 유통된 한 소책자는 그의 기독교 옹호 방식을 두고 "이성을 사용하기보다 충격 전술로 사람을 설득하려는 시도"[2]라고 비판했다.

루이스 본인도 "자신의 저작은 자신이 죽고 나면 5년 내에 희미하게 잊힐 것으로 보았고, 문학계나 종교계에서 오랫동안 자리를 지킬 것이라고 예상하지 않았다."[3] 그리고 한동안은 루이스의 자기 비하적 예언이 실현되는 것처럼 보였다. 맥그래스의 말을 들어 보자.

루이스의 사후에 그의 인기와 영향력은 줄어들었는데, 1960년대 서구 문화의 급속한 변화가 여기에 한몫을 했고, 그에 따라 루이스의 접근 방식과 태도는 문화의 주변부로 밀려났다.[4]

그런데 1980년대 이래로 루이스와 그의 작품들에 대한 관심이 주목할 만큼 높아졌다.[5] 1990년대가 지나고 루이스 탄생 100주년이 되는 1998년이 다가오자, 그의 책들은 미국과 영국에서만 한 해에 평균 600만 부씩 팔려 나갔다.[6] 조이 데이빗먼(Joy Davidman)과의 비범한 사랑을 다룬 할리우드 영화 〈섀도우랜드〉가 개봉되면서 루이스의 이름은 유명세를 타기 시작했다. 루이스의 유명한 어린이 판타지 소설 시리즈 《나니아 연대기》는 2005년부터 장편 영화로 제작 상영되었고, 그의 친구이자 옥스퍼드대학교 동료 교수였던 J. R. R. 톨킨(J. R. R. Tolkien)의 판타지 문학 작품을 영화화한 〈호빗〉과 〈반지의 제왕〉 시리즈도 엄청난 인기를 끌었다.

매력적이고 신뢰감 가는 기독교의 대변인으로서 루이스의 영향력은 서구 세계를 넘어 전 세계 독자들에게로 넓어졌다.[7] 루이스의 인기는 21세기에도 급상승 기조를 유지했고, 많은 팬이 2013년을 그의 사후 50주년으로 기념했다. 새천년에도 그의 목소리는 여전히 사람들의 마음과 문화에 영향을 주고 있다.

기독교의 전달자로서 루이스가 인기와 독자 수, 영향 면에서 지속적으로 놀랄 만한 성공을 거두자 사람들은 종종 "왜?"라고 묻게 되었다. 이 질문에 제대로 답하려면 루이스의 개인적 업적뿐 아니라 그가 처했던 상황을 복합적으로 고려해야 할 것이다.

루이스가 기독교 변증가로 적극 활동하기 시작한 시점은 제2차 세계대전 중이었는데, 당시에는 전쟁으로 삶이 황폐해지면서 여러 의문에 대한 초월적인 답을 찾는 이들이 늘어나고 있었다. 그뿐 아니라 〈타임〉지가 지적한 대로, "루이스는 '과학적' 전문어와 프로이트학파의 상투어를 먹고 자라 종교에 굶주린 독자 세대를 위해 종교에 관한 글을 쓰고 있"었다.[8] 제2차 세계대전 중에 29회에 걸쳐 종교적 주제를 다룬 루이스의 라디오 방송은 평균 청취자 수가 60만 명에 달했다.[9]

메리 마이클(Mary Michael)에 따르면 미국에서 루이스가 인기를 끄는 이유는 미국 복음주의의 재형성과 많은 관련이 있다. 미국 복음주의는 "한편으로는 근본주의의 반지성주의적 측면과 거리를 두고, 다른 한편으로는 주류 교단들의 자유주의와 거리를 두려" 했기 때문이다. 메리 마이클은 "기독교 신앙을 지적이고 명쾌하게 옹호하는 루이스가 기독교의 이상적인 대변인이었다"고도 말한다.[10] 이상은 주목할 만한 상황적 요인들에 대한 설명이다.

다른 한편으로는 루이스의 성공을 가능하게 한 뛰어난 개인 역량도 고려해야 한다. 무엇보다 그의 효과적인 표현 방식이 자주 강조되었다. 〈타임〉지는 "오래된 진리를 현대적 표현으로 제시하는 재능"에 주목했다.[11] 존 윌슨(John Wilson)은 루이스가 훌륭한 의사 전달자라는 사실에 찬사를 보낸다. "그는 일상어를 사용했고", "그의 논증들은 언제나 상식에 호소력을 발휘했다."[12] J. I. 패커는 이렇게 회상한다.

> 불신자 시절 내가 《스크루테이프의 편지》와 《순전한 기독교》를 즐겁게 읽은 것은 그 내용보다 저술 방식 때문이었다. 루이스의 문체는 동료 학생 같은 느낌과 지혜로운 삼촌 같은 느낌을 동시에 선사했는데, 매력적인 특징이었다.[13]

그레이엄 콜(Graham Cole)은 루이스의 변증적 가치에 초점을 맞추어 이렇게 지적한다.

> 기독교 신앙의 핵심 내용과 가치를 분별하고 그것을 신선하게 표현해 내는 능력이야말로 루이스가 가진 천재성의 일부였다.[14]

루이스의 성공은 그가 효과적인 의사소통자일 뿐 아니라 내실 있는 기독교 사상가였다는 사실을 보여 준다. 이 점은 무엇보다 중요하다. 어떤 이들은 루이스가 유려한 언어로 기독교를 대중화하는 사람, 종교적 "선전"의 달인이라며 비난했지만,[15] 루이스가 그 정도 수준에 머물지 않은 것은 분명하다. 존 윌슨이 말한 대로, 그는 "기독교 교리를 일상어로 옮기는 번역자"였고, "신학을 논하는 일"을 좋아했으며, 고유의 신학을 갖고 있었다.[16] J. I. 패커도 신학적 담론에 대한 루이스만의 기여를 인정하며 이렇게 말했다.

> [그는] 3가지 주제를 다룸에 있어서 독보적인 기독교 사상가이자 전달자다. 기독교 신앙의 합리성과 인류애, 제자도의 도덕적 요구, 모든 가치와 만족이 있는 본향인 천국.[17]

루이스에 대한 학술적 연구가 꾸준히 늘어나면서 그의 사상의 독립적 특성이 밝혀지고 있다. 특히 영문학 분야에서 근년에 광범위한 학문적 연구가 진전을 이루었다. 하지만 여전히 많은 사람이 애덤 슈워츠(Adam Schwartz)가 내놓은 진술에 동의한다.

> 이런저런 논문이 꾸준히 나오고 있지만, 루이스 사상에 대한 만족스럽고 심도 있는 연구는 드물다. 그러나 그의 사상처럼 복잡하고 풍부한 사상은 신중한 분석을 요구한다.[18]

루이스의 주요 개념들이 본질상 신학적이고 그가 신학적 추론과 논의를 매우 즐겼다는 사실을 고려할 때[19] 루이스의 신학에 대한 상당히 포괄적인 분석이 필요하다고 말할 수 있다.[20] 지금 이 책은 그 필요를 채우기 위한 시도다.[21]

그런데 루이스는 자신을 "영국 성공회의 지극히 평범한 평신도"라고 칭했고, 자신의 책을 가리켜서는 "평신도 아마추어"가 "예부터 내려오던 정통 교리들"을 표현만 바꾸어 되풀이한 시도에 불과하다고 말했다.[22] 만약 그 말이 사실이라면, 루이스의 신학을 광범위하게 다루는 것이 과연 타당한 일일까?

몇 가지 이유에서 그렇다! 우선, 루이스는 사실 아마추어가 아니었다. 그는 아주 폭넓게 책을 읽었고 신학적 주제들에 대해 놀라운 지식을 축적한 사람이었다. 루이스가 평신도라는 자기 인식에 힘입어 분과 학문인 신학의 전문적 요구 조건을 우회하는 상당한 자유를 누린 것은 사실이다. 그래서 그는 신학 체계를 제시하는 데는 큰 힘을 쓰지 않고 구체적 상황, 특히 복음 전도 상황에 대한 통찰력 있는 적용을 제시하는 데 더 많은 관심을 보였다. 하지만 그 모든 노력 가운데 루이스의 사상 체계가 드러나 있다. 이 책이 초자연주의와 구원중심주의의 '순전한 기독교'로 강조하는 바로 그 내용이다.

뿐만 아니라 문학가로서 루이스는 다양한 표현 방식을 사용했고, 그로 인해 그의 신학적 시도는 여러 가지로 개선될 기회를 얻었다. 그는 산문, 시, 픽션은 물론이고, 개인적인 편지에서도 주목할 만한 신학 저술을 써냈다. 존 프레임(John M. Frame)은 신학이 "설교, 상담, 기독교적 우정 가운데 진행되는 실제적 가르침과 반대되는, 이론적이고 학술적인 형식을 갖춘 글"을 말하는 것이 아니라고 지적했다. 그러므로 "신학 책은 형식적이고 학술적 문체로 써야만 한다고 우기는 것은 독단적 주장이다. 오히려 신학자들은 성경이 그렇게 하듯

시, 드라마, 감탄, 노래, 비유, 상징 등의 인간 언어를 두루 사용해야 마땅하다."[23] 루이스는 이런 의미에서 신학자였고, 그것도 아주 유능한 신학자였다.

　이 책에서 나는 루이스의 폭넓은 신학 저술 전반을 빠짐없이 살펴 분석적 개관을 제공하려 한다. 루이스와 그의 신학적 개념들을 개괄적으로, 그러나 옹골지게 알고 싶은 사람들에게 이 책이 유용한 안내서가 되기를 바란다. 이제 이 책을 구성하는 핵심 원리들을 살펴보자.

주요 개념

1939년의 편지에서 루이스는 이렇게 썼다.

> 내가 볼 때 [기독교권의] 진정한 구분은 고교회와 저교회가 아니라 진정한 초자연주의와 구원중심주의를 받아들이는 기독교와 온갖 형태의 현대화된 물 탄 기독교를 가르는 것이 되어야 한다.[24]

　루이스의 신학 저술에서는 초자연주의와 구원중심주의라는 이중의 강조점이 중심 사상으로 확실히 자리 잡고 있다. 그리고 루이스의 신학 또는 기독교 가르침의 정수이자 결정체인 '순전한 기독교'의 초자연성과 구원중심성은 탈기독교 시대인 현대의 자연주의적이고 윤리중심주의적인 (즉 인간 조건의 개선이 발달로 이루어진다고 보는) 종교와 극명한 대조를 이룬다. 루이스의 이중적 강조점은 그의 기독교적 세계관 또는 전제의 기본을 형성했다.

루이스가 초자연주의와 구원중심주의를 강조하게 된 것은 모든 참된 신자를 위한 공동 기반을 건설하려 한 리처드 백스터(Richard Baxter)적 비전[25]의 영향을 받은 듯 보이고, 당대의 종교적 '삶의 환경 또는 상황'(Sitz im Leben)에 이의를 제기해 바로잡고 싶었던 루이스의 열망도 한몫을 한 것 같다.

이런 의미에서 볼 때 결정적으로 내재주의적(따라서 자연주의적이고 인본주의적)이던 종교 환경에 맞서 초월주의적 세계관을 내세운 루이스의 신학은 예언자적 특성을 갖춘 상황신학이라고 말할 수 있다. 우리는 루이스가 가끔 이원론적 실재관에 빠져든 탓에 안타깝게도 그의 신학적 비전이 훼손되는 상황을 종종 보게 될 것이다. 하지만 그는 기독교가 자연주의적 경향 및 '파국 없는' 온갖 발전론적 구원관과 절대 조화를 이룰 수 없다고 보았다.

루이스의 '순전한 기독교'와 그에 따른 가르침들은 순례 패러다임으로 가장 잘 정리할 수 있을 것 같다. 여행 모티프는 그의 저작 전반의 주된 특징이기 때문이다. 이 모티프는 그가 초자연주의와 구원중심주의를 동시에 강조한 것과 조화를 이룬다. 루이스는 자신의 세계관을 제시한 후에 이렇게 결론을 내렸다.

우리는 이곳에서 이방인입니다. 우리는 다른 곳 출신입니다. 자연은 존재하는 전부가 아닙니다. '다른 세계'가 존재하고 우리는 그곳에서 왔습니다. 우리가 여기서 편안하게 느끼지 못하는 것은 그 때문입니다.[26]

루이스는 초자연주의적 시각을 갖고 있었기에 '다른 세계', 우리의 진정한 본향을 그리워했다. 그곳은 다름 아닌 하나님의 임재 앞이다. 루이스가 긍정적으로 평가한 오언 바필드(Owen Barfield)의 다음 말은 순례 모티프를 부각시킨다.

[바필드는] 영적 세계가 본향이라는 발상-그렇지 않다면 멀게만 느껴졌을 곳에서 발견하는 아늑함-우리가 어딘가로 돌아가고 있으며 아직 거기 도착하지 않았다는 느낌-이 영국인들 고유의 것이라 여겼고, 맥도널드, 체스터턴, 그리고 내가 누구보다 이런 생각을 강하게 갖고 있다고 여겼네.[27]

순례 개념은 루이스 사상의 핵심에 해당한다. 나는 이런 특성을 가장 잘 구현한 루이스의 반(半)자서전적 알레고리 《순례자의 귀향》을 본으로 삼아 같은 구조로 루이스 신학을 정리해 보려 한다.[28]

개관

이 책은 두 부분으로 이루어진다. 첫 부분(2장)은 루이스 신학이 어떤 상황에서 나왔는지 밝히는 데 집중한다. 2장의 제목은 "루이스 신학의 중심 _ '순전한 기독교 사상'의 기원"이고, 루이스의 신학에 영향을 준 문학적, 상황적 주요 요인들을 밝힌다. 문학적 영향을 준 요인들은 주로 그의 신학을 이루는 내용에 기여했다. 반면 상황적 요인들은 루이스의 '순전한 기독교'가 나오게 된 두 가지 주요 동기인 건설적 동기와 교정적 동기에 원동력을 제공했다.

이 책의 핵심 내용이자 루이스 연구에 주로 기여하게 될 둘째 부분은 '그리스도인의 순례'라는 패러다임으로 루이스의 신학에 접근한다. 둘째 부분은 순례길의 다양한 단계에 해당하는 4개의 장으로 이루어진다.

3장 "타향살이 _ 불안과 방랑은 복음의 준비"(*Praeparatio Evangelica*)에서는 그리스도께 나아가기 전이나 회심 이전의 실존적, 역사적 인간 조건에 대한 루이스의 견해를 다룬다. 루이스는 '복음의 준비' 역할을 하는 신적 표지[기쁨, 자연, 도(道), 이스라엘의 역사, 이교의 구원 신화들]를 세상과 각 개인의 의식 모두에서 발견할 수 있다고 믿었다. 하지만 전통적 자연신학과 달리, 그는 신적 표지들 안에 있는 내재적 긴장에 초점을 맞추었고 그 긴장이 하나님 안에서 해소된다고 보았다. 루이스는 '신학적 심리학'을 강조하면서 변증적, 신학적으로 중요한 도움을 주었다.

4장 "본향 쪽으로 돌아섬 _ 회심의 교리"에서는 회개와 믿음에 대한 루이스의 독특한 견해를 다룬다. 그의 회개 개념은 죄와 타락에 대한 심층적 견해에 뿌리를 두고 있고, 인류의 인간성이 실제적으로 철저히 부패했다고 본다. 그는 타락이 각 개인에게 미치는 존재론적 결과를 주로 다루지만, 그 논의는 윤리적 문제(즉 인간의 자율성 주장)에서 출발한다. 결국 죄는 인간의 유한성뿐 아니라 윤리적 부패로 인해 생겨난다. 그런데 인간의 부패는 그를 구성하는 부분들의 존재론적 혼란을 동반한다. 그 부분들 자체도 이미 타락의 영향을 받고 있다.

루이스가 제시하는 해결책은 속죄를 대속적 회개로 보는 입장에 가깝다. 그 속죄론은 앞서 존 매클라우드 캠벨[John McLeod Campbell, 1800-1872, 스코틀랜드 목사이자 개혁신학자-역주]과 로버트 캠벨 모벌리[Robert Campbell Moberly, 1845-1903, 영국의 신학자-역주]가 발전시킨 것인데, 루이스는 그 계보를 잘 몰랐던 것 같다.

한편 루이스는 기독교 신앙을 개념적인 것보다는 관계적인 것으로 보고 인격적 신뢰의 특성에 초점을 맞추었다. 이런 맥락에서 그는 신앙을 경험적으로 정당화하라는 비판자의 요구에 맞서 '믿음의 고집' 원리를 강조했다. 또한 4장에서는 구원의 역학에서 충돌하는 것처럼 보이는 하나님의 주권과 인간의 자유로운 행위 사이의 긴장을 루이스가 어떤 식으로 해소하려 했는지를 간략하게 살펴볼 것이다.

5장 "본향길에 누리는 본향 _ 타락한 세상에서의 새 생명"에서는 새로운 삶의 방향과 목적을 갖게 된 그리스도인이 그 방향과 목적에 적대적인 세상에서 어떤 방식으로 살아가는지를 개괄한다. 여기에서 나는 교회론의 몇 가지 측면을 밝혀 주는 루이스의 통찰, 특히 비기독교적 개념인 개인주의와 집단주의에 도전하는 그리스도인의 개인성과 공동체성 개념을 다룰 것이다.

루이스의 성경관을 다루는 대목에서는 그의 성사적 개념이 밝혀질 것이고, 매체와 메시지를 과도하게 분리하는 문제가 있다는 점이 드러날 것이다. 그리고 루이스의 기도신학을 주의 깊게 확장하고 분석해 실제적 영성에 대한 그의 여러 관심을 집중 조명할 것이다. 끝으로, 루이스의 실제적 악마론을 참조해 유혹자들과 유혹의 본질을 살펴볼 것이다.

6장 "마침내 이른 본향 _ 여행의 완성"은 그리스도인 순례의 마지막이자 가장 영광스러운 단계에 해당한다. 이 주제는 상상력과 관련된 부분이기에 여기서 종교적, 신학적 언어에 대한 루이스의 견해를 다룬다. 간결하지만 중요한 논의다. 다른 견해가 있을 수도 있지만, 나는 루이스 신학에 대한 의미 있는 논의는 물론이고 그에 따른 몇 가지 '교리적' 주장까지 가능하다고 단언할 수 있다. 더 나아가, 우리는 루이스의 종말론적 비전의 구체적인 내용을 꼼꼼히 검토하면서, 아이러니하게도 그의 주장들이 이 부분에서 더욱 든든히 성경에 닻을 내리고 있음을 발견하게 될 것이다. 루이스의 개인적 종말론은 구원받은 이들과 구원을 거부하는 자들의 분리가 실현된다는 점을 강조한다. 그가 바라보는 우주적 종말론은 파국적이면서도 영광스럽다.

6장에서 나는 종말론과 긴밀한 관련이 있는 두 신학 저술의 주장을 비판할 것이다. 윌리엄 루터 화이트(William Luther White)의 《C. S. 루이스의 인간상》(*The Image of Man in C. S. Lewis*)과 클래런스 프랜시스 다이(Clarence Francis Dye)의 "C. S. 루이스의 진화하는 종말론"(*The*

Evolving Eschaton in C. S. Lewis)이다.

독자들은 화이트의 저서가 종교 언어의 시적 성격을 강조하다 못해 균형을 잃고 '정통신학처럼 보이는' 루이스의 신학을 문자 그대로의 뜻으로 읽거나 엄격하게 알레고리적으로 읽는 것(그렇게 읽으면 의미가 매우 분명하게 드러날 수 있다)을 과도하게 경계한다는 것을 보게 될 것이다. 화이트는 루이스가 통상적 종교 언어와 구분되는 신학과 변증의 언어적 영역을 분명하게 확보했다는 사실을 무시하는 듯하다. 그러나 루이스는 심지어 그의 문학 작품에서도 신학적 '교훈'을 추출할 가능성이 분명히 있다고 말했다.

반면, 다이는 인간 자유의 끝없는 잠재력이 갖는 "중심적 중요성"을 강조하려는 노력이 지나쳐 "종말은 각 사람에게 선택의 과정"이라고 주장하기에 이르렀다.[29] 그는 선택 능력이야말로 "진화하는 종말"의 역동적 과정이 펼쳐지는 주된 메커니즘이고, 이것이 루이스 신학의 중심 명제라고 주장했다.

하지만 나는 루이스 사상이 그보다 더 복잡한 것임을 드러내려 시도했고, 그의 사상에는 도덕적 행위 능력 개념 및 그 능력을 행사할 때 따라오는 상반된 영적 결과의 개념이 다 들어 있음을 보이고자 했다.

7장 "루이스 신학의 성찰 _ '순전한 기독교 사상'의 비평"에서는 이 책의 주요 주제를 반복하고 루이스의 신학에 대한 몇 가지 비판적 논평을 시도한다. 루이스의 사상 체계에 초월적 규범성이 없는 것은 주로 신적 계시에 대한 확고한 견해가 부재한 탓이다. 불행히도 이 문제는 그의 초월적인 신학적 비전을 저해하고 불가피하게 내재적 경향을 낳았는데, 아이러니하게도 그런 내재적 경향은 그가 탈기독교 세계관에서 문제 삼고자 했던 특성이다.

그렇지만 루이스는 여전히 기독교의 보물을 (토기 그릇이긴 하지만 보기 드물게 뛰어난 그릇에 담아) 전달하는 사람이고, 그 보물은 다름 아닌 그리스도이시다. 루이스의 웅변과 문학적 지혜는 그의 옹골찬 복음 메시지와 더불어 전 세계 그리스도인 독자들에게 비길 데 없는 전율과 기쁨을 안겨 주었다. 그가 외부인들(tous exo)을 겨냥해 저술한 저서들[30]은 신앙을 이미 받아들인 신자들이 그 신앙의 지적 근거를 찾는 상황에서 가장 크게 힘을 발휘하는 것 같다.

많은 그리스도인이 세속적 인본주의의 거센 파도에 밀려 위축되어 있지만, 루이스는 사후 50년 넘게 지난 지금도 여전히 단호한 열정으로 회의자들에게 말을 건넬 수 있는 사람으로 우뚝 서 있다. 그는 현대 세계에서 책임 있게 사는 그리스도인의 본보기다. 그는 순례길을 가는 그리스도인의 삶이 어떤 의미가 있는지 여러모로 생각했기에, 우리가 그의 생각을 주의 깊게 살피는 것은 참으로 합당한 일이다. 그 순례길은 루이스가 신실하게 걸어간 길이기도 하다.

Chapter 2.

루이스 신학의 중심

_'순전한 기독교 사상'의 기원

루이스에게 '기독교적 개념'은
일시적이고 잠정적일 수 있었지만,
'순전한 기독교'는 본질적이고 참된 것이었다.

이 장의 목표는 루이스의 신학 '조직'을 이해하기 위한 열쇠인 '순전한 기독교'가 어디서 기원했고, 어떤 상황에서 나왔는지 알아내는 것이다. 루이스가 조직신학자였다는 말은 아니다. 그렇지만 설득력을 가진 사상가로서 그가 제시한 신학적 설명은 일관성 있는 세계관에서 나온 것이었다. 그런 의미에서 루이스의 '순전한 기독교'는 신학의 결정체 또는 독특한 세계관에 해당하고, 그는 그것이 매우 중요하다고 보았다. 그것은 케리그마(kerygma), 즉 그의 신학에 생명을 부여하는 핵심이다.

　우리의 주된 관심사는 루이스의 '순전한 기독교'가 진짜 기독교인지, 아니면 비기독교적 사상에 기독교적 딱지만 붙인 혼합주의의 산물인지를 결정하는 것이다. 이 목적을 달성하려면 3가지를 알아내야 한다. (1) 루이스의 '순전한 기독교'에 영향을 끼친 주요 요인, (2) 루이스가 '순전한 기독교'를 발견하게 된 주요 동기, (3) '순전한 기독교'의 주요 특징이다.

'순전한 기독교 사상'에 영향을 준 주요 요인

루이스에게 영향을 끼친 주요 요인들을 탐구하는 작업은 추측이 아니라 합리적인 근거에서 이루어져야 한다. 루이스의 글을 직접 살펴보고 그 출전(quellenforschung)을 추측하는 접근 방식을 흔히 볼 수 있고, 그런 식으로 접근하는 사람들은 흔히 대단한 확신을 보여 준다. 하지만 루이스는 그런 방식을 근본적으로 신뢰하지 않았다.

> [이런] 식의 비평은 그 연구 대상인 텍스트의 기원을 재구성하려고 합니다. … 제 경험에 따르면 저는 이런 추측이 어떤 부분에서든 옳았던 적은 한 번도 없고, 이런 방법은 100% 실패의 기록을 보여 준다는 인상을 받습니다. … 그러나 꼼꼼하게 써 가며 확인한 것이 아니므로 그 인상이 잘못된 것일 수는 있습니다. 그래도 그런 추측이 대체로 틀리다는 것은 확신 있게 말할 수 있습니다. 그러나 진실을 모르는 사람에게는 흔히 그런 추측이 매우 그럴듯하게 들립니다.[1]

"어떤 책이나 저자가 당신의 생각에 가장 깊은 영향을 끼쳤는가?"라는 질문에 루이스가 어떻게 답했는지를 살펴보는 것이 더 나은 접근 방식일 것이다. 그는 이 질문에 몇 번 대답한 적이 있다. 우리는 그 답변을 먼저 들여다봐야 한다.

루이스에게 가장 많은 영향을 끼친 저자들

루이스의 에세이 "옛날 책의 독서에 대하여"(On the Reading of Old Books)는 "원래 성 아타나시우스의 《화육론》[The Incarnation of the Word of God]의 서문으로 써서 그 책의 일부로 출간된 글이다."[2] 이 짧은 글은 루이스가 그의 '순전한 기독교'를 도출해 내게 한 고전 기독교 저서들을 찾는 데 도움이 된다.

루이스는 이 "옛날 책들"에서 정말 중요한 내용을 발견했고, 그것을 '순전한 기독교'라고 불렀다. "지난 여러 시대에 걸쳐 드러난 바에 따르면, '순전한 기독교'는 여러 교파에 두루 걸쳐 있는 뻔하고 식상한 껍데기가 아니라 명확한 내용과 일관성을 갖춘 다함이 없는 실체다."[3] 루이스는 옛날 책들을 읽으면서 역사적 기독교를 구성하는 핵심 실체를 발견했는데, 그것이 그에게는 "너무나 친숙한 어떤 냄새처럼, 제가 만날 때마다 거의 변하지 않는 그 무엇"[4]으로 다가왔다.

그 "옛날 책들"은 어떤 것들일까? 루이스는 다음과 같은 작가들을 제시했다.

리처드 후커[Richard Hooker, 성공회 신학자, 《교회정치론》(Of the Laws of Ecclesiastical Polity)의 저자, 1554?-1600], 조지 허버트[George Herbert, 영국의 시인 겸 성직자, 《성전》(The Temple)의 저자, 1593-1633)], 토머스 트러헌[Thomas Traherne, 영국의 시인이자 성직자, 《명상의 시대》(Centuries of Meditations), 《지복(至福)의 시》(Poems of Felicity), 《감사기도》(Thanksgivings)의 저자, 1636?-1674], 제레미 테일러[Jeremy Taylor, 성공회 주교, 저술가, 《성생론》(The Rule and Exercise of Holy Living)과 《성사론》(The Rule and Exercise of Holy

Dying)의 저자, 1613-1667]다.

존 번연(John Bunyan, 영국의 청교도, 《천로역정》의 저자, 1628-1688), 보에티우스(Boethius, 로마의 그리스도인 정치가, 《철학의 위안》의 저자, 470년 출생), 어거스틴[St. Augustine, 히포의 주교(Bishop of Hippo), 《고백록》과 《신의 도성》의 저자, 354-430], 토마스 아퀴나스(Thomas Aquinas, 도미니크회 소속 철학자 및 신학자, 《신학대전》의 저자, 1225?-1274), 단테 알리기에리[Dante Alighieri, 이탈리아의 시인이자 철학자, 《신생》(新生, Vita Nuova), 《신곡》의 저자, 1265-1321]다.

프랑수아 드 살[Francois de Sales, 제네바의 주교, 반동종교개혁의 지도자, 《신앙생활입문》(Introduction to the Devout Life)과 《신애론》(神愛論, Treatise on the Love of God)의 저자, 1567-1622], 에드먼드 스펜서[Edmund Spencer, 영국의 시인, 《선녀 여왕》(The Faerie Queene)의 저자, 1552-1599], 아이작 월턴[Izaak Walton, 영국의 성인 전기 작가, 《낚시의 명수》(Compleat Angler)의 저자, 1593-1683], 블레즈 파스칼(Blaise Pascal, 프랑스의 과학자이자 기독교 변증가, 《팡세》의 저자, 1623-1662), 새뮤얼 존슨[Samuel Johnson, 성공회 신자이며 수필가, 사전 편찬자, 그의 도덕적 에세이는 《램블러》(Rambler)라는 제목의 시리즈로 출간되었다, 1709-1784]이다.

헨리 본[Henry Vaughan, 영국의 시인, 《섬광의 부싯돌》(Silex Scintillans)의 저자, 1622-1695], 야콥 뵈메[Jakob Boehme, 독일 루터파 신비가, 《그리스도께 가는 길》(Der Weg zu Christ)의 저자, 1575-1624], 윌리엄 로[William Law, 영국의 영성 작가, 《경건한 삶을 위한 부르심》(A Serious Call to a Devout and Holy Life)의 저자, 1686-1761], 조지프 버틀러[Joseph Butler, 더럼 주교, 《종교의 유비》(Analogy of Religion)의 저자, 1692-1752], 필립 시드니 경[Sir Philip Sidney, 영

국의 정치가 겸 저술가, 《아케이디아》(*Arcadia*)와 《시의 변호》(*The Defense of Poesie*)의 저자, 1554-1586]이다. 성 아타나시우스[St. Athanasius, 알렉산드리아의 주교, 《화육론》(*De Incarnatione*)의 저자, 296?-373], 그리고 빼놓을 수 없는 조지 맥도널드[George MacDonald, 스코틀랜드의 목사, 소설가, 시인, 《판타스테스》(*Phantastes*)의 저자, 1824-1905]다.

루이스가 이 저자들에게서 발견한 것은 기독교의 핵심을 이루는 내용의 끊임없는 메아리였다. 루이스가 "많은 교파와 풍토, 시대를 대표하는 다양한 사람들"[5]이라고 불렀던 이들은 신앙을 다양한 방식으로 표현했지만, 이들 사이에는 "동일함"이 분명하게 드러나 있었고 "능히 알아볼 수 있고 외면할 수 없는 냄새, 생명이 되도록 우리가 허락하기 전에는 오직 죽음을 뜻하는 냄새를 풍"겼다.[6]

현대 책의 독서에 대하여

루이스는 죽기 몇 달 전에 빌리그레이엄전도협회의 셔우드 E. 워트(Sherwood E. Wirt)와 인터뷰를 했다. 워트는 "어떤 기독교 저자들이 도움이 되었는가?"라고 물었고, 루이스는 이렇게 대답했다.

> 가장 도움이 된 현대 서적은 체스터턴(G. K. Chesterton)의 《영원한 사람》(*The Everlasting Man*)입니다. 다른 책으로는 에드윈 베번(Edwyn Bevan)의 《상징과 믿음》(*Symbolism and Belief*), 루돌프 오토(Rudolf Otto)의 《성스러움의 의미》, 그리고 도로시 세이어스(Dorothy Sayers)의 희곡들이 있습니다.[7]

〈크리스천 센추리〉 도서 목록

1962년 6월 6일자 〈크리스천 센추리〉(The Christian Century)에 C. S. 루이스의 도서 목록이 실렸다. 이 잡지는 유명인들을 대상으로 "어떤 책들이 당신의 직업적 태도와 인생철학에 가장 크게 영향을 주었는가?"라는 질문으로 설문조사를 했다. 질문의 성격상, 답변자가 그 질문을 진지하게 받아들였다면 그 답변은 자신의 지적 유산에 대한 중요한 사실들을 드러낼 터였다. 루이스는 이렇게 10권의 책 목록으로 대답했다.[8]

- 《판타스테스》, 조지 맥도널드
- 《영원한 인간》, G. K. 체스터턴
- 《아이네이스》, 베르길리우스(Publius Vergilius Maro)
- 《성전(聖殿)》, 조지 허버트
- 《서곡》(The Prelude), 윌리엄 워즈워스
- 《성스러움의 의미》, 루돌프 오토
- 《철학의 위안》, 보에티우스
- 《존슨전(傳)》(Life of Samuel Johnson), 제임스 보즈웰(James Boswell)
- 《지옥강하》(Descent into Hell), 찰스 윌리엄스(Charles Williams)
- 《유신론과 휴머니즘》(Theism and Humanism), 아서 제임스 밸푸어(Arthur James Balfour)

이 목록은 루이스에게 영향을 끼친 요소가 다양함을 보여 준다.

이것만 보면 루이스가 절충적 사상가였다는 결론을 끌어내도 될 것처럼 보인다. 하지만 그는 이 다양한 사상가들을 관통하는 공통 주제들을 강조하려 했고, 그 공통 주제들은 '순전한 기독교'를 구성하는 필수요소였다.

루이스의 기독교를 특정한 사상 체계, 즉 다양한 형태의 헬레니즘 사상 및 낭만주의와 동일시하려는 시도들이 있었다. 그를 헬레니즘 사상 또는 낭만주의에다 기독교의 딱지만 붙인 혼합주의적 사상가로 본 이들이 있었다. 그런 주장들은 검토해 볼 필요가 있다. 또 이 두 가지 지적 전통은 루이스가 자신에게 영향을 끼쳤다고 밝힌 중요한 출전들을 평가하는 패러다임이 될 수 있다. 루이스가 이런 사상들을 어느 정도 받아들인 것은 분명하지만, 그는 '순전한 기독교'라는 전제를 한결같이 견지하고 그것을 기준으로 삼아 분별의 과정을 거쳐서 받아들였다. 나는 바로 이 부분을 주장하려 한다.

루이스와 헬레니즘 사상

루이스는 그리스 사상에 지나치게 의존한다는 비판을 종종 받았다. 헬레니즘 철학, 문학, 역사에 대한 그의 관심을 과소평가해서는 안 될 것이다. 그는 어릴 때부터 그리스·로마의 고전을 읽었다. 그리스의 호메로스(Homeros)와 로마의 베르길리우스는 젊은 날 루이스의 지적 발전에 큰 영향을 주었다. 그가 기독교 신앙을 잃은 데는 그리스·로마의 고전을 읽고 좋은 인상을 받은 것도 계기로 작용했다.

루이스는 회심한 이후에도 여전히 그 작품들을 높이 평가했고

"플라톤이나 베르길리우스나 그 신화 시인들"이 그리스도 안에서 온전히 계시된 진리를 실제로 예고했다고 믿었다.[9] 루이스는 옥스퍼드 대학의 헬레니즘 역사 및 문학 담당 정교수였던 에드윈 베번(Edwyn Bevan)을 자신에게 큰 영향을 준 현대의 작가로 꼽았다. 에드윈 베번은 헬레니즘 문화와 기독교의 관계에 깊은 관심을 가졌던 인물이다. 그러나 우리는 루이스가 헬레니즘 사상의 지배를 실제로 받았는지 여부를 따져보아야 한다.

루이스의 '기쁨'은 그리스 철학에서 나왔는가?

존 비버슬루스(John Beversluis)는 루이스의 '갈망으로부터의 논증'을 신랄하게 비판한다. 그는 루이스의 기쁨, 또는 신을 향한 인류의 갈망 개념이 기독교가 아니라 그리스 철학에서 나온 것이라고 주장한다. 또 《예기치 못한 기쁨》(홍성사 역간, 2003)을 기독교적 회심의 의미를 헬레니즘식으로 풀어내려는 시도로 해석한다. 그는 그리스 철학을 '복음의 준비'(praeparatio evangelica)로 보았던 많은 기독교 변증가들의 흐름에 루이스가 동참해 기독교 사상을 그리스 형이상학의 관점에서 해석하려 했다고 주장한다. 그리고 이렇게 결론을 내린다.

> 플라톤의 견해가 암시하는 것처럼 신을 향한 우리의 갈망이 정말 강하고 체계적으로 작용한다면, 우리는 성경이 주장하는 것만큼 사악한 존재일 수가 없다. 반면, 우리가 정말 그렇게 사악하다면, 신을 향한 우리의 갈망은 플라톤의 견해가 주장하는 것처럼 그렇게 강할 수가

없다. 루이스는 우리가 신의 매력에 이끌려 신을 갈망하지만 신의 준엄함을 피해 달아난다고 말하는데, 그것은 부모의 어느 쪽 진짜 계보도 따르지 않는 철학적 혼합물, 개념적 잡종을 낳는 행위다.[10]

인간의 부패성에 대한 루이스의 과격한 견해를 고려하면,[11] 그가 엄격한 플라톤적 인간관을 따른다고 말할 수는 없다. 첫째, 루이스는 인간의 부패성이 개인의 전 존재에 영향을 끼치기에 사람이 새로워지려면 하나님의 초자연적인 구원의 활동이 필요하다고 생각했다. 둘째, 그는 몸의 부활을 포함하는 철저히 기독교적인 구원관을 믿었다. 천국은 "몸을 가지고 향유하는 삶"을 포함할 것이기에 우리는 "플라톤적 낙원이라는 막연한 꿈"을 고대하지 않는다.[12] 내면에서 영과 자연이 싸우는 현재 우리의 경험은 새 창조에서 바로잡힐 것이다.

비버슬루스의 문제는 지나치게 단순한 인간관에 있는 것 같다. 그는 소위 "바울 신학의 배타주의"를 말하면서 사도 바울은 "[만약] 인간을 규정하는 예측 가능하고 관찰 가능하며 그의 마음을 완전히 사로잡는 갈망이 있다면, 그것은 신을 향한 갈망이 아니라 죄성에서 나온 갈망일 것이라고 확신했다"고 말한다.[13]

하지만 이것은 바울의 신학을 잘못 이해한 것이다. 바울은 하나님의 창조의 최고 업적인 인류의 가치를 평가절하하지 않는다. 바울은 인류의 죄악 된 상태를 강조할 때 인류가 얼마나 높은 곳에서 집단적으로[14] 타락했는지를 제시한다. 건전한 신학이라면 각 사람 안에 있는 '신에 대한 감각'(*sensus divinitatis*)을 무시해서는 안 된다. 인간은 타락했지만 하나님의 형상을 상당한 정도로 여전히 갖고 있다.

이것은 인간에게 극심한 긴장이 존재한다는 사실을 무시하는 발언이 아니다. 죄악 된 인류는 창조 세계 가운데 나타나는 하나님의 자기 증언을 왜곡한다. 죄악 된 인류는 내면에서 작동하는 종교성을 잘못 적용해 거짓 신들을 섬긴다. 루이스는 이것을 잘 이해했기에 기쁨을 추구함에 있어서 '어리석은 사람이 택하는 방식'과 '환멸에 빠진 사람이 택하는 방식'에 대해 썼다[《순전한 기독교》, p. 213-214, 본서 3장 참조-역주]. 그는 죄의 파괴적인 결과를 분명히 인정했다.

비버슬루스는 루이스를 비판하면서 그의 "자기실현"의 종교를 공격한다. 그러나 그것이 루이스가 옹호했던 입장이라고 생각하기는 어렵다. 루이스는 "자기실현"이 구원의 길이 아니며, 그리스도 안에서의 "자기복종"이 구원의 길임을 분명히 보여 주었다. 그리고 그리스도인들이 기다리는 참된 인격은 내적 잠재력에서 자라나는 것이 아니라고 주장했다. 그는 "씨앗에서 꽃으로의 발전"과 같은 자연주의적 구원 개념을 거부했다. "회개, 거듭남, 새사람 같은 단어들은 그와 아주 다른 것을 암시한다."[15]

기쁨 개념(및 기타 "하나님이 보내신 신호들")의 배후에 놓인 역설을 놓치면, 우리는 루이스의 의도를 쉽사리 잘못 해석할 수 있다. 루이스의 의도는 인류의 불안과 방랑을 강조하려는 것이었다. 기쁨은 "흘러넘친 종교"[16]일 수 있지만, 타락한 인류에게 그것은 먼 나라에서 들려오는 메아리다. 윌리엄 워즈워스가 아버지로서 죽은 딸을 갈망하며 쓴 시 "예기치 못한 기쁨"에서 표현한 것처럼, 우리는 끔찍한 허전함과 공허감을 느낀다. 죽은 딸의 기억은 달콤하게 느껴지지만 그와 동시에 쓰라리고 통렬한 슬픔이다. 그와 마찬가지로, 우리는 루이스가 회심 과정에서 하나님에 대한 경외감과 공포를 동시에 경험한 것을 능히 옹호할 수 있다. 비버슬루스는 이 경험이 모순적이라고 여기지만, 그의 생각은 틀렸다. 이 양면적 경험은 타락한 인류의 역설적 현실을 드러내 준다.

루이스는 토마스주의자였는가?

토마스 아퀴나스(Thomas Aquinas, 1225-1274)는 중세 기독교 사상가 중에서 가장 중요한 인물이다. 그는 새롭게 재발견된 아리스토텔레스의 저작을 사용해 기독교를 공격한 이슬람 철학자들의 도전에 대응하려 했다. 그 과정에서 아퀴나스는 기독교와 아리스토텔레스 사상을 훌륭하게 종합해 냈다.

루이스가 이성의 역할을 강조하고 실재와 윤리의 객관성에 강하게 호소하다 보니, 일부 학자들은 루이스를 토마스주의자로 본다. 노먼 가이슬러(Norman L. Geisler)는 루이스의 저서들을 읽고 그가 "아퀴나스에게 크게 기대고 있다"는 결론을 내렸다.[17] 하지만 코빈 카넬(Corbin Carnell)이 1958년에 루이스로부터 받은 편지에 근거해 들려주는 이야기는 이 문제를 아주 명쾌하게 밝혀 준다.

루이스는 자신의 저서들이 아퀴나스의 현대적 재진술이라고 본 이들에게 그 이유를 설명했다. 루이스의 저서 안에 토마스주의적 영향이 강하게 드러나는 이유는 사실 그가 종종 (특히 윤리 분야에서) 아리스토텔레스를 따라간 부분에서 아퀴나스도 아리스토텔레스를 따라갔기 때문이었다. "아퀴나스와 저는 말하자면 같은 학교에 다녔습니다. 같은 학급은 아닙니다! 저는 《신학대전》을 공부하기 오래전에 《니코마코스 윤리학》을 읽었습니다."[18]

루이스의 이 말이 무슨 의미인지는 나중에 자연적 도덕법을 논할 때 설명할 것이다. 지금은 중세가 발견하고 실행에 옮긴 아리스토텔레스 윤리학에 루이스가 큰 매력을 느꼈다는 점만 간단히 언급하고자 한다. 아리스토텔레스 윤리학은 보편적 자연법을 객관적이고 절대적인 것으로 받아들였고, 통치자들도 거기에 따라야 한다고 보았다. 그러나 루이스가 자신과 아퀴나스의 관계에 대해 한 말에 비추어 보면, 아퀴나스의 사상이 루이스에게 직접적인 영향을 끼친 것은 아니라는 결론을 내릴 수밖에 없다.

게다가 루이스는 자신이 아퀴나스의 《신학대전》을 "일종의 중세 신앙 사전"으로 사용했다고 카넬에게 말했다.[19] 토마스 아퀴나스가 루이스에게 어떤 의미가 있었는지를 이해하기는 어렵지 않다. 중세 르네상스 문학을 연구하는 학자로서 루이스는 중세의 몇 가지 특징들에 깊은 인상을 받았다. 그가 볼 때 아퀴나스는 중세의 특징인 종합을 신학 분야에서 이루어 낸 사람이었다. 하지만 루이스는 아퀴나스의 신학을 신학적 추론을 전개하는 본으로 삼고 따르지는 않았다. 아퀴나스는 정보 습득의 중요한 출처였지만 루이스의 생각을 통합하고 내면화하는 틀은 아니었다.

사실 루이스는 아리스토텔레스와 아퀴나스의 견해에 대해 심각한 비판을 제기한 바 있다.

> 아리스토텔레스는 무엇보다 구분 짓는 철학자다. 에티엔느 질송(Etienne Gilson)이 밝혀낸 대로, 아리스토텔레스가 그의 가장 위대한 제자(아퀴나스)에게 끼친 영향은 하나님과 세계, 인간 지식과 실재, 믿음과 이성을 가르게 한 것이었다. 이러한 구도 아래에서 하늘은 더 멀리 떨어져 보이기 시작했다. 범신론의 위험은 줄어든 반면, 기계적 이신론의 위험은 한 걸음 가까워졌다. 이는 마치 데카르트의 희미한 첫 그림자, 또는 "현재 우리가 느끼는 불행감"의 그림자가 역사의 현장에 드리운 것같이 되었다.[20]

이 분석은 루이스의 사상에 대한 큰 오해를 제거할 수 있게 해 준다. 그는 자연과 은총 또는 이성과 믿음을 이분화하는 토마스주의의 경향을 불편하게 여겼던 것 같다. 그러나 앞으로 살펴보겠지만 그가 자신의 사고를 진행할 때 이런 경향을 한결같이 벗어났는지는 논란의 여지가 있다.

루이스와 보에티우스

루이스는 그리스 사상을 전해 준 많은 사람 중에서 아니키우스 만리우스 세베리누스 보에티우스(Anicius Manlius Severinus Boethius, 525년 또는 526년 사망)가 자신의 지성을 형성하는 데 가장 중요한 역할을 했다고 지목해서 말했다. 루이스는 보에티우스를 많이 언급하는데, 그때마다 깊은 애정이 느껴진다. 최후의 고대 로마인이었던 보에티우스는 아리스토텔레스와 플라톤의 저서들을 라틴어로 번역했다. 그뿐 아니라 평신도 신학자로서 5권의 신학 논고(*opuscula sacra*)를 냈다. 그러나 루이스가 거듭해서 가장 자주 언급한 책은 《철학의 위안》이었고, 그는 이 책을 중세 시대의 중심적인 철학 텍스트로 여겼다.

보에티우스는 그리스도인이었을까, 헬레니즘 사상가였을까? 루이스에 관해서도 같은 질문이 제기되었다. 어떤 이들은 보에티우스에게 기독교와 헬레니즘은 같은 것이었기에 이 질문은 무효라는 결론을 내렸고, 비버슬루스 같은 이들은 루이스도 보에티우스처럼 "혼종"이라는 결론을 내렸다.

반면, 헨리 채드윅(Henry Chadwick)은 보에티우스가 철저한 기독교 사상가였다는 것과 그의 신학이 주로 어거스틴의 영향을 받았음을 보이려고 했다. 어거스틴이 특히 플로티노스(Plotinos)의 수정을 거친 헬레니즘 사상의 심대한 영향을 받은 것은 분명하다. 하지만 어거스틴은 분명한 기독교적 사상 체계를 구성할 수 있었고, 대대로 주요한 신학적 토대로 인정받은 그 체계 위에 다른 기독교 사상 체계들이 건설되었다. 대체로 채드윅은 보에티우스의 기독교 저작들이 (헬레니즘 철학의 영향을 벗고) 성숙한 어거스틴의 신학을 많이 지지한다고 보았다.[21]

루이스는 보에티우스가 지적 곤경에서 벗어나기 위해 신학이나 성경의 가르침이 아닌 철학의 위안을 구하는 방식의 방법론을 썼는데도 그의 기독교 신앙을 옹호했다. 무엇보다 루이스는 《철학의 위안》이 보에티우스가 죽음이 임박한 상황에서 밝힌 실재에 대한 최종적 입장이라고 생각하지 않았고, 학문 활동의 일환으로 보았다. 그리고 루이스는 보에티우스가 학문적 저술을 하면서 자신의 작품에 대해 설정한 규칙을 따라갔을 뿐이라고 판단했다.

우리가 보에티우스에게 그의 책이 종교적 위안이 아니라 철학적 위안을 담고 있는 이유를 물었다면, 그는 틀림없이 이렇게 대답했을 것 같습니다. "그런데 책 제목도 안 읽었소? 나는 종교적인 글이 아니라 철학적인 글을 썼소이다. 종교의 위안이 아니라 철학의 위안을 주제로 선택했기 때문이오. 차라리 산술을 다룬 책이 왜 기하학적 방법을 쓰지 않느냐고 묻는 게 낫겠소이다."[22]

루이스는 이런 식의 "정해 놓은 방법을 고수함"은 아리스토텔레스를 연구한 이들에게 기대할 만한 일이라고 생각했다.

보에티우스의 적어도 3가지 측면이 루이스에게 깊은 인상을 남겼다. 첫째, 보에티우스는 중세에 엄청난 영향을 준 인물이기에 역사상 그 주요 시기의 문학을 연구한 루이스에게도 영향을 줄 수밖에 없었다. 《폐기된 이미지》(The Discarded Image: An Introduction to Medieval and Renaissance Literature)라는 책으로 출간된 유명한 강연에서 루이스는 보에티우스를 플로티노스 이후 중세 태동기의 가장 위대한 저자로 소개했다.²³ 그뿐만 아니라 《철학의 위안》을 "몇 세기에 걸쳐 큰 영향력을 발휘한 라틴어 저작 중 하나"로 평가했다.

> 이 책은 고대 고지 독일어, 이탈리아어, 스페인어, 그리스어로 번역되었고, 장 드 묑이 프랑스어로 옮겼으며, 알프레드 대왕, 초서, 엘리자베스 1세 및 여러 사람이 영어로 옮겼습니다. 대략 200년 전까지만 해도 유럽 어느 나라에서건 이 책을 사랑하지 않는 식자를 찾기 어려웠을 것 같습니다. 이 책에 입맛을 들이는 것은 중세에 적응이 되는 것과 비슷합니다.²⁴

루이스는 보에티우스가 천 년에 걸쳐 유럽인들의 의식을 풍성하게 하는 데 크게 기여했음을 인정했다.

둘째, 보에티우스의 《철학의 위안》의 내용은 시간과 영원, 인간의 자유의지와 신의 명령, 악의 문제에 대한 루이스의 견해에 많은 영향을 끼쳤다. 루이스는 플라톤의 시간과 영원 개념에 대한 보에티우스의 설명이 인간의 자유로운 행위와 신의 섭리라는 어려운 신학적 문제에 관한 결정적 해결책을 제시했다고 판단했다. 이 문제는 그리스도인의 순례길을 안내하는 루이스의 해설에 계속해서 등장하고, 기도라는 실제적 사안에서 특히 불거져 나온다. 하나님이 모든 것을 그분의 섭리대로 관장하신다면, 어떻게 기도가 원인이 되어 결과를 만들어 낼 수 있단 말인가?²⁵ 루이스는 이 문제와 관련해서 보에티우스가 도움이 된다고 생각했다. 그리고 스크루테이프의 말을 통해 이런 생각을 드러냈다.

> 도대체 무슨 이유로 이런 창조 행위 속에 인간의 자유의지가 개입할 여지를 마련해 놓았느냐 하는 점은 정말이지 골칫거리 중에 골칫거리로서, '사랑'에 대한 원수의 헛소리에 숨어 있는 비밀이기도 하다. 하지만 이 일이 어떻게 일어나느냐 하는 문제는 조금도 어려울 게 없지. 원수는 인간들이 자유롭게 미래에 기여하는 바를 미리 내다보고 있는 게 아니라, 자신의 '한없는 현재' 속에서 지금 보고 있는 것이거든. 어떤 사람이 무언가 하는 걸 지켜보는 것과 그 무언가를 하도록 강제로 시키는 것은 확실히 다른 일이다. 오지랖 넓은 작가들, 특히나 보에티우스 같은 인간이 이미 그 비밀을 폭로해 버리지 않았느냐고 말할 수도 있겠지.[26]

《순전한 기독교》의 "시간과 시간 너머"에 해당하는 내용은 대체로 보에티우스의 말을 그대로 되풀이한다. 루이스는 시간과 영원을 구분한 다음, 하나님이 어떻게 수백만 명의 기도를 한 번에 들으시며, 하나님이 미래를 아시는 것이 어떻게 인간의 자유를 침해하지 않을 수 있는지를 설명했다.

보에티우스는 하나님은 영원하시고, 우리는 영원을 이해함으로써 하나님의 본질과 지식에 대해 뭔가를 인식할 수 있다고 주장했다.

> 그러므로 영원은 끝없는 삶을 전적으로 완전하게 소유하는 것이다.[27]

영원 속에서는 과거, 현재, 미래가 한꺼번에(*tota simul*) 한데 묶인다. 인간은 순간의 연속적 움직임인 시간의 제약을 받지만, 하나님은 그런 연속성에서 자유로우시고 변하지 않는 영원한 현재 안에 거하신다.

> 신은 영원하시고 세상은 계속된다. … 신은 영원한 현재 가운데 거하시기에 그분의 앎도 시간의 모든 움직임을 넘어서서 변하지 않는 현재의 단순성 가운데 머문다. 신은 무한히 펼쳐진 과거와 미래를 아우르면서 그 단순한 앎 가운데 들어오는 모든 일을 지금 그 일이 벌어지는 것처럼 바라보신다. … 그런 이유로 이것은 예견(*praevidentia*)이 아니라 섭리(*providentia*)라고 불린다. 열등한 것들로부터 멀리 떨어져서, 말하자면 세상의 꼭대기에서 모든 것을 내려다보기 때문이다. … 이 부분에서 인간의 현 순간을 신의 현재와 비교할 수 있다. 너희가 순간 순간 흘러가는 시간 속에서 사물을 보듯이, 그분은 그분의 영원한 현재 안에서 모든 것을 보신다.[28]

"악으로 고통받는 의로운" 보에티우스에게 주어진 궁극적 "위안"은 이것이다. "모든 것을 미리 보시는 신은 모든 것을 지금 보시는 분이기도 하며, 항상 현존하는 그분의 영원한 시선은 우리의 행위를 그 미래적 특성에 상응하게 대하셔서 선한 자들에게는 상을, 악한 자들에게는 벌을 내리신다."[29] 그러므로 하나님께 소망을 두는 것과 끝까지 기도하는 것은 헛된 일이 아니고, 사람이 선을 행하고 악을 거부하기 위해 힘쓰는 것은 부질없는 일이 아니다. 《철학의 위안》은 이렇게 마무리된다.

> 그러므로 악덕을 피하고 미덕을 받아들이고, 마음에 가치 있는 소망을 품고, 가장 높으신 왕께 겸손한 기도를 바치라. 너희가 못 본 척하지만 않는다면, 선행에는 위대한 필연성이 따라오게 되어 있다. 너희는 모든 것을 보시는 재판관의 목전에서 살아가기 때문이다.[30]

하지만 보에티우스의 《철학의 위안》에 나오는 하나님의 '영원한 현재' 개념이 문제가 없는 것은 아니다. 하나님이 '비시간적'(atemporal, 시간을 전혀 고려하지 않으신다)이시라거나 '초시간적'(supra-temporal, 시간적 연속과 완전히 분리되어 그와 관련이 없다)이시라는 생각은 인간의 역사 속에서 구원의 일을 행하시는 성경의 하나님과 모순되기 때문이다.

우리는 성경 전체에 걸쳐 하나님이 '내려오셔서' 자기 백성을 구원하시는 것을 본다. 그것이 가장 구체적으로 드러난 사건이 그리스도 안에서 이루어진 하나님의 성육신이다. 하나님의 내재 개념은 우리의 시간과 영원 개념의 관점에서 설명해야 한다. 하나님과 시간의 관계는 '관시간적'(trans-temporal)으로 정리하는 것이 문제가 적다. '관시간적'이란 하나님이 시간의 범주에 매이지 않으시지만 기꺼이 역사에 참여하신다는 뜻이다.

하나님이 창조하신 범주인 시간은 창조물의 주인이신 하나님께 복종한다. 따라서 하나님은 가장 심오한 의미에서 초월적이신 동시에 내재적이시다. 이 특성 중 어느 하나라도 타협하면 기독교의 신 개념과 그분의 구원 행위가 위험해진다. 이 부분에서 우리는 보에티우스를 통한 루이스의 시간과 영원 개념이 성경적이기보다 철학적이라는 점을 깨닫게 된다. 루이스가 생각하는 하나님과 그분의 일하심에는 그분의 역사 참여가 들어 있기에, 플라톤적 시간과 영원 개념은 루이스의 신학적 목적을 달성하는 데 도움이 되지 않는 것 같다. 하지만 루이스는 하나님의 초월성을 보에티우스의 방식으로 설명하는 것이 유용하다고 보았다.

그런데 루이스는 이 사안이 '순전한 기독교'의 중심이 된다고 여기지 않았다. 그의 조언은 "받아들이든 말든 마음대로 하시라!"라는 것이다. 그의 말을 들어 보자.

> 제게는 이 개념이 상당한 도움이 되었습니다. 그러나 여러분에게는 도움이 안 된다면, 그냥 잊어버리십시오. 이것은 위대하고 현명한 그리스도인들이 계속 견지해 온 개념으로서 기독교와 충돌하는 면이 전혀 없다는 점에서 '기독교적 개념'입니다. 그러나 성경이나 기독교 신조에 들어 있는 내용은 아닙니다.[31]

그러므로 우리는 루이스의 '순전한 기독교'가 이 철학적 논의에 영향을 받지 않았다는 결론을 내릴 수 있다. 루이스는 이 논의를 '아디아포라'(*Adiaphora*, '각자 알아서 결정할 수 있는 영역'이라는 뜻)로서, 즉 그의 기독교 메시지에서 본질적이지 않은 것으로 받아들였다. 역사적으로 많은 그리스도인이 견지했고 '순전한 기독교'와 모순되지 않는다면 "기독교적 개념"이라고 인정할 수 있다. '기독교적 개념'과 '순전한 기독교'는 아주 큰 차이가 있다. 루이스에게 '기독교적 개념'은 일시적이고 잠정적일 수 있었지만, '순전한 기독교'는 본질적이고 참된 것이었다.

끝으로, 보에티우스의 생애(와 죽음)의 몇 가지 요소가 루이스에게 영향을 끼쳤다. 무엇보다, 평신도 철학자 겸 신학자였던 보에티우스와 평신도 신학자 겸 변증가였던 루이스 사이에는 분명한 유사성이 보인다. 보에티우스는 《철학의 위안》 외에도 《삼위일체》(De Trinitate)와 《가톨릭 신앙》(De Fide Catholica)을 포함한 (5권의) 신학 논고를 써서 평신도의 위치에서 기독교 신앙의 주요 내용을 설명했다. 내용은 다를지 몰라도 그 취지와 의도에 있어서는 《가톨릭 신앙》과 《순전한 기독교》 사이에 긴밀한 연관성이 있다. 더 나아가, 루이스는 보에티우스가 악과 죽음에 영웅적으로 맞선 것을 세상에 나타난 선의 본이라고 여겼다. 그는 "악과 하나님"이라는 에세이에서 이렇게 썼다.

악이 우리에게 더 절박한 문제가 된 것처럼 보일 수 있습니다. … 그러나 다른 모든 시대, 절대 다수의 일신론자들의 경우보다 악의 문제가 우리에게 더 절박하게 다가오지는 않습니다. 세상의 불행과 세상을 창조하고 이끌어 가는 철저히 선한 존재는 서로 모순되지 않는다는 교리에 대해 고전적인 해설을 제공한 사람이 누구였습니까? 감옥에서 맞아 죽기를 기다리던 보에티우스, 외적에 포위당한 로마의 상

황을 놓고 숙고하던 어거스틴이었습니다.³²

보에티우스는 루이스에게 아주 중요한 인물이었던 것이 확실하다. 보에티우스가 루이스에게 철학적, 신학적으로 중요한 영향을 끼친 것도 분명한 사실이다. 클래런스 프랜시스 다이는 루이스에게서 볼 수 있는 플라톤과 아리스토텔레스의 영향은 다른 누구보다 주로 보에티우스를 통해 나타났다고 지적했다.³³

하지만 이것은 루이스의 신학이 헬레니즘 사상에 의해 결정적으로 형성되었다는 뜻은 아니다. 루이스는 보에티우스를 통해 헬레니즘 사상과 기독교 사상의 종합을 접했고 보에티우스로부터 일부 개념을 빌려와 까다로운 신학적 문제들을 설명했지만, 그런 개념들이 그의 '순전한 기독교'를 규정하지는 않는다. 그보다는 그가 그런 개념들을 사용해 '순전한 기독교'에 따르는 필연적 귀결을 설명하는 데 도움을 받았다고 봐야 할 것이다.

루이스와 낭만주의

이제 루이스에게 영향을 끼친 두 번째 주요 지적 전통을 살펴보자. 낭만주의가 루이스 사상을 전부 설명해 주지는 못하지만, 그는 낭만주의와 떼려야 뗄 수 없이 이어져 있다. 그래서 피터 크리프트(Peter Kreeft)는 그를 "낭만주의적 합리주의자"라고 부른다. 회심 이전의 루이스는 아주 다른 두 가지 생각의 방식을 화해시키려고 노력했다. 크리프트는 서로 모순되는 듯 보이는 그 두 방식이 섞이게 만드는

촉매 역할을 한 것이 기독교였다고 주장한다.³⁴

코빈 카넬은 "갈망"이나 "노스탤지어"의 태도가 다양한 형태의 낭만주의의 중심이 된다고 밝히고, 루이스는 이런 "태도"를 대변하는 (최고는 아닐지 몰라도) 뛰어난 이론가이자 실천가라고 말했다.³⁵ 카넬은 젠주흐트(Sehnsucht, 기쁨)에 대한 루이스의 명쾌한 정의가 그 심오함과 의미에 있어서 다른 낭만주의 이론들을 앞선다고 생각했다. 뿐만 아니라 젠주흐트라는 경험은 많은 낭만주의 작가를 한데 모아 준다. 그의 진술을 살펴보자.

젠주흐트에 대한 루이스의 설명은 19세기 문학과 20세기 문학의 기본적 연속성을 드러내 준다. 우리가 젠주흐트를 낭만주의적 태도의 시금석으로 사용하면, 거론된 다양한 작가들이 … 한 가지를 공유한다는 사실을 알게 된다. 그것은 향수와 갈망을 불러일으키는 특별한 경험, 콜리지와 워즈워스를 매혹시켰던 경험에 대한 관심이다. 토머스 울프(Thomas Wolfe, 미국의 소설가, 1900-1938)와 딜런 토머스(Dylan Thomas, 영국의 시인, 1914-1953)의 경우처럼 이러한 관심이 강렬하게 드러나는 이들은 모순의 우려 없이 낭만주의 작가라고 부를 수 있다. T. S. 엘리엇이나 버지니아 울프의 경우처럼 이 관심의 강렬함이 덜하거나 다른 강조점에 의해 부분적으로 흐려질 때는, 신중한 단서를 붙인 뒤에만 낭만주의적 요소가 있다고 말할 수 있다. 그러나 연속성은 그대로 유지된다. 이것은 낭만주의적 태도가 가진 기본적 힘을 보여 주는 증거요, 수많은 인간 경험에서 놀랄 만큼 유사한 핵심을 보여 주

는 증거다.³⁶

사실 루이스는 인간 경험에 내재하는 실향감과 소외감으로 씨름한 낭만주의자였다. 루이스는 이런 태도나 경험의 열쇠를 기독교에서 찾았기 때문에 크리스천 낭만주의자라고 할 수 있다. 이 채울 수 없는 갈망은 우리의 궁극적 본향, 우리 존재의 근원이신 아버지의 마음을 가리킨다. 루이스는 찰스 윌리엄스를 윌리엄스 본인이 만들어 낸 전문적 의미의 "낭만주의적 신학자"라고 불렀다.

> 낭만주의적 신학자는 신학에 대해 낭만을 품는 사람이 아니라 낭만에 신학적으로 접근하는 사람이다. 낭만주의적이라고 불리는 경험의 신학적 의미를 고려하는 사람이다.³⁷

루이스 자신도 젠주흐트의 신학적 함의(즉 하나님과의 관계)를 숙고했던 낭만주의적 신학자였다. 카넬은 루이스가 "기쁨-갈망이 신학적으로 얼마나 중요한지 분명하게 해명하지 않았"다고 비판하며 "갈망, 양심, 신화는 신적 계시를 담고 있지만 그리스도 안에 있는 계시와 동일한 객관적 가치를 갖지는 않는다"고 주장했다.³⁸

나는 두 가지 면에서 카넬에게 동의하지 않는다. 첫째, 루이스는 분명히 젠주흐트가 보편적인 현상이고 그러므로 객관적 기원과 가치가 있다고 생각했다. 여기서 중요한 것은 객관적 가치와 주관적 가치의 구분이 아니라, 기쁨과 그리스도의 나타남의 진정한 차이는 둘이 다른 종류의 계시적 기능을 담당한다는 것이다. 일반계시로서의 기쁨은 창조된 실재(하나님과 함께하고 싶은 욕구)에 들어 있고, 타락한 상태(실향감)에 의해 강화되어 "갈망" 또는 불안을 불러일으킨다. 반면, 그리스도의 나타남은 특별계시로서, 그리스도 안에 있는 구원을 통해 그 "갈망"에 대한 해결책을 제시한다.[39] 이 구분은 이 책 전체에 걸쳐 중요한 사안으로 다루어진다.

둘째, 루이스가 기쁨의 신학적 중요성을 분명하게 해명하지 않았다는 카넬의 주장은 잘못된 것이 분명하다. 루이스는 그 문제를 성공적으로 해명해 냈다. 그 중요성은 의존적 피조물인 우리의 상태를 밝히고 "복음 전도의 준비 단계로" 우리 안에 불안과 갈망을 불러일으키는 데 있다.

더 나아가, 루이스의 낭만주의는 그의 기독교 신학이 여행이나 순례로 구성되도록 만들었다. 루이스가 아끼는 시인들(베르길리우스, 워즈워스, 허버트)과 기독교 소설가들(맥도널드, 체스터턴, 윌리엄스)에게도 발견되는 여행 개념은 인생에 대한 패러다임을 제공한다. 이런 의미에서 본서는 루이스의 낭만주의적 비전을 포착해 내고 있다고 할 수 있다. 루이스는 우리의 탐구 또는 여행이 그리스도 안에 있는 구원을 발견하고 경험하도록 우리를 이끌어 준다고 보았다. 그러나 그 과정에서 그는 구원의 성취로 우리를 이끄는 궁극적 원동력은 하나님이 우리를 찾아오심에 있다는 역설을 강조했다.

루이스의 낭만주의적 시각과 관련해 그의 정신에 영향을 끼친 몇 가지 중요한 요인들이 있다. 〈크리스천 센추리〉 도서 목록에서 언급된 이들 중에서 윌리엄 워즈워스, 루돌프 오토, 찰스 윌리엄스, G. K. 체스터턴, 조지 맥도널드가 각기 고유한 방식으로 루이스의 낭만주의적 시각에 영감을 주었다.

윌리엄 워즈워스(William Wordsworth, 1770-1850)

워즈워스는 영시에서 획기적인 인물로 여겨진다. 낭만주의자였던 그는 평범한 사람들, 사물들, 자연적 사건들 안에 있는 심오한 영적 의미를 끄집어내려 했다. 코빈 카넬은 일부 시인들은 "초자연적인 것이 현실로 보이게 만들려고" 시도했지만 워즈워스의 접근법은 "현실이 초자연적으로 보이도록 시도한 것"이었다고 지적한다.⁴⁰

워즈워스가 1850년에 죽고 나서 바로 출간된 《서곡 또는 시인 마음의 성장: 자전적 시》(*The Prelude; or, Growth of a Poet's Mind: An Autobiographical Poem*)는 흔히 워즈워스가 이룬 최고의 업적, "밀턴의 《실낙원》 이래 가장 위대하고 독창적인 장편 시"로 손꼽힌다.⁴¹ 루이스가 아서 그리브즈(Arthur Greeves)에게 보낸 편지에 따르면, 루이스가 워즈워스의 자전적 장시 《서곡》을 우연히 만난 것은 1919년의 일이었고,⁴² 이후 그 시는 루이스의 생애 내내 그와 함께했다.

> 《서곡》은 내 순례길의 모든 단계에서 나와 함께했어. 그 시와 《아이네이스》는 … 내가 가장 많이 찾는 두 편의 장시야.⁴³

워즈위스는 어떻게 루이스에게 영향을 끼쳤을까? 첫째, 루이스의 기쁨(또는 젠주흐트) 개념이 만들어지는 데는 워즈워스의 시가 크게 작용했다. 물론 루이스는 워즈워스의 시를 만나기 오래전에 어떤 특징적인 기쁨을 경험했다. 그런데 그 경험에 대한 설득력 있는 표현을 만드는 과정에서 워즈워스가 중요한 역할을 했다. 그리고 루이스는 자신의 젊은 날의 영적 지적 여행을 논한 자서전의 제목을 워즈워스의 소네트 "예기치 못한 기쁨"에서 가져왔다.

예기치 못한 기쁨에-바람처럼 성급하게／몸을 돌렸다. 그 황홀경을 함께 나누려고.

워즈워스는 이 소네트가 "사실 오래전에 죽은 딸 캐서린을 생각하고 떠올린 것"이라고 말했다.[44] 캐서린은 4살 때 죽었다. 그 시는 딸 생각이 다시 떠오르면서 느껴진 요동치는 감정을 표현한 것이다. 워즈워스는 "다시 떠오른 그 생각"을 "일찍이 슬픔이 낳은 최악의 아픔"이라고 묘사했다. 그러나 그와 동시에, 그 기억에는 뭔가 달콤한 것이 따라온다. 기쁨은 루이스가 '젠주흐트'라고도 부른 달콤씁쓸한 감정 또는 향수다. 제임스 코모(James Como)는 《아침식탁에서 만난 C. S. 루이스》(C. S. Lewis at the Breakfast Table)의 도입에서 루이스가 워즈워스의 여러 시를 읽으면서 기쁨의 그러한 특성을 즐겼다고 말했다.

루이스의 모든 저작에 등장하고 설득력 있고 중심이 되는 경험을 그는 독일어 단어로는 젠주흐트(Sehnsucht)로, 영어단어로는 'joy'로 불렀다. 고통스러운 갈망, 향수, 뭔가 이 세상 것 같지 않은 정취가 가득 담긴 에피소드나 사건에 대한 낭만적 기억이다. 그것은 그가 자연을 더없이 사랑하고 워즈워스를 깊이 좋아했던 이유를 설명해 준다.[45]

그렇지만 루이스와 워즈워스가 그 경험을 다룬 방식은 달랐다. 루이스는 "갈망 자체가 갈망의 대상"이며 그 갈망이야말로 "지상에서 경험할 수 있는 [기쁨에 대한] 가장 온전한 소유"임을 워즈워스가 파악하지 못했다고 생각했다.[46] 워즈워스는 바로 그 점을 놓쳤다.

내가 볼 때 워즈워스가 평생 동안 저지른 실수는 바로 이것이었다. 《서곡》을 채우고 있는 것, 사라진 비전에 대한 상실감이야말로 바로 워즈워스가 찾던 비전이었음을 나는 확신한다. 그러나 워즈워스는 그것을 믿지 못했다.[47]

루이스의 목표는 기쁨의 경험 자체가 아니었다. 그 텔로스(Telos, 최종 목적)는 창조주 하나님 안에 있었다. 루이스는 자신의 경험에 근거해 기쁨을 오용하지 말라고 경고했다.

낭만주의적 젠주흐트는 아주 위험합니다. 에로티시즘과 심지어 오컬티즘도 숨어서 그것을 노립니다. 이 주제에 대해서는 얼마나 도움이 될지 모르지만 제 자신의 경험을 이야기할 수 있을 뿐입니다.[48] 하지만 제가 그 경험을 남용한 것이 문제지, 그 경험 자체는 전적으로 선한

요소를 담고 있었던 것 같습니다. 그 경험이 없었다면 저의 회심은 더 어려웠을 것입니다.[49]

둘째, 《서곡》에 실린 워즈워스의 여행 모티프는 인생을 순례로 보는 루이스의 낭만주의적 시각을 지지했다. M. H. 에이브럼스(M. H. Abrams)는 다음과 같이 지적했다.

《신곡》과 《고백록》에서 그렇듯, 워즈워스의 시에서도 계속해서 여행의 은유가 나타난다. 여행의 끝은 … 시작에 있고 여행의 끝은 "출발했던 곳에 도착하는 것이며 그곳을 처음으로 알게 되는 것"이다. … 워즈워스의 《서곡》은 말 그대로 여행으로 시작된다. 정해진 목적지는 "알려진 골짜기, 내 발길이 향해야 하는 곳"이다. … 하지만 시가 펼쳐지면서 이 문자적 여행은 내면의 여행을 담아내는 은유적 장치가 된다. 시인은 자신의 기억과 잃었던 어린 자아와 합당한 영혼의 본향을 찾아 나선다.[50]

워즈워스의 《서곡》과 루이스의 《순례자의 귀향》(여기서 순례자가 정한 목표는 미지의 섬이다), 《예기치 못한 기쁨》 같은 자전적 작품들 간의 유사성은 우연이 아니다. 내면의 영적 여행은 루이스가 구원의 이미지로 사용해 강조된 은유인데, 이에 대해서는 본서 3-6장에서 더 살펴보기로 하자.

Chapter 2. 루이스 신학의 중심   71

루돌프 오토(Rudolf Otto, 1869-1937)

오토는 독일의 신학자이고 《성스러움의 의미》(*Das Heilige*, 영어로는 "The Idea of the Holy"로 번역되었다)라는 책에 그의 종교 분석을 담았다.[51] 오토가 비교종교학에 매료되어 쓴 이 책은 루이스의 생각에 큰 영향을 주었다. 이 책은 1917년에 간행되었고, 오토가 1910-1911년 사이에 북아프리카, 이집트, 팔레스타인, 인도, 중국, 일본, 미국 등을 누비며 영감을 받아 집필했다.

오토는 자신이 접한 많은 종교의 중심 테마가 무엇이고 여러 종교인이 어떤 공통점을 갖고 있는지 밝히려 했다. 그는 각 종교에서 "비이성적 요소"를 추출한 뒤 그것을 라틴어 '누멘'[52]에서 나온 단어인 "누미노제"라고 불렀다. 그는 종교에서 거룩함의 개념은 도덕뿐 아니라 표현할 수 없는 어떤 순간들에 그 근거가 있다고 주장했다.

> '거룩함'이라는 단어에 온갖 도덕적 의미가 담겨 있는 것이 사실이지만, 이 단어에는 그 외의 나머지 의미도 분명히 있다-우리는 그렇게 느낄 수밖에 없다. … 이것은 나중에 생기거나 덧붙인 의미가 아니다. '거룩함' 또는 적어도 라틴어와 그리스어, 셈족어와 기타 고대어에서 그에 상응하는 단어들은 무엇보다 이 나머지 의미만 갖고 있다. 윤리적 요소가 있었다 해도, 어쨌든 그것은 원래 있던 것이 아니고 그 단어가 가진 의미의 전부도 아니었다.[53]

"거룩함"에서 도덕적 합리적 요소들을 배제하고 나면 그때 비로소 "진정한 내면의 핵심"이 남는데, 그 핵심이 없이는 "어떤 종교도 종교라고 불리기에 합당하지 않을 것"이다.[54] 누미노제적 마음 상태에 대해 오토는 이렇게 썼다.

> 이 마음의 상태는 굉장히 독특하며(sui generis) 다른 어떤 것으로도 환원되지 않는다. 그러므로 절대적으로 일차적이고 기본적인 모든 자료가 그렇듯, 이것은 논의의 대상은 될 수 있어도 엄밀하게 정의될 수는 없다. 이것을 이해하도록 서로를 돕는 길은 하나뿐이다. 자기 마음의 길을 통해 이 문제를 탐구하고 검토하고 인도와 이끌림을 받은 끝에 자기 안의 "누미노제"가 꿈틀대는 지점, 살아나 의식되기 시작하는 지점에 이르러야 한다.[55]

자연히 오토는 이 특성은 가르칠 수 없고 "마음속에서 불러일으키고 깨울 수 있을 뿐"이라고 주장한다.[56] 누미노제는 'mysterium tremendum et fascinans'(전율하지 않을 수 없는 신비와 매혹하는 신비)라는 이중의 특성, 경외감과 매혹감을 동시에 일으키는 특성이 있다.[57]

오토는 누미노제 개념을 가지고 세상에서 이루어진 종교적 발전 과정을 구성한다. 첫 단계는 대부분의 사람이 종교에 민감하고 열려 있으며 종교적 진리를 얼마든지 직접 알아보고 판단할 능력이 있다는 의미에서 종교적 '성향'을 갖고 있다는 것이다.[58] 다음 단계는 "예언자"다.

종교적 영역에서 예언자는 예술 영역에서 창조적 예술가가 하는 역할을 한다. 그의 안에서 성령이 '내면의 음성'을 들을 능력과 예언하는 능력으로 나타나고, 각 경우에 창조적 힘을 동반한다.[59]

그보다 더 높은 단계이자 최고의 단계는 그리스도다.

우리는 예언자 너머로, 성령이 충만하게 거하시는 분인 동시에 그의 인격과 행함 가운데 가장 철저하게 예언의 대상이 되시는 분, 분명히 알아볼 수 있도록 거룩함이 드러나는 분을 볼 수 있다. 그분은 예언자 이상의 존재이다. 그분은 아들이시다.[60]

그런데 루이스에게서 오토의 흔적이 분명히 보인다. 첫째, 루이스는 누미노제의 경험이 인간의 근본적인 경험이라는 점에 대해 오토에게 동의했다. 루이스는 워즈워스, 맬러리, 심지어 오비디우스와 베르길리우스 같은 낭만주의 시인들 안에서도 누미노제적 경외감에 대한 언급을 찾아냈고 이런 결론을 내렸다.

따라서 누미노제에 대한 경외감은 인류 그 자체의 역사만큼이나 오래되었다고 볼 수 있습니다.[61]

젠주흐트와 누미노제 사이에는 당연히 긴밀한 연관성이 있다. 실향감은 누미노제 개념 안에 분명히 존재한다. 누미노제는 매혹시킬 뿐 아니라 상상도 할 수 없는 거리감인 경외도 일깨운다.

둘째, 루이스는 그리스도의 성육신으로 절정에 이르는 역사에서 종교적 발달의 특정 단계들을 찾아볼 수 있다는 오토의 견해를 공유했다.《고통의 문제》에서 그는 다음과 같은 단계를 제시했다. (1) 누미노제의 경험, (2) 모종의 도덕에 대한 인정, (3) "경외감을 불러일으키는 누미노제적 힘과 의무감을 일깨우는 도덕의 수호자를 동일시함." 유대 민족은 이 부분에서 결연히 새로운 걸음을 내디뎠다. (4) "자신이 바로 자연에 출현했던 그 두려운 존재인 동시에 도덕법을 수여한 존재, 또는 그 존재의 아들, 또는 그 존재와 '하나'라고 주장하는" 사람의 등장.[62] 이와 같이 루이스는 누미노제-형언할 수 없고 환원될 수 없는 경험-를 인간 의식의 근본이 되는 종교의 기본 단위로 수용했다.

신성에 대한 적나라한 감각이 도덕, 이성과 무관한 경험으로 존재하고 그것이 종교의 기본적 근거가 된다는 생각은 기독교적 개념이라고 볼 수 없다.[63] 하지만 루이스는 이 개념을 오토에게서 빌려와 자신의 '순전한 기독교'를 제시하는 데 사용했다. 루이스가 '순전한 기독교'를 묘사할 때 사용한 언어는 누미노제 개념을 암시하는 것 같다. 그는 그것을 다양한 기독교 저자들 안에서 "어김없이 만나는 거의 불변의 그 무엇"이라고 불렀다.[64] 루이스가 거기에 부여한 신비감은 어렵지 않게 확인할 수 있다.

그러나 루이스의 '순전한 기독교'는 환원될 수 없을 뿐, 형언할 수 없는 것은 아니다. 그는 '순전한 기독교'와 기독교가 아닌 것을 구별하기 위해서 그 내용을 제시했다. 이런 의미에서 루이스의 '순전한 기독교'는 단순한 낭만주의를 넘어선다.

찰스 윌리엄스(Charles Williams, 1886-1945)

윌리엄스는 잉클링스의 회원이자 루이스의 소중한 친구였다. 《찰스 윌리엄스 헌정 에세이집》(*Essays Presented to Charles Williams*) 서문에서 루이스는 그를 "낭만주의적 신학자"라고 부르며 "인간의 사랑에서든 문학에서든 더없이 진지하고 황홀한 경험은 분명한 신학적 함의를 갖고 있으며, 그런 함의가 건강하고 유용한 결실을 맺으려면 부지런히 숙고하고 치열하게 살아내는 수밖에 없다는 생각이 그의 모든 저서의 근본 원리"라고 썼다.[65] 그 결과, 윌리엄스의 소설과 시에는 "솔직한 초자연주의"와 충격적인 활력이 담겨 있다.

윌리엄스는 평범한 세계를 잘 보여 주는데, 루이스는 그것이 "윌리엄스 이야기의 절반일 뿐"이라고 말했다. "나머지 절반은 그가 다른 세계에 대해 말하는 내용이기" 때문이다.[66] 엄격한 유물론자는 그러한 특징의 심오함을 헤아리지 못할 것이다. 또한 윌리엄스의 특징이었던 초자연적 세계관은 루이스의 '순전한 기독교'의 중심 요소이기도 하다.

루이스는 윌리엄스로부터 삶에 대한 양면적 태도를 배웠는데, 비관주의와 삶에 대한 강렬한 낙관주의가 모두 엿보이는 건강한 회의론이 그것이었다. 루이스는 이 역설을 윌리엄 모리스(William Morris)의 "로망스"에서도 만난 적이 있다. 비관주의와 낙관주의의 역설적 공존에 대해 루이스는 이렇게 썼다.

> 성숙한 정신의 소유자라면 누구도 낙관주의나 비관주의를 원하지 않는다. 유아방의 해맑음이 전부가 아니고 병원의 암울함이 전부가 아니다. 하나의 시각 안에 기막힌 달콤함과 애끓는 우울함을 다 담아내고, 그 둘이 끊임없이 서로 넘나드는 것을 보여 주고, 이 모두를 마음을 흔드는 실제적 신조로 결합해 내는 것, 이것이야말로 현세와 내세를 아우르는 우리의 모든 모험이 고려해야 하는 여건이다.[67]

즐거움과 갈망의 교차는 기쁨의 중심적 특성이고, 루이스가 볼 때 이것은 윌리엄스의 삶의 태도의 핵심이었다. 그리고 그 결과로 겸손한 즐거움의 태도가 나타났다. 이런 태도에 대해 루이스는 이렇게 썼다.

> 공석이나 사석에서 내가 만난 사람들 중에서 강연할 때 그만큼 사랑이 넘쳐흐르는 사람은 없었네.[68]

윌리엄스가 그에게 끼친 심오한 영향은 1945년 그의 때 이른 죽음에 대해 루이스가 쓴 글에 잘 나타나 있다.

> 윌리엄스의 죽음만큼 내세에 대한 나의 믿음을 확고하게 해 준 사건은 일찍이 없었다. 죽음의 개념과 윌리엄스 생각이 내 머릿속에서 만

났을 때, 달라진 쪽은 죽음에 대한 생각이었다.⁶⁹

루이스가 자신에게 주요한 영향을 끼쳤다고 지목한 윌리엄스의 소설은 그의 최고 작품으로 손꼽히는 《지옥 강하》(Descent into Hell)다. 주인공 로렌스 웬트워스는 흠모하는 여인과 결혼하는 대신 자기중심적이고 자폐적인 성적 공상에 몰두하면서 서서히 지옥을 경험한다. 이 소설에는 몇 가지 중요한 주제가 나온다. 먼저, 자신에게서 빠져나오거나 자아에 갇히는 일이다. 이 소설은 자기애의 심연에 빠지는 비극을 그린다.⁷⁰ 윌리엄스가 제시하는 개인 구원의 의미는 자기 바깥에 있는 것을 자유롭게 사랑하기 위해 자신을 깨뜨리고 나오는 것이다. 어거스틴의 용어로 말하자면, 인간의 도성은 하나님의 도성으로 대체되어야 한다. 루이스는 윌리엄스의 정신에 따라 이렇게 지적했다.

> 지옥은 심리 상태가 맞네. … 어떤 심리 상태도 그대로 방치해 두면, 즉 피조물이 자기 마음의 감옥 속에 스스로를 가두어 고립을 자초하면 결국 지옥이 되는 거야.⁷¹

그는 이렇게도 말했다.

> 자기를 내어 주는 이 체계 바깥에 있는 것은 이 땅도 아니요, 자연도 아니요, '평범한 삶'도 아니요, 오직 지옥뿐입니다. … 자아 안에 갇히는 그 혹독한 감금 상태는 자기를 내어 줌이 뒤집힌 것에 불과합니다.⁷²

더 나아가 루이스는 이렇게 주장했다.

> 저는 저주받은 자들이야말로 어떤 의미에서 최후까지 반역에 성공한 자들이라는 것, 지옥의 문은 **안쪽**에서 잠겨 있다는 것을 믿는 데 망설임이 없습니다.[73]

이 소설이 표현하는 또 다른 주요 주제는 "교환"이다. "교환"의 방식은 윌리엄스 신학의 3중 강조 안에 들어 있는데, 상호내재, 교환, 대신이 그것이다.[74] 윌리엄스는 사회생활의 신비적 차원을 강조한다. 우리의 삶은 서로를 힘입어 더불어 사는 과정을 포함할 수밖에 없다. 윌리엄스에 따르면, 기독교가 강조하는 교환의 원동력은 모든 사람을 이어 주는 예수 그리스도의 부활의 능력이다.

윌리엄스의 문제 중 하나는 그의 신비주의적 성향이다(어쩌면 낭만주의적 상상력이 너무 풍부한 것이 문제일 수도 있다). 이것이 우리의 중요한 관심사인 이유는 윌리엄스에게서 볼 수 있는 '자아에 대한 죽음'이나 '자기 굴복'이 루이스의 글에서도 똑같이 중심이 되기 때문이다. 그래서 이 개념이 분명히 기독교적인 것인지 아니면 혼합주의적인 것인지 묻는 것은 중요하다.

(루돌프 오토 같은 이들을 통해) 새롭게 부상하는 에큐메니컬 영성은 자기 포기와 역설적이고 범신론적인 자기실현을 특징으로 하는 '동양'의 영성이 기독교적 구원 개념과 양립할 수 있다고 소개하는 상황이므로, 혼합주의의 위험은 분명히 존재한다. 사실 루이스는 "영

지주의 신학과 영성"을 미심쩍게 여기고 그것을 향한 윌리엄스의 열정에 우려를 표명한 바 있다.[75] 더 나아가 루이스는 윌리엄스에 대해 이렇게 썼다.

> 그는 많은 부분을 독학으로 깨우친 사람이야. 동양풍의 풍부한 상상력으로 고생하는데, … 그런 상상력은 초기에 엄격한 훈련을 거쳐야만 글로 써내도 우스꽝스럽거나 천박해 보이지 않는다네. 그런데 그는 그런 훈련을 받을 기회가 없었지.[76]

루이스의 '순전한 기독교'가 창조주–피조물의 분명한 구분과 그리스도 중심의 구원관에 확고히 뿌리를 내리고 있지 않다면, 윌리엄스로부터 신비주의적 영향을 받았을 것이라고 의심할 수 있는 상황이다. 루이스의 신학 내용에 대한 탐구, 특히 본서 4장의 탐구를 따라가면 이 문제를 좀 더 깊이 살필 수 있을 것이다. 지금 당장은 다양한 발전적 구원(자아실현, 자기구현, 자기개선, 신과의 신비적 연합 등) 개념과 반대되는 루이스의 파국적 구원 개념에서 고유한 복음주의적, 기독교적 견해를 볼 수 있다고 말하는 것으로 충분하다.

길버트 키스 체스터턴(Gilbert Keith Chesterton, 1874-1936)

성공회에서 로마 가톨릭으로 개종한 저널리스트이자 에세이 작가인 체스터턴은 조지 맥도널드와 더불어 루이스의 기독교 사상에 가장 큰 영향을 준 사람으로 인정받고 있다. 도로시 세이어스(Dorothy

Sayers)는 루이스 시대에 끼친 체스터턴의 영향력에 대해 이렇게 썼다.

나와 같은 세대의 젊은이들에게 G. K. 체스터턴은 일종의 기독교적 해방자였다. 그가 우리 편이 던진 폭탄처럼 대단히 빈곤한 시기의 스테인드글라스를 교회에서 상당량 날려 버리자 바람과 함께 신선한 공기가 들어왔고, 그 공기 속에서 교리의 죽은 잎들이 '성모의 곡예사'[Our Lady's Tumbler, 수도사가 된 어릿광대가 자신이 할 수 있는 일로 성모를 섬기기 위해 성모상 앞에서 혼신의 힘을 다해 곡예를 했고, 그것을 성모가 귀하게 받아 주었다는 내용의 13세기 프랑스의 이야기-역주]처럼 온 힘을 다해 투박하게 춤을 추었다.[77]

루이스는 회심하기 여러 해 전, 프랑스에서 군복무 중이었을 때 체스터턴의 에세이들을 우연히 만났고, 뜻밖에도 그의 글에 감동을 받았다.

그때까지 나는 그에 대해 들은 바도 전혀 없었고 그의 입장이 무엇인지도 알지 못했다. 또 그가 왜 그토록 곧장 나를 사로잡았는지 지금도 이해할 수 없다. 내가 비관주의와 무신론의 입장을 가지고 있었고 감상을 혐오했다는 점을 생각할 때 체스터턴은 그 어떤 작가보다 내 취향에서 먼 작가라고 할 수 있었다. … 나는 체스터턴의 의견에 동의하지 않았지만 그가 말하는 바를 즐길 수 있었다. 그는 내가 가장 좋아하는 종류의 유머를 구사했다. … 주장하는 바와 어떤 식으로도 분리되지 않고 오히려 변증 자체의 '꽃'(아리스토텔레스라면 이렇게 말했을 것이다)이 되는 유머를 구사했던 것이다.

… 이상하게 들릴지 모르지만, 나는 체스터턴의 선량함 때문에 그가 좋았다. … 체스터턴을 읽을 때 나는 맥도널드를 읽을 때처럼 내가 어디에 발을 들여놓고 있는지 알지 못했다. 무릇 건전한 무신론자로 남아 있고자 하는 젊은이는 독서 생활에 대단히 신중해야 하는 법이다.[78]

루이스가 체스터턴을 처음 읽고 받은 신선한 충격은 논외로 하더라도, 그가 나중에 읽은 《영원한 인간》은 그를 회심으로 이끈 중요한 계기가 되었다. 그는 이렇게 회상했다.

그러다가 체스터턴의 《영원한 인간》을 읽으면서 내 눈에도 일리 있어 보이는 형태로 제시된 기독교적 역사의 개요를 처음으로 접하게 되었다.[79]

루이스에게 체스터턴은 "생존 작가 중 가장 분별력 있는 작가"였고, 허물어지는 무신론자요, 항복 직전에 있던 루이스에게 기독교가 분별력 있는 종교임을 알려 준 사람도 체스터턴이었다. 루이스는 신학적 주제를 다룬 체스터턴의 책을 얼마 지나지 않아 대부분 탐독했다.[80]
《영원한 인간》은 흔히 체스터턴의 가장 원숙한 책으로 평가받고, 루이스는 자신의 인생관에 가장 큰 영향을 끼친 책 중 하나로 이 책을 꼽았다. 이블린 워(Evelyn Waugh)는 이렇게 말했다.

그 책 안에서 [체스터턴의] 모든 두서없던 생각들이 농축되고 다듬어졌다. 그의 모든 탈선이 바로잡혔다.[81]

이 통찰력 있는 저서는 두 부분으로 나누어져 있다. 첫 부분은 "사람으로서의 인간"이라는 주제를 다룬다. 둘째 부분은 "인간이 되신 하나님"이라는 주제를 다룬다. 이 평행 구조는 미적 감각에 부응하는 면도 있지만 기독교적 시각으로 해석된 인류 역사의 패턴을 전달하기 위한 것이다.

첫 부분에서 체스터턴은 과학주의와 자연주의의 가정에 이의를 제기했다. 그는 진화론적 역사관에 반대하는 주장을 펼치며 "인간을 자연적 산물로 보는 것은 자연스럽지 않다"고 말했다.[82] 오히려 인류 역사는 뭔가 신비롭고 숭고한 것을 드러낸다. 다른 피조물에 비할 때 사람들은 신의 종족처럼 행동한다.

체스터턴에 따르면, 인간은 세상을 관찰하면서 그 안에 어떤 패턴, 계획이 있음을 알아보게 되었다. 시간 속의 어떤 씨앗이 나무로 바뀌었을 때 인간은 그것을 어떤 계획이 전개된 것으로 인식했다. 인간은 또한 세상에 보이지 않는 다른 존재가 있다고 생각하기 시작했다. 그는 낯선 존재, 신비로운 존재였지만 설계자였고, 심지어 친구였다. 세상은 그가 인간을 위해 준비한 것으로 보였기 때문이다.

이 멋진 생각은 두 가지 방식으로 다루어졌는데, 다수의 방식과 소수의 방식이었다. 다수의 방식은 이 멋진 생각을 "소문 같은 것"으로 바꿔 놓았다. "세상은 미지의 존재 또는 그의 아들들이나 종들이나 메신저들에 대한 이야기를 스스로에게 들려주기 시작했다."[83] 그 소문에서 신화와 시가 쏟아져 나왔다. 하지만 잊어서는 안 될 것이 있으니, "그 소문은 다른 모든 소문과 마찬가지로 진실과 거짓이 많이 섞여 있다"는 점이다.[84] 반면, 소수를 형성한 사람들, 현인들, 사상가들, 철학자들이 있었다. "그들은 신비로운 세계를 만든 마음 자체에 관심을 기울였다. 그것이 어떤 종류의 마음이며 그 궁극적 목적이 무엇일지 생각했다."[85] 그러므로 고대인들은 우리에게 신화와 철학이라는 두 가지 정보의 원천을 전해 준 것이다.

둘째 부분은 베들레헴의 동굴에서 태어난, "세상을 만든 인간"의 도래를 다룬다. 그 동굴은 알고 보니 극단적인 것들이 만나는 지점이었다. "전능과 무능, 신성과 영아"[86]가 만난 것이다. 거절과 실향의 상징이던 그리스도-아이의 출생지는 우주의 중심, 진정한 본향, 천국이었음이 드러났다. 이 탄생 이야기는 세계 역사의 절정이다. 목자들이 그들의 목자이신 분에게 오는 모습에서 우리는 대중적 전승들(또는 신화들)이 최종 목적(*telos*)을 찾았음을 깨닫는다. 동방의 박사들이 오는 모습에서는 공자든 피타고라스(Pythagoras)든 플라톤(Platon)이든 철학의 의미 추구가 최종 목적을 찾았음을 알게 된다. 그리스도의 성육신을 통해 "신화가 사실이 되었다"는 루이스의 생각은 체스터턴과 긴밀한 연관이 있음이 분명하다.

한편으로, 체스터턴은 기독교와 기타 사상 체계가 선명한 대립을 이루는 것을 인식했다. 그는 탄생 이야기, 아이들을 죽이러 오는 헤롯 군인들의 악마적 어둠 속에서 '투쟁'의 은유를 발견했다. 그 원수의 존재는 기독교의 혁명적이고 변화시키는 메시지를 강조한다. 그러므로 기독교는 보편적인 동시에 독특하다. 다른 어떤 종교나 철학도 이 같은 주장을 할 수 없다.

불교는 똑같이 신비적이라고 주장할 수 있지만, 똑같이 전투적이라고 주장하지는 않는다. 이슬람은 똑같이 전투적이라고 주장할 수 있지만, 기독교처럼 형이상학적이고 섬세하다고 주장하지는 않는다. 유교는 질서와 이성에 대한 철학자들의 욕구를 채워 준다고 주장할 수 있지만, 기적과 성례와 구체적인 것들의 성별(聖別)에 대한 신비가들의 필요를 채워 준다고 주장하지는 않는다.[87]

따라서 체스터턴은 이렇게 말한다.

교회는 세상이 갖고 있지 않은 것을 갖고 있다. … 온 세상이 포용성과 모든 종교의 형제애 때문에 거의 멸망할 뻔한 적이 있음을 깨닫지 못하는 사람은 교회의 본질이나 고대로부터 내려오는 신조의 분명한 특성을 이해하지 못한다.[88]

체스터턴은 그리스도의 신성을 강력하게 주장한다. 그와 반대되는 개념인 윤리적 스승으로서의 그리스도는 사복음서에 존재하지 않는다.

인간에 불과한 그리스도는 날조된 인물이고, 진화된 인간처럼 인위적으로 조합해 만든 결과물이다.[89]

그리스도의 생애, 그의 행위들, 그의 주장들을 모두 더하면 두 가지 선택지만 남는다. 그는 정신이상자, "비밀스럽거나 자기중심적인 과대망상증 환자"이거나 하나님이시다.[90] 루이스는 이와 동일한 논증을 《순전한 기독교》에서 사용했고, 예수가 내세운 주장들에 근거할 때 그는 거짓말쟁이, 정신병자, 또는 하나님, 셋 중 하나일 수밖에 없다고 썼다.

체스터턴은 순례의 삶도 강조했고, 그런 삶은 그리스도 안에서 볼 수 있다. 예수의 삶은 "목표와 목적이 있는 여행"으로서 그 모습이 "거의 군대 행진 같고 자신의 업적이나 비운의 운명을 향해 나아가는 영웅의 원정과도 같다."[91] 여행으로서의 그리스도 이야기는 자연스럽게 그리스도인의 삶을 해석하는 패러다임이 된다. 예수는 우리 여행의 본이자 목표다. 루이스는 이렇게 썼다.

[바필드는] 영적 세계가 본향이라는 발상-그렇지 않다면 멀게만 느껴졌을 곳에서 발견하는 아늑함-우리가 어딘가로 돌아가고 있으며 아직 거기 도착하지 않았다는 느낌-이 영국인들 고유의 것이라 여겼고, 맥도널드, 체스터턴, 그리고 내가 누구보다 이런 생각을 강하게 갖고 있다고 여겼네.[92]

여행 이미지는 루이스에게 중요한 문학적, 신학적 모티프였다. 조지 맥도널드뿐 아니라 체스터턴도 이 부분에서 중요한 영향력을 행사했다. 로저 그린(Roger Lancelyn Green)과 월터 후퍼(Walter Hooper)는 "루이스의 영적 '항해' 개념이 체스터턴의 책《G. K. 체스터턴의 정통》(아바서원, 2016)에 제시된 개념에 근거한 것이었다"고 지적했다.[93]

체스터턴은 당대의 중요한 가톨릭 변증가였고 루이스에게 깊은 영향을 끼쳤다. 루이스의 '순전한 기독교'가 체스터턴이라는 인큐베이터에서 부화했다는 말은 과장이 아닐 것이다. 그러나 조지 맥도널드 없이는 루이스 이야기가 완성되지 않을 것이다.

조지 맥도널드(George MacDonald, 1824-1905)

루이스는 1916년 맥도널드의 《판타스테스》를 읽은 뒤 자신의 상상력이 회심하고 세례를 받았다고 했다.[94]

그런데 《판타스테스》는 분명히 낭만주의적이었지만 뭔가 다른 점이 있었다. 당시의 나에게 기독교보다 더 생경한 것은 없었으니 정확히 무엇이 다른지는 알 수 없었다. 다만 그 신세계가 이상하면서도 수수하고 소박하다는 점, 꿈이면서도 그 안에서 이상하게 정신을 바짝 차리고 있는 듯한 느낌을 주는 꿈이라는 점, 책 전체에 서늘한 아침의 순수함과 더불어 분명한 죽음, 좋은 죽음의 특징이 명확하게 흐르고 있다는 점을 의식할 뿐이었다.[95]

나중에 루이스는 그 책에서 "밝은 그림자"처럼 튀어나와 주위 세계를 변화시키는 듯 보였던 그 특징을 "거룩함"이라고 불렀다.[96] 맥도널드는 그의 글을 통해 루이스 평생의 영적 스승이 되었다.

조지 맥도널드는 스코틀랜드의 회중교회 목사이고 이후 문학가가 되었다. 스코틀랜드의 칼뱅주의 전통에서 자라난 그는 칼뱅주의의 몇 가지 요점들을 거부했는데, 선택, 유기, 제한속죄 교리 등이 그것이었다. 그런 교리 대신 맥도널드는 하나님의 보편적이고 공평한 아버지 되심을 받아들였다. 롤랜드 하인(Rolland Hein)은 맥도널드가 "정통 칼뱅주의와 독일 낭만주의의 역동적 종합"[97]을 대표한다고 주장한다.

그런데 그 결과물은 칼뱅주의도, 독일 낭만주의도 아닌 것 같다. "인간, 그의 감정들, 우주에서 인간의 위치를 관조하고 이상화하는" 독일 낭만주의의 경향[98]이 맥도널드에게서는 잘 보이지 않는다. 그는 어릴 때 배운 신학과 독일에서 새롭게 습득한 시각을 더해 그만의 고유한 신학을 재구성했다. 그의 신학적 강조점은 두 가지다. 첫째, 하나님은 절대적으로 선하시고 결코 엄하지 않으시다는 견해다. 둘째, 자기 숭배의 징후로 강조되는 인류의 타락에 대한 생각이다.

첫째, 맥도널드의 하나님은 언제나 그분의 자녀 편이시다. 그는 칼뱅주의 신학이 인류를 비하하는 대가를 지불하고 하나님을 높이는 신학이 되었다고 본다.

그들은 영의 아버지를 교도소장쯤으로 여깁니다! '기뻐하시는 창조주' 개념을 포기하고 그 자리에 … 의(義)와 영원한 순결함에는 관심이 없고 자신의 권리만 챙기며, 매력적인 소유물에 연연해하는 비참하고 청교도적이고 엄격한 군인 같은 하나님을 집어넣습니다. 그리고 그 하나님의 선지자들은 지상에서 모든 광채, 모든 소망, 모든 색깔, 모든 가치, 모든 생기를 빼앗고 그 대신 '영원한 기쁨'이라 부르는, 창백하고 눈물 없는 지옥을 내놓습니다.[99]

루이스는 맥도널드의 "이력은 대체로 어린 시절에 배우고 자란 신학에서 벗어나는 과정"이지만, 아이러니하게도 "그는 자신의 지적 반란의 소용돌이 한복판에서 … 그가 반란을 일으킨 대상 안에 있는 실질적 가치, 어쩌면 대체 불가능한 가치를 지닌 요소들을 우리가 볼 수밖에 없게 한다"[100]고 보았다. 하지만 루이스의 후반부 주장은 전반부 주장만큼 분명해 보이지는 않는다.

맥도널드가 지옥에서의 영원한 심판은 없다고 믿고 만인구원론을 설파한 이유는 지옥은 영원성이 없다고 믿었기 때문인 듯하다. 하나님은 인류를 절대 긍정의 시선으로 바라보시기 때문에, 그분의 복수는 바로잡고 결국에는 용서하시기 위한 수단인 것이다.

하나님의 자비는 너무나 크기에 그분에게서 멀찍이 떨어져 있는 자녀들을 소멸하는 불 가운데 두실 것입니다. … 마침내 그들이 이기심의 지갑을 그 안에 든 불순물까지 몽땅 버리고 아버지와 아들과 많은 형제가 있는 집으로 달려올 때까지. 그리고 생명을 주는 불 안으로 뛰어

들 때까지. 그 불 바깥에 있으면 불에 타고 맙니다.[101]

루이스의 신학적 판타지 《천국과 지옥의 이혼》(홍성사 역간, 2003)에서 조지 맥도널드는 천국의 안내자로 등장한다. 가상 대화에서 루이스는 이렇게 묻는다. "선생님의 책들을 보면 만인구원설을 믿으시던데요. 마치 모든 인간이 구원받을 수 있는 것처럼 말씀하셨잖습니까." 루이스의 맥도널드는 자신의 만인구원설을 주장하지 않고 이렇게 대답한다. "만물의 결국에 대해서는 아무것도 알 수 없고, 그런 용어들로 표현해 낼 수도 없다네."

루이스는 대화를 이어 가며 실제 맥도널드가 한결같이 견지했던, 인간의 자유를 귀하게 보는 견해는 그의 만인구원론과 조화를 이룰 수 없음을 지적했다. 모든 사람이 구원을 받고 자유롭지 않든지, 아니면 자유롭고 그중 일부는 자신의 뜻에 따라 구원받지 못하든지 둘 중 하나다. 맥도널드가 말하듯 사람들에게 하나님의 은혜를 거부할 자유가 있다면, 만인구원설은 설 자리가 없다.[102]

한편으로, 루이스는 맥도널드의 기쁨의 태도를 즐거워했다. 맥도널드는 즐거운 창조주이신 하나님을 즐거워하는 일과 그분이 창조하신 세상을 즐거워하는 일에 열정을 쏟았다. 그는 이렇게 말했다.

하나님은 아름다운 것들의 하나님이시고, 종교는 아름다운 것들에 대한 사랑이며, 천국은 아름다운 것들의 본향이다. 자연은 의로움의 태양빛 아래서 열 배나 밝고 나는 그리스도인이 된 이후 자연을 훨씬 더

뜨겁게 사랑하게 되었다.[103]

미적 즐거움을 이렇듯 귀하게 보는 견해는 맥도널드의 저서에 두루 퍼져 있다. 아이러니하게도, 맥도널드는 평생 가난했고, 건강이 좋지 않았으며, 결핵으로 4명의 자녀들을 잃었다. 그렇지만 그의 전 생애는 인격적이시고, 돌보시고, 전적으로 선하신 하나님에 대한 한결같은 신뢰를 보여 준다. 하나님을 아는 것은 어떤 상황에서도 그분의 품 안에서 안전을 발견하는 것이다. 하나님을 아는 것은 그분의 임재를 두려워하는 것이 아니라 즐거워하는 것이다.

하나님의 존전에서 두려워 웃지 못하는 마음은 아직 하나님에 대한 확신이 없음을 의미한다.[104]

둘째, 맥도널드는 인간의 타락성을 강조했다. 타락의 증상은 자기 숭배를 즐기는 것이다. 따라서 인간이 구원과 생명을 찾으려면 자아에 대해 죽는 길을 따라가야 한다. 이 생각이 하나님에 대한 그의 견해에 얼마나 깊이 새겨져 있는지 보라. 그가 믿는 하나님은 무엇이 최선인지 아시고 우리에게 최선의 것을 주기 원하시는 분이기에, 인간의 자기중심성 때문에 슬퍼하신다. 인간의 자기중심성 자체가 지옥이기 때문이다. 자아에 대한 죽음은 온전히 선하신 하나님에 대한 믿음의 행위이며, 그것만이 참된 생명을 보유하는 구원의 유일한 길이다.

맥도널드의 구원관은 인격적이고, 내면적이고, 경험적이며, 파국적이고, 따라서 모험이 넘친다. 한마디로, 개인이 자아에서 벗어나 하나님께로 나아가는 여행이다. 자기중심성은 지옥의 정의라고 할 수 있다.

지옥의 유일한 원리는 이것입니다. "나는 내 것이다!"[105]

우리는 찰스 윌리엄스의 《지옥 강하》에 동일한 생각이 깃들어 있음을 보았다. 《천국과 지옥의 이혼》에 나오는 지옥이 작디작다는 루이스의 흥미로운 생각은 바로 이 원리에 근거한 것이다. 지옥은 왜 그렇게 작을까?

저주받은 영혼은 무(無)에 가깝거든. 쭈그러들어 자기 안에 갇혀 버렸지. 음파가 귀머거리의 고막을 두드리듯 선(善)이 저주받은 영혼을 끝없이 두드려도, 그들은 받아들일 수가 없다네.[106]

따라서 맥도널드의 판타지 이야기들은 죽음, 좋은 죽음의 메시지로 가득 차 있다. 그의 짧은 이야기 《황금 열쇠》에서 노인은 모시를 동굴로 데려가 옷을 벗고 욕조에 눕게 했다(루이스의 《순례자의 귀향》에서 마더 커크가 존에게 시킨 일과 아주 흡사한 장면). 노인은 모시에게 말했다. "일어나서 물속에 비친 네 모습을 보거라."

모시는 일어나서 물속에 비친 자기 모습을 보았는데, 희끗희끗한 머리가 하나도 없었고 얼굴에는 주름도 없었다.
노인이 말했다. "너는 지금 죽음을 맛본 거란다. 괜찮으냐?"
모시가 말했다. "좋아요. 생명보다 나아요."
노인이 말했다. "아니야. 죽음은 더 많은 생명일 뿐이야."[107]

루이스가 맥도널드의 《판타스테스》에서 발견한 것이 바로 이 좋은 죽음이다. '요정 로망스'인 그 책이 다루는 내용은 기본적으로 좋은 죽음과 그 너머에 있는 것이다. 루이스가 개인적으로 큰 가치를 부여한 문학 작품인 《판타스테스》는 몇 가지 주제를 강조한다.

첫째, 《판타스테스》는 개인적 여행 개념을 강조한다.[108] 주인공의 이름 아노도스(Anodos)는 "길이 없는 사람"이라는 뜻이다.[109] '방랑자'가 더 나은 번역일 수도 있다. 사실 이 이야기는 요정의 땅에서 헤매던 아노도스의 '방랑'이 '여행'으로 바뀌는 내용을 다룬다. 그의 영적 여행은 많은 위험한 순간을 지나 성숙한 존재가 되는 과정을 보여 준다. 여기서 맥도널드의 주된 영적 관심사는 본질을 따져 볼 때 존재론적인 것인 듯하다. 그의 기독교적 소망은 단지 인식론적 갱생이나 윤리적 회복이 아니다. 맥도널드의 영적 여행은 자신의 진정한 자아를 찾기 위한 것이다. 결국 참된 자아는 모든 존재의 중심이신 분 안에서만 찾을 수 있다.

둘째, 《판타스테스》는 독자들에게 초자연적인 세계를 받아들이라고 촉구한다. 초자연적 세계는 맥도널드와 루이스 모두에게 근본적 세계관이다. 두 사람 다 자연주의와 유물론을 맹렬히 거부했는데, 그런 견해는 삶을 무의미하게 만들기 때문이다.

셋째,《판타스테스》에서는 자아에 대한 죽음이라는 개념이 중심이 된다. 자기 추구는 이야기 속에서 발생하는 모든 몰락의 원인이다. 여행의 최종 목적인 자아의 죽음은 자유와 말할 수 없는 기쁨으로 이어진다. 이 죽음은 거룩하게 만드는 효과를 갖는다. 사랑조차도 제대로 이해하려면 자기 부인을 포함해야 한다. 욕망에 근거한 사랑은 육체의 열정, 정욕일 뿐이다.

끝으로, 루이스가 말한 대로《판타스테스》에는 기쁨 또는 신비로운 갈망의 특징이 가득하다. 이것은 독자가 직접 하나님께로 가는 여행에 나서도록 부채질하고 독려한다. 맥도널드는 그 내적 특성, 즉 삶에 의미를 부여하는 영원한 실재에 대한 끊임없는 열망을 가리킨다.

루이스는《판타스테스》에 대해 이렇게 썼다.

> 이야기 안에서 부는 기쁨의 바람이 이야기 자체와 이처럼 완전히 한 덩어리가 된 경우는 없었다.[110]

여기 나열한 주제 전부는 루이스의 신학에서도 중심적 위치를 차지한다. 루이스가 이미 인정한 대로, 조지 맥도널드는 그의 '순전한 기독교'의 주요 내용을 제공하고 조건을 조성해 준 사람이다. 루이스에게 대체 불가의 영향력을 끼친 인물이라고 할 수 있다.

루이스의 낭만주의 비판

우리는 낭만주의가 루이스에게 끼친 영향을 살펴보고 폭넓게 평가했다. 루이스의 글에서 낭만주의의 흔적은 부인할 수 없다. 그러나 그는 낭만주의자에 머물지 않았다. 그는 여러 저서에서 낭만주의 일반에서 중심이 되는 두 가지 경향을 구체적으로 거부했다. 낭만주의적 원시주의와 낭만주의적 자연주의다.

첫째, 전자에 대해서 루이스는 이렇게 평했다.

> 낭만주의적 원시주의 ⋯ 는 정교한 것보다 자연적인 것, 의도한 것보다 의도하지 않은 것을 선호합니다. 이것의 등장과 함께 '경험' 그 자체는 존경할 만한 대상이 아니며 의지를 발휘해 자기 것으로 삼고 만들어 가고 북돋워야 할 원재료일 뿐이라는 오래된 확신(한때 힌두교 신자, 플라톤주의자, 스토아학파, 그리스도인, '휴머니스트'가 모두 공유했던 확신)이 사라졌습니다.[111]

루이스의 이 언급은 "상투적 반응"의 경향을 거부하는 I. A. 리처즈(I. A. Richards) 박사에게 반대하는 맥락에서 등장했다. 여기서 "'상투적 반응'은 의도적으로 조직해 낸 태도이며 '경험의 직접적이고 자유로운 작용'을 대신"한다. 루이스는 이런 "의도적 조직화"는 "인간의 삶에 꼭 필요하고, 이것을 지원하는 일이 예술의 주요 기능"이라고 주장했다. 루이스는 "모든 굳건한 미덕과 안정된 즐거움"이 실제로 "특정한 태도들을 선택하고, 조직화하고, 즉각적인 경험의 영원한 변화(또는 '직접적이고 자유로운 작용')에 휘둘리지 않고 그것을 잘 유지하는 것"에 달려 있다고 보았다.[112]

그래서 루이스는 "우리 반응이 늘 더 세밀한 구분을 하고 특수성을 더 키우는 방향으로 개선되어야 한다"고 주장하는 학파의 견해를 거부했다. 그는 이런 생각이 부분적으로는 논리(객관적 범주로서)의 쇠퇴 탓이라고 주장했고, 바로 여기에서 "특수한 것이 진짜이고 보편적인 것은 진짜가 아니라는" 생각이 나온다고 주장했다.[113]

루이스는 가치의 객관성을 깊이 확신했는데, 가치의 객관성이 우리의 경험에 대해 적절한 해석을 부여한다고 보았다. 루이스에 따르면, 우리의 단순하고 본능적인 반응들은 상황이나 대상에 따라 적절하게, 반드시 도덕적 반응으로 빚어져야 한다. 그러므로 악은 악으로, 선은 선으로 보아야 한다. 그는 이 일이 인간의 표현의 자유를 해치는 것이 아니라 표현의 자유를 행사할 올바른 맥락을 제공한다는 것을 깨달았다.

둘째, 루이스는 낭만주의적 자연주의를 거부했다. 자연주의는 자연 숭배의 경향 또는 적어도 자연에 근거 없는 기능을 부여하는 경향을 뜻한다. 루이스는 우리가 자연에서 도덕 감각, 철학, 신학을 끌어낼 수 없다고 주장했다. 그런 시도를 하는 이들은 결국 자신의 내면화된 가치 체계를 투영할 뿐이다. 자연은 이런 것들에 대한 주도적 가르침이 아니라, 보다 적절한 출처에서 배운 내용을 이해하는 데 필요한 배경(상응하는 이미지들로 가득 찬)을 제공한다.

"자연은 어떠한 신학적, 형이상학적 명제도 입증하지 못합니다.

… 그런 명제들의 의미를 밝히는 데 도움이 될 뿐입니다." 명제들을 배우기 위해서는 "우회로로 가야 합니다. 자연의 언덕과 숲을 떠나 서재로, 교회로, 성경으로, 기도의 자리로 돌아가야 합니다. 그렇지 않으면 자연에 대한 사랑은 일종의 자연종교로 변질되기 시작합니다."[114]

자연은 구원의 길을 알려 주지 않는다. 실재에 대한 초자연적 견해나 "소위 자연 속 하나님에 대한 워즈워스의 개념"[115]은 구원의 근본적 필요성을 인정하지 않는 상태에서는 기독교라고 할 수 없다. 적절한 맥락에서 벗어나면 모든 사랑스러운 것이 악마적인 것으로 변한다. 부패하고 타락한 인간의 의지는 그 자체로 선한 것들을 너무나 쉽게 망가뜨린다. 낭만주의적 자연주의는 타락한 의지의 징후다.

루이스의 사상에 영향을 끼친 이 주요 출처들을 살펴보고 난 지금 우리의 결론은 그의 신학이 여러 주요 사상가들의 영향을 받아 형성되었다는 것이다. 그는 철학적(또는 합리적) 전통과 낭만주의 전통 양쪽에서 가져온 관념들을 통합했다. 크리스천 사상가들 중에는 보에티우스, 윌리엄스, 체스터턴, 맥도널드가 루이스에게 영향을 준 주요 인물들이다.

루이스가 본질적으로 기독교적 세계관을 견지했다는 것 역시 분명히 드러난 결론이다. 기독교적 세계관은 그와 충돌하는 개념들에 중요한 도전을 제기했다. 루이스의 신학은 비기독교적 사상 체계를 편집하거나 재구성한 산물이 아니다. 이것은 그가 '순전한 기독교'를 그의 신학의 결정체로 제시한 동기를 살펴보면 명료하게 드러난다. 제 그 문제로 넘어가 보자.

'순전한 기독교 사상' 배후의 주요 동기

우리는 루이스의 저서를 통해 그가 '순전한 기독교'를 추출하게 된 두 가지 독특한 동기를 찾을 수 있다. (1) 건설적 동기로서, 분열된 여러 교파와 기독교 전통을 가로지르는 합의를 확보하기 위해서다. (2) 교정적 동기로서 "물 탄 기독교"로부터 진정한 기독교 사상을 구별하는 '스칸달론'(Skandalon, 넘어지게 하는 것)을 찾아내기 위해서다.

건설적 동기

건설적 의미에서 '순전한 기독교'는 "모든 시대의 거의 모든 그리스도인이 공통적으로 믿어 온 바"를 나타낸다. 루이스는 《순전한 기독교》의 독자들에게 이 문구가 17세기 리처드 백스터에게서 유래했다고 썼다.[116] N. H. 키블(N. H. Keeble)은 루이스와 백스터를 비교하면서 두 사람 모두 자기 시대의 교리상의 불일치를 인식하고 "모두에게 공통적인 것"을 찾아내어 그들 사이에 다리를 건설하고자 했다고 말했다. 이 "공유된 믿음의 광장"만이 "본질적인 것, 참된 기독교의 표지"를 구성한다.[117]

루이스와 백스터는 신학적으로 미묘한 부분이나 논쟁적인 문제를 다루는 대신에, 본질적 신조를 찾아내 그리스도인들 사이에 공통 기반을 놓으려 했다. 백스터는 "십계명, 사도신경, 주기도문에 담긴 본질을 '머리와 가슴, 삶'에 간직한 사람이라면 구체적으로 어떤 교리를 믿고 의식을 실천하든 '보편적 교회의 구성원이 분명하다'"118고 보았다.

루이스 역시 "명확하고 일관성이 있고 다함이 없는" 실체를 확립하려고 했다. 그리고 그 실체가 모든 시대의 모든 그리스도인을 하나로 묶어 준다는 것을 발견했다.119 어떤 의미에서, 루이스는 그리스도인이 되기 위해 견지해야 할 신앙의 절대적 핵심 조항, 기독교의 원리를 모색한 것이다.

그것은 정교한 신학적 추론에 임할 수 있는 전문 신학자들의 '활동'에 반대하려는 취지가 아니었다. 루이스의 관심사는 전문 신학자들의 '활동'이 아니라 당대의 신학적 정교화와 세분화에 따라올 수 있는 위험이었다. "같은 시대 사람들의 책만 읽으면 … '기독교'는 너무 많은 의미를 지닌 단어라서 아무 의미가 없다고 [생각해 버리고 싶은] 유혹을 받을 수 있다"120고 보았기 때문이다. 루이스는 "여러 교파에 두루 걸쳐 있는 뻔하고 식상한 껍데기"가 아닌, 기독교의 본질을 담은 (따라서 독특하고) 명확한 메시지가 존재한다고 확신했다.

그는 "성공회의 대단히 평범한 평신도"를 자처했고 분명히 성공회적인 견해를 견지했다. 그러나 그가 원했던 것은 자신의 종교를 제시하는 것이 아니라 "'순전한 기독교', 즉 제가 태어나기 오래전부터 저의 호불호와 상관없이 존재했고 지금도 그렇게 존재하는 기독교를 설명"하는 것이었다.121 그는 기독교 신앙 바깥에 있는 사람들에게 다가가려면 바로 이것이 필요하다고 생각했다. 순전한 기독교가 없다면 그들은 혼란을 겪고 낙담할 것이다. 그러므로 건실적 의미에서 루이스의 목표는 교회 일치와 복음 전도를 지향했다고 할 수 있다. 루이스는《순전한 기독교》를 통해 자신의 목표를 달성했음을 확신했다.

> 그간의 서평들과 제가 받은 수많은 편지를 가지고 판단해 볼 때, 이 책이 다른 점에서는 흠이 있을지라도 최소한 이미 동의된, 또는 공통적인, 또는 중심적인, 또는 '순전한' 기독교를 제시하는 일에서는 성공을 거두었다고 봅니다.[122]

그는 '순전한 기독교'의 기능을 다음과 같은 예를 들어 설명했다.

> 그것은 여러 방으로 통하는 문들이 있는 현관 마루에 더 가깝습니다. 누군가를 이 마루로 인도할 수 있다면, 제 할 일은 다 한 것입니다. 그러나 불과 의지와 음식이 마련되어 있는 곳은 방 안이지 현관 마루가 아닙니다.[123]

교정적 동기

교정적 의미에서 '순전한 기독교'는 시대정신에 따라 기독교를 거짓으로 설명하는 내용과 대립된다. 기독교와 기독교가 아닌 것을 구분 짓는 척도는 '스칸달론'이다. 루이스는 "여러 방으로 통하는 문이 있는 현관 마루" 예증을 확장해 독자들에게 "참된" 문으로 들어가는 일의 중요성을 상기시켰다.

쉽게 말해서, 여러분은 이렇게 물어서는 안 됩니다. "이곳의 예배 스타일을 내가 좋아하는가?" 여러분은 이렇게 물어야 합니다. "이 교리들은 참된가? 여기에 거룩함이 있는가? 나의 양심이 이쪽으로 나를 이끄는가? 이 문을 두드리길 주저하는 것은 나의 교만이나 단순한 취향 때문이거나 특정 문지기를 개인적으로 싫어해서는 아닌가?"[124]

루이스는 거짓된 것과 대립되는 참된 어떤 것을 제시하고 싶어 했다. 그리고 자신이 진리를 주장하는 일이 절실히 필요한 상황이라고 보았다. 키블은 루이스와 백스터가 처한 상황이 비슷했다고 말했다.

그들 각각은 과거의 기독교 전통과 상당히 단절된 상황에 직면했고 그로 인해 교회의 권위와 영향력이 약화되고 있었다. 백스터는 영국의 종교개혁이 불확실한 상태로 오래 이어져 나타난 분열과 다툼을 상대해야 했고, 루이스는 양차 세계대전 이후에 따라온 환멸과 배교를 상대해야 했다. 두 사람은 같은 방식으로 대응했다.[125]

그러므로 그들의 반응은 역사와 주어진 상황에 충실한 것이었다고 할 수 있다. 루이스는 당시의 시대정신과 전문 신학자 및 성직자 사이에서 유행하던 형태의 기독교(루이스는 그것을 "물 탄 기독교"라고 불렀다)에 특히 비판적이었다. 그는 영국의 청교도들부터 독일 신비가들에 이르는 '순전한 기독교'의 다양한 전달자들을 제시한 후, 순전한 기독교에도 구체적인 내용이 존재한다고 주장했다. 기독교는 너무

의미가 많아서 아무 의미가 없는 종교가 아니었다. 오히려 루이스는 그 안에서 "엄청나게 강력한 단일체"를 발견했고, 그것은 바깥에서 특히나 잘 보였다. 그는 자신의 무신론자 시절을 이렇게 회상했다.

> 제가 기독교를 미워하던 시절, 저는 청교도 번연의 작품과 성공회 신자 후커, 때로는 토마스주의자 단테의 글에서 너무나 친숙한 어떤 냄새처럼, 제가 만날 때마다 거의 변하지 않는 그 무엇을 계속 감지하게 되었습니다.[126]

루이스는 현재의 논쟁에서 시선을 거두어 현재 이전을 보고, 우리보다 앞서간 지혜로운 옛 그리스도인들이 남긴 책들을 통해 그 본질을 파악하는 것이 올바른 시각을 되찾는 길이라고 말했다.

> 유일한 안전망은 당대의 논쟁들을 균형 잡힌 시각에서 보게 해 주는 명백하고 중심이 되는 기독교(백스터의 표현을 빌리자면 '순전한 기독교')의 기준을 갖는 일입니다.[127]

루이스는 신학의 근대성과 근대주의를 강력히 비판했다. 그는 "시대의 구분에 관하여"(*De Descriptione Temporum*)라는 강연에서 서구 역사를 3단계로 구분할 것을 제안했다. 기독교 이전 시대, 기독교 시대, 탈기독교 시대다. 그는 탈기독교 시대에 급격한 세계관의 변화가 있었다고 보았다.

그리스도인들과 이교도들은 탈기독교 시대 사람들과 비교할 때 서로 간에 공통점이 훨씬 더 많았습니다.[128]

루이스는 정치 질서, 예술, 종교, 현실 인식에서 나타난 몇 가지 중요한 변화를 지적했다. 그리고 탈기독교 시대의 사람은 이교 사상으로 되돌아가는 것이 아니라 자연주의에 푹 빠져 있다고 말했다. 또한 기계의 탄생과 보편적 진화주의의 신화가 결합해 사람의 마음에 진보의 이미지를 깊숙이 심어 주었다고 보았다.

그것은 옛 기계를 새롭고 나은 기계가 대체하는 이미지입니다.[129]

루이스는 "현대인과 그의 사고 범주"(Modern Man and his Categories of Thought)라는 또 다른 강연에서 현대의 복음 전도가 쉽지 않은 이유가 현대인이 초자연주의적 세계관을 상실했고 죄와 하나님의 심판에 대한 의식도 잃어버렸기 때문이라고 주장했다. 그는 사람들이 현대라는 시대의 '편견'에 사로잡혀 전통과 분리되었다고 보았다. 실용적인 것에 대한 관심이 진리 추구를 대체했다. 인간의 죄와 부패를 무시하는 '발전주의' 역사관은 선(善)을 '끊임없는 변화 상태'로 규정했다. '무산계급주의'는 각 개인에게 두려움, 죄책감, 외경심 없이 자기만족을 추구할 권리가 있다고 선언했다.

그들은 처음부터 하나님에 대한 자신들의 의무가 아니라 자신들에 대한 하나님의 의무를 생각합니다. 그리고 자신들에 대한 하나님의 의무는 구원이 아니라 사회보장제도, 전쟁 예방, 생활 수준 향상 등 완전히 세속적 용어로 헤아립니다. '종교'의 가치는 이런 목적들에 기여하는지 여부로만 판단됩니다.[130]

사람들은 객관적으로 참된 것에는 별로 관심이 없고 "그것이 위안을 주거나 '격려를 주거나' 사회적으로 유용한지만을 알고 싶어 한다." 실용성에 대한 이런 식의 관심은 "모든 종교는 사실 같은 것을 의미한다"는 널리 퍼진 믿음과 함께 "교리에 대한 무관심과 경멸"을 낳는다. 이와 비슷하게, 상대주의는 모든 영역을 휩쓸어 이성에 대한 회의론을 만들어 냈다. "추론은 아무것도 증명하지 못하고 모든 사고는 이성과 무관한 과정에 의해 좌우된다"는 생각을 받아들이는 이들이 점점 늘어나고 있다.[131]

루이스는 신학이 현대의 사고 범주에 좌우되는 모습에 특히 놀랐다. 그는 이 주제에 대한 그의 대표적 강연인 "현대 신학과 성경 비평"에서 현대주의 신학, 특히 성경학자들이 보여 주는 문학적 둔감성과 근거 없는 역사적 편견, 자연주의적 전제, 오만한 스콜라주의에 대해 대단히 강력한 공격을 감행했다.[132] 그는 많은 현대 신학자들에 대해 이런 결론을 내렸다.

그들의 말을 들어 보면 자신들의 성장 환경인 시대의 정신에 강력히 영향을 받을 뿐 그에 대해 충분히 비판적이지 못함을 알 수 있습니다.[133]

또 다른 글에서는 이렇게 결론을 내렸다.

[그들의 신학은] 너무 '넓거나' '자유주의적'이거나 '현대적'인 나머지 사실상 일체의 실질적 초자연주의를 배제하여 더 이상 기독교적이라 말할 수 없을 정도입니다.[134]

그러므로 루이스의 '순전한 기독교'는 이런 경향들을 바로잡으려는 교정적 시도에 해당한다고 보는 것이 합당한 결론일 것이다. 그는 자신을 "옛 서구인"이라고 불렀다.[135]

지금까지 우리가 살펴본 바에 따르면, 루이스는 가치 판단이 분명한 문학사가이자 종교사가였다. 다시 말해, 그는 현대의 세계관보다는 역사로 넘어간 옛 시기의 세계관을 분명히 선호했다.[136] 루이스는 "탈기독교 시대"의 특징보다는 서구 역사 속 "기독교 시대"의 특징을 선호했다. '순전한 기독교'의 내용은 역사와 전통을 고스란히 반영하며, 현대의 '탈기독교적' 견해와 대립하는 전통적 기독교의 주요 특성들을 드러낸다.

'순전한 기독교 사상'의 주요 특징

루이스의 '순전한 기독교'는 본질적으로 현대의 "물 탄 기독교"가 거부한 양대 기둥이 되는 시각 또는 세계관을 재구성한 것이다. 그러므로 루이스의 신학은 현대 또는 탈기독교 시대의 자연주의적이고 윤리중심적인 종교와 대립되는 초자연주의적이고 구원중심적인 성격을 갖는다. 이 양대 기둥을 이루는 교리 또는 시각은 루이스가 1939년 11월 8일에 쓴 편지에 나와 있다.

> 내가 볼 때 [기독교의 여러 유형을 놓고 해야 할] 진정한 구분은 고교회와 저교회가 아니라 진정한 초자연주의와 구원중심주의를 받아들이는 기독교와 온갖 형태의 현대화된 물 탄 기독교를 가르는 것이 되어야 한다.[137]

초자연주의와 구원중심주의라는 루이스의 이중적 강조점은 그의 기독교적 전제 또는 신념을 형성했다. 루이스는 이 전제를 기준으로 삼아 실재에 대한 다양한 견해를 평가했다. 따라서 그가 플라톤과 아리스토텔레스의 그리스 철학뿐 아니라 어거스틴, 단테, 아퀴나스, 특히 보에티우스에게서 다양한 형태와 모양으로 나타난 그리스 철학의 일부 측면을 통합했지만, 그를 착실한 플라톤주의자, 아리스토텔레스주의자, 토마스주의자라고 부를 수는 없다. 철저히 초자연주의적이고 구원중심적인 그의 세계관은 헬레니즘 사상에서 볼 수 있는 어떤 결론들과도 근본적으로 대립된다.

루이스는 낭만주의와 모종의 친연성을 보여 주었지만, 이 부분에서도 그의 '순전한 기독교'가 기준으로 작용했다. 가령 자연을 초자연주의적으로 바라보는 낭만주의의 견해는 인정했지만, 자연을 구원의 메시지의 근원으로 보는 것은 거부했다. 루이스는 초자연주의 없는 구원주의와 구원주의 없는 초자연주의를 모두 거부했다. 둘은 함께 가야 한다. 그리고 기독교적 시각의 절정은 세상을 구원하러 오신 성육하신 하나님("신화가 사실이 되었다"), 예수 그리스도 안에서 볼 수 있다.

루이스의 양 기둥 시각은 독단적인 것이 아니다. 지금까지 보았다시피, 그 둘은 그의 시대와 우리 시대의 종교적 '삶의 정황'(Sitz im Leben)을 교정하는 기능을 한다. 그리고 그 둘은 전통 신학이 성경의 양대 교리로 주장했던 바, 창조주 하나님과 구원자 하나님의 교리에 부합한다.

루이스가 생각하는 초자연주의는 모호하거나 정체를 알 수 없는 분위기나 기운이 아니다. 그것은 자연주의와 대립되는 분명한 세계관이다. 자연주의는 실재가 "자연적"인 것만으로 이루어진다고 본다.

> 자연적인 것이란 자발적으로 생겨나고, 나타나고, 도래하고, 계속되는 것입니다. 이미 주어져 있는 것, 자생적인 것, 의도하지 않았어도 있는 것, 청하지 않았어도 있는 것입니다.[138]

그와 달리, 초자연주의자는 "모든 것이 두 부류로 나누어진다고 생각"한다.

첫 번째 부류는 독자적으로 존재하는 기초적이고 근본적인 존재들 혹은 (거의 확실하게는) '유일 존재'입니다. 두 번째 부류는 그 '유일 존재'로부터 파생되어 존재하는 것들입니다. 기초적인 유일 존재는 다른 모든 존재가 존재하는 원인이 됩니다. 기초적인 유일 존재는 독자적으로 존재하며 다른 것들은 그가 존재하기에 비로소 존재합니다. 만약 그 유일 존재가 그들을 존재하지 않게 한다면 그들은 더 이상 존재할 수 없습니다. 또 만약 그 유일 존재가 그들을 변경시키려 들면 변경될 수밖에 없습니다.[139]

그렇다면 루이스에게 초자연주의는 '유신론'(그중에서도 인격적 신에 대한 믿음), '창조론'(자존적 존재가 의존적 존재들을 만들어 냈다), '창조주-피조물의 구분'(존재의 두 영역 사이에는 근본적인 구분이 존재한다)을 포용하는 용어임을 알 수 있다.

반면에 구원주의는 인류 역사에 대한 발전론적 또는 진화론적 견해를 거부한다. 인류의 타락한 상태를 인식했기에, 개인적으로도 우주적으로도 창조주의 파국적 개입이 필요하다고 여긴다. 개인적, 사회적 문제에 대한 해결책은 문제들 자체만큼이나 근본적이어야 한다. 해결책은 그리스도의 출현과 사람들이 그분의 인격과 구원 사역을 기꺼이 받아들이는 데 있다.

이후 몇 장에 걸쳐 나는 루이스의 '순전한 기독교'와 거기에 논리적으로 따라오는 교리들을 해설하되 순례 패러다임의 용어로 제시할 것이다. 루이스의 저서들에서 여행 모티프가 두드러지게 나타나기 때문이다. 이 모티프는 루이스의 초자연주의 및 구원중심주의와 일관성을 이룬다.

우리는 우리가 영적인 존재, 자유롭고 이성적 존재로서 지금 비이성적 우주에 거하고 있다는 사실을 그냥 받아들여야 하고 우리가 비이성적 우주에서 나오지 않았다는 결론을 내려야 합니다. 우리는 이곳에서 이방인입니다. 우리는 다른 곳에서 왔습니다. 자연이 존재하는 전부가 아닙니다. '다른 세계'가 있고, 우리는 바로 그곳에서 왔습니다. 우리가 여기서 편안하게 느끼지 못하는 것은 그 때문입니다.[140]

그 결과 우리는 루이스의 '순전한 기독교'가 그의 시대와 우리 시대 서구 교회의 영적 방종, 교리적 안주, 학문적 부적절성에 이의를 제기했음을 알게 될 것이다. 그들에게 '순전한 기독교'는 '스칸달론'(넘어지게 하는 것)이다. 그리고 세상에 대해서는 '에방겔리움'(*Evangelium*, 복음)이다.

Chapter 3.

타향살이

_불안과 방랑은 복음의 준비

방랑 상태에 대한 인식은
그리스도의 복음을 받아들일 전제 조건이다.

이제 그리스도인의 삶이 어떤 특징을 가진 영적 여행인지 들려주는 신학자 C. S. 루이스의 말에 귀를 기울여 보자. 이 순례에는 4개의 단계가 있다. "타향살이", "본향 쪽으로 돌아섬", "본향길에 누리는 본향", "마침내 이른 본향." 이 장은 "타향살이"의 경험이 어떤 것인지에 초점을 맞춘다.

루이스는 우리가 현 세계의 구별되는 두 측면을 보기를 바랐다.

첫째, 이 세상은 거주자들이 위험한 여행을 하게 만든다. 찰스 윌리엄스가 여러 시에서 묘사한 세계에 대해 루이스는 이렇게 썼다.

[그곳은] 강하고, 이상하고, 한결같은 세상이다. … 내가 편안하게 느끼는 그런 세상은 결코 아니다. … 내게 그곳은 황홀경과 공포가 가득하고, 빛나고 바삐 움직이는 것들이 가득하며, 고요한 빈 공간이 부족한 위험천만한 장소다.[1]

루이스는 이것을 실재에 대한 시적 왜곡으로 여기지 않았다. 윌리엄스와 루이스가 볼 때 이 세상에는 살아 있는 것들이 우글거리고, 다양한 외관이 있으며, 이상하고 위험한 것들이 우리를 기다리고 있다. 이곳에서 인간은 처음부터 불안한 방랑자로서 실향감에 시달리고, 종종 홀로 남겨져 고독에 휩싸인다.

둘째, 하지만 이 세상은 피조물들이 창조주를 알고 자신들이 진정으로 있어야 할 곳을 알 수 있도록 창조주께서 도처에 그분을 가리키는 표지판을 세워 두신 장소이기도 하다. "모든 피조물은 정도 차는 있지만 하나님의 이미지이고, 그 가치를 제대로 충실히 파악하고 그것을 실마리 삼아 참되게 따라가면 하나님께로 다시 돌아갈 수 있다."[2] 그래서 이 세상은 모든 사람에게 찬란하고 경외감을 갖게 하는 곳이다. 자연을 붙들어 주고 자연에 의미를 부여하는 초자연적인 것을 자연 안에서 발견하는 이들에게는 더더욱 그렇다.[3]

사람들은 세상에서 줄곧 표지판들을 발견했다. 어떤 이들은 그것을 신화로 묘사했고, 다른 이들은 다양한 철학으로 표현하려 했다. 어떤 이들은 진리에 아주 근접할 수 있었지만, 많은 사람이 요점을 완전히 놓쳤다. 표지판을 발견하는 것과 올바로 해석하는 것은 전혀 다른 일이기 때문이다. 궁극적으로는 창조주께서 친히 제때에 올바른 해석을 주신다. 그분의 말씀을 받아들이면 완전히 새로운 여행에 나서야 한다. 그렇게 해서 방랑이 끝나고 여행이 시작된다.

그러므로 이 세상에서의 삶은 위험하면서도 신비롭다. 루이스는 세상에 대한 이런 양면적 견해를 인정하고 나서 불안과 경이의 특성 모두에 적절한 의미를 부여할 수 있었다. 기독교 사상가 루이스는 인류(및 피조세계 전체)의 타락 개념과 타락한 피조세계를 보존하시는 하나님의 지속적인 은혜를 신학적 용어로 통합했다. 사실 은혜의 적절한 기능은 인류의 구원이 가능해지는 환경을 조성하는 데 있다. 그것은 창조세계를 향한 하나님의 일반사역이다.[4]

'지주'가 보낸 신호들

루이스는 자전적 알레고리 《순례자의 귀향》에서 자신의 지적 여행을 기반으로 해서 사람들이 의미를 추구하는 과정을 그려 냈다. 기본적으로, 그것은 그가 새롭게 받아들인 기독교 신앙, 그 세계관과 생활 방식을 옹호하는 변론이다.

　이 책에는 주인공 존의 두 가지 움직임이 등장한다. 첫째, 불안한 방랑이다. 존은 환상 속에서 이상한 섬을 본 뒤 채워지지 않는 갈망을 갖게 되어 그 섬을 찾아 떠난다. 그것이 방랑인 이유는 어디로 가야 할지 모르기 때문이다. 존은 갈망을 이기지 못하고 퓨리타니아 땅의 집을 떠나 여기저기를 다니고, 여러 자극을 경험하고, 다양한 독단적 주장들을 듣는다. 둘째, 여행 또는 순례다. 존의 존재에 의미를 부여하는 영적 출생지, 곧 그의 진정한 본향으로 돌아가는 일이다.

　이 책의 내용이 진행되는 내내 존은 지주에 대한 소문을 숙고한다. 지주는 누구인가? 어떤 존재인가? 존은 지주의 인격과 성품에 대한 상충되는 묘사들을 듣는다. 루이스는 존의 불안한 방랑이 지주가 주는 여러 신호로 인한 결과임을 독자에게 상기시키지만, 존은 그 신호들의 의미를 이해할 능력이 없다. 섬에 대한 환상이 있고 일련의 규칙들이 계속 반복되지만, 그 내용이 너무 크고 모호해서 따를 수가 없다.

루이스의 저작 일반을 통해 우리는 하나님이 인류에게 주시는 신호를 3가지로 나눌 수 있다. 자연, 기쁨, 도(道, 또는 자연적 도덕법)다. 이 주제들에 대한 루이스의 논의는 전통적 자연신학과 정확히 일치하지는 않는다. 전통적 자연신학은 하나님의 특별계시와 별도로 이성을 통해 하나님을 이해하고 그분과 세계의 관계를 이해하려는 시도다. 하나님이 세우신 다양한 표지판에 대한 연구서인 루이스의 저작은 자연신학과 닮아 보인다. 하지만 그의 논의는 깊은 불안과 좌절을 특징으로 하는 '신학적 심리학'에 집중해 초점을 맞춘다. 각 표지판은 고통과 즐거움, 쓰라림과 달콤함, 두려움과 흠모를 모두 제시한다. 루이스는 자연신학이 인류의 타락성을 진지하게 받아들이고 '신학적 심리학'을 아울러야 한다고 보았다.

루이스는 자연신학의 목표나 목적 그 자체가 구원을 제시한다고 보지 않았다. 그것은 '복음의 준비'(*Praeparatio Evangelica*), 즉 복음 메시지가 받아들여질 수 있는 준비나 상황 제공(루이스는 이것이 절대적으로 필요하다고 생각했다)으로 묘사되는 것이 가장 낫다. 자연, 기쁨, 도를 통해 모든 사람에 대한 진정한 접촉점이 만들어질 수 있다. 모두가 마음에 긴장이나 불안이 쌓이는 경험을 하기 때문이다. 그런 긴장이나 불안은 본질적으로 종교적이다. 루이스가 《순전한 기독교》 중 한

장의 제목으로 붙인 것처럼, "우리의 불안에는 이유가 있다."⁵

자연의 관찰

기쁨과 도가 전통신학이 '선천적 신 지식'(cognitio dei insita)이라고 말한 것의 사례라면, 이번 항목에서는 '후천적 신 지식'(cognitio dei acquisita), 즉 자기 바깥의 실재를 통해 습득하는 하나님에 대한 지식을 다룬다. 루이스는 하나님에 관한 특정한 후천적 지식과 선천적 지식을 객관적이고 보편적으로 파악할 수 있다고 단언했다. 그는 "신학은 시인가?"라는 강연에서 이 문제를 논했다.

> 기독교 신학은 그리스도인들과 (그 이전에는) 유대인들에게 **특별한 조명**이 주어졌다고 말할 뿐 아니라, 모든 인간에게 얼마간의 신적 조명이 주어졌다고도 말합니다.⁶

일반 "조명"의 내용이 무엇일까? 루이스는 《고통의 문제》에서 종교적 발전에 대한 자신의 견해를 밝혔다. 첫 번째 단계는 본서 2장에서 다룬 누미노제의 경험이고, 두 번째 단계에는 도덕에 대한 모종의 인식이 따라온다. 그다음 세 번째 단계에서는 그 둘이 더해져 "경외감을 불러일으키는 누미노제적 힘이 바로 의무감을 불러일으키는 도덕의 수호자라는" 인식을 낳는다.⁷ 누미노제 경험은 자연 관찰과 긴밀하게 이어져 있다.

루이스는 누미노제의 경험이 불러일으키는 "특별한 종류의 두려움을 … 공포라고 부를 수도 있"다고 설명했다. 누미노제는 "공포"와 구별되는 "경외감"도 불러일으킨다.⁸ 인류는 이른 시기부터 ("누미노제에 대한 경외감"은 "인류 그 자체의 역사만큼이나 오래되었다"⁹) 두려움과 흥분(또는 공포와 흠모)이라는 이중의 반응을 불러냈던 객관적이고 보편적인 실재를 감지했다. 이런 누미노제 경험의 기원은 무엇일까?

> 인간이 아주 초창기부터 영들이 우주에 출몰한다고 믿었다는 것은 의심할 여지없는 사실입니다.¹⁰

루이스는 이런 으스스한 우주 개념을 윌리엄 워즈워스가《서곡》에서 묘사한, 어린 시절 훔친 배를 타고 호수를 노 저어 가면서 자연의 장엄함을 보고 느낀 두려움과 동일시했다. 다시 말해, 누미노제에 대한 이해는 자연(전 우주와 관련해) 속의 어떤 존재를 감지함으로써 찾아왔다. 자연에 대한 두려움이나 경외감은 보이는 물리적 우주 안에 있는 위험을 인식해 생겨나는 것이 아니다.

> 물리적인 두려움에서 공포감과 경외감으로 넘어가는 것은 그야말로 도약적인 변화다. 이때 인간이 깨닫게 되는 그 무엇은 위험을 감지하는 경우와 달리 물리적 사실에서 생겨나거나 그것을 가지고 논리적으로 추론해 끌어낸 결과가 아닙니다.¹¹

경외감 또한 물리적 우주의 질서정연함이 아닌, 더 신비롭거나 초자연적인 어떤 것을 통해 발견하게 된다. 우리는 그것을 모종의 신비주의라고 부를 수 있을 것이다.

> 실제로 경외감에 대해 우리가 가질 수 있는 견해는 딱 두 가지뿐인 것 같습니다. 그에 상응하는 객관적 대상이 없고 생물학적 기능도 전혀 수행하지 않는데도 시인이나 철학자나 성자들의 최고로 발달된 정신 속에서 사라질 기미를 보이지 않는 인간 정신의 왜곡된 부분에 불과하거나, 진짜 초자연적인 것에 대한 직접적인 경험, 즉 '계시'라고 불러야 마땅한 경험일 것입니다.[12]

루이스는 이렇게 자연 속에서 초자연을 이해하는 일에 계시적 특성이 있다고 생각했다. 루이스의 자연관은 초자연주의적 견해에 해당한다. 자연은 말한다. 자연은 우리에게 보고, 귀를 기울이고, 주목하라고 명령한다.[13]

반면, 자연의 메시지를 잘못 해석할 위험도 존재한다. 자연의 분위기나 기운은 어떤 의미에서 인류의 방랑이라는 상황을 설명해 줄 수 있지만, 하나님의 진리를 제대로 조명해 줄 수는 없다. 루이스의 경고에 귀를 기울여 보라.

> [자연의] 이 명령이 잘못 해석되어, 거기서 온갖 신학, 범(汎)신학, 반(反)신학이 만들어지는 경우가 많고, 그 모두는 엉터리로 폭로될 수 있습니다. 하지만 그 중심 경험 자체가 엉터리는 아닙니다. 워즈워스

계통에 있는 사람들이건, '핏속에 암흑 신들이 있다'고 보는 이들이건 자연 애호가들이 자연에서 얻는 것은 도상학(圖像學, iconography), 즉 일종의 이미지 언어입니다. 이것은 단순히 시각적인 이미지가 아니라 자연의 '분위기'나 '기운', 즉 공포, 우울, 명랑, 잔인, 욕망, 천진, 순수 등을 말합니다. 사람은 이 분위기나 기운으로 각자가 이미 가지고 있는 신념에 옷을 입힐 수 있습니다. 그러므로 우리는 자연이 아닌 다른 곳에서 신학이나 철학을 배워야 합니다.[14]

자신의 종교를 만들어 내는 위험에 대한 루이스의 지적은 바울이 인류의 자연종교를 분석한 대목과 상당히 일치한다.

하나님을 알되 하나님을 영화롭게도 아니하며 감사하지도 아니하고 오히려 그 생각이 허망하여지며 미련한 마음이 어두워졌나니 스스로 지혜 있다 하나 어리석게 되어 썩어지지 아니하는 하나님의 영광을 썩어질 사람과 새와 짐승과 기어 다니는 동물 모양의 우상으로 바꾸었느니라 … 이는 그들이 하나님의 진리를 거짓 것으로 바꾸어 피조물을 조물주보다 더 경배하고 섬김이라 (롬 1:21-23, 25).

바울은 이 구절에서 두 가지 사실을 분명히 지적했는데, 이들을 더해 놓고 보면 누구나 죄의 결과에 대해 깊은 좌절감을 느끼게 된다. 우선, 모든 인간은 피조세계를 통해 하나님의 "보이지 않는 것들"을 분명히 알게 된다. 보이지 않는 것들은 "그분의 영원하신 능력과 신성"이다. 바울은 그 지식이 "명백"하다고 말했다. "하나님께서 그들에게 그것을 명백히 보여 주셨"(롬 1:19-20, 우리말 성경)기 때문이다. 그러나 사람들은 분명한 지식을 배반하고 하나님의 진리를 왜곡한다. 사람들은 우상을 만드는 데 능숙하다. 그들이 만들어 내는 엉터리 우상들은 하나같이 하나님의 능력과 신성을 기괴하게 비튼다. 한편, 바울은 최초의 저주 아래서도 피조세계에 남아 있는 본모습을 더없이 강력하게 인정했다. 뭔가 온전한 것이 존재하고, 하나님의 흔적이 그분의 피조세계 전체에 스며 있다.

루이스가 생각하는 자연의 역할은 메시지를 전달하는 것이 아니라 하나님의 속성을 인식할 적절한 상황을 제시하는 것이었다.

> 자연은 어떠한 신학적, 형이상학적 명제도 입증하지 못합니다. … 자연은 그런 명제들의 의미를 밝히는 데 도움을 줄 뿐입니다.[15]

루이스는 자연에 대한 사랑이 어떤 이들에게는 "꼭 필요한 입문 역할"을 해 주었다고 말했지만, 자연의 역할은 답을 주는 것이 아니라 질문을 불러일으키는 것이라고 분명하게 선을 그었다. 루이스는 그것을 이렇게 표현했다.

> 자연은 자신이 일깨워 놓은 갈망을 채워 주지 못하며, 신학적 질문에 답해 주지도, 우리를 성화시켜 주지도 못합니다. 하나님께로 가는 참된 여정에는 끊임없이 자연에 등을 돌려야 하는 일이 포함되어 있습

니다. 새벽녘의 들판을 떠나 비좁은 예배당에 들어가거나 어느 빈민가 교회에 봉사하러 가는 일 말입니다.[16]

자연의 역할은 공포와 매혹을 불러일으키는 존재감으로 모든 사람 안에 있는 풀리지 않는 긴장을 일깨우는 것이다. 자연은 인간이 방랑자 신세라는 점도 확인시켜 준다. 이런 의미에서 자연은 복음의 준비 기능을 한다고 말할 수 있다.

'기쁨'의 경험

루이스는 어린 시절에 몇 번이나 이어진 여러 경험의 공통된 특성이 "내 인생 이야기의 주된 부분"이라고 썼다. 그는 그것을 "기쁨" 또는 "어떤 만족감보다 갈망 그 자체를 갈망하게 만드는 채워지지 않는 갈망"이라고 불렀다.[17] 《순례자의 귀향》에 나오는 섬에 대한 환상이 이 기쁨의 특성을 잘 보여 준다. 존은 달콤한 악기 소리에 이끌려 "앵초가 가득한 푸른 숲"에 이르렀을 때 그 환상을 보았다. 존의 마음이 홍수처럼 밀려드는 어린 시절의 기억 속을 허우적대는 사이에,

> 숲 너머에서 달콤함과 아픔이 밀려왔다. 그 느낌이 너무 강렬해 존은 아버지 집도, 어머니도, 지주에 대한 두려움도, 규칙들이 주던 부담도 한순간에 잊어버렸다. 정신의 기능이 모두 멈추었다. … 멀리 숲의 끝자락에 걸려 있던 안개가 잠시 벌어지는 듯하더니 그 틈새로 잔잔한 바다가 보였다. 바다 한가운데 섬이 있었는데, 부드러운 잔디가 내리

막을 이루며 만까지 죽 이어져 있었다. 잡목 숲 사이로 신처럼 지혜롭고 짐승처럼 자의식이 없는, 창백한 피부에 가슴이 작은 산 요정들과 수염이 발까지 내려오는 키 큰 마법사들이 숲속 푸른 의자에 앉아 있는 게 보였다. … 그러나 존은 숲속으로 들어갈 마음이 아직 없었다. 얼마 후 그는 집으로 발길을 돌렸고 서글픈 흥분을 느끼며 수없이 되뇌었다. "이제 내가 무엇을 원하는지 알겠어."[18]

이 이야기는 기쁨의 특성 몇 가지를 설명한다. (1) 달콤함의 요소가 있다. (2) 무엇인가가 미지의 대상으로 사람을 이끈다는 느낌이 있다. (3) 기쁨이 엄습하는 순간, 영혼을 꿰뚫는 날카로운 통증이 느껴진다. 루이스는 진정한 기쁨의 경험은 "일반적인 쾌락과 다를 뿐 아니라 미학적인 쾌락과도 다르다. 이 기쁨에는 칼에 찔리는 듯한 아픔과 통증, 도저히 달래지지 않는 동경이 있다"고 보았다.[19] (4) 이 경험은 너무나 황홀해 지상의 일이나 쾌락을 잊게 한다. (5) 이 경험은 너무나 압도적이어서 마음이 거기에 빠져들고 완전히 몰두하게 된다. (6) 이 경험이 가리키는 대상은 주체의 바깥에 있는 실재다. (7) 이 경험은 향수의 느낌을 강하게 갖고 있다. (8) 이 경험을 하고 나면 더 경험하고 싶은 갈망이 강하게 남는다.

어린 시절 루이스는 《순례자의 귀향》에서 묘사한 특징을 갖춘 몇 가지의 경험을 했다. 그는 "구제불능일 정도로 낭만적"이었던 유년기의 경험을 회상했다. 어느 날 그의 형 워니가 "양철통 뚜껑을 이끼로 덮은 다음 잔가지와 꽃들로 장식한 장난감 동산 내지는 장난감 숲"을 놀이방으로 들고 왔다. 그것을 보았을 때 "서늘하고 신선하고 풍성한 그 무엇"[20]에 대한 이상한 느낌이 루이스 안에서 깨어났다.

또 놀이방 창문에서는 캐슬레이 언덕이 저 멀리 내다보였는데, "그 언덕은 그리 멀리 있지 않았지만, 아이의 눈에는 닿을 수 없는 아득한 곳으로 보였다."[21] 그 언덕은 동경심, 또는 루이스가 그런 특성에 이름 붙인 독일어 단어 '젠주흐트'를 불러일으켰다. 루이스가 처음 그런 경험을 한 시점은 그가 6살도 되기 전이었다.

이후 루이스는 세 차례의 구별되는 기쁨을 경험했다. 첫 번째는 그가 "어느 여름날 꽃을 피우고 있는 까치밥나무 덤불 옆에 서 있을 때" 일어났다. 평범하던 그 순간이 비범하고 황홀한 순간으로 바뀌었다.

> 옛집에 살던 어느 이른 아침에 형이 장난감 동산을 놀이방으로 들고 왔던 일이 불과 몇 년 전이 아니라 수백 년 전에 있었던 일인 양 불쑥 떠올랐다. 그때 나를 덮쳤던 감정을 제대로 표현하기는 쉽지 않다. 밀턴이 말한 에덴동산의 "가없는 행복"('가없는'이라는 말의 옛 뜻을 그대로 살렸을 때)이 그 감정과 비슷하다. 물론 그것은 갈망의 감정이었다. … 그리고 내가 무엇을 갈망했는지 미처 깨닫기도 전에 갈망은 사라지고 온전히 빛나던 섬광이 물러가면서 세상은 다시 평범한 곳으로 돌아왔다. 어쩌면, 그때 막 사라져 버린 동경을 향한 동경이 세상을 잠시 휘저어 놓았던 것인지도 모른다. 그 일은 눈 깜짝할 사이에 일어났다. 그러나 그 짧은 순간에 일어난 일이 어떤 의미에서는 그때까지 내게 일

어났던 그 어떤 일보다 중요했다.[22]

두 번째 기쁨은 루이스가 베아트릭스 포터(Beatrix Potter)의 책《다람쥐 넛킨 이야기》를 읽으면서 "가을의 개념"을 숙고하고 있을 때 찾아왔다.

계절에 마음을 빼앗겼다는 말이 터무니없게 들리겠지만, 그때 내 느낌이 바로 그랬다. 전에도 그러했듯이 그것은 강렬한 갈망의 경험이었다.[23]

그 갈망은 채울 수 없는 것임이 분명했다. 가을을 소유하고 싶은 갈망을 어떻게 채운단 말인가? 루이스는 그 경험이 "일상적인 생활과 아주 다르고 일상적인 쾌감과도 아주 다른 어떤 것이었다. … 차원이 달랐다"[24]고 회상했다.

세 번째 사례는 시 "텡네르의 드라파"(Tegner's Drapa)를 통해 찾아왔다. 루이스가 읽은 부분은 다음과 같다.

외치는 소리가 들렸네.
아름다운 발데르가
죽었도다, 죽었도다―

그 즉시 나는 광활한 북쪽 나라 하늘 위로 둥실 떠올라, 말로 묘사할 길이 없는 (차갑고 광활하고 혹독하고 창백하고 멀리 있다는 것 외에는) 어떤 것을 가슴이 아플 정도로 간절히 갈망하게 되었다.[25]

이런 경험의 역할은 무엇일까? 이 기쁨은 정의상 갈망하는 대상으로부터 떨어져 있다는 인식이 날카롭게 엄습하는 것을 말한다. 따라서 이것은 실향감과 함께 '본향'에 대한 강렬한 갈망을 일깨운다. 루이스는 이렇게 썼다.

> 모든 기쁨(단순한 즐거움이나 쾌락과 구별되는)은 우리의 순례 상태를 강조하지. 언제나 갈망을 상기시키고 불러내고 일깨우거든.[26]

코빈 카넬의 《실재의 밝은 그림자》(Bright Shadow of Reality)는 이 기쁨의 의미를 밝히려고 시도한다. 카넬에 따르면, 기쁨은 "바라는 대상과의 분리감, 언제나 그 너머를 가리키는 쉬지 않는 갈망"이고, 기쁨의 형태는 다양할 수 있으나 "공통 요소인 실향감으로 그 모두가 하나로 이어진다."[27]

기쁨은 진정한 행복을 엿보게 해 주지만 그것이 지나가면 더 큰 갈망과 목마름이 남는다. 채워지지 않는 이 갈망은 "어떤 만족감보다 그 갈망 자체를 더 갈망하게 만든"다.[28] 그래서 기쁨을 원하는 것 자체가 기쁨을 소유하는 최고 상태다. 그러나 열정적으로 추구할 만한 이 "갈망"은 "특정한 형태의 불행이나 슬픔"으로 드러난다.[29]

워즈워스의 소네트 중 "예기치 못한 기쁨에-바람처럼 성급하게"

에서 '기쁨'은 다름 아닌 죽은 딸에 대한 갑자기 솟구치는 갈망이다. 이 기쁨은 "일찍이 슬픔이 낳은 최악의 아픔"이다.[30] 이러한 감정의 역설적 단면이 휩쓸고 지나가면 달곰씁쓸한 잔여물이 남는다. 엄청나게 유쾌한 갈망인 동시에 채워지지 않는 열망인 기쁨은 풀리지 않는 긴장을 안겨 준다. 그리고 그 긴장은 인간 경험의 중심을 이루게 된다.

보편적 경험인 기쁨은 성 어거스틴의 쉬지 못하는 마음이나 블레즈 파스칼의 "하나님 모양의 빈 공간"을 닮았다.

> 인간의 영혼은 지금 우리의 주관적이고 시공간에 매인 경험 방식으로는 결코 온전히 누릴 수 없고, 누릴 수 있다고 상상조차 할 수 없는 어떤 대상을 향유하도록 만들어졌습니다.[31]

그런데 갈망의 진정한 대상이 인간의 힘으로 획득할 수 없는 경지에 있다는 사실을 깨닫지 못한 채 많은 사람이 헛되이 만족을 추구하고 있다.

기쁨의 현상은 인간의 갈망과 관련해 등장한다. "인간의 갈망은 갈망하는 대상을 얻어도 채워지지 않는 것 같다는 점에서 자멸적인 면이 있다."[32] 쾌락주의의 역설이 바로 이것이다. 쾌락 추구에 몰두하면 할수록 더욱 만족하지 못하게 된다. 만족감을 누리기보다는 오히려 허무감이 엄습한다. 루이스는 그의 유명한 설교 "영광의 무게"에서 그 사례를 들었다.

우리가 어떤 책이나 음악 안에 아름다움이 놓여 있다고 생각하고 거기에 기대를 걸면 결국 배신당하고 말 것입니다. 아름다움은 책이나 음악 안에 있는 것이 아니라 그것들을 통해 주어졌을 뿐이며 그 실체는 결국 갈망입니다. 아름다움, 과거의 기억 등은 우리가 정말 바라는 대상에 대한 좋은 이미지이지만, 그것들을 대상 자체로 오해하면 어리석은 우상으로 변질되고 숭배자들은 결국 상심하고 맙니다. 그것들은 우리가 발견하지 못한 꽃의 향기이고, 들어 보지 못한 곡조의 메아리이고, 우리가 아직 방문하지 못한 나라에서 온 소식일 뿐입니다.[33]

루이스는 이것을 모든 사람 안에 있는 "위로할 길 없는 비밀"이라 불렀다. 우리 마음의 갈망에 대한 궁극적 해답이 없이는, 살면서 온갖 소소한 즐거움을 만나도 그때마다 실망의 흔적이 남을 것이다. 그러나 기쁨을 불러일으키는 모든 즐거움을 충실하게 따라가다 보면, 우리 바깥에 있는 그 근원으로 이끌리게 될 것이다.

저는 "젠주흐트"를 기꺼이 '흘러넘친 종교'라고 부를 의향이 있습니다만 조건이 있습니다. 그 흘러넘친 방울들에는 회심하지 않은 사람을 위한 은총이 가득할 수 있다는 사실을 잊어서는 안 된다는 것입니다. 그가 그 방울들을 핥아먹고 원래 그것들이 담겨 있던 잔을 찾기 시작한다면 은총은 그의 것이 됩니다.[34]

우리는 루이스의 기쁨 개념 안에서 변증가들이 "갈망으로부터의 논증"이라 불렀던 것을 보게 된다. 루이스는 자서전을 통해서 논증을 펼쳤을 뿐 아니라 그것을 직접 삶으로 경험하고 옳은 것으로 입증했음을 세상을 향해 선포했다. 지금은 월터 후퍼가 보유하고 있는 《예기치 못한 기쁨》의 초기 원고는 다음과 같은 진술로 시작한다.

> 이 책에서 나는 같은 세대의 수많은 사람처럼 유물론을 신봉하다가 하나님에 대한 믿음으로 돌아오게 된 과정을 기술하고자 한다. 그 과정이 순전히 지적인 것이었다면, 따라서 내가 변증서를 이야기 형태로 쓰는 것일 뿐이라면, 이 책은 설 자리가 없을 것이다. 유신론을 옹호하는 일은 나보다 더 유능한 손에 맡겨져 있다. 내가 대담하게 내 이야기를 보태는 이유는 지금 이 자리에 이르게 된 것이 단순한 사색이 아니라 반복된 특정한 경험에 대한 사색에 의해서라는 사실 때문이다. 나는 경험적 유신론자. 나는 귀납법으로 하나님에 대한 믿음에 이르렀다.[35]

우리는 이것이 루이스의 회심 이야기에 대한 한 가지 관점일 뿐임을 잊어서는 안 된다. 다른 관점-하나님이 그를 포위하시고 서서히 그러나 확실하게 추적하셔서 마침내 항복을 받아 내셨다고 보는 관점-도 무시하지 말아야 한다.

그럼에도 불구하고 루이스는 "갈망으로부터의 논증"이 진정한 변증적 잠재력을 가진다고 보았다. 모든 자연적 갈망에는 그것을 채워 줄 대상이 있다는 기본적 명제가 이 논증의 출발점이다. 우리가 배고픔을 느끼는 이유는 음식이라는 것이 있기 때문이다. 갈증을 느끼는 이유는 물이 실제로 존재하기 때문이다. 다음 단계는 물질적으로 채워질 수 없는 갈망이 존재한다는 사실을 깨닫는 것인데, 이 사실을 놓치는 경우가 많다. 사람들은 피조물로 그 갈망을 채워 보려고 몸부림치지만 결국엔 더 큰 갈망에 사로잡힐 뿐이다. 어떤 피조물로도 채울 수 없는 이 갈망이 바로 기쁨이다. 흥미롭게도 사람들은 기쁨 자체가 다른 어떤 물질적 만족보다 더 갈망할 만한 것임을 발견한다. 그렇지만 기쁨에는 그에 상응하는 대상이 분명히 존재한다.

> 영혼 속의 이 갈망은 아서왕의 궁전에 있던 '위험한 자리'[the Siege Perilous, 아서왕의 원탁에 있던 자리. '성배'를 발견할 사람만 앉을 수 있다고 한다-역주]처럼 오직 한 사람만 앉을 수 있는 자리였던 것입니다. 그리고 세상에 헛되이 만들어진 것이 없다면, 이 의자에 앉을 수 있는 분은 분명히 존재할 것입니다.[36]

무엇이 기쁨을 채워 줄 수 있을까? 루이스는 기쁨이 영원한 세계를 가리키는 갈망이고, 하나님만이 채워 주실 수 있는 갈망이라는 결론을 내렸다.

《순전한 기독교》에서 루이스는 사람들이 기쁨에 대해 어떤 실수를 하는지 보여 주려 했다. 그들의 실수는 둘 중 하나다.

첫째, '어리석은 사람이 택하는 방식'으로서, 그들은 환경 탓을 한다. 더 나은 것-더 예쁜 여자, 더 호화로운 휴가, 더 값비싼 자동

차-을 찾기만 하면 만족을 얻게 되리라 생각한다. 그래서 "[그들은] 늘 이번에야말로 '진짜'라고 생각하면서, 그리고 매번 실망을 거듭하면서, 이 여자에게서 저 여자에게로 … 이 나라에서 저 나라로, 이 취미에서 저 취미로 옮겨 다니느라 전 생애를 탕진"한다.[37]

둘째, 환멸에 빠진 '지각 있는 사람'이 택하는 방식으로서, 그들은 모든 것이 실은 사춘기의 꿈에 불과하다는 판단을 내린다. 그리고 질문을 멈추고 추구하지 않는 법을 배운다. "이것은 물론 첫째 방식보다 훨씬 낫고, 자신은 훨씬 더 행복하면서 사회에는 폐를 덜 끼"친다.[38] 그러나 우리가 갈망하는 기쁨의 대상이 존재할 경우, 이 방식은 결국 첫째 방식 못지않게 어리석은 실수가 되고 만다. 그래서 루이스는 우리가 '그리스도인의 방식'을 따라야 한다고 했다.

피조물이 태어날 때부터 느끼는 욕구가 있다면, 그 욕구를 채워 줄 대상 또한 있는 것이 당연하다. 아이는 배고픔을 느낀다. 그래서 음식이란 것이 있지 않은가. 새끼 오리는 헤엄치고 싶어 한다. 그래서 물이란 것이 있다. 또 사람은 성욕을 느낀다. 그래서 성관계란 것이 있다. 그런데 만약 이 세상에서 경험하는 것들로는 채워지지 않는 욕구가 내 안에 있다면, 그것은 내가 이 세상이 아닌 다른 세상에 맞게 만들어졌기 때문이라는 것이 가장 그럴듯한 설명일 것이다.

지상의 쾌락으로 그 욕구를 채울 수 없다고 해서 우주 전체를 가짜로 볼 수는 없다. 아마도 지상의 쾌락은 처음부터 그 욕구를 채우기 위한 것이 아니라, 그 욕구를 일깨워 진짜 쾌락이 어떤 것인지 암시하기 위한 도구로 존재했을 것이다. 그렇다면 이 지상의 축복들을 반갑잖게 여기거나 무시하지 않도록 조심하면서, 한편으로는 이런 쾌락들이 복사판이나 메아리나 신기루에 불과하다는 걸 잊지 말아야 할 것이다. 진짜 본향을 그리워하는 욕구가 사라지지 않도록 잘 지켜야겠다. … 나 자신이 그 나라를 향해 나아갈 뿐 아니라 다른 사람들도 그럴 수 있도록 돕는 일을 내 삶의 주된 목표로 삼자.³⁹

그렇다면 기쁨은 불안한 방랑을 하고 있는 사람들을 이끌어 그들의 창조 목적인 다른 나라로 향하게 하는 유인책이다. 이것이 루이스가 내놓은 "갈망으로부터의 논증"이다.

자서전 결론부에서 루이스는 그리스도인이 된 이후 기쁨이라는 주제에 대한 흥미가 거의 사라졌다고 썼다. 하나님을 발견한 다음에는 하나님을 향한 "갈망"을 갈망하는 일이 더 이상 가치가 없기 때문이다.⁴⁰ 기쁨은 "지시봉의 가치만을 지니고 있을 뿐"이고, "길을 발견한 이후에는 몇 마일마다 하나씩 세워져 있는 표지판들을 만나도 더 이상 멈추어 서서 들여다보지 않는다."⁴¹ 그리스도인들에게 기쁨은 본향으로의 여정에 함께하면서 갈망의 대상에서 시선을 떼지 않도록 격려하는 역할을 할 뿐이다.

도(道)에 대한 인정

앞에서 보았다시피, 루이스에게 자연은 창조주를 가리키는 지시봉이다. 그러나 그는 자연보다 더 나은 증인이 있다고 말했다.

우리는 이 누군가에 대해 두 가지 증거를 가지고 있습니다. 하나는 그가 만든 우주입니다. 만일 우리가 우주를 유일한 단서로 사용한다면, 그는 위대한 예술가(우주는 아주 아름다운 곳이므로)이지만 인간의 친구는 될 수 없는 무자비한 존재(우주는 아주 위험하고 무서운 곳이므로)라는 결론이 나옵니다. 또 하나의 증거는 그가 우리의 정신 안에 둔 도덕법입니다. 이것은 내부 정보이므로 우주보다 더 좋은 증거가 됩니다. 어떤 사람에 대해 더 많이 알려면 그가 지은 집을 보기보다는 그의 말을 들어 보아야 하는 것처럼, 일반적으로 우주보다는 도덕법을 통해 하나님에 대해 더 많은 것을 알 수 있습니다.[42]

결과적으로, 루이스는 보편적인 자연적 도덕법의 존재를 증명하는 데 상당히 힘을 쏟았다.

앞에서 우리는 《고통의 문제》에서 루이스가 인류 역사에 나타난 종교적 이해의 여러 단계를 제시한 내용을 살펴보았다. 첫 번째 단계는 누미노제의 경험이다. 두 번째 단계는 보편적 도덕 감각을 인정하는 것이다. "[그들은] 일정한 행위들에 대해 '해야 한다'거나 '해서는 안 된다'고 표현하게 되는 경험을" 한다.[43] 세 번째 단계에서 사람들은 도덕적 명령을 누미노제와 동일시하기 시작한다. "경외감을 불러일으키는 누미노제적 힘을 의무감을 불러일으키는 도덕의 수호자로 여기게" 된다.[44]

루이스는 자연적 도덕법이 일정한 규칙성을 갖고 사람들의 마음을 압박하는 절대적으로 객관적인 실재로 존재한다고 주장했다. 그는 '도'(道, Tao)라는 용어로 자연적 도덕법을 나타냈고, 이 용어를 가장 깊이 있게 다룬 책이 《인간 폐지》(홍성사 역간, 2006)다. 그리스도인들에게는 루이스가 '도'라는 용어를 쓰는 것이 다소 혼란스럽게 다가올 수 있다. 그는 도를 변증적 어휘로 받아들이면서 원래의 중국어 의미를 이런 식으로 설명했다.

> 그것은 모든 술어를 넘어선 실재이며, 창조자 앞에 있던 심연입니다. 그것은 자연(본성)이며 방식이며 길입니다. 그것은 우주가 돌아가는 방식이며 만물이 조용하고 고요하게 공간과 시간 속으로 끝없이 출현하는 방식입니다. 또한 그것은 모든 사람이 자신의 모든 행위를 맞추어야 할 위대한 본보기이고, 본받아 걸어야 할 우주적이고 초우주적인 진행 방식입니다. 《논어》는 말합니다. "의식, 즉 예(禮)에서 중요한 것은 자연과의 조화다."[45]

> 그것은 바로 객관적 가치가 존재한다는 교리, 즉 우주의 어떤 것과 우리의 어떤 면에 대해서 어떤 태도는 진실로 참되지만 어떤 태도는 정말로 잘못되었다는 믿음입니다.[46]

이것이 가장 중요하다. 루이스는 보편적 범주인 도가 "플라톤적, 아리스토텔레스적, 스토아적, 기독교적, 동양적인"[47] 윤리적 명령의 공통 요소임이 드러난다고 주장했다. 루이스는 규범적이고, 객관적이며, 보편적인 도덕 원리를 옹호하기 원했다. 이것은 그의 철학의 주요 측면임이 분명하다. 피터 크리프트에 따르면, 객관성은 "루이스의 마음과 철학을 여는 열쇠"이고, "그는 도덕적 절대주의자이며 근대성에 반대하는 그의 비판은 상당 부분 도덕적 상대주의를 겨냥한다."[48] 중세의 객관적 도덕법 개념을 선호한 루이스는 16세기에 유럽인들의 머릿속에 들어갔던 새로운 생각에 대한 불만을 드러냈다. 이 중요한 논의는 그의 《16세기 영문학》(English Literature in the Sixteenth Century)에서 볼 수 있다.

루이스는 중세의 아리스토텔레스 윤리학이 자연법을 왕조차도 따라야 하는 객관적이고 절대적인 것으로 확립하는 이점을 누렸다고 주장했다. "아리스토텔레스(Politics, 1282)는 최고 권력이 법을 제정해서는 안 된다고 분명하게 판단했다. 최고 권력의 기능은 기존에 있는 법을 집행하는 것이었다." 구체적 상황에서 구체적 규칙들을 제시할 때도 "법의 개요는 보존되어야 한다. 법이 국가를 창조하는 것이지 그 반대가 아니다."[49] 이 법이 진정한 주권자다. 루이스는 헨리 브랙턴(Henry de Bracton, 1210-1268, 영국의 법관)의 말을 인용해 "왕을 왕으로 만드는 것이 법이기에 왕도 법 아래 있다"[50]고 말했다.

아리스토텔레스의 이 원리가 로마서 2장 15절[51]에 나오는 성경의 자연법 개념과 더해지면서 자연적 도덕법을 적극 인정하게 만들었고, 그 견해는 중세의 사고방식을 지배했다. 그래서 토마스 아퀴나스는 이렇게 주장할 수 있었다.

이런저런 사회의 시민법은 '구체적 결정에 의하여' 자연법에서 도출된다. 만약 그렇지 않고 시민법이 자연법과 반대되는 내용을 담고 있다면 그것은 부당하며, 우리는 원칙적으로 그것을 지킬 의무가 없다.[52]

루이스는 리처드 후커의 글에서 이 개념이 확장된 내용을 발견했는데, 후커는 하나님은 입법자이시며 자발적으로 법을 지키시는 분이라고 주장했다. "이 일 저 일을 행하시는 하나님의 뜻에 대해 그것이 그분의 뜻이라는 것 외에는 아무 근거가 없다고 보는 사람들은 잘못 생각한 것이다." 이것은 루이스의 말처럼 "하나님은 오로지 친히 명하신 선의 '한결같은 질서와 법'만을 준행하신다"는 의미다.[53]

그리고 마지막 한 걸음이 남았다. 휴고 그로티우스[Hugo Grotius, 1583-1645, 네덜란드의 법사상가-역주]는 《전쟁과 평화의 법》(*De Jure Belli ac Pacis*, 1625)에서 "실제로 하나님께로부터 나온 자연법은 하나님이 존재하지 않는다고 가정해도 똑같이 구속력이 있을 것이다. 이것은 선이 모든 능력을 빼앗긴다고 해도 여전히 선일 것이라는 말을 달리 표현한 것"이라고 주장했다.[54]

루이스는 이런 생각이 칼뱅의 견해와 정반대라고 보았다. 루이스에 따르면, 칼뱅의 견해는 "전능은 그것이 악하다 해도 경배받아야 하고, 힘은 모든 선을 다 빼앗긴다 해도 존경할 만한 것이라고 말하는 것에 가깝다."[55] 루이스는 행정관에게 절대적 입법권을 부여하는 것이 신이 정해 준 제도라고 본 칼뱅의 견해로 인해 어떤 흐름이 시작되었고, 그 흐름은 중세의 원리에서 가장 멀리 이탈한 니콜로 마키아벨리(Niccol Machiavelli)의 《군주론》에서 절정을 이루었다고 주장했다.⁵⁶ 그 흐름은 "루소, 헤겔, 그리고 헤겔좌파와 헤겔우파"를 거쳐 "각 사회는 철저히 자유롭게 자체의 '이데올로기'를 창조할 수 있고 그로부터 사회 구성원들의 모든 도덕 기준이 나온다는 견해"를 지지하는 마키아벨리적 독재에까지 이르렀다.⁵⁷

여기서 루이스는 당시의 역사적 흐름을 보고 칼뱅을 갈림길의 한쪽에 세우는 부당한 평가를 내렸다. 칼뱅의 《기독교 강요》에는 권력 찬탈과 독재의 양극단에서 균형을 잡으려는 시도가 있다. 칼뱅은 마키아벨리의 《군주론》 라틴어 번역본이 나오고 6년 후인 1559년에 이렇게 썼다.

> 한쪽에서는 정신 나간 야만인들이 [시민 정부라는] 하나님이 세우신 질서를 뒤엎으려고 날뛰고 있고, 다른 쪽에서는 아첨꾼들이 군주의 권력에 과도한 찬사를 보내며 하나님의 다스림에 맞서기를 주저하지 않는다. 이 두 가지 악이 모두 제어되지 않는 한, 믿음의 순수성은 유지될 수 없을 것이다.⁵⁸

크리프트는 칼뱅의 견해에 대한 루이스의 평가를 옹호하며 "칼뱅주의는 선을 하나님의 뜻(하나님의 이성이나 그분의 본성이 아니라)에만 달려 있게 만들어 선이 자의적인 것이 되게 한다"고 주장했다.⁵⁹

놀랍게도, 여기서 그는 칼뱅주의가 하나님의 뜻이나 명령을 그분의 이성이나 본성과 분리시킨다고 추정하고 있는데, 이것이 사실이라면 칼뱅주의는 기독교 정통신앙에서 상당히 이탈한 입장이 될 것이다. 의나 진리의 기준이 하나님의 말씀에 있다고 주장하는 것은 정통 기독교에 부합하지만, 하나님의 말씀은 그분의 존재 및 본성과 결코 분리될 수 없다. 루이스가 자신이 비판한 신학을 희화화한 글을 보면 그의 혼란이 드러난다.

> 18세기의 어떤 신학자들은 "어떤 것이 옳기 때문에 하나님이 명령하신 것이 아니라, 하나님이 명령하셨으니 그것이 옳다"는 끔찍한 주장을 펼쳤습니다. 심지어 어떤 이는 자기 입장을 좀 더 정확히 내세우기 위해 이렇게 말하기도 했습니다. 곧, 하나님은 우리에게 하나님과 이웃을 사랑하라고 명령하셨지만, 만일 하나님과 이웃을 미워하라고 명령하셨다면 그때는 미움도 옳다는 것입니다. 이는 하나님의 결정을 동전 던지기의 결과인 양 말하는 것이나 다름없습니다. 이 이론은 하나님을 독단적인 전제 군주로 묘사합니다. 이러한 윤리관이나 신관을 갖느니 차라리 하나님을 믿지 않고 윤리관이 없는 편이 더 나으며 더 종교적일 것입니다.[60]

루이스는 "옳음이 옳은 이유는 하나님이 그것을 옳다고 말씀하시기 때문"이라는 견해를 비판하고, 그런 주장은 종교가 없는 것만 못하다고 여기는 듯하다. 그러나 그런 신학자들이 "끔찍한" 이유는 그들이 의를 하나님의 명령과 연결 지었기 때문인가, 아니면 하나님의 본성에 대해 제멋대로 된 견해를 가졌기 때문인가? 후자가 답이다.[61]

루이스가 실제로 하고자 했던 말은 무엇일까? 그는 하나님의 존재(그분의 뜻과 본성을 포함하는)와 도덕법 또는 "선함"의 관계를 어떻게 이해했을까? 그는 자연법이 하나님의 존재 바깥에 자리할 수 있다는 그로티우스의 이론에 동의했을까? 하나님이 선함의 기준을 세우시고 나면, 그 선함이 하나님의 권능의 관할권 바깥에 자리 잡고 여전히 유효할 수 있을까?

루이스는 1943년에 쓴 에세이 "주관주의의 독"에서 "하나님과 도덕법은 어떤 관계에 있습니까?"라는 질문을 제기했다.[62] 그리고 "도덕법이 하나님의 법이라고 말하는 것은 최종 해결책이 아니"라는 결론을 내렸다. 왜 그랬을까?

이런 것들이 하나님이 명령하시기 때문에 옳은 것입니까, 아니면 이런 것들이 옳기 때문에 하나님이 명령하시는 것입니까? 전자의 경우라면, 즉 선이 하나님의 명령으로 정의된다면, 하나님의 선함은 아무 의미가 없게 되고 전능한 마귀의 냉병도 "의로운 주님"의 명령 못지않게 우리에게 똑같은 권한을 행사했을 것입니다. 후자의 경우라면 우리는 이 우주에 두 왕을 인정하는 것이며 심지어 하나님 자신을, 하나님의 존재 외부에서 그분보다 선행하는 법의 단순한 실행자로 만들어 버리게 됩니다. 두 관점 모두 수용할 수 없지요.[63]

이 두 가능성을 제거한 후, 루이스는 하나님의 단순함 또는 단일성 교리에 호소했다. (이 교리의 근거는 그가 삼위일체로부터 도출한 의미, 즉 하나님은 하나의 인격이 아니라 "초인격적 하나님의 절대적 존재 가운데" 나뉘지 않는 신성의 단일성을 갖고 계신다는 사실이다.) 그는 우리가 "사람과 법에 대해 생각할 때 법을 따르는 사람이나 법을 만드는 사람, 둘 중 하나를 떠올릴 수밖에 없다"는 것이 바로 문제임을 밝혀냈다.[64] 그리고 이렇게 결론을 내렸다.

> 하나님은 도덕법을 따르지도, 그것을 창조하지도 않습니다. 선은 창조되지 않습니다. 그럴 수밖에 없습니다. 선에는 어떠한 우연성도 드리워지지 않습니다. 선은 플라톤이 말한 대로 존재 저편에 있습니다. 힌두교에서는 그것을 신들을 거룩하게 하는 '리타'라고 하고, 중국에서는 모든 실체가 비롯되는 '도'라고 말합니다.

반면, 그리스도인들은 선을 힌두교인들과 중국인들과는 다르게 제시한다.

> 그러나 가장 지혜로운 이교도들보다 더 큰 은혜를 입은 우리는 압니다. 존재 너머에 있는 것, 어떤 우연성도 인정하지 않는 것, 다른 모든 것에 신성을 부여하는 것, 모든 존재의 근거가 되는 그 무엇이 법일 뿐 아니라, 낳으시는 사랑, 태어나는 사랑, 그리고 이 둘 사이에 있는 사랑이자 그 자존하는 생명의 하나 됨에 동참하도록 붙들린 모든 이들에게 내재하는 사랑이기도 하다는 것을 말입니다. 하나님은 그저 선하신 것이 아니라 선함 자체이며, 선함은 단순히 신성한 것이 아니라 하나님 그분입니다.[65]

루이스는 하나님의 속성이 하나님의 본질과 분리된 어떤 것이 아니라고 말했다. 하나님의 속성은 그분의 삼위일체적 존재에 내재한다. 그는 하나님의 단순성 교리를 인정했다. 그러므로 "이런 것들이 하나님이 명령하시기 때문에 옳은 것인가, 아니면 이런 것들이 옳기 때문에 하나님이 명령하시는가?" 하는 원래의 질문은 애초부터 잘못된 것임이 드러난다. 하나님의 속성으로서의 선함(즉 옳은 것을 명하심)을 그분의 존재와 떼어 놓고 생각해서는 안 된다. 선함은 하나님이 명령하시는 바가 아니고, 자기를 명령하도록 하나님께 압박을 가하는 그 무엇도 아니다. 이런 의미에서 하나님의 선함은 하나님의 하나님 되심이다.

나는 루이스가 확고히 하려 했던 내용과 다음의 진술이 함축하는 내용 사이에 어떤 실질적 차이가 있는지 모르겠다.

하나님이 일반계시와 특별계시를 통해 세우신 도덕적 기준은 각 개인의 주관적 감정이나 성향 바깥에 자리 잡은 객관적 실체다. 이 기준은 하나님의 본성과 절대적으로 일치하기에 하나님의 선함, 정의, 사랑 등을 드러낸다. 결국, 하나님의 명령 앞에 서는 우리는 말씀으로 우리에게 주권을 행사하시는 하나님의 존재 앞에 서는 것이다. 힌두교의 리타 개념과 중국의 도 개념은 하나님이 사람들의 마음에 두신 자연적 도덕법의 일부를 반영하지만, 비인격적 절대적 가치 개념인 그것들은 하나님이 창조하신 실재를 제대로 표현하지 못한다.

나는 이 진술이 루이스의 사상과 조화를 이룬다고 믿는다. 반면, 크리프트는 루이스가 "하나님이 선을 명하시는 것은 선이 선하기 때문이다. 그것은 하나님이 명하시기 때문에 선한 것이 아니다"라는 조지 맥도널드의 견해를 따랐고,[66] "선함을 신적 능력으로 환원하고 우리로 하여금 전능한 악마를 숭배할 준비를 갖추게 하는" 칼뱅주의에 반대했다고 주장했다. 그러나 사실 루이스는 "하나님이 선하시기 때문에 선을 명하신다"고 말하고 싶었을 것 같다. 루이스가 《예기치 못한 기쁨》에서 다음과 같이 말한 것도 그 때문일 것이다.

> 하나님은 하나님이셨기에 순종을 받으셔야 했다. … 하나님은 하나님으로 존재하시기에 순종을 받으셔야 한다. 왜 하나님께 순종해야 하는가? 이 질문의 답은 결국 "스스로 계신 분이므로"이다. 하나님을 안다는 것은, 우리가 마땅히 그분께 순종해야 한다는 사실을 아는 것이다. 하나님의 본질 자체가 그분의 주권이 법적으로(*de jure*) 정당한 것임을 보여 준다.[67]

지금까지 자연적 도덕법의 본질을 다루었으니, 이제 방랑의 삶에서 자연적 도덕법이 맡은 역할을 이해하는 중심 문제로 돌아가 보자. 루이스는 《순전한 기독교》에서 하나님의 존재를 지지하는 근본적으로 도덕적인 논증을 제시했다. 하지만 루이스의 논점은 직접적이지 않다. 인류에게는 진리와 선함 같은 가치들이 내재해 있고 거기에는 분명한 원인이 있다고 주장하는 대신, 그는 긴장 상태가 존재한다고 지적했다.

> 제가 말하고 싶은 것은 두 가지입니다. 첫째, 지구 위에 사는 인간은 누구나 일정한 방식으로 행동해야 한다는 기묘한 생각을 갖고 있으며, 그 생각을 떨쳐버리지 못한다는 점입니다. 둘째, 그럼에도 불구하고 사실 사람들은 그런 방식으로 행동하지 않는다는 점입니다. 그들은 자연법을 알고 있습니다. 그러나 그것을 어기고 있습니다. 이 두 가지 사실은 우리 자신과 우리가 살고 있는 이 우주에 대해 명확하게 생각할 수 있게 해 주는 토대가 됩니다.[68]

루이스는 복음을 받아들이는 데 꼭 필요하다고 생각한 인식론적 조건을 확립하고자 했다. '복음의 준비'가 되어야 할 그것은 인류 전체가 공통적으로 가지고 있는 불안을 인정하는 일이었다. 그는 BBC 방송의 제작자에게 보내는 편지(나중에 《순전한 기독교》의 일부로 편집되어 들어갔다)에서 이렇게 썼다.

> 제가 주로 다루고 싶은 내용은 자연법, 또는 객관적인 옳고 그름입니다. 제가 볼 때 신약성경이 회개와 죄 용서를 곧장 선포하는 것을 보면 청중이 이미 자연법을 믿고 있고 자신이 그것을 어겼음을 안다고 전제하는 듯합니다. 현대 영국에서는 그럴 거라고 전제할 수가 없습니다. 따라서 대부분의 변증 시도가 지나치게 멀리 나간 상태에서 시작됩니다. 첫걸음은 죄의식을 창출하거나 회복하는 것입니다.[69]

이 편지에는 루이스의 복음 전도 계획이 잘 정리되어 있다. 그는 자연적 도덕법이 인간 본성에 내재한 고유한 것이라고 말했다. 사람들 중에는 예외라 할 만한 경우가 있지만, 그것은 색맹이나 음치와 같은 방식으로 본성에 어긋나는 일이다. "그러나 인류 전체를 놓고 볼 때 … 인간이라면 누구나 바른 행동에 대한 인식을 분명히 가지고 있"었고, 차이가 있기는 했지만 "전적인 차이라고 할 만한 것이 아니었"다.[70]

이 자연적 도덕법은 인간의 본능이나 사회적 관습과 구분해야 한다. 다양한 본능이 작용하고 도덕법은 그 본능들을 규제한다. 본능은 피아노 건반의 키와도 같다.

> 도덕법은 우리에게 연주해야 할 곡을 말해 줍니다. … 엄밀히 말하면 충동에는 좋은 것과 나쁜 것이 없습니다. … [피아노] 건반에 '옳은' 키와 '그른' 키가 따로 있는 것이 아닙니다. 모든 키는 바르게 누르는 순간이 있고 잘못 누르는 순간이 있습니다.[71]

사회적 관습들 위에 자리 잡고 각 관습의 도덕성을 결정하는 근거가 되는 기준이 따로 존재한다. 도덕법은 하나의 생활 방식(관습)이 아니라 특정한 방식으로 살라는 명령(도덕적 '당위')이다.

그렇다면 도덕법의 배후에는 무엇이 놓여 있을까? 그 무엇이 실재한다면 그것은 의식적 존재일까, 의식이 없는 존재일까(유물론적 견해 대 종교적 견해)? 인간이 최고 형태의 생명체이기 때문에, 우리는 그 무엇이 의식이 없는 물질보다는 인격에 더 가까울 것이라고 예상할 수 있다.

[종교적 견해]에 따르면, 우주의 배후에는 그 어떤 것보다 정신과 비슷한 무언가가 있습니다. 그 무언가는 지각과 목적을 가지고 있으며 어떤 것을 다른 것보다 더 선호하는 존재입니다.[72]

이렇게 되면 우리에게는 3가지 선택지가 남는다. 범신론, 이원론, 기독교적 유신론이다. 범신론은 하나님이 선악을 초월하신다고 주장하고 어떤 가치 판단도 내리기를 거부한다.

범신론자는 암이나 빈민가를 보면서 이렇게 말할 수 있습니다. "신의 관점에서 보기만 한다면 이런 것들 역시 신이라는 사실을 깨달을 텐데."[73]

그리스도인들이 볼 때 이것은 완전히 헛소리다. 루이스에 따르면, 기독교는 "전투적인 종교"이고, 하나님의 뜻에 따라 세상을 바로잡으라고 요구한다.

이원론은 절대적 선과 절대적 악을 믿어야 한다고 주장한다. 그러나 일단 어떤 것을 선하거나 악하다고 규정하게 되면 "이 두 힘을 제외한 제3의 존재를 우주에 끌어들이는 셈이 됩니다. 그것은 선의 법칙 또는 기준, 규칙이지요. 그리고 두 힘 중 하나는 여기에 부합하지만 다른 하나는 부합하지 않습니다." 루이스의 말은 이렇게 이어진다.

그러나 이처럼 그 기준에 따라 두 힘을 판단하게 되는 것을 볼 때, 그 기준 내지 그 기준을 만든 '존재'는 두 힘보다 더 오래전부터 있었을 것이고, 더 높은 곳에 있을 것이며, 그야말로 진정한 하나님일 것입니다. 즉 우리가 두 힘 중 하나를 선하다고 부르고 다른 하나를 악하다고 부르는 것은, 사실상 하나는 진정하고 궁극적인 하나님과 바른 관계를 맺고 있으며 다른 하나는 그릇된 관계를 맺고 있다는 뜻인 것입니다.[74]

《순전한 기독교》에서 루이스는 논증에서 한 걸음 더 나아가 그리스도의 메시지, 그분의 성육신, 죽음을 통한 대속을 제시하는 일로 넘어간다. 자연적 도덕법을 인식하는 데에서 출발해 기독교 세계관을 지지하는 변증적 논증을 구성한다. 자연적 도덕법에 대한 인정은 자연, 기쁨과 더불어 '지주'의 존재를 가리킨다. 그 결과로 나타나는 것이 의무감과 죄책감이다.

지금까지 우리의 논의는 '복음의 준비'의 실존적 차원, 즉 인류의 일원으로서 각 사람이 경험하는 내용에 초점을 맞추었다. 이제는 역사적 차원으로 넘어가 루이스가 들려주는 히브리 민족의 율법 및 선지자들과 이교도 신화들 간의 변증법적 관계를 들여다보자.

'목자 민족'과 이교도

히브리 민족과 이교도들의 역사에 대한 루이스의 독특한 해석은 그의 사고를 들여다볼 수 있는 중요한 통찰을 제공한다. 히브리 민족은 '목자 민족'이라고 불리고, 하나님은 그들에게 기록된 삶의 규칙을 주셨다. 반면에 이교도들은 '그림'(루이스가 생각하는 이교도 신화의 기능을 가리킴)을 받았는데, 그 효율성은 히브리인들이 받은 율법 및 선지자들보다 열등하다. 보다 자세한 내용은 루이스의 자전적 알레고리를 통해 살펴보자.

《순례자의 귀향》에서 존은 '역사'라는 이름의 은자에게서 매혹적인 이야기를 듣는다. '역사'는 존에게 지주가 소작인들에게 메시지를 전하기 위해 두 가지 길을 허락했다고 말한다. 지주는 읽을 줄 아는 이들에게 규칙을 주었다. 그러나 모두가 읽을 줄 아는 것은 아니다. "읽을 줄 모르는 사람들에게 규칙이 무슨 소용이 있나?" 게다가, "나면서부터 읽을 줄 아는 사람은 없네. 그러니 우리 모두의 출발점은 규칙이 아니라 그림이라네."[75]

하지만 그림만으로는 위험하다. 사람들이 그림에 대해 끊임없이 이야기들을 지어내기 때문이다. 그 이야기들에는 흔히 그림을 터무니없고 저속한 생각 및 행동과 동일시하는 잘못된 견해가 들어 있다. 그래서 지주는 가끔 그들에게 새 그림을 주었다.

그들이 지어낸 이야기들이 너무 커져서 원래의 메시지를 압도하고 완전히 가리는 것처럼 보이는 바로 그 순간, 갑자기 지주님이 새로운 메시지를 보내시는 거야. 그러면 그동안의 온갖 이야기들이 진부하게 보인다네. 그들이 욕정이나 마법 추구로 정말 만족을 느끼는 것 같은 바로 그 순간, 새로운 메시지가 도착해 옛 갈망, 진짜 갈망이 아프게 떠오르고, 그들은 '또 놓쳤구나'라고 말하게 되지.[76]

목자 민족은 읽을 줄 알았기 때문에 그림이 아니라 규칙을 받았다.

그러나 목자들은 지주님의 다스림 아래 있었기 때문에 제대로 시작할 수 있었네. 두 발이 길에 들어선 거지.[77]

목자들은 길을 관리하는 책임을 맡았다. 그들은 길에 표지판들을 세웠다. 길을 깨끗하게 유지하고 부지런히 보수했다. 그러나 그들은 그 일을 편협하고 방어적으로 해 나갔다. 그것만으로는 지주와 그의 길의 신비를 해결할 수 없었다. 그래서 '역사'는 "제3의 것"으로 그림과 규칙이 통합될 필요성이 있음을 지적한다.

진실은 따로 있네. 목자도 반쪽이고 이교도도 반쪽짜리에 불과하네. 서로가 없이는 어느 쪽도 온전하지 않고, 지주님의 아드님이 이 땅에 들어오시기 전에는 완전해질 수 없었어.[78]

루이스는 이렇게 구원 역사를 제시한 뒤 개인의 영적 여행에서 규칙과 그림이 어떻게 펼쳐져야 하는지를 다루었다. 다시 그의 말을 들어 보자.

그림만으로는 위험하고 규칙만으로도 위험하거든. 가장 좋은 상황은 어린아이일 때 마더 커크를 찾아가 규칙도 아니고 그림도 아닌 것, 지주님의 아드님이 이 땅에 가져오신 제3의 것을 갖고 사는 법을 배우는 것이지. 그것이 최선이라네. 규칙과 그림의 다툼을 처음부터 아예 모르는 것이 나아. 하지만 그렇게 되는 경우는 좀처럼 없네. 원수의 첩자들이 도처에서 활동하면서 어떤 지역에서는 문맹을 퍼뜨리고, 어떤 지역에서는 그림을 보지 못하게 한다네.[79]

여기 나오는 알레고리는 따로 설명이 필요 없다. "제3의 것"은 복음이고, 지주의 아들은 복음을 가져오신 예수 그리스도다. 아들이 온 이후를 사는 이들에게는 교회 안에서 태어나 율법과 신화의 갈등을 보지 않는 것이 최선이다.

루이스의 도식과 G. K. 체스터턴의 《영원한 인간》에 나오는 도식 사이에는 흥미로운 유사성이 있다. 그런데 패턴은 아주 유사하지만 중요한 차이점이 있다. 체스터턴이 그리스도 안에서 철학과 신화의 대립이 해소된다고 보았다면, 루이스는 구약 이스라엘의 종교와 이교도들의 신화가 그리스도 안에서 함께 성취된다고 보았다. 그리스도는 메시아이시자 "사실이 된 신화"이신 것이다.

루이스의 도식을 온전히 이해하기 위해서는 몇 가지 중요 개념을 분명히 해 두어야 한다. 첫째, 선택된 민족인 히브리인들에 대한 루이스의 견해에 설명이 필요하다. 둘째, 루이스가 말하는 "신화"의 의미에 대한 보충 설명이 있어야 한다. 끝으로, 예수 그리스도가 왜 율법과 선지자들의 소망과 기대의 성취일 뿐 아니라 이교 신화들의 성취이기도 하신지 알아야 한다.

목자 민족

루이스는 히브리 민족이 구원 역사에서 특별한 자리를 차지한다는 점을 인정했다. 그는 세계 모든 민족 가운데 히브리 민족만이 갖고 있는 고유한 지위를 적어도 3가지 방식으로 표현했다.

첫째, 루이스는 히브리 민족의 계시적 중요성을 지적했다. 그들의 역사는 창조주 하나님에 대한 특별한 이해를 포함하는 독특한 종교적 발전을 보여 준다. 참으로 그들은 선택된 민족으로서, 하나님의 특별계시의 수호자가 되었다. 루이스는 《고통의 문제》에서 히브리 민족이 시내산에서 하나님 앞에 섰을 때 대단히 중요한 계시적 발견을 했다고 주장했다.

> 산꼭대기의 흑암과 뇌운 가운데 출현한 두려운 존재를 "의로우사 의로운 일을 좋아하시"는 "여호와"와 완전하고도 분명하게 동일시한 민족이 바로 유대인들이기 때문입니다.[80]

《순전한 기독교》에서는 동일한 실재를 다른 관점에서 제시했다. 유대 민족이 하나님의 계시적 현존을 발견한 것이 아니라, 하나님이 역사 안에서 유대 민족에게 구원을 베푸셔서 자신이 어떤 하나님인지 계시하셨다는 것이다.

하나님은 한 특정한 민족을 택하여 자신이 어떤 하나님이신가를-하나님은 한 분밖에 없으며 옳은 행동을 원하신다는 것을-수 세기에 걸쳐 그들의 머릿속에 심어 주셨습니다. 그 민족이 바로 유대 민족이며, 그렇게 심어 주신 과정을 기록한 것이 바로 구약성경입니다.[81]

루이스가 꾸준히 지적하는 중요한 요점은 계시의 내용이다. 하나님은 히브리인들에게 자신을 강한 동시에 의로운 존재로 온전하고 분명하게 계시하셨다. 이것은 인류의 종교적 이해에서 주요한 진일보였다. 즉 히브리인들은 하나님의 "특별조명"을 받았고, 그리스도인들은 나중에 보다 온전한 "특별조명"을 받은 것이다. 루이스는 "기독교 신학은 그리스도인들과 (그 이전에는) 유대인들에게 특별한 조명이 주어졌다고 말"한다고 지적했다.[82] 그는 체스터턴과 마찬가지로 이교 문화에서 종교적 발전이 갖는 타당성을 강조하고 인정하지만, 하나님의 계시가 점진적으로 주어지는 과정에서 히브리 민족이 차지하는 특별한 위치도 인정했다.

구약성경의 제일 앞부분에 나오는 많은 진리들은 제가 전설적, 또는 신화적이라고까지 여기는 형식으로 표현되고 있습니다. 구름처럼 허공에 떠 있는 겁니다. 그러나 진리는 서서히 압축되고, 점점 더 역사적이 됩니다. 노아의 방주나 해가 아얄론 골짜기에 머무는 것 같은 사건들에서 다윗왕의 궁정 회상록까지 내려옵니다. 그러다 마침내 신약성경에 이르면 역사가 지배적인 위치를 차지하고 진리가 몸을 입습니

다. 여기서 "몸을 입는다"는 말은 단순한 비유가 아닙니다.[83]

루이스의 성경관은 본서 6장에서 다룰 것이다. 지금은 히브리인들이 하나님의 계시를 유례없이 받았다는 사실을 루이스가 인정했다는 점만 지적하면 된다. 그래서 루이스는 "그 사실을 쉽사리 잊고 반유대주의와 놀아나기까지 하는" 이방인 그리스도인들은 "히브리인들이 영적으로 우리의 선배이며 하나님은 아브라함의 후손들에게 자신에 대한 최초의 계시를 맡기셨다는 사실"을 기억해야 한다고 썼다.[84]

둘째, 루이스는 하나님의 계시를 맡은 히브리인들이 선교적 소명을 받은 민족이라고 믿었다. 그는 하나님의 "선택"이 "편애"가 아닌 "책임"을 뜻한다고 지적하며 이렇게 썼다.

> 그 '선택받은' 민족은 그들 자신을 위해서가 아니라 (그들 자신의 영예나 쾌락을 위해서는 더더욱 아닙니다), 선택받지 못한 이들을 위해서 선택받은 것입니다. 아브라함이 들은 말씀은 '그의 씨'(즉 선택받은 민족)[85]를 통해서 '모든 민족이 복을 받게 된다'는 것이었습니다. 그 민족은 다름 아닌 무거운 짐을 지기 위해 선택된 것입니다. 그들은 큰 고난을 겪었습니다. 그러나 이사야가 깨달았듯이, 그들의 고난은 다른 이들에게 치유를 가져다주는 고난입니다.[86]

루이스는 그의 설교 "장엄한 기적"에서도 같은 주장을 내세웠다.

기독교 이야기에서의 선택성은 [다른 선택된 사례들과] 다릅니다. 선택되는 민족은 최고의 명예를 누리도록 어떤 의미에서 불공평하게 선택되었지만 그것은 또한 엄청난 짐이기도 합니다. 이스라엘 민족은 그들의 불행이 세상을 구원하고 있음을 깨닫습니다.[87]

이스라엘의 역사를 그들의 고난까지 포함해 메시아가 세상으로 들어오시게 이끈 역사로 보면, 이스라엘의 고난이 세상을 구원하는 고난이라는 루이스의 주장을 이해할 수 있다. 같은 설교에서 루이스는 히브리인의 이야기가 점점 좁혀져서 메시아의 출생 직전에 나타난 한 여인의 마지막 위대한 순종에 이르기까지의 과정을 언급했다.

전 지구에서 한 민족이 뽑힙니다. 그 민족은 거듭거듭 정화를 거치고 시험을 받습니다. 일부 사람들은 팔레스타인에 도착하기도 전에 사막에서 죽습니다. 일부 사람들은 바벨론에 남겨지고, 일부는 무관심해집니다. 모든 것이 좁아지고 좁아지다가 마침내 창끝 같은 예리한 점에 이릅니다. 기도하는 한 유대인 소녀입니다. 성육신이 나타나기 전에, 인간 본성 전체가 이 정점까지 좁혀진 것입니다.[88]

이것은 자연스럽게 마지막 요점으로 이어진다.
루이스는 히브리 민족이 기독교 신앙의 실현을 위해 없어서는 안 될 배경이 된다는 사실을 인정했다. 그는 "기독교가 유대인들 사이에서 시작되었는데, 그들은 호전적인 대제국들 틈바구니에 끼어 끊임없이 전쟁에 패배하고 포로로 끌려갔던" 민족이라고 말했다.[89] 그리고 그리스도인들이 "성육신의 그릇"이 된 "유대 민족"에게 감사해야 하며 "이스라엘에게 도무지 갚을 수 없는 큰 빚을 지고 있음"을 느껴야 마땅하다고 주장했다.[90]

이것은 히브리 사회와 이교 사회 사이에서 모종의 평행적 종교 발전이 이루어졌음을 루이스가 인정했다(이 생각은 그의 회심을 이끄는 원동력이 되었다) 해도 선택된 민족의 역할에 좀 더 큰 비중을 두었음을 분명히 알 수 있게 한다. 목자 민족은 지주의 아들이 세상에 오는 데 중요한 역할을 감당했다. 기독교를 주제로 한 인터뷰에서 루이스는 이렇게 말했다.

> 실제로 기독교는 주로 유대교의 실현이며, 온갖 종교의 최상의 모습들에서 희미하게 암시되었던 내용의 실현이기도 합니다. 그런 종교들에서 희미하게 보이던 것들이 기독교에서 뚜렷해집니다. 하나님이 친히 인간이 되시어 뚜렷한 모습으로 나타나신 것과 같습니다.[91]

인간 본성, 방랑, 불안은 모두 히브리 민족 안에서 중요한 종교적 발전을 겪었다. 그들의 초기 역사는 하나님의 구원 의도가 점점 초점을 맞춰 가는 모습을 보여 준다.

이교도들의 신화

지금까지 살펴본 내용은 루이스가 이교 문화에 대해 독특한 견해를 갖고 있음을 보여 준다. 한마디로, 기독교는 최고의 이교 신화들의 성취다. 체스터턴은 고대 신화들이 기독교 이야기와 관련이 있다고 믿었다. 루이스도 신화의 중요한 계시적 역할을 강조했는데, 《순례자의 귀향》에서는 그것을 "그림"으로 표현했다. 루이스의 신화관은 우리가 관심을 기울여야 할 중요한 주제다.

우선, 루이스가 말하는 신화가 무엇인지 정의해야 한다. F. F. 브루스(F. F. Bruce)는 "신화와 역사"(Myth and History)에서 학술 문헌, 그중에서도 신학 학술 문헌에서 쓰이는 신화의 의미에 대한 유용한 분석을 제공한다. 브루스는 이 단어의 의미가 기원과 긴밀한 연관이 있다고 말한다. 그리스어 단어 '뮈토스'(mythos)는 원래 "참이거나 거짓일 수 있는 발언이나 이야기"를 뜻했다.[92] 가장 이른 시기의 문헌에서는 '뮈토스'가 '로고스'(logos)의 동의어로 쓰였고, 후대의 작가들 중 일부만이 "뮈토스는 허구적 이야기로, 로고스는 산문체의 사실"[93]의 의미로 대조해 사용했다.

우리의 관심사는 주로 이 단어의 종교적 맥락에 있고, 이런 의미에서 "뮈토스는 하나의 신 또는 여러 신들에 대한 이야기, 특히 신성한 의식으로 재현되는 이야기"다. 이런 재현은 "'드로메나'(dromena, 행한 것) 또는 '데이크뉘메나'(deiknymena, 보여 준 것)와 그것에 따라 나오고 그것을 해석해 주는 '레고메나'(legomena, 말한 것)"로 구성된다.[94] 이런 맥락에서 뮈토스와 의미가 같은 문구는 '히에로스 로고스'(hieros logos, 신성한 이야기)다.[95]

'신성한 이야기'는 모든 고대 문화에서 아주 흔히 발견된다. 브루스는 신성한 이야기의 개념을 이스라엘의 신앙과 신약성경의 기독교 공동체에까지도 주저 없이 적용한다. 하지만 이스라엘과 그리스도인들에게 적용된 이 개념은 근본적으로 달라진다.

이 경우의 뮈토스는 자연에서 반복되는 풍요의 순환을 원시 시대부터 전해진 이야기 형태로 담아낸 것이 아니라, 역사 속에서 실제로 벌어진 일을 이스라엘의 하나님의 강력한 자기 계시의 행위로 해석해 들려준 것이다.[96]

브루스의 분석은 이 문제에 대한 루이스의 접근법을 이해하기 위한 단초가 된다. 루이스에게 신화는 인간의 상상력이 이해할 수 있는 용어로 보편적 진리를 표현한 것이다. 루이스는 《기적》에서 이렇게 썼다.

이런 견해는 신화 일반을 단순히 (에우헤메로스[BC 330?-226?, 신들의 기원을 고대 영웅의 신격화라 주장-역주]처럼) 역사나, (몇몇 교부들처럼) 악마적 몽상이나, (계몽주의 철학자들처럼) 성직자들의 사기로 오해하는 것이 아니라, 최선의 경우 또렷하지는 않아도 진정한 신적 진리의 광선이 인간의 상상력 위에 떨어진 것으로 봅니다.[97]

기독교 메시지의 맥락에서 루이스는 신화 개념을 브루스와 비슷한 방식으로 정의했다.

다른 민족들처럼, 히브리 민족에게도 신화가 있었습니다. 그러나 그들은 선택된 백성이었기에, 그들의 신화도 선택된 신화였습니다. 그들의 신화는 인류 역사 가장 초기의 신성한 진리들을 전달해 주는 매개물로 선택받았고, 이 신화를 첫 단계로 삼아 시작된 과정이 마무리되는 신약성경에 이르러 진리가 마침내 완전히 역사적인 것이 되었습니다.[98]

이후에 우리는 예수 그리스도 안에서 "사실이 된 신화" 개념을 살펴볼 것인데, 그러기 위해서는 먼저 이교 문화에서 이해하는 신화의 일반적 의미를 파악해야 한다.

조지 맥도널드의 글에서 인용문을 선정해 엮은 《조지 맥도널드 선집》(홍성사 역간, 2011) 서문에서 루이스는 맥도널드가 신화 만들기 기술의 위대한 대표자 중 한 명이라는 확신을 드러냈다. 루이스는 신화의 본질은 문학적인 것이 아니라 문학 외적인 것이라고 생각했다.

정말 나를 기쁘게 하고 내 정신을 윤택하게 만들어 주는 것은 특정 패턴으로 이루어지는 사건들이다. 그것이 마임이나 영화처럼 언어가 아닌 매체로 전해졌어도 나는 똑같은 기쁨을 얻고 똑같이 정신이 윤택해졌을 것이다.[99]

통신 수단은 이야기(또는 어떤 패턴의 사건들)를 "우리의 상상력에 전달하는" 운송 매체일 뿐이다. "시에서는 글이 몸이고 '테마'나 '내용'

이 영혼이다. 그러나 신화에서는 상상의 사건들이 몸이고 표현될 수 없는 그 무엇이 영혼이다. 신화를 표현한 글, 마임, 영화나 화보는 옷조차도 아니며, 차라리 전화에 가깝다."[100] "표현될 수 없는 그 무엇"은 "또렷하지는 않아도 진정한 신적 진리의 광선이 인간의 상상력 위에 떨어진 것"임이 분명하다.

루이스는 대부분의 신화가 선사 시대에 기원을 두고 있지만, 현대에도 몇몇 신화를 만드는 이들이 있다고 생각했다. 그는 "맥도널드가 이런 부류 중 내가 아는 가장 뛰어난 사람"이라고 말했다.[101] 맥도널드를 닮아서인지 루이스의 픽션들도 흔히 신화 만들기의 특성을 지니고 있다. 루이스의 저작들은 "신적 진리의 광선이 인간의 상상력 위에 떨어진 것"을 구현한다.

문학 비평에 대한 루이스의 주요 텍스트인 《오독: 문학 비평의 실험》(홍성사 역간, 2017)에는 "신화에 대하여"라는 장이 있다. 거기서 루이스는 신화의 특징을 간결하게 표현했는데, 문학작품으로 구현되는 방식과 상관없이 독립적 가치를 갖는 특정한 종류의 이야기가 있다는 전제에서 출발한다. 루이스는 그런 이야기에 붙일 수 있는 이름이 '신화'뿐이라고 생각했다. 그러나 이 지점[102]에서 그는 중요한 단서를 붙였다.

우선 그리스어 '뮈토스'는 이런 부류의 이야기가 아니라 모든 종류의 이야기를 뜻한다는 사실을 기억해야 합니다. 그리고 인류학자들이 신화로 분류할 만한 이야기들이 제가 여기서 관심을 갖는 특성을 모두

갖춘 것은 아닙니다.103

그렇다면 루이스가 관심을 갖는 것은 문학 장르나 문학 형태가 아니라 특정한 종류의 이야기가 불러일으키는 구체적인 특성임을 깨닫는 것이 중요하다. 그는 '신화'라는 용어에 오해의 소지가 있음을 깨달았지만, 새로운 용어를 만들어 내는 것보다는 '신화'라는 용어를 쓰는 것이 그나마 낫다고 보았다. 신화가 그것을 접한 사람이 파악한 어떤 특성이라면, 루이스가 그것이 공통적 경험이라는 점을 부각시켜 보편적 특성을 부여하려 했어도 신화에는 주관적 특성이 있을 수밖에 없다. 그는 이렇게 말했다.

저는 신화를 정의할 때 그것이 우리에게 끼치는 영향을 고려하기 때문에, 제가 볼 때는 같은 이야기라도 어떤 사람에게는 신화이고 어떤 사람에게는 신화가 아닐 수 있습니다.

그는 다시 덧붙여 "어떤 이야기가 어느 정도까지 신화인가는 대체로 그것을 듣거나 읽는 사람에게 달려 있습니다"104라고 말했다.
루이스는 신화의 특성을 어떻게 묘사했을까?

1. 신화는 문학 외적인 것입니다. 2. 신화의 즐거움은 냄새나 화음이 그렇듯 특유의 향이나 특성으로 우리에게 영향을 끼치는 영구적인 숙고의 대상(서사보다는 하나의 사물처럼)을 처음 만나는 순간에 달려 있습

니다. 3. 인간의 공감이 최소화됩니다. 신화 속 등장인물들은 다른 세계에서 움직이는 형체들과 같습니다. 우리는 그들의 움직임이 우리의 삶과 심오한 연관성이 있다고 느끼지만, 상상력을 발휘하여 그들의 삶에 우리의 상황을 대입하지는 않습니다. 4. 신화는 '환상적'이라는 단어의 한 가지 의미에서 언제나 환상적입니다. 신화는 불가능한 일, 초자연적인 일들을 다룹니다. 5. 신화는 슬픈 일을 다룰 수도 있고 기쁜 일을 다룰 수도 있지만 그 내용은 언제나 진지합니다. 희극적 신화는 불가능합니다. 6. 신화가 다루는 경험은 진지할 뿐 아니라 경외감을 불러일으킵니다. 우리는 그것이 누미노제적이라고 느낍니다. 대단히 중요한 어떤 것이 우리에게 전해진 느낌이 듭니다. 신화를 알레고리적으로 설명하려는 사람들의 집요한 경향에서 이 어떤 것을 파악하려는-우리는 주로 개념화하려고 합니다-정신의 지속적인 노력을 볼 수 있습니다. 그리고 온갖 알레고리를 시도한 후에도, 여전히 신화 자체가 모든 알레고리보다 더 중요하게 느껴집니다.[105]

마지막 논점이 특히 중요하다. 신화는 단순히 사건들의 패턴이나 이야기가 아니라 그것을 이해하는 순간에 발생하는 어떤 일이나 사건 자체다. 둘째 특성을 고려해 좀 더 나은 표현을 해 보자면, 신화를 경험하는 것은 영구적인 숙고의 대상을 주관적으로 만나는 것인데, 그 대상은 이야기보다는 사물에 가깝다. 이것은 무슨 의미일까?

롤랜드 하인은 루이스가 이 특별한 신화관을 "가장 명료하고 힘차게" 정의한다고 생각한다. 이것은 "루이스 사상의 가장 기본적인

요소 중 하나임이 분명"하다.[106]

그 존재는 특정한 독자들 안에서 일어나는 직관적 효과로 감지된다. "아주 중요한" 뭔가가 전달된 것처럼 잠시 멈춰서 숨을 고르는 그들은 신화의 힘을 만나고 있다. 그들은 뭔가 누멘적인 것을 직면한 것처럼 느낀다. 어떤 메시지를 받았다기보다는 멀리 있는 깨어지지 않은 세계와 잠깐 접촉한 것처럼 보인다.[107]

하인은 깨어지지 않은 실재야말로 신화라는 운송 매체가 사람들에게 전달하는 초자연적 실재라고 믿는다.[108] 이 지점에서 우리는 루이스의 신화 개념을 이해하기 위한 중요한 단서로 적어도 두 가지는 주목해야 한다. 첫째, 신화는 참된 정보 정도에서 그치지 않고 "실재"를 전달한다. 둘째, 이 실재는 인간의 이성보다는 상상력에 자리를 잡는다. 루이스는 짧지만 중요한 에세이 "신화가 사실이 되었다"(*Myth Became Fact*)에서 이에 대해 좀 더 자세히 설명했다.

신화를 읽을 때 우리에게 흘러드는 것은 진리가 아니라 실재입니다 (진리는 언제나 무언가에 대한 것이지만 실재는 진리의 내용입니다). 그러므로 모든 신화는 추상적 수준에서 수많은 진리들의 아버지라고 할 수 있습니다.[109]

여기서 우리는 진리와 실재의 분명한 구분을 보게 된다. 최고의 진리는 실재를 묘사하지만 실재 자체는 아니다. 이것은 엄청난 인식론적 문제를 제기하는데, 루이스는 신화가 이 문제를 부분적으로 해결할 수 있다고 보았다. 우선, 루이스는 문제, 또는 딜레마의 본질을 제시했다.

> 인간의 지성은 구제불능일 만큼 추상적입니다. … 하지만 우리가 체험하는 실재들은 모두 이 고통, 이 쾌락, 이 개, 이 사람 등 구체적입니다. 우리가 그 사람을 사랑하고, 그 고통을 참고, 그 쾌락을 즐기는 동안에는 쾌락, 고통, 인간성을 지적으로 파악하지 않습니다. 그 작업을 시작하면, 구체적인 실재들은 그저 사례나 실례의 수준으로 떨어지게 됩니다. 그러면 우리는 더 이상 그것들을 느끼지 못하고 그것들이 예시하는 추상을 다루게 됩니다.
> 이것이 우리의 딜레마입니다. 맛을 보려 하면 알 수 없고, 알려 하면 맛을 볼 수 없습니다. 보다 엄밀히 말하면, 어떤 경험을 하고 있기 때문에 얻지 못하는 지식이 있고, 그 경험 바깥에 있는 동안에는 놓칠 수밖에 없는 지식이 있습니다. 우리가 무언가를 생각할 때는 생각하는 대상과 분리됩니다. 맛보고, 만지고, 의지하고, 사랑하고, 미워할 때, 우리는 대상을 명확하게 이해하지 못합니다. 명료하게 생각하면 할수록 더 많이 분리됩니다. 실재 속으로 깊이 들어가면 갈수록, 더욱 생각을 못하게 됩니다. 부부 관계를 하는 순간에 쾌락을 조사할 수 없고, 회개하는 동안 회개를 연구할 수 없고, 폭소를 터뜨리면서 유머의 본질을 분석할 수 없습니다. 그러나 그 순간이 아니라면 이런 것들을 정

말 알 수 있을 때는 언제일까요?[110]

우리의 지식과 경험, 아니 보다 전문적으로 말하면 기술적·분석적 지식과 참여적·경험적 지식 사이에는 중요한 인식론적 구분이 있다. 루이스가 이 구분을 이해하고 적용하게 된 것은 새뮤얼 알렉산더(Samuel Alexander)의 《공간, 시간, 신성》(Space, Time, and Deity)을 읽은 덕분이었다. 그 책을 통해 루이스는 대상의 '향유' 개념과 그 향유 자체를 향유하는 '관조' 개념을 접하게 되었다. 이 발견은 루이스가 지나친 내성(內省)으로 쏠리던 젊은 시절의 성향에서 힘겹게 빠져나와 회심에 이르는 데 중요한 역할을 했다. 루이스는 이후 이 구분이 "사고를 위한 필수적 도구"가 되었다고 말했다.[111]

더 나아가, 루이스는 신화의 특성을 받아들이는 데 있어서 이성보다 상상력의 역할을 더 강조했다. 그는 이렇게 말했다.

> 내게 이성은 진리의 자연적 기관이다. 그러나 상상력은 의미의 기관이다. 새로운 은유를 만들거나 옛 은유에 새 생명을 불어넣는 상상력은 진리의 원인이 아니라 조건이다.[112]

루이스는 은유가 실재를 경험하는 데 없어서는 안 될 도구라고 보았다. 상상력을 발휘해야 실재를 파악할 수 있고, 루이스에게 실재는 진리가 들어설 자리를 의미했다. 따라서 상상력은 분명 진리의 조건이며, 진리를 획득하는 데는 이성의 기능이 쓰인다. 루이스는 이성을 아주 귀하게 여기고 효율적으로 사용했지만 그에게는 상상력이 이성보다 더 우선적인 것 같다. 특히 그는 신화를 생각할 때 상상력의 역할을 높이 떠받들었다. 신화는 인간의 이성보다 상상력에 영향을 끼친다.

루이스는 평생에 걸쳐 이성과 상상력의 조화로운 연합을 추구했다. 이른바 평생의 과제라고 할 수 있다. 그는 종종 낭만주의적 합리주의자나 합리적 낭만주의자로 여겨지는데, 그가 초기에 쓴 시는 그의 사고 안에서 벌어지는 이성과 상상력의 싸움을 말하고 있다. 시의 제목은 "이성"(Reason)이다.

> 영혼의 성채에 이성이 버티고 섰으니
> 무장한 처녀 이성, 천상의 빛과 교감을 하네.
> 그녀에게 죄를 짓는 자, 자신의 동정을 더럽혔으니
> 아무리 빨아도 옷이 깨끗해지지 않네.
> 이성은 그렇게 명료한 것.
> 그러나 상상력은 얼마나 어두운가,
> 따스하고 어둡고 모호하고 무한하구나, 밤의 딸이여.
> 눈썹은 짙고 아름다운 눈에는 잠이 걸려 있네.
> 그녀의 산고는 길고 기쁨도 길다.
> 아테네를 유혹하지 말라.
> 풍요로운 산고 가운데 있는 데메테르에게 상처를 주지 말고,
> 그녀가 가진 어머니의 권리에 반항하지도 말라.

오 누가 내 안에서 처녀와 어머니를 화해시킬까?
누가 상상력의 더듬는 희미한 손길이
지성이 본 것과 같은 것을 보고하게 만들까?
그러면 나는 참된 말을 하고 속지 않으리.
그러면 온전히 말할 수 있으리. 내가 믿노라고.[113]

루이스의 본질이 분명하게 나타나 있다. 그에게는 이성의 명료함과 상상력의 비교적 모호하지만 강력하고 즉각적인 경험이 모두 필요했다. 루이스는 어느 쪽도 포기하지 않기로 결정했다. 어느 한쪽이라도 버리는 것은 무책임하고 인간 인식론의 본질에 부합하지 않는 일이기 때문이었다. 그래서 루이스는 모종의 화해의 길을 모색했다. 상상력의 즉각성과 이성의 명료성을 겸비할 수 있다면 최고의 확실성을 얻게 될 것이다.

루이스는 적어도 기독교 신앙의 영역에서는 예수 그리스도의 성육신에서 답을 찾았다. 예수 그리스도 안에서 신화(상상력에 머무르는 특성)가 사실(이성이 파악하는 특성)이 되었기 때문이다. 우리는 루이스가 이성을 사용한 방식이 인간 상상력의 역할을 강조하는 최근 신학계의 흐름과 다르다는 것을 알아야 한다.

상상력을 강조하는 현대의 사상가 중 한 명이 개릿 그린(Garrett Green)이다. 그의 책 《하나님 상상하기: 신학과 종교적 상상력》(*Imagining God: Theology and the Religious Imagination*)은 다음과 같은 문장으로 시작한다.

상상력 개념은 최근에 신학적 관심의 주된 초점으로 떠올랐다. 이것은 미국의 전문 신학자들 사이에서 특히 관심을 끈 두 권의 책 데이비드 트레이시(David Tracy)의 《유비적 상상력》(*Analogical Imagination*)과 고든 카우프만(Gordon Kaufman)의 《신학적 상상력》(*Theological Imagination*)의 제목에 핵심 용어로 등장한다. 이 용어는 수십 개의 다른 상황에도 불쑥불쑥 튀어나오는데, 흔히 부수적으로 언급되지만 중심 개념으로 등장하는 경우가 점점 늘어나고 있다. 한때는 신학 안에서 "종교와 문학"에 관여하던 이들이 즐겨 사용하던 용어가 이제는 조직신학자들과 철학신학자들의 관심을 끌고 있다.[114]

그린은 경험과학의 발흥과 지배로 인해 하나님에 대한 지식의 가능성 자체가 심각한 도전을 받고 있다고 추정한다. 그리고 상상력은 "다양한 전통주의자, 문자주의자, 근본주의자"와 "노골적인 회의주의자, 옛 초자연주의가 파괴된 이후 아무것도 재건할 것이 남아 있지 않다고 믿는 교조적 무신론자와 불가지론자"의 "양극단"을 피하는 종교적 인식론의 열쇠로 떠오르고 있다고 말한다.[115]

루이스는 옛 초자연주의의 기탄없는 옹호자로 회의론자들 및 무신론자들과 맞섰지만, 그린이나 기타 최근의 사상가들과는 그 방식이 달랐다. 상상력을 내세우는 현대 신학자들과 루이스를 가르는 핵심은 이것이다. 현대 사상가들은 종교적 "사실" 개념을 통째로 포기하고 그것을 상상력을 발휘한 종교 "개념들"로 대체한 반면, 루이스는 이성도 상상력도 버리지 않으면서 "사실", "개념", "진리", "의미"

를 화해시키려는 노력을 끈질기게 계속했다. 루이스는 이성과 상상력의 고유한 기능을 파악했고, 어느 것도 불필요하다고 버리지 않았다. 그에게 기독교 유신론은 지식의 두 길 사이에 있는 갈등을 극복할 해답이었다. 그리고 그 긴장을 해결할 수 있는 주요 사례를 예수 그리스도의 성육신 안에서 발견했다.

이제 그 해결책으로 넘어가 보자.

'지주 아들'의 출현

하나님의 아들의 등장은 루이스에게 규칙과 그림 모두의 메시지를 명확하게 파악할 기회를 제공했다. 성육신과 구원은 히브리 민족의 율법과 선지자의 성취다. 그와 동시에, 성육신과 구원은 "사실이 된 신화"로서, 그림이 역시의 영역에서 현실이 된 것이다. 신학 용어로 말하자면, 구원의 은총이 분명하게 등장함으로써 일반은총이 의미 있게 되었다.

우리는 루이스가 《순례자의 귀향》에서 지적한 내용을 기억해야 한다. "그림만으로는 위험하고 규칙만으로도 위험하거든." 그래서 "규칙도 아니고 그림도 아니고 지주의 아들이 이 땅에 가져온 제3의 것"에 초점을 맞추어야 한다.[116] "제3의 것"은 '복음'을 가리키는 것이 분명하다. 그림도 규칙도 인간의 방랑을 완전히 해결하지 못한다. "제3의 것"만이 그들을 집으로 이끌어 준다.

목자도 반쪽이고 이교도도 반쪽짜리에 불과하네. 서로가 없이는 어느 쪽도 온전하지 않고, 지주님의 아드님이 이 땅에 들어오시기 전에는 완전해질 수 없었어.[117]

루이스가 묘사하는 복음의 효과가 바로 이와 같다. 그것은 바울이 유대인과 이방인의 화해에 대해 말한 다음 내용을 그만의 방식으로 진술한 것이다.

그는 우리의 화평이신지라 둘로 하나를 만드사 원수 된 것 곧 중간에 막힌 담을 자기 육체로 허시고 법조문으로 된 계명의 율법을 폐하셨으니 이는 이 둘로 자기 안에서 한 새 사람을 지어 화평하게 하시고 또 십자가로 이 둘을 한 몸으로 하나님과 화목하게 하려 하심이라 원수 된 것을 십자가로 소멸하시고(엡 2:14-16).

여기서 바울의 취지는 유대인과 이방인을 본질적으로 전혀 구분하지 않는 복음이 가져온 하나님의 교회의 통일성을 확고히 하는 것이다. 그들은 한데 모여 하나의 새 민족, 신자들의 공동체, 그리스도의 몸이 되었다.

루이스는 교회의 이런 통일성을 암시한 후 한달음에 인식론적 화해를 내세우는 주장을 시도했다. 예수 그리스도의 복음 안에서 신화와 역사가 만나 완전한 통일을 이루고, 상상력과 이성의 결혼이 이루어진다. 이 논점에 대한 상세한 설명은 루이스의 글 "신화가 사실이 되었다"에서 볼 수 있다. 거기에서 루이스는 친구 코리뉴스의 생각을 반박했다. 코리뉴스는 이렇게 말했다.

> 역사적 기독교는 너무나 야만적이어서 어떤 현대인도 그것을 실제로 믿을 수는 없다. 믿는다고 주장하는 현대인들은 사실 어휘만 그대로 사용할 뿐 기독교의 핵심 교리는 몰래 다 버리고 거기서 전해진 정서적인 효과만 이용하는 현대적 사고 체계를 믿는 것이다.[118]

다시 말하면, 현대의 그리스도인들은 기독교의 역사적 사실들을 몽땅 내버렸고 남은 정서만을 간직했다는 것이다. 현대의 많은 그리스도인에 대해 분명히 이렇게 말할 수 있을 것이다. 루이스는 그럼에도 불구하고 그들이 "이름, 의식, 규칙과 은유만 남은 체계"에서 자신을 끊어 내는 일에 아무런 관심을 보이지 않는다는 이상한 사실을 지적했다. 그 체계는 역사적 기독교의 껍데기에 불과할 테고 그것을 유지하는 것은 분명 대단히 불편하고, 성가시고, 무엇보다 무의미한 일일 텐데 말이다. 이것이 바로 코리뉴스의 논점이다.

> 탯줄을 자르는 것이 어떨까? … 흔적만 남은 이 신화에서 벗어나 생각이 자유롭게 되면 모든 것이 훨씬 수월해질 텐데 말이다.[119]

루이스는 이것이 종교의 본질을 오해한 사람들에게 나타나는 반응이라고 대답했다. 그들은 종교가 시대와 함께 움직이기를 원하지만, 그것은 종교가 사라져 버리는 길이다. 루이스는 이렇게 말했다. "그러나 우리가 종교 안에서 발견하는 것은 사라지지 않는 그 무엇", 즉 코리뉴스가 "신화"라고 부르는 것이다.[120] 루이스는 신화의 승리를 선언했다.

> 신화 … 는 모든 옹호자들과 모든 적수들의 사상이 사라진 이후에도 여전히 남아 있습니다. 생명을 주는 것은 신화입니다.[121]

여기서 우리는 루이스의 신화 개념에 대해 앞에서 정리한 내용을 잘 기억해야 한다. 그렇지 않으면 그의 글을 통째로 오해할 위험이 있다. 이 글에서 루이스는 코리뉴스가 말하는 신화와 자신이 다루는 신화를 동일시함으로써 오해를 살 위험을 자초했다. 하지만 그는 추상적(기술적) 지식과 구체적(경험적) 지식 간의 인식론적 긴장을 간략히 묘사해 자신의 신화 개념을 강화함으로써 위험을 최소화했다. 이 긴장은 해소해야 한다.

루이스는 신화가 적어도 부분적 해결책이라고 주장했다. "위대한 신화를 즐기는 가운데 우리는 추상으로만 이해할 수 있는 것들을 구체적인 대상으로 체험하는 상태에 가장 가까이 다가갑니다."[122] "신화를 읽을 때 우리에게 흘러드는 것은 진리가 아니라 실재"입니다. 다시 말하지만, "진리는 언제나 무언가에 대한 것이지만 실재는 진리의 내용입니다."[123] 실재는 진리보다 앞서고, 신화라는 산에서 "온갖 다양한 시내가 흘러나와 여기 아래 골짜기에서 진리들이 됩니다." 이런 의미에서 "신화는 사고를 초월합니다."¹²⁴ 루이스는 논증의 다음 단계로, 이 신화 개념(모든 종교 사상의 핵심에 해당한다)을 기독교에 적용했다.

그런데 인간 인식론에 대한 루이스의 예리한 분석을 인정하면서도 그가 신화를 너무 높이 평가하는 것을 문제로 여기는 이들이 있다. 마크 에드워즈 프레쉬워터(Mark Edwards Freshwater)는 이런 결론을 내렸다.

> 루이스는 기독교 이야기가 역사적 실재와 독립적으로 존재하는 신화적 힘을 갖고 있음을 보여 주었다. 그래서 루이스와 불트만 모두 케리그마와 그에 대한 철저한 순종이 기독교의 본질이라고 보았다.¹²⁵

프레쉬워터는 본질적 목적에서는 루이스와 불트만 사이에 차이가 없고, '케리그마'가 무엇인지와 그것에 도달하는 방법에 대한 생각이 다를 뿐이라고 주장하고 싶어 한다. 그래서 그는 "루이스는 기독교가 '사실이 된 신화'라고 주장했지만, 그의 글에서 그 주장에 필요한 근거를 제공한 적은 없었다"¹²⁶라고 말했다.

루이스는 진리보다 신화를 우선시했으므로 프레쉬워터의 논증에 공감할 수도 있다. 하지만 루이스의 주장은 그의 논증, 특히 실재와 진리 사이의 인식론적 구분이라는 더 큰 맥락에서 바라봐야 한다. 본질적으로, 루이스는 신화 자체가 진리보다 우선한다고 말한 것이 아니라 (신화를 통해 경험하는) 실재가 진리보다 우선한다고 말한 것이다. 목표는 실재에 근접하는 것이고, 진리가 가리키는 것도 실재다. 우리가 본 대로, 루이스는 신화가 그 목표를 이루는 부분적 수단 정도는 된다고 믿었다. "신화를 접할 때 우리에게 흘러드는 것은 진리가 아니라 실재"다. 이런 의미에서만 신화는 진리를 초월한다.

그런데 루이스의 사상에 파악하기 힘든 면이 있다는 점은 인정해야 한다. 가장 심각한 문제는 어떤 신화 또는 신화의 어떤 측면이 진짜 신화를 전달하는지 결정할 명확한 기준이 없다는 것이다. 대체적으로, 설득력 있는 규범적 지배 원리나 권위 있는 분별의 토대가 없는 것 같다.

하지만 루이스는 그리스도의 복음이 가진 역사적 사실성이 구원 신화를 구체적으로 입증한다고 주장했다. 그래서 그는 성육신이 신화를 초월한다고 진술했다. 신화는 예수 그리스도의 성육신 안에서 구체적인 역사적 사실이 되었고, 더 높은 수준에 이르렀다. 그것은 마치 상상력이 이성 안에 자리 잡을 때 명확해지는 것과 같다.

기독교의 핵심은 사실이기도 한 신화라는 것입니다. 죽는 신을 다룬 옛 신화가 여전히 신화인 채로 전설과 상상의 하늘에서 역사의 땅으로 내려옵니다. 그 일은 구체적인 시간, 구체적인 장소에서 벌어지고, 정의할 수 있는 역사적 결과들이 그 뒤를 따릅니다. 우리는 언제 어디서 죽는지 아무도 모르는 발데르[Balder, 북유럽 신화에 나오는 광명의 신-역주]나 오시리스[Osiris, 이집트 신화에서 사자의 신으로 숭배된 남신-역주] 같은 신을 지니 (모두 순서에 따라) 본디오 빌라도 치하에서 십자가에 못 박힌 역사적 인물에게 이릅니다. 그것은 사실이 되고 난 뒤에도 여전히 신화로 존재합니다. 이것이 바로 기적입니다.[127]

"신화가 사실이 된" 사건은 진정한 신앙고백의 조건을 제공한다. 루이스는 참으로 "나는 믿노라"라고 말할 수 있었다.

진정한 그리스도인이 되려면, 역사적 사실에 동의해야 할 뿐 아니라, 우리가 모든 신화에 부여하는 상상력을 발휘하여 (이미 사실이 되어 버린) 그 신화 또한 받아들여야 합니다.[128]

이 "사실이 된 신화"는 다름 아닌 역사적 인물로, 우리는 그를 인지적으로 이해할 뿐 아니라 신뢰한다. 그리스도인들은 하나의 관계로 부름을 받는다. 방랑이 끝나고 순례 또는 영적 여행이 시작되는 진정한 실마리는 추상적 진리가 아니라 하나의 인격으로 이끌리는 데 있다. 성육하신 그리스도는 "길이요 진리요 생명"(요 14:6)의 체현이시다. 그분은 우리가 여행하는 길이시고, 우리가 받아들이는 진리이시고, 우리 안에 있는 생명이시다.

그리스도인의 여행은 누구 또는 무엇을 찾는 탐색일 뿐 아니라 우리가 예수 그리스도 안에서 어떤 존재가 되었고, 되고 있는지를 발견하는 과정이다. 그리스도와의 신비로운 연합은 우리가 상상력을 발휘해 받아들여야 하는 개념이다.

* * *

이 장에서 우리는 '복음의 준비' 기능을 하는 루이스의 유신론적 표지를 보았다. (1) 자연 속 누미노제의 발견, (2) '기쁨'의 발견, (3) 보편적인 자연적 도덕법, 즉 도(道)의 인정, (4) 이스라엘 역사에 주어진 특별계시, (5) 이교의 구원 신화에 대한 이해 등이다. 처음의 3가지는 실존적 차원에 해당하고, 나머지 둘은 역사적 차원을 반영한다.

루이스의 유신론적 표지는 자연신학에 근거한 전통적인 유신론적 논증과 차별화되는 독특성을 갖고 있고, 그것은 소위 '신학적 심리학'을 일관되게 언급한다는 데서 찾을 수 있다. 자연은 질서정연하고 즐거울 뿐 아니라, 위험하고 무시무시하다. 기쁨은 즐거움과 슬픔을 다 불러일으킨다. 도는 의무감과 무력감을 일깨운다. 이스라엘의 역사도, 이교의 구원 신화도 그 자체로는 온전하지 않다. 이 모두는 우리의-참으로 인류의-불안한 방랑 상태를 상기시킨다.

루이스에 따르면 방랑 상태에 대한 인식은 그리스도의 복음을 받아들일 전제 조건이다. 인류에게서 발견되는 근본적 긴장 상태에 대한 루이스의 통찰은 신학적, 변증적으로 주요한 업적이다. 루이스는 근본적 인간 경험이 초자연적 기원을 갖고 있음을 지목함으로써, 인간 문제에 대한 자연주의적 해결책에 주로 몰두하는 현대 문화에 중요한 도전장을 내밀었다. 루이스는 하나님을 떠난 인간의 문제가 심각한 만큼 구원은 급진적이어야 한다고 보았다. 이제 그가 구원을 어떻게 이해했는지 살펴보자.

Chapter 4.

본향 쪽으로 돌아섬

_회심의 교리

| 회심은 하나님 없이 불안하게 방랑하던 삶에서
진정한 본향으로 가는 순례로 들어서는 결정적 돌이킴이다.

앞 장에서 우리는 인류의 불안한 방랑과 그것이 어떻게 '복음의 준비' 역할을 하는지를 C. S. 루이스의 안내로 살펴보았다. 루이스의 확신은 그가 BBC 강연에 대해 밝힌 진술에 잘 드러나 있는데, 그 강연은 《순전한 기독교》의 기본 내용이 된다.

[이 강연은] 복음(*evangelium*)보다는 '복음의 준비'(*praeparatio evangelica*)에 해당합니다. 이 세상에는 도덕법이라는 것이 존재하는데 우리는 그것을 어기고 있고, 입법자의 존재는 적어도 상당히 개연성이 있으며, (여기다가 기독교의 대속 교리를 추가하지 않는 한) 그의 존재는 위로보다는 절망을 준다는 확신을 사람들에게 심어 주기 위한 시도입니다.[1]

루이스가 '예비 복음 전도'를 강조하는 이유는 이후에 따라오는 것, 즉 본격적 복음 전도에 대한 관심 때문이다. 전도의 목적은 사람들을 이끌어 기독교로 회심하게 하는 것이다. 예비 전도는 초월적 실재를 자각하거나, 적어도 그 가능성을 받아들이도록 촉진하는 역

Chapter 4. 본향 쪽으로 돌아섬 177

할을 한다. 반면, 복음의 제시는 "사실이 된 신화"에 대한 논의에서 본 것처럼 그리스도의 성육신에 의해 객관적, 역사적 사실이 된 초월적 실재의 내재성을 드러낸다.

예비 전도는 불편한 마음과 실존적, 역사적 긴장을 알아차리게 하고, 그다음에 복음이 좌절과 파편화라는 현실에 대한 해결책으로 등장한다. 그리스도 안에서 가장 구체적으로 자신을 계시하신 하나님이 중심축이자 기초석이 되실 때 인간의 삶은 피조물다운 최종 목적에 맞게 온전해진다. 그러므로 사람은 회심을 통해 하나님과 관계를 맺는 과정을 의식적으로 경험하게 되며, 하나님과의 관계 안에서 복음을 아는 구원의 지식이 그를 변화시킨다.

루이스는 기독교적 회심을 불러오는 일에 매우 큰 관심을 갖고 있었다. 그는 복음 전도의 의도를 솔직히 드러내며 이렇게 쓴 바 있다.

> 저의 책은 대부분 '밖에 있는 사람들'(tous exo)에게 복음을 전하는 내용입니다.[2]

이것은 기독교적 주제를 다룬 그의 저서들이 기독교 공동체 안의 사람들보다는 "밖에 있는 사람들"을 주로 겨냥한 것임을 알려 준다. 다시 말해, 그의 우선적 목표는 밖에 있는 사람들을 기독교적 회심 경험으로 불러들이는 것이었고, 기독교 공동체 내에 있는 사람들을 교화하는 것은 자연스럽게 부차적인 일이 되었다. 게다가 루이스는 종교 전문가들이 아니라 일반 청중에게 다가가고 싶다는 마음을 분명히 밝혔다. 그는 자신이 쓰는 글의 문체와 내용을 옹호하며 이렇게 썼다.

> 저는 '성직자들을 위해서'(*ad clerum*)가 아니라 '대중을 위해'(*ad populum*) 글을 씁니다. 이것은 제 글의 내용뿐 아니라 방식과도 관련이 있습니다.[3]

간단히 말해, 루이스가 이해하는 회심 과정은 창조주 하나님과 그분의 초자연적 실재를 받아들이는 것이고, 그것이 자극제가 되어 영원한 기쁨의 대상을 바라보고, 그분을 향한 여행에 나서고, 그 과정에서 그분과의 영원한 관계를 누리며 참된 자아 정체성을 얻는 것으로 요약할 수 있다. 그러므로 그에게 회심은 한 개인의 영적 여행의 방향이 바뀌는 것을 의미한다. "평소의 자신에게로 돌아가는 여행"[4]에서 돌이켜 기쁨의 영원한 대상이신 하나님께로 가는 것이다.

전통적으로, 신학자들은 회심 과정을 이루는 두 가지 기본 요소로 회개와 믿음을 꼽았다. 그러므로 우리는 루이스의 회심관을 다루면서 그가 회개와 믿음을 어떻게 이해했는지 검토할 것이다. 회심의 과정을 다룰 때 떠오르는 또 다른 중요한 신학적 문제는 회심의 능동적 차원과 수동적 차원이다.

회개의 본질 : 자아에 대한 죽음

루이스는 기독교적 회심의 필요성을 강조했지만, 당시의 부흥주의 운동과는 거리를 두었다. 그는 이렇게 말했다.

> 제가 이 일을 시작했을 때 믿지 않는 수많은 동포들은 기독교를 부흥사들이 제시하는 대단히 감정적인 형태로 접하거나, 교양 수준이 대단히 높은 성직자들이 늘어놓는 이해 부득의 언어로 만나고 있었습니다. 그러나 둘 중 어느 쪽도 대다수 사람들의 마음을 움직이지 못했습니다. 그러므로 저는 제가 단순한 번역자의 임무를 맡아야 한다고 생각했습니다. 기독교 교리, 아니 제가 믿는 기독교 교리를 일상어로, 학식이 없는 사람들이 귀 기울여 듣고 이해할 수 있는 언어로 바꾸는 일이었습니다.[5]

지성주의를 피함으로써 "학식이 없는" 사람들에게 다가가고 싶었던 루이스는 그런 마음을 이미 글로 밝힌 바 있다.[6] 게다가 이 인용문에서 볼 수 있듯이, 루이스는 지성주의뿐 아니라 감정주의도 일반 청중이 복음 메시지를 이해하기 어렵게 만든다고 생각했다. 따라서 그의 회심관은 상당히 독특하다.

회심에 따라오지 않는 것

루이스는 일체의 감정주의적, 결단주의적 회심관과도 거리를 둔 것 같다. 대신에 영적 각성의 순간과 그 이후에 이어지는 과정을 꾸준히 강조했다. 회심 경험에는 뭔가 결정적인 것이 있으나, 그와 동시에 회심은 하나님의 피조세계에 놓인 피조물이라는 분명한 사실에서 시작되는 연속성 있는 영적 여행의 일부이기도 하다. 가령 루이스 본인의 회심은 젊은 날의 삶이 회심의 때로 이어지는 이야기다. 그의 회심은 내적 갈등을 강조하기 위해 극적으로 제시되기는 했지만[7] 감정의 격변이 없었다.[8]

그럼에도 불구하고, 회심은 하나님 없이 불안하게 방랑하던 삶에서 진정한 본향으로 가는 순례로 들어서는 결정적 돌이킴이다. 회심을 대하는 핵심적 태도는 새로운 방식으로 살겠다는 엄숙한 다짐이다. 루이스는 무슨 일이든 할 것 같은 감정적 도취 상태가 본향으로의 여정에 도움이 되기보다는 방해만 되는 경향이 있다고 생각했다. 한 예로, 한 여성이 회심했다는 승리감에 들떠 소식을 보내오자 루이스는 경고의 답장을 전했다.

유일하게 (어쩌면 불가피한 일이겠습니다만) 안 좋은 징후는 당신이 좀 지나치게 흥분해 있다는 겁니다. '뭔가 대단한 일'이 벌어졌다고 느끼고 (정말 그런 일이 벌어졌거든요) "온통 달아오르는" 것은 합당합니다. 그 느낌들을 하나님이 보내 주신 생일 축하 카드로 여기고 감사하며 받으십시오. 그러나 그것은 진짜 선물이 아니라 인사말에 불과함을 기억하십시오. 그러니까 느낌은 실물이 아니라는 겁니다.

실물은 대체로 (어쩌면 영영) 느낌이나 감정으로 경험할 수 없는 성령의 은사입니다. 느낌은 신경 체계의 반응일 뿐입니다. 그것에 의지하지 마십시오. 그렇지 않으면 느낌들이 사라지고 감정적으로 밋밋해질 때(얼마 안 가서 분명히 그렇게 될 겁니다) 실물도 사라졌다고 생각하게 될 겁니다. 그러나 사실은 그렇지 않습니다. 느껴지지 않아도 그것은 분명 거기 있을 것입니다. 오히려 느껴지지 않을 때 가장 강하게 활동하고 있을 수도 있습니다.

'지금부터 죽 신 나는 모험이 펼쳐질 거다'라고 생각하지 마십시오. 그렇지 않을 겁니다. 흥분은 종류를 막론하고 오래 지속되지 않습니다. 그것은 자전거를 처음 탈 때 뒤에서 밀어 주는 것과 같습니다. 시간이 가면 혼자 열심히 페달을 밟아야 합니다.[9]

루이스는 본인의 경우는 물론 다른 이들에 대해서도 회심의 과정에 따라오는 감정적 상태에 지나치게 관심을 갖거나 의존하지 않도록 경계했다. 승리의 순간들이 있지만 거기에는 괴로움도 섞여 있다. 사실 그는 괴로움의 존재를 진정한 회심의 표지로 여겼다.[10]

회심의 과정에 왜 괴로움이 들어 있을까? 그것은 무엇보다 회심이 회개를 의미하고, 회개는 새 생명을 얻기 위해 자아를 양도하거나 자아가 죽는 것을 뜻하기 때문이다. 루이스에게 회심의 본질은 일종의 죽음을 포함한다. 그것은 생명으로 이어지므로 '좋은' 죽음이다. 그렇지만 역시 죽음이기에 지독한 불안감과 상실감이 뒤따른다. 자기중심성을 특징으로 하는 인간에게 있어 자아의 죽음은 그리스도인의 여행에 나서기 원하는 이들을 향한 하나님의 과격한 요구다.

루이스는 왜 이런 철저한 회심관을 옹호했을까? 회개의 행위에는 왜 자신의 방식을 개혁하겠다는 다짐이 아니라 죽음이 따라와야 할까? 그것은 루이스가 죄를 심각하게 바라보았기 때문이다. 루이스에게 죄는 단지 윤리적 문제가 아니었다. 죄와 인간의 부패를 심각하게 바라보는 루이스의 '순전한 기독교'는 현대주의적 버전의 자연주의적이고 윤리중심적 신학에 도전했다.

루이스의 죄관(罪觀)

《순례자의 귀향》에서 순례자들은 세례적 죽음을 통해 '페카툼 아다에'(Peccatum Adae, '아담의 죄')라는 이름의 거대한 협곡을 건너야 한다. 협곡의 이름은 아담의 원죄와 그로 인한 인간 본성의 부패를 분명히 가리키고 있다. 그들의 당면 문제가 철저한 해결책을 요구하는 심각한 것임을 상기시킨다. 협곡을 건너려면 죽어야 한다. 회개는 "'근래 들어 뭔가 잘못하고 있는 것 같아'라는 불편하고 막연한 감정"[11]에서 나오지 않는다. 자신의 죄에 대한 인식이 출발점이 되어야 한다.

> 그러므로 자신이 회개할 죄를 저질렀다는 사실을 모르는 사람, 자신에게 용서가 필요하다고 생각하지 않는 사람에게는 [기독교가] 아무 할 말이 없습니다.[12]

그래서 루이스는 이렇게 "죄의 옛 의미를 회복시키는 것은 기독교의 본질적인 과제입니다"[13]라고 주장했다. 사실 인간의 죄악 됨에 대한 루이스의 인식은 시간이 갈수록 더 깊어졌던 것 같다. 그가 죽은 직후에 출간된 《개인 기도: 말콤에게 보내는 편지》(홍성사 역간, 2007)는 청교도의 죄관을 다루고 있다. 그는 알렉산더 화이트[14]의 글을 읽고 나서 "청교도의 특성 한 가지를 섬뜩하게 직시하게" 되었다고 말했다.

> 중생한 삶의 한 가지 본질적 징후는 자연적이고 바뀌지 않는 (듯 보이는) 자신의 부패상을 계속 인식하고 끊임없이 혐오하는 것이네.[15]

루이스는 내면의 부패를 이렇게 인식하는 것이 "과거 인물들의 회심 사연"에 단골로 등장한다는 것을 알고 있었다. 그는 특히 존 번연의 말을 떠올렸다.

> 그러나 나의 내면은 … 처음부터 놀라울 만큼 부패해 있었다. … 내 눈에 비친 나는 두꺼비보다 메스꺼웠다. … 샘에서 물이 솟아나듯 내 마음에서는 자연스럽게 죄와 부패함이 솟아나고 있다.[16]

루이스는 이름을 밝히지 않은 한 청교도 저자의 말을 독자에게 소개했는데, 그는 자신의 마음을 살펴보니 "마치 뜨거운 여름날 내려다본 더러운 지하 감옥 속 같았다. 그곳의 하수구와 썩은 물 한가운데선 수백만 개의 살아 있는 무언가가 꿈틀거리고 있었다"고 말했다.[17]
루이스는 자기 성찰이 "나름의 비뚤어진 교만을 낳는" 역설적 위험을 갖고 있음을 깊이 인식했지만, 그에 대한 청교도들의 관심에 상당한 공감을 표명했다.

나는 이런 시각을 병적인 것으로만 보는 사람들에게 귀 기울이지 않을 걸세. 나 역시 내 지하 감옥에서 '수많은 발로 기어 다니는 끈적끈적한 것들'을 보았기 때문이네. 잠깐 힐끗 본 그 장면이 나를 정신 차리게 해 주었어.

그는 이렇게 탄식했다.

혼자 기도할 때나 고백성사를 할 때나 내 이성은 내 죄가 참으로 심각하다고 말하지만, 정작 나는 (부끄럽게도) 내 죄에 대해 심각한 수치심이나 거부감을 느끼지 못한다는 것을 깨달았네.[18]

루이스가 보여 준 자신의 죄악 된 성향과의 성숙한 싸움은 그가 이전에 지적한 사실을 그대로 반영하는 듯하다.

몇 가지 점에서 볼 때 현재 우리는 하나님이 보시기에 끔찍한 피조물이고, 제대로 보기만 한다면 우리가 보기에도 끔찍한 피조물입니다. 저는 이것을 사실로 믿습니다. 그리고 거룩한 사람일수록 이 사실을 더 충분히 인식하리라고 생각합니다.[19]

루이스는 찰스 윌리엄스처럼 죄의 궁극적 결과를 "자기애" 또는 "자기 보존"으로 규정했다. 루이스는 타락 교리를 견지하려면 "사회적 도덕의 수준보다 더 깊은 수준, 시대를 초월한 수준에서 가장 큰 죄를 찾아야" 한다고 말했다. 그럼 이 큰 죄는 무엇일까? 루이스의 답변을 들어 보자.

> 어거스틴은 이 죄를 교만의 결과, 즉 피조물(그 존재 원리가 자기 자신이 아닌 다른 데 있는, 본질적으로 의존적인 존재)이 제자리를 벗어나 자립하여 제 힘으로 존재하려 한 결과로 묘사했습니다. … 이것은 세련된 사람들뿐 아니라 어린아이나 무식한 농부들도 매일 짓는 죄이며, 사회 속에서 사는 사람들뿐 아니라 홀로 떨어져 사는 사람들도 매일 짓는 죄입니다. 이것은 모든 개인의 삶에서 나타나는 타락, 즉 각 개인의 삶에 매일 나타나는 타락으로서, 모든 개별적인 죄들의 배후에 자리 잡고 있는 근본적인 죄입니다. 바로 이 순간에도 여러분과 저는 이 죄를 짓고 있거나, 막 지으려고 하고 있거나, 이 죄 지은 것을 회개하고 있습니다.[20]

"자기애"의 죄는 단지 어떤 행위나 연속적 행위가 아니라 인간의 타락성에 박혀 있는 영구적인 성향이다.

> 우리가 생각하기에도 하나님으로부터 멀어지도록 끌어당기는 인력(引力), '평소의 자기에게로 돌아가는 여행'은 타락의 산물이 분명합니다.[21]

이런 성향으로 인한 비극은 남자고 여자고 피조물로서 자신의 진정한 위치에 대한 인식이 철저히 뒤틀린다는 것이다. 다시 말해, 루이스의 철저한 죄관은 철저한 타락관에서 나왔다.

루이스의 타락관
루이스는 타락한 인류의 상태가 원래의 창조 상태에서 근본적으로 달라진 것으로 보았다.

[타락 교리]에 따르면, 지금의 인간은 하나님에게도 본인에게도 끔찍한 존재이고 우주에 제대로 적응하지 못한 존재입니다.[22]

《고통의 문제》에서 루이스는 인류 타락의 이야기를 하나님을 떠나 자아에게로 가는 여행으로 요약했다. 그러나 그는 이 이야기가 "역사적 사실일 가능성이 있는 기록"을 뜻하는 "소크라테스가 말하는 의미의 신화"라고 단서를 달았다.[23] 그가 이렇게 추측한 이유는 아담과 하와의 창세기 기록을 역사적 기록으로 받아들이지 못하고 역사적 요소를 담을 수 있는 신화적 이야기로 보았기 때문이다. 루이스는 개인 서한에서 아담의 등장에 대해 이런 추측을 했다.

저는 … 두 유인원 사이에서 물리적인 아들로 태어난 아담에게 하나님이 기적을 베푸셔서 인간이 되게 하셨다고 생각합니다. 사실상 이렇게 말씀하신 것이지요. "나오라. 네 백성과 네 아버지의 집을 잊어

버릴지어다." 아브라함이 받은 부름은 이와 같은 종류의 부름 중에서 매우 작은 사례일 것이고, 우리 각 사람 안에서 이루어지는 중생은 작지 않은 사례일 것입니다. 이런 그림이 역사적으로도 영적으로도 조리 있는 것 같습니다.[24]

"유신진화론적" 패러다임은 인간 기원에 대한 다윈주의 이론이 하나님이 진화 과정을 감독하셨다는 개념으로 수정된 것인데, 루이스는 창세기 첫 몇 장에 제시된 "신화"의 의미를 해석하기 위해 이 패러다임을 채택한 것 같다.

그렇지만 루이스 신학에서 중심이 되는 것은 타락 개념이다. 다음은 그가 들려주는 인류 타락 이야기를 요약한 것이다.

(1) "오랜 세월에 걸쳐 하나님은 자신의 형상과 인간성의 매개체가 될 동물의 형태를 완성하셨다." "충분히 복잡한 뇌"를 가진 완벽한 동물의 형태를 만드는 데는 오랜 시간이 걸렸을 것이다. 그러나 이 동물의 형태가 인간이 되기 위해서는 급진적 단계가 필요했다.

(2) "이윽고 때가 이르자 하나님은 이 유기체의 심리적, 생리적 기능에 새로운 종류의 의식(意識), 즉 '나'라고 말할 수 있고, 자기 자신을 대상화할 수 있고, 하나님을 알고, 진선미를 판단하고, 시간 너머에서 시간이 흘러 지나가는 것을 인식할 수 있는 새로운 의식이 임하게 하셨다."

이 "첫 사람"은 현대 인류의 능력을 초월하는 특성을 갖추었다. "그때의 인간은 존재 자체가 곧 의식이었다." 몸의 기관들은 자연법칙이 아니라 그 자신의 의지의 법칙에 따라 작용했다. 욕구와 욕망도 그의 의지의 처분에 달려 있었다. "신체 조직들이 쇠퇴하고 회복하는 과정들도 이와 비슷하게 의식적으로 그의 의지에 따랐을 것이다." 자기 자신을 전적으로 제어할 수 있었던 이 존재는 자신이 접촉하는 모든 하위 생명체들도 제어할 수 있었다. 이 "낙원의 인간"은 "동물들의 제사장, 어떤 의미에서는 동물들의 그리스도가 되도록 지음 받았다. 즉 동물들은 인간이라는 중재자를 통해 이성 없는 본성이 허용하는 한도 내에서 하나님의 찬란한 영광을 깨달을 수 있었다."

하나님이 이 인간에게 부여하신 새로운 인식은 그가 하나님께 온전히 이끌리도록 만들었다. "늘 하나님을 자기 사랑과 생각의 첫자리에 두었다. 그는 그렇게 하기 위해 힘겹게 노력할 필요가 없었다." 그에게는 "존재와 능력과 기쁨이 선물의 형태로 하나님께로부터 주어졌다." 인간은 "사랑에서 우러난 순종과 황홀한 숭배"를 하나님께 돌려 드렸다. 그때 인간은 "진정한 하나님의 아들이요 그리스도의 원형"이었고, 아버지를 향한 아들의 자기 양도가 "기쁨과 편안함과 함께" 자연스럽게 일어났다.

그러나 흥미롭게도, 그가 만든 고고학적 물건을 가지고 판단하자면 이 피조물은 미개한 "야만인"이었고 완전히 성숙한 어른보다는 아이에 가까웠다. 하지만 배운 사람이나 어른이라고 해서 이 "말 느리고 수염 덥수룩한 벌거숭이"보다 유리할 것은 하나도 없었을 것이다.

(3) "우리는 하나님이 이러한 피조물을 얼마나 많이 만드셨는지, 또

그들이 얼마 동안이나 낙원의 상태에서 살았는지 알 수 없다. 그러나 그들은 얼마 지나지 않아 타락했다." 이것은 그들이 "삶의 방향을 창조자에게 맞추기를 중단했고", 독립적인 존재가 되어 "자기 미래를 책임지고 쾌락과 안전을 얻기 위해 계획을 세웠"다는 뜻이다. 하나님께 그들의 "시간과 관심과 사랑"을 드릴 때도 자기 것이라는 도장이 찍힌 자기 소유 중에서 드리기를 원했다. "그들은 '제 영혼을 제 것으로 삼기' 원했"던 것이다. 그러나 그것은 거짓된 삶을 살고 싶다는 뜻이다. 우리의 영혼은 실제로 우리 것이 아니기 때문이다."

이것이 두 가지 조건을 충족시키는 인간의 첫 번째 죄였음이 분명하다. 최초의 죄는 "아주 극악무도한 것"인 동시에, "타락한 인간이 받는 유혹에서 자유로운 존재도 범할 수 있음직한 것이어야" 한다. 그런데 낙원의 인간에게 이런 죄가 가능했던 것은 하나님이 그에게 자아 인식을 허락하는 위험을 감수할 가치가 있다고 생각하셨기 때문이다. 그런 인식에는 언제나 '자기 숭배'의 위험이 내포되어 있다.

그럼에도 이 죄는 극악무도한 것이다. 그는 온전한 의식을 갖추었고 생명의 모든 측면을 완전히 제어할 수 있었기 때문이다. 더욱이 그는 하나님을 향한 자기 양도를 거부하는 성향이 없었다. 진정한 의미에서 그는 자기를 양도하고 복종할 완전한 의지와 온전한 능력을 가진 자기 자신에 만족하고 있었고, 어떤 악한 열정이나 성향의 지배도 받지 않았다. 이런 상황에서 자기 양도가 아니라 자기 숭배를 선택한 것은 참으로 극악무도한 죄였다.

(4) 인간은 하나님께 더 이상 순종하지 않더라도 인체에 대한 완전한

통제력을 유지할 것이라 생각했지만, 결국 그는 그 권위를 잃고 말았다. "인간 영혼이 인체에 행사했던 권위는 위임받은 것이었고, 하나님의 대리자 역할을 포기하는 순간 잃는 것이었다. 그는 자기 존재의 원천에서 자신을 최대한 끊어 냄으로써 능력의 원천과도 끊어졌다."

그래서 하나님은 자신에게 반역하는 인간 영혼을 통해 인체를 다스리지 않기로 결정하셨다. 대신에 "그분은 영혼의 법칙이 아니라 자연법칙에 따라 좀 더 외적인 방식으로 인체를 다스리기 시작하셨"다. 인간의 지위는 추락할 대로 추락해 이제는 하나님이 그에게 걸맞게 만드신 고차원의 법칙이 아니라 낮은 차원의 법칙을 따라야 한다.[25]

(5) 하나님이 원래 지으신 것과는 전혀 다른 특성을 가진 새로운 인간 종이 등장했고 "이런 상태는 유전에 의해 이후의 모든 세대에 전달되었"다. 이런 인간의 변화는 매우 급진적인 것이고 자연적 변화나 진화론적 변이 과정으로 볼 수 없다. "그것은 새로운 종류의 인간이 출현했음을 의미했다. 하나님이 결코 만드신 바 없는 새로운 종(種)이 죄를 통해 스스로 생겨난 것이다."[26]

루이스는 성경의 창조 기록을 분명하게 거부하고 인간이 하등 동물의 형태에서 생겨났다고 말했다. 하지만 아이러니하게도, 그는 첫 번째 "야만인"이 "낙원의 상태"에 있었고, 타락한 인류와 달리 완전한 심신 통일체를 이루었다고 주장했다. 여기서 우리는 다윈주의 진화론과 기독교의 타락 개념이 흥미롭게 혼합되어 있는 것을 볼 수 있다. 루이스는 생물학 이론으로서의 다윈주의 진화론은 어느 정도의 긴장과 함께 받아들였지만, 일반적 역사관이나 실재관으로서의 대중적 진화주의는 거부했다.[27] 루이스는 진보나 발전론의 "신화"가 타락 개념과 정면으로 모순된다고 생각했다.

하지만 루이스의 타락 개념은 "신화"에서 도출된 것이다. 창세기 첫 몇 장에 대한 그의 해석은 역사적인 것이 아니라 신화적인 것임이 분명하기 때문이다. 여기에 권위의 문제를 제기할 수 있다. 루이스는 왜 대중적 진화주의의 신화가 아니라 타락의 "신화"를 받아들이기로 선택한 것일까? 루이스는 창세기의 "신화"가 하나님이 그 이상의 것으로 들어 올려서 그분의 목적을 이루신 신화라고 말하며 거기에 권위적인 지위를 부여했다.[28] 우리가 본서 5장에서 자세히 다룰 루이스의 성경관은 다소 모호해 보인다.

루이스는 창세기 기록의 역사성에 대해 양면적인 입장을 갖고 있었지만, 루이스의 이야기는 타락에 대한 기본적인 성경적 주제를 담고 있다. 타락은 인간이 하나님께 순복하고 순종하는 삶을 고의로 거부한 데서 나왔고, 인간의 존재 상태를 근본적으로 바꿔 놓았으며, 그 영향은 이후의 모든 세대로 어떤 식으로든 전달되었다.

회심을 이 과정의 역전으로 이해하려면 타락한 인간에 대한 루이스의 심리학을 주의 깊게 기술해야 한다. 그것이 그가 말하는 자아에 대한 죽음 또는 자기 양도 개념을 이해할 맥락을 이루기 때문이다. 이제 하나님의 더 낮은 차원의 법의 지배를 받는 타락한 인간은 그의 의지의 지배를 받는 대신 "통상적 생화학 법칙의 통제 아래로 들어가게 되었고, 그 법칙들이 상호작용을 통해 고통과 노쇠와 죽음

의 형태로 야기하는 결과들을 모두 겪게 되었"다.[29]

그에 따른 비극은 다양한 욕망이 인간 이성의 의지에 따라서가 아니라 "오직 주변에 있는 생화학적 사실들이 유발하는 대로" 주체할 수 없이 쳐들어오는 것이었다.[30] 정신은 하나님께 받은 자유를 잃고 "심리적 연상 법칙의 지배를 받게 되었고", 밀어닥치는 사고와 욕망을 제어할 능력이 없어진 의지는 기껏해야 그것들을 숨겨진 영역에 몰아넣을 뿐이어서 그로 인해 "잠재의식"이 형성되었다.[31]

인간 심리의 이런 근본적 변화로 인해 "인간의 영혼은 본성의 주인 자리에서 하숙인의 신세로, 더 나아가 죄수의 신세로 전락했고, 이성의 의식은 현재와 같은 상태가 되어 버렸습니다. 대뇌 작용의 작은 부분에 의존하여 꺼졌다 켜지는 스포트라이트 상태가 된 것이지요."[32] 루이스가 영혼과 본성(자연)을 분리하는 부분에서 아퀴나스 사상의 영향을 감지하는 사람도 있는데, 그 변화가 영혼 자체의 부패가 아니라 영혼의 능력의 제한을 의미한다면 특히나 그럴 것이다. 그러나 루이스는 분명히 타락이 영혼의 부패라고 생각했다.

루이스는 타락의 심각성을 인정했다. 그는 타락 이후 인간 영혼의 온전함이 손상 없이 보존될 수 없었다고 생각했다. 제어 능력(루이스는 이것을 집합적으로 "인간 영혼"이라 불렀다)에 한계가 생겨 "그의 구성 요소들 간의 관계가 교란"과 혼란 상태에 빠진 것은 진짜 문제가 아니었다. 진짜 문제는 그보다 훨씬 심각했다. 영혼의 능력이 상대적으로 약해졌을 뿐 아니라 영혼 자체가 "부패"하고 "내부에서 뒤틀려" 버렸다.

인간의 영혼은 하나님께 등을 돌리고 스스로 우상이 되어 버림으로써, 지금도 여전히 하나님께 돌아갈 수 있기는 하지만 고통스러운 노력을 기울여야만 그렇게 할 수 있게 되었고 그의 성향도 자기를 지향하는 것으로 변질되었습니다.[33]

이어지는 내용에서 루이스는 부패한 인간 영혼의 성향을 조목조목 진술했다.

그리하여 이제 자만심과 야망, 스스로 보기에 그럴듯한 사람이 되고 경쟁자를 깔아뭉개고 싶은 욕망, 시기, 더 확고하고 확실한 안전을 얻으려는 가차 없는 추구가 이제 인간 영혼이 가장 편안하게 취할 수 있는 태도가 되었습니다. 이제 영혼은 자기 본성을 다스릴 힘이 없는 허약한 왕이자 악한 왕이 되었습니다. 영혼은 심신의 유기체가 올려 보내는 욕망보다 훨씬 더 악한 욕망을 그 유기체로 내려 보냈습니다.[34]

그러므로 한 사람의 회심에 필요한 것은 방향 전환, 회개, 또는 자기 의지를 창조주께 양도하는 일이다. 이 과정은 '옛 자아의 죽음'이라고 불린다. '죽음'의 개념은 상징 이상의 것이다. 하나님이 귀히 여기시던 피조물로서의 참된 인간성은 타락으로 죽었고, 우리가 다시 살아나려면 새로운 종류의 죽음이 필요하다. 그러므로 회개는 자기 개선이 아니라 일종의 죽음이다.

회개는 장난삼아 할 수 있는 일이 결코 아닙니다. 이것은 단순히 굴욕을 감수하는 것보다 훨씬 더 어려운 일입니다. 회개한다는 것은 수천 년간 익혀 온 자기 만족과 자기 의지를 버린다는 뜻입니다. 이것은 여러분 자신의 일부를 죽이는 것, 일종의 죽음을 겪는 것을 뜻합니다.[35]

사정이 이렇다면, 죄인들은 회개를 해야 하는데 진정으로 회개할 수가 없다. 모든 죄인이 직면하는 비극적 무능력 때문이다.

악해질수록 회개의 필요성은 점점 더 커지고 회개할 수 있는 능력은 점점 더 줄어듭니다. 완전하게 회개할 수 있는 유일한 사람은 완전한 인간일 것입니다. 그리고 그는 회개할 필요가 없는 인간이겠지요.[36]

그러므로 회개는 사람이 주도적으로 할 수 있는 일이 아니다.

그리스도의 대리적 "회개"론
우리에게 필요한 것은 하나님 그분이시다. 완전하신 하나님이 우리 안에서 일하셔서 우리 힘으로는 결코 할 수 없는 일을 원하고 행하게 만드셔야 한다.

지금 우리는 하나님이 그분의 본성상 절대 하시지 않는 일-항복하고 고통을 겪으며 복종하여 죽는 일-에서 그분의 도움을 필요로 하고 있습니다.[37]

여기서 우리는 구원의 문을 여는 열쇠를 발견한다. 그 열쇠는 하나님이 인간이 되심, 그리스도 안에서 이루신 하나님의 성육신이다.

그는 인간이므로 자기 뜻을 포기할 수 있고 고난을 겪을 수 있으며 죽을 수도 있습니다. 또한 그는 하나님이므로 이 모든 일을 완전하게 할 수 있습니다.[38]

상황을 보다 분명하게 이해하려면 루이스가 받아들였던 속죄관을 알아볼 필요가 있다. 처음에 루이스는 구체적인 역사적 속죄론을 고집할 필요가 없다고 생각했다.

이 이론뿐 아니라 다른 어떤 이론도 그것이 곧 기독교는 아닙니다. 기독교 신앙의 중심은 그리스도의 죽음이 어떤 방식으로든지 간에 우리로 하여금 하나님과 바른 관계를 맺게 해 주고 새로이 출발하게 해 주었다는 데 있습니다. 어떻게 이런 일이 일어났느냐에 관한 이론들은 따로 살펴보아야 할 사항입니다.[39]

하지만 그는 속죄의 "실재" 또는 우리를 위해 구원을 성취한 "실물 자체"가 있다고 지적했다. 우리가 먹는 음식 배후에서 작용하는 영양 성분들처럼, 그 "실재"는 "그리스도가 우리를 위해 죽임을 당했고, 그의 죽음이 우리의 죄를 씻어 주었고, 그가 죽음으로써 죽음의 세력이 힘을 잃었다"고 우리가 믿는 한, 효력을 발휘한다.[40] 이론들은 영양가를 계산하는 것과 비슷하다. 우리가 그에 대해 잘 몰라도 "실재"로부터 유익을 얻는 데는 아무 문제가 없다.

하지만 루이스가 제시한 신념에 따르면 한 가지 이론은 제거된다. 그는 엄격한 피에르 아벨라르(Pierre Abélard, 1072-1244, 프랑스의 신학자, 철학자)식의 모범론이나 도덕적 감화론은 배제하고 대속 이론을 받아들였다. 그리스도의 죽음은 우리의 마음을 감동시키는 하나님의 사랑의 최고 사례에 그치지 않는다. 에드가 W. 보스(Edgar W. Boss)의 평가는 표적을 빗나간 것 같다.

> [루이스는] 어떤 속죄론도 갖고 있지 않다고 주장하지만 그렇지 않다. 그는 아주 중요한 수정을 가한 모범론을 받아들였다.[41]

보스의 주장은 《고통의 문제》에 나온 루이스의 언급에 근거하는데, 그 책에서 루이스는 영화롭게 된 성도들이 자신들의 죄가 말소되고 영원히 지워지는 것을 기뻐하지 않을 가능성을 언급했다. "하나님께는 모든 시간이 영원한 현재"이기 때문에, 루이스는 죄의 행위들이 영원의 순간에 포착되어 있는 것이 충분히 있을 법한 일이라고 생각했다. 그러므로 성도들은 "완전히 겸손해져서 자기의 부끄러움을 영원히 지고, 그 일이 하나님의 긍휼을 드러내는 기회가 됨을 기뻐하고, 온 세상이 그 일을 알게 되는 것을 기꺼워하게 될" 것이다.[42] 하지만 이 언급은 속죄 이론보다는 속죄의 결과를 강조하는 것 같다.

사실 루이스는 여러 속죄론을 논의한 바 있고, 3가지 대속 이론을 소개했다. (1) 형벌 속죄(법정)론, (2) 상업(속전) 이론, (3) 대리적 회개론 등이다. 루이스는 첫 번째 이론을 분명히 싫어했다.

그리스도가 자원하여 우리 대신 벌을 받았다는 것입니다. … 무죄한 사람에게 대신 벌을 준다는 것이 될 법이나 한 말입니까? 이때의 벌을 즉결재판소의 '처벌'로 생각하면 전혀 이해가 되지 않을 것입니다.[43]

루이스는 형벌 대속의 개념이 현대인에게 어떤 의미 있는 내용도 전달할 수 없다고 생각했다.

법적 의제와 입양, 공로와 죄책의 전이 내지 전가라는 개념들이 지금 우리가 느끼듯이 과거에도 인위적으로 느껴졌다면, 지금까지 신학에서 맡았던 역할을 결코 감당하지 못했을 것입니다.[44]

하지만 두 번째 상업적 개념은 현대인에게 여전히 의미 있다고 생각했다.

그러나 이것을 '빚'으로 생각하면, 돈 있는 사람이 가난한 사람의 빚을 대신 갚아 주는 경우에서 많은 시사점을 얻을 수 있습니다. … 경제적인 곤경에 빠진 사람이 있을 때 인정 많은 친구가 그를 구해 주는 흔한 경험을 떠올릴 수 있을 것입니다.[45]

루이스가 법정적 개념을 거부하고 상업적 개념을 선호한 이유는 복음 전도를 염두에 둔 것이 분명하다. 현대인에게 더 잘 전해질 수 있는 은유를 강조한 것이다. 하지만 법정적 개념을 거부하면 성경적 칭의 교리의 강력한 차원, 즉 죄의 심각성과 죽을 죄인을 의롭다 한 엄청난 과업을 가르치는 내용이 사라지게 된다. 이런 의미에서 현대 문화에서의 전달 가능성이라는 기준에 의거해 성경적으로 뒷받침되는 개념을 포기하는 것에는 엄청난 위험이 따른다.

그런데 《나니아 연대기 사자, 마녀, 그리고 옷장》(계림, 2005)에는 루이스의 수정된 속전론[46]이 강력하게 등장한다. 루이스는 에드먼드를 대신한 아슬란의 죽음을 형벌 대속으로 묘사하기를 의도적으로 피했다. 그렇지만 아슬란의 대리적 희생 때문에 에드먼드가 응분의 죽음을 피하는 일이 가능해진다. 에드먼드가 사는 것이 정당한 이유는 아슬란이 그 대신 죽었기 때문이다. 죽음은 모든 배신자가 마녀에게 속하고 그녀의 "합법적 포로이며 모든 배신행위에 대해 그를 죽일 권리를 [마녀가] 갖는다"는 "심오한 마법"의 요구를 만족시킨다.[47]

아슬란의 희생은 마녀를 "달래기" 위한 것이 아니라 "바다 너머에 있는 황제"의 법을 만족시키기 위한 것이다. 그 법은 배신자가 피를 흘리지 않으면 "온 나니아가 뒤집히고 불과 물로 멸망할 것"이라고 말한다.[48] 하지만 에드먼드를 대신한 아슬란의 죽음은 그 법을 만족시키는 것 이상의 일을 이루어 낸다. 그의 죽음은 에드먼드의 배신이 갖는 의미를 훌쩍 넘어선다. 그의 죽음은 "시간이 동트기 전의 고요와 어둠"에서 나온 "주문"에 뿌리를 둔 "더 심오한 마법", 즉 "어떤 배신도 한 적이 없는 이가 자원하여 배신자 대신 죽임을 당하면 돌탁자는 깨어지고 죽음 자체가 원래대로 돌아간다"[49]고 약속한 마법을 성취하기 때문이다.

루이스는 그리스도의 속죄적 희생의 강력한 신비를 알아보았다. 그 신비는 그리스도의 도덕적 모범이나 도덕적 감화 개념을 훨씬 능가하는 것이다. 예수 그리스도의 대리적 죽음에 의해 어떤 객관적 요구 조건이 채워지고 성취되었다.

여기서 우리는 루이스의 속죄관으로 한 걸음 더 들어가야 한다. 루이스는 그리스도 사역의 객관적이고 대리적인 성취뿐 아니라 속죄의 내적 작용을 통한 범죄자의 주관적 변화에도 깊은 관심을 가졌다. 죄인에게 필요한 것은 "개선"이 아니라 "항복"이다. 속죄라는 실재는 죄인들이 하나님께 회개하거나 항복할 힘을 주는데, 그것은 그들의 힘으로 할 수 없는 일이다. 루이스가 선택한 이론의 핵심에 놓인 것이 회개 개념이고, 그가 《순전한 기독교》에서 제시하는 세 번째 대속 이론이 바로 대리적 회개론이다.

속죄의 대리적 회개론에서 그리스도의 역할은 우리 죄의 결과를 감당하는 것이라기보다는 자기 양도로 하나님께 돌아가지 못하는 무능력에서 벗어나게 해 주시는 것이다. 완전한 사람이신 그리스도께서는 기꺼이 자신을 하나님께 내어 드리셨다.

사실 회개는 선한 사람이 할 수 있는 일입니다. 바로 여기에 함정이 있습니다. 정작 회개가 필요한 사람은 악한 사람인데, 완전한 회개는 선한 사람만이 할 수 있으니 말입니다. 악해질수록 회개의 필요성은 점점 더 커지고 회개할 수 있는 능력은 점점 더 줄어듭니다. 완전하게 회개할 수 있는 유일한 사람은 완전한 인간일 것입니다. 그리고 그는 회개할 필요가 없는 인간이겠지요.

… 그런데 문제는 우리에게 회개의 필요성을 주는 그 악함이 동시에 우리를 회개할 수 없게 만든다는 데 있습니다. … 그러나 하나님이 사람이 되었다고 가정한다면-고통을 겪을 수 있고 죽을 수도 있는 우리 인간의 본성이 한 사람 안에서 하나님의 본성과 융합되었다고 가정한다면-그 사람만큼은 우리를 도울 수 있을 것입니다. 그는 자기 뜻을 포기하고 고난을 겪고 죽을 수도 있을 것입니다. … 이것이 그가 우리의 빚을 갚으셨으며 그로서는 전혀 겪을 필요가 없는 고통을 우리를 위해 겪으셨다는 말의 의미입니다.[50]

죽음으로 절정에 이르는 그리스도의 고난은 사실 스스로는 회개할 능력이 없는 죄인들을 대신해 이루어진 회개 또는 자기 양도의 행위였다. 죄인들은 그리스도 안에서 이루어진 하나님의 죽으심에 동참해 "죽는 일"에 성공할 수 있다.

크리스천 케틀러(Christian Kettler)는 이해를 돕는 논문에서 존 매클라우드 캠벨과 로버트 캠벨 모벌리(Robert Campbell Moberly), 그리고 C. S. 루이스로 이어지는 신학적 영향의 흐름을 추적했다. 케틀러는 스코틀랜드의 목사이자 신학자요, 《속죄의 본질》(*The Nature of the Atonement*, 1867)의 저자인 캠벨(1800-1872)이 모벌리(1845-1903)의 속죄론의 기본 구조를 제공했고, 모벌리의 속죄론은 《순전한 기독교》에서 표현된 루이스의 견해에 영향을 주었다고 보았다.51

캠벨은 인간의 죄를 다루시는 하나님의 방법에 대리적 형벌과 대리적 회개가 있다는 조나단 에드워즈(Jonathan Edwards)의 구분을 받아들였다. 하지만 에드워즈와 달리 캠벨은 후자인 대리적 회개를 탐구했다. 그쪽이 "더 고등하고 탁월한" 속죄관이라고 생각한 것이다. 캠벨에 따르면, 그리스도의 대리적 회개는 그분이 대행적 인성을 통해 인류의 저주를 받아들이시고 인류의 죄를 완전하게 고백하신 일을 가리킨다. 그래서 캠벨은 그리스도께서 "인간의 총체적 필요"뿐 아니라 "회개할 수 없는 총체적 무능력"도 다루신다고 보았다. 그것은 "'개인적인 죄에 대한 인식을 제외한' 회개의 모든 요소를 갖춘 '완전한 회개', '완전한 슬픔', '완전한 참회'다."52

성공회 신학자 모벌리는 그의 책 《속죄와 인격》(*Atonement and Personality*)에서 캠벨의 견해를 따랐다. 그는 "완전한 참회자"에 대한 캠벨의 가르침을 상당히 받아들였고, 그리스도께서는 "참된 인류의 포괄적 총체"이시지만, 각 사람은 그 인류의 잠재적 일부일 뿐이라고 썼다. 모벌리는 그러므로 그리스도의 참회가 모든 사람에게 "회개의 참된 가능성"을 열어 주었다고 보았다.53 그리고 자신의 "가능성을 여는 견해"가 그리스도께서 이미 회개하셨으니 개인들은 회개할 필요가 없다는 의미로 그리스도 회개의 대리성을 오해하는 일을 막아 준다고 생각했다.

게틀러는 C. S. 루이스가 제시한 "완전한 참회"54가 "모벌리의 메아리"이긴 하지만, 루이스는 "우리가 그리스도의 죽으심과 부활하심에 참여할 필요가 있다는 가르침"으로 고유한 기여를 했다고 주장했다.[55] 그렇지만 "참여"는 캠벨과 모벌리도 아주 중요하게 다룬 개념이다.[56] 분명한 신학적 의존이 있었는데, 루이스가 캠벨도 모벌리도 언급한 바가 없었다는 사실은 다소 놀랍다. 우리는 루이스가 모벌리의 신학을 접한 경로가 그의 이름이 붙은 문헌이 아니라 성공회의 강단이었을 것이라고 추측할 수 있다.[57] 여하튼 루이스는 "이것이 그리스도인들이 '속죄'라고 부르는 것을 이해하는 저의 방식입니다"[58]라고 선언했다.

요약하자면, 루이스는 인간이 타락으로 인해 철저히 부패했고, 근본적 해결책이 필요하며, 그리스도의 대속적 죽음에서 그 해결책을 찾을 수 있음을 인정했다. 본질적으로, 인류의 대표이신 그리스도께서는 완전한 자기 양도(또는 완전한 회개)의 삶을 성취하셨다. 그리스도 인에서 확실한 타락의 역전이 발생하기 시작했다. 사람들은 그리스도께 자신을 맡기고 그분 안에서 참된 회개를 경험해 이 거대한 역전에 참여하도록 부르심을 받았다.

> 그리스도는 완전하게 복종했고 완전하게 낮아졌습니다. ⋯ 이제 그리스도인들은 어떤 식으로든 그의 낮아짐과 고난을 나눌 때 죽음을 정복한 그의 승리 또한 나눌 수 있다는 것과 죽은 후에 새 생명을 찾아 그 안에서 완전한 피조물이 된다는 것, 완전히 행복한 피조물이 된다는 것을 믿습니다. 이것은 단순히 그의 가르침을 따르려고 노력하는

것 이상을 의미합니다. … 그리스도 안에서 새로운 종류의 인간이 나타난 것입니다. 그에게서 비롯된 이 새로운 종류의 생명은 오늘 우리 안에도 들어올 수 있습니다.[59]

우리 안에 들어오는 이 새로운 종류의 생명은 무엇일까? 루이스는 이 새 생명이 다름 아닌 하나님이 "낳으신" 그리스도의 생명인 '조에'(*zoe*)라고 주장했다. 그것은 자연 질서 안에 있는 "창조된" 생명인 '바이오스'(*bios*)와 근본적으로 다르다.

두 종류의 생명 간의 형이상학적 구분은 두 가지 방식으로 묘사된다. 첫째는 창조주-피조물의 구분이다.

하나님은 하나님을 낳습니다. 사람이 사람을 낳듯이 말입니다. 하나님은 하나님을 창조하시지 않습니다. 사람이 사람을 만들 수 없듯이 말입니다.[60]

둘째는 형상과 질료 같은 모종의 플라톤적 구분이다.

'바이오스'는 어떤 그림자나 상징처럼 '조에'를 닮았다는 것이 사실입니다. 그러나 그 유사성은 사진과 풍경, 조각상과 사람 사이에 나타나는 것과 같습니다.[61]

놀랍게도, 하나님이 그리스도 안에서 인간과 자신을 동일시하심으로 '조에'가 인류에게 쏟아부어질 수문이 열렸다.

> 사람이 '바이오스'를 가졌다가 '조에'를 갖게 된다는 것은 석상이 진짜 사람으로 변하는 것만큼이나 큰 변화가 아닐 수 없습니다.⁶²

우리는 루이스 안에서 철저한 내재성의 신학을 보게 된다. 그리스도 안에서 두 지평이 충돌하고, 하나님의 생명이 인류에게 들어간다. 창조주의 생명이 피조물의 존재 안에 이식된다.⁶³ 그 결과 우리는 "작은 그리스도들"이 된다.

> 모든 그리스도인은 작은 그리스도가 되어야 합니다. 그리스도인이 되는 목적은 오직 이것 하나뿐입니다.⁶⁴

이 새로운 종류의 생명이 어떻게 우리 안에 들어올 수 있을까? 루이스는 3가지 통상적 수단으로 세례, 믿음, 주의 만찬을 거론했다. 그러나 그는 "저로서는 왜 이 3가지 방식이 새로운 생명의 통로가 되어야 하는지 알 길이 없"지만 "저는 그분의 권위에 입각하여 이것을 믿습니다"라고 털어놓았다.⁶⁵

하지만 이것이 논의의 전부는 아니다. 3가지 수단은 각 사람 안에서 일어나야 하는 일을 표현해 준다.⁶⁶ 루이스는 우리가 "그리스도께서 명령하신 대로" 의식적으로 "그리스도로 분장해야" 한다고 말했다.⁶⁷ 이것은 통상적으로 생각하는 "도덕"이나 "착해지는 것"과는 다르다.

기독교의 방식은 다릅니다. 더 어려우면서도 더 쉽지요. 그리스도는 말씀하십니다. "나에게 전부를 다오. 나는 너의 시간이나 돈이나 일을 원치 않는다. 나는 너를 원한다. 나는 너의 자연적 자아를 괴롭히러 온 것이 아니라 죽이러 왔다. 미봉책은 필요 없다. … 너의 자연적 자아 전부를, 네가 악하다고 생각하는 욕망이나 죄 없는 욕망을 가리지 말고 전부 내게 넘겨 다오. 그러면 그 대신 새 자아를 주마. 내 자아를 주마. 그러면 내 뜻이 곧 네 뜻이 될 것이다."[68]

우리에게 요구되는 것은 항복이고 일종의 죽음이다. 그다음에야 새 생명이 주어질 수 있다.

"자아에 대해 죽는 일"

《순례자의 귀향》에서 순례자 존의 회심에는 세례의 물속으로 빠지는 일이 포함된다. 그는 "두려움 없이 자신을 던지라"(Securus Te Projice)라는 조언을 듣는다. 마더 커크는 먼저 옷을 다 벗고 물속으로 다이빙하라고 말한다. 존은 두려움에 사로잡혀 "저는 다이빙을 배운 적이 없습니다"라고 말한다. 마더 커크는 이렇게 대답한다. "배울 게 없어요. 다이빙 기술이란 새로운 동작을 하는 게 아니라 하던 동작을 멈추는 거니까요. 그냥 몸을 던지기만 하면 돼요." 존 옆에서 옷을 벗고 서 있던 미덕이 말한다. "자기를 보존하려는 발버둥을 그만두기만 하면 됩니다." 물속으로 뛰어들지도 말라고 한다. 그것은 인간적 발버둥을 뜻하기 때문이다. 마더 커크는 이렇게 경고한다.

뛰어들면 목숨을 건지려고 하다가 다칠 수도 있어요. 게다가, 충분히 깊이 내려가지도 못할 거예요. 머리부터 다이빙을 해야 해요. 그래야 연못 바닥까지 곧장 닿을 수 있어요. 이쪽 면으로 다시 나오지 않을 거거든요. 물속 깊은 곳, 절벽 아래에 터널이 있어요. 그 터널을 통과해 건너편으로 나가야 해요.[69]

여기에 세례의 의미가 나와 있다. 세례는 성례일 뿐 아니라 한 사람의 영적 생활에서 실제로 나타나야 하는 일이다. 하나님의 인도하심에 맞서 저항할 것이 아니라 굴복해야 한다. 회심의 강력한 역설과 마주해야 한다.

죽음의 치료법은 죽는 것. 죽음으로 자유를 포기하는 자는 자유를 되돌려 받는다.[70]

회개는 단순한 개혁이 아니다. 피상적 수리로 해결하기에는 기존의 문제가 너무 심각하다. 회개는 급진적인 길이기에 통상적 개념인 자기 개선보다 더 어렵고, 더 쉽다. 총체적 의존이 있어야 한다. 그러나 그것은 프리드리히 슐라이어마허(Friedrich D. E. Schleiermacher)가 말한 절대 의존의 감정(*Gefühl*)이 아니다.[71]

루이스는 종교적 의존감이나 의존 의식을 본질로 내세우지 않았다. 그는 그리스도의 대속적 속죄를 받아들이고 하나님께로 돌아서라고 요구했는데, 그렇게 하면 자신을 하나님께 끊임없이 맡기는 결과가 따라온다. 이런 내맡김은 사람 안에 자연적으로 깃들어 있는 종교성에서 나오지 않는다. 내맡김은 타락한 인간 본성에 역행하는 행위다. 회개는 일신의 안락과 개인적 목표에 대해 죽으라고 요구한다. 자아로 가는 여행이 하나님께로 가는 헌신으로 바뀌어야 한다. 하나님의 피조물인 인간에게 이것은 참된 본향으로 가는 길이다.

이 대목에서 우리는 참회하는 마음을 묘사한 조지 허버트의 시를 떠올리게 된다.[72] 하나님의 긍휼의 제단으로 나아가 완고해진 마음을 내려놓아야 한다. 완고해진 마음이 깨어져 그것 자체가 제단이 되어야 한다. 우리는 이렇게 부르짖어야 한다.

오, 당신의 복된 희생이 내 것이 되게 하소서/ 이 제단을 거룩하게 하사 당신의 것으로 삼으소서.[73]

하나님이 임재하시는 성소로 들어가는 영혼의 여행은 여기서부터 시작된다. 좋은 죽음의 메시지로 가득한 조지 맥도널드의 판타지들은 이것을 더욱 강렬하게 상기시킨다. 앞서 《황금 열쇠》라는 짧은 이야기와 《판타스테스》를 언급했다. 루이스는 맥도널드의 이야기에서 "서늘한 아침의 순수함과 함께 분명한 죽음, 좋은 죽음의 특징"을 발견했다.[74]

맥도널드의 여러 이야기 중에서 좋은 죽음의 개념이 가장 선명하게 드러난 작품은 《릴리스》(유페이퍼 역간, 2013)다. 이 책은 《판타스테스》 이후 거의 35년 만에 쓴 심오한 신학적 판타지다. 아담의 첫 번째 아내인 주인공 릴리스는 이기심과 자아 숭배의 전형으로 제시된다. 이 이야기의 중심 메시지는 구원에는 옛 자아를 버리고 하나님의 은혜로 새로워지는 과정이 따른다는 것이다. 맥도널드는 이렇게 선언했다.

죽기를 거부하는 한 죽은 상태에 머물 것이다.[75]

하나님은 온전한 치료를 수행하시므로, 회개로 인한 자기 양도는 인간의 타락한 성향에 심각한 불편함을 안겨 준다. 이런 의미에서 볼 때 그리스도는 안전하지 않다.《나니아 연대기 사자, 마녀 그리고 옷장》에서 비버 씨는 아슬란이 "안전"하냐고 묻는 어린 루시에게 이렇게 말한다.

안전함에 대해 누가 뭐라고 했나요? 당연히 그분은 안전하지 않아요. 하지만 좋은 분이세요. 그분은 참으로 왕이시지요.[76]

그러므로 그리스도인의 삶을 움직이는 믿음의 원리는 일정한 정보에 대한 단순한 동의가 아니다. 믿음은 그리스도 안에서 선하신 하나님을 인격적으로 신뢰하는 것이다. 이 인격적 신뢰는 다름 아니라 사랑하고 돌보시는 하나님께 자기를 맡기는 것이다.

믿음의 본질 : 신뢰

여러 곳에서 루이스는 자신이 이해하는 믿음의 의미를 정의하려 시도했다. 그가 살고 가르쳤던 시대에는 종교적 믿음의 지적 성실성이 학계로부터 심각한 공격을 받았다. 가령 1948년에 "신앙과 이성"을 주제로 열린 옥스퍼드대학교 심포지엄에서는 앤터니 플루(Antony Flew)가 "반증 원리"를 제시하며 기독교적 믿음의 합리성에 문제가 있음을 입증하려 했다. 그는 이후 줄곧 기독교 신앙의 대표적 비판자로 활동했다[앤터니 플루는 2004년 신의 존재를 믿는다고 선언해 많은 사람을 놀라게 했다. 그가 받아들인 신은 세상을 존재하게 만든 이신론적 신이다-역주].

플루는 기독교 신자들이 자신들의 신념 체계를 끊임없이 수정하고 단서를 다는 방식으로 반론에 의해 반증이 이루어질 수 없게 만든다고 주장했다. 그리고 어떤 주장의 의미를 안다는 것은 그 주장의 부정을 안다는 것이고 부정할 가능성이 존재하지 않는 주장은 실제로는 주장이 아니라고 내세웠다.[77]

루이스는 믿음을 일종의 미덕으로, 즉 "정반대의 증거가 있는데도 믿고 싶은 것을 믿으려는 의도"[78]로 봐야 하느냐는 질문을 제기하고, 믿음을 "잘못된 것인 줄 아는 내용을 믿는 힘"[79]으로 정의하는 것은 부적절하고 오해의 소지가 있다고 주장했다. 그러고 나서 그는 믿음을 "우리가 정직하게 생각을 바꿀 만한 설득력 있는 이유가 제시되기 전까지는 정직한 생각을 거쳐 일단 진리라고 여기게 된 바를 계속 믿는 능력"으로 정의했다.[80]

루이스는 자신의 요점을 분명히 하기 위해 믿음의 두 가지 기능과 "믿음"이라는 단어의 두 가지 의미를 구분했다. 그는 (1) "확고한 지적 동의"와 (2) "존재 사실에 [먼저] 동의하게 된 하나님에 대한 신뢰나 확신"을 구분했다.[81]

신앙 또는 믿음의 첫 번째 의미는 "개념적" 또는 "지적" 믿음이라고 말하는 것이 합당하다. 이 일은 추론 과정을 충분히 거쳐야 한다. 루이스는 "제가 아는 사람들 중에 어른이 되어 기독교를 받아들인 사람들 대부분은 유신론을 지지하는 그럴듯해 보이는 논증에 영향을 받았"다고 말했다.[82] 이것은 아마도 학계라는 특별한 환경에 있었던 사람의 관찰 소견일 것이다. 다른 환경에 있는 사람들은 정반대의 경향을 보였을 것이다.

'이해를 추구하는 신앙'(*fides quaerens intellectum*)은 믿음-2에서 믿음-1로 움직이는 경향을 보인다. 하지만 루이스 본인의 회심은 믿음-1에서 믿음-2로 진행되었고, 그는 그것이 상당히 자연적인 방향이라고 줄곧 생각했다. 어쨌든 그는 믿음-1은 다른 모든 형태의 지식과 마찬가지로 필수적 추론을 통해 얻게 된다고 믿었다. 추론 과정이라는 말로 그가 이성의 사용만을 의미한 것은 아니었다. 그는 흔히 3가지 경로로 지식이 주어진다고 생각했다. 권위, 이성, 경험이다.

다양한 비율로 결합하는 이 3가지에 우리의 지식이 달려 있습니다.[83]

하지만 믿음-1에 이르는 사람은 아직 종교적 상태에 들어선 것이 아니고, 야고보서 2장 19절에 따르면 "[하나님이 계신 줄] 믿고 떠는" 악마들과 전혀 다를 바 없다. 루이스는 하나님의 존재를 지지하는 철학적 논증들의 목표가 믿음-1을 만들어 내는 데 있다고 생각했다.[84]

반면에 믿음-2는 성질이 다르다. 그것은 믿음-1, '하나님이 존재하신다는 믿음'(Credere Deum esse)과 구분되고 관계적 믿음, 즉 '하나님에 대한 믿음'(Credere in Deum)을 가리킨다.[85] 루이스는 믿음-1이 믿음-2보다 당연히 앞선다고 생각했지만, 믿음-1에서 믿음-2로의 진행이 자동적으로 이루어진다고 생각하지는 않았다. 그에게 믿음-2는 선물 또는 특별은총이었다.[86] 이 선물은 새로운 인지력 또는 "보는 눈"과 같다. 그는 이렇게 말했다.

> 어떤 이들은 하나님을 어디서나 발견할 수 있습니다. 다른 이들은 어디서도 발견하지 못합니다. … 많은 것이 보는 눈에 달려 있습니다.[87]

루이스의 체계에 따르면, 앤터니 플루의 비판은 두 가지 의미의 믿음을 제대로 구분하지 못한다.[88] 루이스가 볼 때 믿음-1을 가진 사람은 마음이 확실히 정해지지 않았다고 느끼고 긍정적, 부정적 주장의 경중에 따라 어느 쪽으로든 기울어질 수 있다. 긍정적 주장이 충분히 쌓이면, 믿음-1은 잠재적 종교로 기능한다. 그러므로 믿음-1의 관점에서는 앤터니 플루의 요구가 합당하다는 결론을 내릴 수 있다. 믿음-1은 앤터니 플루 같은 논리실증주의자들에게 담론의 무의미함을 판단하는 기준이 되는 경험적 관찰을 고려하기 때문이다.

반면 믿음-2는 상당히 다르게 기능한다. 이런 종류의 믿음에는 일정한 고집이 있고, 그것은 정당한 태도다. 믿음은 "계속 믿을 수 있는 능력"이라는 루이스의 정의는 이런 의미의 믿음에 딱 들어맞는다. 선물로 주어진 믿음-2는 사실에 대한 자연적 관찰을 뛰어넘고, 인격적 하나님을 향한 굳건한 확신이나 적절한 기초적 신념이 신자의 시각을 이룬다.

본질적으로 루이스는 기독교적 믿음에 대한 플루의 견해가 너무 단순하고, 실제로 그의 "반증 원리"는 별개의 두 범주에 적용되어야 한다고 선언했다. 한 층위에서 루이스는 플루의 주장과 달리 믿음(믿음-1)이 반증 가능하다고 말함으로써 플루에게 도전했다. 그리고 또 다른 층위에서는 정의상 믿음(믿음-2)은 "계속해서 믿는" 능력을 의미하고 이런 의미로 볼 때 경험적 증거에 근거한 반증의 요구를 뛰어넘는다고 말함으로써 플루에게 도전했다.

루이스는 믿음의 의미를 2개의 층위로 구성하면서 (1) 기독교 신앙을 합리적 근거 위에 세웠고(믿음-1은 믿음-2의 전제 조건이 되고 믿음-2로 이어질 수도 있다), (2) 기독교 신앙을 "실증주의적" 검증 요구의 층위 너머로 끌어올렸다(믿음-2는 믿음-1과 질적으로 다르다).[89]

기독교 신앙은 일련의 명제에 동의하는 일, 그 이상이다. 그것은 사실의 객관적 모음에 대한 믿음일 뿐 아니라 그것을 주관적으로 파악해 참여적 지식 또는 관계적 지식을 끌어내는 것이다. 기독교 신앙은 인격적 존재에 대한 믿음일 뿐 아니라 신뢰다.

우리가 신뢰하는 이유는 '어떤 신'이 아니라 이 하나님이 존재하기 때문입니다. … 우리는 그분의 의도가 그분과 우리 사이에 어떤 인격적 관계를 만들어 내는 것이라고 믿습니다.⁹⁰

전폭적 신뢰는 그 관계의 필요조건이고, 그 관계는 "사랑의 관계"다. 그러므로 거기에는 "증거를 넘어, 심지어 많은 반대 증거에도 불구하고 사랑하는 이를 신뢰하는 일"이 포함된다.

우리의 선의가 입증되어야만 믿어 주는 사람은 우리의 친구가 아닙니다. 친구라면 우리에게 불리한 증거는 아주 천천히 받아들일 겁니다. 두 사람 사이의 신뢰는 논리적 오류로 폄하되지 않고 거의 어디서나 도덕적 미덕으로 칭송을 받습니다. 친구를 의심하는 사람은 그 탁월한 논리로 칭찬을 받는 대신 비열한 자라는 비난을 받습니다.⁹¹

믿음이 신뢰라는 루이스의 설명은 대단히 유용하고 설득력이 있다. 그는 지적 믿음과 구원하는 믿음을 분명히 구분했고, 사람들이 자주 오해하는 야고보서의 믿음 논의에 대해 건전한 해설을 제공했다. 그는 이렇게 확신 있게 썼다.

하나님이 존재한다고 믿는 것, 적어도 이 하나님이 존재한다고 믿는 것은 우리가 한 인간으로서 인격체이신 하나님 앞에 서는 것을 의미합니다. … 이제 우리는 우리의 동의를 구하는 논증이 아니라 우리의

신뢰를 요구하는 인격체와 마주하게 되었습니다.[92]

이런 믿음이 있다면, 자기 양도의 삶을 사는 것이 가능하고 그럴 듯한 일이 된다. 기독교가 요구하는 것은 이런 신뢰의 범주 안에서만 이치에 맞다.

우리는 그들에게 아픔이 아픔을 없애고, 위험이 안전을 얻을 수 있는 유일한 길임을 믿으라고 요구합니다.[93]

회심은 이런 마음의 변화를 요구하는데, 그것은 참으로 하나님의 선물이다. 이미 확인했다시피, 회개는 편안하게 할 수 있는 일이 아니다. 자기 자신에게서 돌이켜 전적인 자기 양도로 하나님께 돌아서는 것은 두려운 일이다. 그리스도인의 여행은 맨 처음 단계부터 고통이 따른다. 미끼에 달콤한 것이 발라져 있지 않다. 그런 기대를 품고 나온 사람들은 금세 열정을 잃어버린다. "돌밭에 뿌려"진 씨앗처럼, 이들은 "말씀을 들을 때에 즉시 기쁨으로 받으나 그 속에 뿌리가 없어 잠깐 견디다가 말씀으로 인하여 환난이나 박해가 일어나는 때에는 곧 넘어"(막 4:16-17)진다. 많은 결실을 맺기 위해서는 하나님의 인격에 대한 확고한 신뢰라는 '뿌리'가 있어야 한다. 루이스는 그리스도인의 인생관에 대해 낭만적인 생각을 품지 않았다.

인간의 삶이 실은 선의의 존재에 의해 다스림을 받고 우리의 진짜 필요와 그 필요를 채울 수 있는 방법을 그분이 우리보다 무한히 잘 아신다면, 그분의 일하심이 우리 눈에 전혀 자비롭거나 지혜롭게 보이지 않을 때가 있어도 그분을 신뢰하는 것이 가장 분별 있는 일일 것이라고 선험적으로 예상하고 있어야 합니다.[94]

이것이 바로 루이스가 그의 소설에서 거듭해서 지적한 요점이다. 하나님의 길은 우리의 길과 다르다. 이 진리를 파악하고 그분을 의지하는 것이 지혜다.

루이스의 복잡한 소설 《우리가 얼굴을 찾을 때까지》(홍성사 역간, 2007)는 이 심오한 주제를 잘 보여 준다. 신들에 대한 오루알의 각종 고소는 헛된 의견들에 지나지 않고, 아름다운 여동생 프시케에 대한 의기양양한 사랑도 이기적 집착에 불과하다. 오루알은 "죽기 전에 죽으라. 이제 다시는 기회가 없다"는 신의 음성을 들은 후 죽음의 의미를 숙고한다. 그렇게 해서 첫 번째 깨달음이 찾아온다. 그녀는 이렇게 말한다.

나는 지혜로서의 죽음은 열정과 욕망과 헛된 소신의 죽음을 의미하는 것일 게라고 짐작했다. 그러자 즉시 (어리석다는 것은 무서운 일이다) 내 길이 분명하게 보이면서 그 길을 가는 것이 불가능하지는 않다는 생각이 들었다. 내가 욕망의 여신 웅깃이라는 것은 내 영혼이 웅깃처럼 추하다는 의미였다. 탐욕스럽고 피에 굶주렸다는 뜻이었다.[95]

불행히도, 오루알의 첫 번째 접근 방식은 의지를 발휘해 자신을 개선하는 것이다. 그녀는 이렇게 말한다.

그러나 소크라테스의 말처럼 진정한 철학을 연마한다면 내 추한 영혼도 아름답게 변화되리라. 신들이 도와준다면 할 수 있으리라. 지금 당장 시작하리라.[96]

오루알은 신들의 거대한 법정에 들어가서야 자신의 실제 자아를 본다. 그녀는 신들에 대한 고소 내용을 쏟아 놓으면서 무시무시한 자아 집착으로 가득 찬 자신의 마음을 드러내기 시작한다. 그녀는 이렇게 말한다.

어떤 신이든 있다는 것 자체가 우리에게는 재앙이며 부당한 고통입니다. 당신들과 우리는 같은 세상에 공존할 수 없습니다. 당신들의 나무 그늘에서는 우리가 번성할 수가 없어요. 우리는 우리 자신의 것이 되고 싶습니다. 나는 내 것이었고 프시케도 내 것이었습니다. 그 아이에게 권리를 행사할 사람은 나뿐이었다고요.[97]

오루알은 프시케를 소유하는 데 방해가 된다면 그녀의 행복조차도 악한 것으로 정죄한다. 이 "끔찍한 새 행복"은 프시케를 오루알로부터 떼어 놓는 악한 것일 뿐이다. 오루알의 미친 듯한 말이 이어진다.

그 아이는 내 것이었어. 내 것. 무슨 뜻인지 모르겠어? 내 거라고! 당신들은 도둑이고 사기꾼들이야. 그게 내가 당한 불의야.[98]

놀랍게도, 오루알은 고소 내용이 그녀에게 필요한 대답임을 깨닫는다. 그것이 그녀가 당한 불의다! 자신의 얼굴, 진짜 얼굴을 발견한 후 그녀는 자신을 심판하러 온 신을 직면한다. 오루알은 이미 최종적 죽음을 통과한 프시케와 손을 잡고 연못 바로 앞에 서서 이전에 알지 못했던 일종의 죽음을 경험한다.

주변의 공기가 점점 더 밝아졌다. 마치 무언가에 불이 붙은 것 같았다. 숨을 쉴 때마다 새로운 두려움과 기쁨과 감당할 수 없는 감미로움이 밀려들었다. 화살이 내게 날아와 박혔다. 나는 해체되고 있었다. 나는 아무것도 아니었다.[99]

곧 오루알은 수면에 비친 두 여인의 그림자를 보는데, 둘 다 "상상할 수 없을 만큼" 아름다우면서도 "완전히 똑같지는 않았다."[100] 그녀는 진정한 회심을 경험한다. 책은 그녀의 위대하고 새로운 깨달음으로 마무리된다.

주여, 이제는 당신이 왜 대답지 않으셨는지 압니다. 당신 자신이 대답이십니다. 모든 질문은 당신의 얼굴 앞에서 사라져 버립니다.[101]

오루알의 자기 양도는 지적 진술이나 주장을 늘어놓을 때가 아니라 인격을 만날 때 일어난다. 주님과 신뢰의 관계에 들어가자 비참, 고난, 상실, 고통에 대한 온갖 의문이 무의미한 말들로 바뀐다. 벌거벗은 마음이 인격이신 하나님 앞에 설 때 일종의 죽음, 좋은 죽음을 통해 새 생명이 나타난다.

회심의 능동적 차원과 수동적 차원

이 지점에서 우리는 어려운 신학적 문제를 하나 다루어야 한다. 전통적으로 신학자들은 사람을 중생시키는 하나님의 은밀한 역사(구원의 수동적 차원)와 회심 시의 회개와 믿음을 통해 하나님께로 돌이키는 의식적 경험(구원의 능동적 차원)을 구분했다. 하지만 회심의 과정 가운데서도 성령의 즉각적 역시가 이루어지고 있음을 인식해야 하고, 회심을 관련된 사람의 자발적 행위로만 생각하는 것은 건전하지 않다. 그래서 (하나님만이 일하시고 인간은 전적으로 수동적인) 중생과 달리, 회심에서는 사람이 자기 안에서 이루어지는 하나님의 역사와 협력한다는 말이 종종 등장한다.

하지만 이 "협력"이라는 용어를 "파트너십"이나 "시너지"라는 현대적 의미로 이해해서는 안 된다. 회심에 등장하는 협력은 회심이 본질상 사람의 내면에서 이루어지는 하나님의 역사에 대한 인간의 반응을 요구한다는 것을 알려 준다고 보아야 한다. 따라서 우리는 회심에 능동적 차원과 수동적 차원이 있다고 말할 수 있다.

루이스는 주도권의 문제를 종종 제기했다. 하지만 그는 해답을 발견할 수 있다는 데 회의적인 것처럼 보인다. 그렇다면 그는 회심의 능동적 차원과 수동적 차원을 어떻게 조화시킬까? 하나님의 주도권과 인간의 주도권 중에 어느 쪽이 우선할까?

주도권의 문제는 보다 큰 질문 안에 자리 잡고 있다. 구원에서 하나님의 주권적 사역(선택과 예정의 교리)과 인간의 자유 개념(자유의지의 교리)은 어떻게 조화를 이룰까? 평신도였던 루이스는 특정한 사상적 조류에 분명한 신학적 지지를 보내지 않아도 된다고 생각했다. 이런 의미에서, 그는 엄격한 아르미니안주의자나 칼뱅주의자로 부를 수 없다.

하지만 루이스는 학문적 사기꾼이 아니다. 그가 특정한 체계나 논리도 없이 신학적, 철학적 추론을 쌓아 올렸다고 생각하는 것은 불합리하다. 이 문제는 신학적, 철학적 추론에서 매우 중심적인 것이므로 루이스가 이 문제를 충분히 생각했으리라 믿어도 좋을 것이다.

당면 문제를 해결하기 위해서는 루이스의 인간관을 이해하는 것이 중요하다. 루이스는 인간이 하나님의 형상을 지닌 자라는 전통적인 기독교의 가르침을 고수했다. 그는 이 가르침을 두 가지 방식으로 이해했다. 첫째, 인간은 하나님의 능력과 영광을 반영하는 존재다. 둘째, 인간은 하나님의 자국이 새겨진 진흙과도 같다. 이것은 사람이 의지의 자유를 갖고 있는 동시에 온전함, 의미, 만족을 얻기 위해 하나님께 의존해야 한다는 뜻이다. 사실 인간이 가진 최고의 의지는 하나님의 뜻에 자신의 뜻을 굴복시키는 것이다.

클래런스 프랜시스 다이는 인간과 하나님의 관계에 대한 루이스의 견해를 잘 해설해 준다. 그는 "루이스 인간론의 주요 요소" 두 가지를 올바르게 지적했다. 그것은 "자유의지 개념과 우연적 존재로서의 인간-언제나 하나님과의 관계 안에 있는 인간-개념이다."[102] 루이스는 하나님이 창조 시에 원하셨고 제정하신 상태인 자유로운 도덕적 행위 주체로서 인간의 독립성과, 하나님이 창조 시에 똑같이 원하셨고 제정하신 상태인 피조물이자 우연적 존재로서 인간의 하나님에 대한 의존성을 둘 다 강조했는데, 다이는 이런 루이스의 이중적 강조를 확고히 하고자 했다.

앞에서 타락한 인류의 심리학을 다룬 우리는 낙원의 인간에게는 도덕적 행위 능력과 우연성 사이에 어떤 갈등도 없었다는 루이스의 주장에 주목했다. 낙원의 인간은 자신의 자유의지를 사용해 하나님 앞에서 아무런 성향의 갈등 없이 쉽게 복종하는 자세를 취했다. 하지만 타락으로 인해 상황이 크게 달라졌다. 타락의 결과, 인간 영혼이 부패했다. 루이스는 전적 부패 교리가 암시하는 듯한 내용에 동의하고 싶어 하지 않았지만,[103] 철저한 부패관, 즉 인간이 타락할 때 그의 존재 전체에 뭔가 극단적이고 결정적인 일이 벌어졌다는 견해를 받아들였다.

우리가 이미 살펴보았다시피, 루이스에게 타락은 어느 정도 제 기능을 하는 능력들이 방향 감각을 상실한 정도가 아니다. 관리를 잘하면 되는 문제가 아니라는 뜻이다. 그는 부패 상태가 인간의 영혼 깊숙이 파고들었다고 보았다. 이 요점을 더 자세히 설명할 필요는 없을 것이다.

그렇다면 문제는 이것이다. 인간은 어떻게 자신의 진정한 본향인 하나님께로 돌아가는가? 애초에 세상에 악을 끌어들인 것은 자유의지였다. 그렇다면 타락한 존재인 인간이 의지적으로 하나님께 돌이킬 능력을 여전히 간직하고 있을까? 그런 엄청난 영적 성취를 이루어 낼 타고난 의지와 능력을 갖고 있을까?

루이스는 인간의 자아 추구 성향 때문에 극도로 어렵기는 하지만, 하나님께 다시 돌아가는 일이 가능하다고 믿었던 것 같다.[104] 그리고 그는 "주도권이 어디에 놓여 있는가?"라는 질문을 다루고 싶어 하지 않았다. 루이스는 양과 염소의 비유(마 25:31-46)처럼 인간의 책임을 강조하는 성경 본문을 진지하게 받아들이기 원했고, 구원의 문제에서 하나님의 주권을 강조하는 바울의 여러 주장도 무시할 수 없었다. 그는 "누구도 이 두 견해를 조화시킬 수 없다"고 생각했다. 실재는 분명히 "자기 일관성을 갖고 있을 것"이지만 "우리가 그 일관성을 볼 수 있을 때"까지는 증거의 한 측면을 무시하기보다는 "조화를 이루지 못하는 두 견해를 다 붙드는 것이 낫"다고 생각했다.[105] 그는 이렇게 결론을 내렸다.

하나님의 전능하심과 인간의 자유의 진정한 상호 관계는 우리가 알아낼 수 없는 내용입니다.

그러나 주관적 경험으로 돌이켜 볼 때는 바울의 설명이 맞는 것처럼 보인다.

자신의 회심을 되돌아보는 사람은 누구나 다음과 같이 느낄 수밖에 없고, 저는 그 느낌이 어떤 의미에서는 옳다고 확신합니다. '이 일을 행한 것은 내가 아니야. 나는 그리스도를 선택하지 않았어, 그분이 나를 선택하셨지. 이건 모두 거저 주시는 은혜야, 이것을 얻기 위해 내가 한 일은 아무것도 없어.' 이것이 바울의 해설입니다. 저는 이것이 인간 **내부**에서 **바라볼 때** 모든 회심에 대해 제시할 수 있는 유일하게 참된 설명이라고 확신합니다.[106]

이것은 루이스의 회심에는 분명히 해당되었다. "온 영국을 통틀어 가장 맥 빠진 회심자이자 내키지 않는 회심자"[107]였던 그는 자신이 회심을 주도했다고 생각하지 않았다. 쥐를 몰아붙이는 고양이처럼 하나님이 모든 면에서 그를 궁지로 몰아넣어 빠져나갈 수 없게 하셨다. 또 그가 볼 때는 다음과 같이 생각하는 것이 논리적이었다. 만약 "셰익스피어와 햄릿이 만난다면, 그것은 셰익스피어가 성사시킨 일임이 틀림없다. 햄릿이 주도하여 시작할 수 있는 일은 하나도 없다."[108] 이와 함께, 루이스는 자신이 더없이 자유롭게 행동한다고 느꼈던 순간에 기꺼이 자신을 하나님께 열어 드렸음을 회상하고 놀라워했다.

이 선택이 너무나 중대해 보였음에도 불구하고, 이상하게도 감정의 동요는 없었다. 나는 갈망이나 두려움에 동요되지 않았다. 어떤 의미에서는 아무것에도 동요되지 않았다고 할 수 있었다. 나는 문을 열고, 갑옷을 벗고, 고삐를 풀기로 선택했다. … 독자는 내가 자유로운 행위자가 아니었다고 따질 수도 있을 것이다. 그러나 나로서는 그 결정이야말로 지금껏 내가 했던 그 어떤 행위보다 완벽하게 자유로운 행위에 가까웠다는 생각이 점점 더 강하게 든다.[109]

이 증언이 역설적으로 느껴진다면, 아마도 루이스가 그렇게 의도했기 때문일 것이다. 이것은 신비다. 자유롭게 행동하도록 루이스의 의지에 자유를 주신 분은 하나님이셨다. 루이스는 "엄밀한 인과적 사고방식"을 "하나님과 사람 사이의 관계에 적용"하는 것은 아주 부적절한 일이라고 보았다.

하나님과 인간의 행위는 두 인간의 행위처럼 서로를 배제하므로 동일한 행위에 대해 '하나님이 하셨다'와 '내가 했다'는 말이 동시에 성립할 수는 없다, 이 말이 성립하려면 인간들의 경우처럼 하나님과 인간 사이에 일종의 역할 분담이 있어야 한다, 우리는 이렇게 불경스럽게 가정한다네.[110]

루이스는 빌립보서 2장 12-13절 말씀에 호소했다. 그의 말을 들어 보자.

성경은 그 문제 위를 유유히 날아가네. "두렵고 떨림으로 너희 구원을 이루라."-이것은 순수한 펠라기우스주의네. 그런데 그 이유는 무엇인가? "너희 안에서 행하시는 이는 하나님이시니."-이건 순수한 어거스틴주의야. 이 두 구절이 서로 모순되는 것처럼 보이는 이유는 우리가 세운 전제들 때문일 수도 있네.[111]

한편 루이스는 이 사안이 아주 실제적인 문제와 관련이 있다고 생각했다. 우리의 기도는 어떨까? 하나님이 모든 일을 미리 보신다면 우리의 기도는 어떤 의미가 있을까? 그는 기도의 의무를 이해하려면 인간의 행위와 하나님의 섭리를 조화시켜야 한다고 생각했다.

그분의 섭리와 창조의 행위(결국 그 둘은 모두 하나일세)는 피조물들로 인해 생겨날 모든 상황을 온 세상이 시작되기 전부터 참작한 것이네. 그렇다면 우리의 죄를 참작하시는 분이 우리의 청원이라고 참작하지 않으시겠는가?[112]

루이스는 이 문제를 더 깊이 설명하기 위해 보에티우스의 시간과 영원 개념, 즉 하나님은 그분의 영원하고 무시간적인 현재 속 섭리라는 높은 탑에서 보시면서 시간 속에서 살아가는 우리에게 상도 주시고 벌도 내리신다는 개념을 가져왔다.

모든 것을 미리 보시는 신은 모든 것을 지금 보시는 분이기도 하며, 항상 현존하는 그분의 영원한 시선은 우리의 행위를 그 미래적 특성에 상응하게 대하셔서 선한 자들에게는 상을, 악한 자들에게는 벌을 내리신다. 그러므로 하나님에게 소망을 두는 것과 하나님께 기도하는 것은 헛된 일이 아니다. 우리가 이 일을 마땅히 해야 하는 바대로 잘해 내면 우리의 수고는 헛되지 않을 것이고 결과가 반드시 따라올 것이다.113

시간과 영원에 대한 루이스의 논의는 《순전한 기독교》에서 볼 수 있다. 그 책에서 그는 하나님의 초시간적 특성을 인정하고 "작가가 소설 속 가상의 시간에 쫓기지 않는 것처럼 하나님도 우주의 시간 흐름에 매이지" 않으신다고 말했다.114 루이스는 하나님은 "어떤 시간의 흐름 속에서 살지 않으"시고, 그분께는 "지금이 아직 1920년이면서 벌써 1960년"이며[《순전한 기독교》가 출간된 해는 1952년이다-역주], 하나님의 삶은 곧 하나님 자신"115이라고 믿었다. 기도의 문제는 다음 장에서 철저히 다룰 것이다.

* * *

이 장에서 우리는 회심 교리에 대한 루이스의 견해가 본향으로의 여정의 시작을 그린다는 점을 살펴보았다. 회심의 순간에 순례자는 이러한 목소리와 맞닥뜨린다.

선택하라. 뛰어들지, 던져질지. … 항복할지 버틸지.[116]

발버둥을 그치고 자유롭게 항복하기 위해서는 하나님의 은혜가 있어야 한다. 자아에 대해 죽는 순간은 육신의 귀가 알아듣도록 설명할 수가 없다. 반대편은 순례자가 이전에 다녀 본 곳과 동일한 장소이지만 이제 완전히 새로운 세상이다.

우리는 루이스의 초자연주의적 구원관, 또는 구원중심주의를 보여 주는 진술들을 보았고, 그것이 그의 '순전한 기독교'의 특징이다. 그는 자기 개선의 종교에 불과한 발전론적 구원관을 거부했다. 그는 타락한 상태에서 발생하는 인간의 심각한 죄 문제를 인식했고 그리스도의 속죄를 유일한 해결책으로 지목했다. 그가 옹호한 대속적 속죄론은 우리가 살펴보았다시피 비정통적인 내용이고, 그리스도 안에 있는 새 생명에 대한 묘사는 창조주-피조물의 구분을 합당하게 견지하는 데 모자람이 있다. 그렇지만 이런 신학적 '혁신들'이 그의 '순전한 기독교'의 구원중심적 특성을 결정적으로 훼손하지는 않는다.

루이스는 실재를 두 가지 층위로 나누어 다루곤 했는데, 그러한 접근법은 가끔 비기독교적 사상에 불필요하게 자리를 내주는 결과로 이어졌다. 첫째, 루이스는 다원주의가 거대한 세계관으로서 갖는 함의는 거부했으나 생물학 이론으로는 수용했다. 둘째, 루이스는 믿음-2의 영역에서 논리실증주의자들의 전제에 의거해 자연주의적 기준이 침투하는 것을 대체로 막아 냈지만, 믿음-1의 영역에서는 논리실증주의자들의 전제가 자연주의적 기준으로 작용하도록 허용했다. '순전한 기독교'에 초자연주의와 구원중심주의의 형태로 분명하게 존재하는 기독교적 전제를 루이스가 철저히 일관되게 적용했다면 그런 불필요한 혼란은 피할 수 있었을 것이다.

다음 장에서는 타락한 세상에서의 새 생명 혹은 "본향길에 누리는 본향"의 모습을 다룰 것이다.

Chapter 5.

본향길에 누리는 본향

_타락한 세상에서의 새 생명

하나님의 구원의 은혜는
우리가 악한 자에 맞서 넉넉히 승리하게 하고
최후의 본향까지 무사히 이르게 돕는다.

자아에 대해 죽는 회심 과정을 거쳐 얻은 새 생명은 이전과는 근본적으로 다르다. 불안한 방랑이, 목적이 분명하고 소망에 찬 여행으로 바뀐다. 그렇지만 루이스의 구원관이 오직 승리만 바라본 천진난만한 견해가 아님을 이해하는 것이 중요하다. 좋은 죽음과 함께 방랑이 끝난 것은 사실이지만, 아직 여행의 삶이 남아 있다. 새로운 삶은 이미 시작되었지만, 순례자들은 아직 본향에 최종적으로 도착한 것이 아니다. "본향 쪽으로 돌아섬" 이후의 삶은 루이스의 여행 모티프에 따라 "본향길에 누리는 본향"으로 묘사하는 것이 가장 나을 것 같다. 자아를 향해 여행하던 옛 성향은 자아에서 벗어나 새로워진 사랑의 관계를 주도하시는 창조주께 돌아가는 여행으로 바뀌었다.

    하나님의 사람들이 살아가는 세상은 이제 그들의 정당한 본향이다. 그곳이 그들 아버지의 세상이기 때문이다. 반면 그곳은 여전히 타락한 세상이다. 그들은 적대적 환경에서 새 생명을 가지고 힘겹게 살아가야 한다. 천국과 지옥의 극적인 이혼이 이루어질 최후의 종말론적 완성은 아직 찾아오지 않았다. 몸의 죽음이나 우주적 종말을 통해 개인의 종말이 닥칠 때까지, "극작가가 무대 위로 걸어 나올 [때까지]"[1] 여행은 계속되어야 한다.

이전의 방랑 단계와는 달리, 본향으로의 여정에서는 순례자들이 몇 가지 조건 덕분에 여러 시련을 거치면서도 흔들리지 않을 수 있다. 이 조건들은 "본향길에 누리는 본향"의 경험을 견딜 만하게, 심지어 즐겁게 만들어 준다. 《순례자의 귀향》이 제시하는 조건은 다음과 같다. (1) 마더 커크(Mother kirk)와 동료 순례자들의 무리, (2) '슬리키스타인사우가'(Slikisteinsauga)라는 이름의 정해진 안내자의 동행, (3) 순례자의 마음에 용기를 주는 노래들 등이다.

동시에, 세상에 존재하는 위협은 실제적이다. 세상은 여행하기에 위험한 곳이다. 《순례자의 귀향》에서 순례자들은 용과 만나 싸워야 했다. 루이스는 유명한 걸작 《스크루테이프의 편지》에서 많은 여타 기독교 작가보다 더 성공적으로 실제적인 악마론을 내놓았다. 유혹의 심리학에 대한 루이스의 통찰력 있는 관찰은 그 자체가 그리스도인들에게 귀중한 도움이 되었다.

이 장에서 나는 "본향길에 누리는 본향"의 상태와 관련 있는 여러 주제를 다룰 것이다. 처음에 다룰 3가지는 여행하는 순례자들에게 힘을 주는 조건 또는 수단으로, 교회, 안내자(성경), 기도다. 마지막 항목에서는 루이스의 실제적 악마론에 비추어 유혹자들과 유혹이라는 주제를 논할 것이다. 이 주제들은 루이스가 세상을 지나는 여행, "본향길에 누리는 본향"을 묘사하며 주된 관심사로 다루었던 것들이다.

성도의 삶과 교회

다름 아닌 마더 커크가 "세례의" 물 옆에 서 있다가 순례자에게 다이빙하라고 말한다. 마더 커크는 "왕관을 쓰고 홀을 잡은" 모습으로 그려지는데, 말없는 사람들 한가운데 서 있고 사람들의 "얼굴이 그녀를 바라보고 있었다."[2] 그녀는 존과 여러 순례자들에게 적절히 다이빙을 하는 법과 물속으로 들어가서 무엇을 해야 하는지를 가르쳐 준다. 나중에 루이스는 마더 커크를 세상의 구체적인 교파와 비교하면 안 되고 불신에 맞서는 가장 넓은 의미에서의 기독교회를 가리키는 것으로 생각해야 한다고 분명히 말했다.

> 이 책의 관심사는 오로지 불신에 맞서 기독교를 제시하는 일에 있습니다. '교파적인' 질문은 다루지 않습니다.[3]

그렇다면 마더 커크가 상징하는 것은 전통적으로 '보편교회'라고 불리는 것, 교회의 머리인 그리스도의 몸에 속하는 모든 사람을 한데 묶어 주는 공동체라고 보아야 할 것이다.

루이스는 자연인의 눈에 부족해 보이는 교회와 진정한 영적 교회를 구분했다. 이전에는 마더 커크가 허름한 옷차림의 노파로 보인다. 존은 그녀를 두고 "마녀 할멈처럼 보이잖아요"[4]라고 말한다. 시골 사람들은 그녀가 "투시력이 있다"거나 심지어 미쳤다고 말한다. 그녀는 순례자를 벼랑 아래 협곡으로 데려다줄 수 있는 "능력을 지주님께 받았다"고 주장하지만, 존은 이렇게 합리적인 대꾸를 할 수밖에 없다. "할머니께서 어떻게 우리를 아래까지 업어 주신다는 겁니까? 우리가 할머니를 업는다면 몰라도."[5] 어떤 의미에서 이것은 자연인들이 기독교회의 허름한 외관을 꿰뚫어 볼 능력이 없음을 분명히 보여 준다.

반면 마더 커크의 그런 외모는 나중에 등장하는 "왕관을 쓰고 홀을 든" 모습과 대조를 이룬다. 이것은 우리가 기독교회의 평범한 모습을 꿰뚫어 보고 하나님께 받은 교회의 권위와 능력을 알아봐야 한다는 점을 다시 한 번 언급한 것일 수도 있다. 하지만 그와 동시에, 루이스는 뭔가 상당히 객관적인 사실을 말하고 있음이 분명하다. 교회는 불완전하지만 하나님이 권위와 능력을 부여하신 참된 교회가 작용하는 그릇이다. 마더 커크는 원수의 계교에 대항해야 하는 전투하는 교회다.

성례

순례자는 "세례의" 물속에 들어간 후 "여러 번 죽는다."[6] 순례자는 신비로운 음성을 통해 "죽음"의 의미를 배워야 한다. 그 음성은 죽음이 비유적인 몸짓이 아니라, 인간이 만들어 내지 않은 진정한 신화에 참여하는 일이라고 말한다. 이성과 상상력에 대한 루이스의 인식론적 패러다임에 걸맞게, 그 음성은 이 참여의 진정한 힘을 이야기한다.

나의 신화는 내가 만든 것이요, 나는 이것을 베일처럼 덮어 쓰고 나타나기로 처음부터 선택했다. 나는 네가 나의 얼굴을 보고 살게 하고자 네게 감각을 주었고 상상력을 주었다.⁷

루이스는 인간의 이성과 상상력이라는 능력이 협력해 신적 계시의 내용이 담긴 지식을 만들어 낸다고 믿었다. 상상력이 필요한 이유는 계시 자체가 베일 같은 특성(창조주와 피조물 사이의 피할 수 없는 단절)을 갖고 있기 때문이다. 그리스도의 성육신 안에서만 이 베일이 걷히고 "사실이 된 신화"가 그 신화적 힘을 잃지 않는다. 순례자의 "세례"에 이런 역학이 작용한다는 사실은 루이스의 성례관에 대해서도 중요한 부분을 드러내 준다. 루이스는 성례를 귀하게 여겼다. 그는 이렇게 말한 바 있다.

그리스도인의 삶은 세례를 통해 어떤 죽음 속으로 들어가는 일로 시작됩니다. 우리의 가장 기쁜 축제는 그 찢긴 몸, 그 흘린 피와 더불어 시작되며, 거기에 중심을 두고 있습니다.⁸

성례는 기독교의 풍성한 심오함이 그리스도의 수난과 죽음에서 '기쁨'을 찾는 데 있음을 가리킨다. 성례는 기독교의 핵심 요소들을 드러낸다. G. P. 킹즐리(G. P. Kingsley)는 성공회의 견해에 따르면 성례는 "구원의 은혜"를 전해 주지 않으며, 구원의 은혜는 그리스도 한 분의 사역에서만 나온다고 말했다. 루이스는 성례가 전해 주는 것이

"성화시키는 은혜"라는 입장을 고수했다.[9]

하지만 그는 "구원의 은혜"(또는 "칭의의 은혜")와 "성화의 은혜"를 날카롭게 구분하지 않았다. 《순전한 기독교》에서 루이스는 결정적으로 내적 행위인 "믿음"(이 경우에는 "신뢰"와 아주 유사하다)을 외적 행위일 수밖에 없는 세례, 성만찬과 한데 묶어 "그리스도의 생명이 우리에게 [퍼지는]"[10] 3가지 통상적 수단이라고 했다. 그는 이 3가지 중에서 어느 것이 더 본질적인지 말하지 않았다. 다만 세례와 성만찬의 내재적(심지어 신비적) 영적 의미(또는 중요성)를 인식했다. 여기에 대해서는 보완 설명이 필요하다.

루이스는 성례의 의미가 물리적 요소를 넘어 확대된다고 보았다. 그 영적 의미는 구약성경 유대교의 피 흘리는 동물 제사 의식보다 훨씬 더 심오한 그 무엇으로 우리를 이끈다. 하지만 성례에 포함되는 실제 재료들과 외적 행동들이 우연적이거나 비본질적인 것은 아니다.

그리스도인들이 "내 안에 그리스도의 생명이 있다"고 말하는 것은 단순히 정신적이거나 도덕적인 의미에서 하는 말이 아니라는 점을 분명히 해야겠습니다. "나는 그리스도 안에 있다" 또는 "그리스도가 내 안에 있다"는 말은 단지 머릿속으로 그리스도를 생각하고 있다거나 그를 본받고 있다는 뜻이 아닙니다. 그것은 그리스도가 실제로 그들을 통해 움직이고 있다는 뜻입니다. 그리스도인들의 전체 무리는 그리스도가 활동하는 물리적 유기체입니다.

… 이 사실은 이 새로운 생명이 믿음 같은 순전히 정신적인 행위를 통해서만 전파되는 것이 아니라 세례와 성만찬 같은 물리적인 행위를 통해서도 전파되는 이유를 설명해 줍니다. 이 생명의 전파는 단순한 사상의 전파와 다릅니다. 사상의 전파보다는 진화, 생물학적 사실 내지는 초생물학적 사실에 더 가깝지요. 인간이 하나님보다 더 영적인 존재가 되려고 아무리 애써 봐야 소용이 없습니다. 하나님은 원래 인간을 순수한 영적 피조물로 만들지 않으셨기 때문입니다. 이것이 그가 떡이나 포도주 같은 물질을 사용하셔서 우리에게 새 생명을 주시는 이유입니다.[11]

루이스의 비유를 어떻게 이해하건 간에, 그의 핵심 요점은 분명히 전달된다. 성례의 행위들은 비유에 그치는 것이 아니고, 성례를 통해 모종의 진정한 유익이 신비롭게 (루이스의 용어 선택을 보다 일관되게 따라가면, '신화적으로') 우리에게 전해진다.

순례자들의 무리

이렇게 세례의 죽음을 경험한 존은 길동무 '미덕'과 함께 협곡 반대쪽으로 나온다. 그곳의 푸른 숲에는 "새소리와 나뭇잎의 바스락거림이 사방에 가득했다." 존은 거기서 놀라운 광경을 목격한다.

그들은 수많은 순례자들의 무리에 합류했다. 두 사람처럼 물속과 땅속으로 들어갔다가 올라온 다른 이들도 맑은 강둑을 따라 서쪽으로 행진했다. 거기엔 온갖 사람들이 모여 있었다. … 그렇게 많은 길동무를 만나게 된 존은 놀라웠다. 이전에는 어떻게 그들과 마주치지 않았는지 알 수 없었다.[12]

이와 같이 순례자의 본향으로의 여정은 더 많은 신자의 무리와 함께하는 상황에서 이루어진다. 그리스도인의 삶의 이런 집단적 측면은 루이스의 성정에 맞지 않지만, 그는 누리는 법을 배워야 했다. 그가 그리스도께 바친 헌신에는 그의 본성적 성향을 거스르는 요소가 있었던 것이다. 루이스는 이렇게 말했다.

나는 유신론자가 되자마자 일요일에는 교구 교회, 주중에는 대학 교회를 다니기 시작했다. … '백기를 들려면' 눈에 확 띄는 표시를 해야 한다고 생각했기 때문이다.

그러나 그의 내면은 삶의 이 새로운 측면과 씨름하고 있었다.

사실 교인이 되는 것은 전혀 끌리지 않는 일이었다. 나는 반교권적인 성향은 없었지만, 반교회적인 성향은 심했다.[13]

루이스는 교회의 집단적이고 의식(儀式)적인 측면을 대단히 싫어했다. 그것은 "지겹게도 '모이는' 행사"였다.

나는 그때까지만 해도 그런 종류의 일이 개인의 영적 생활과 무슨 상관이 있는지 알지 못했다. 나에게 종교는 선한 사람들이 혼자 기도하거나 두세 명 정도 모여 영적인 문제를 놓고 이야기하는 것을 의미했다. … 게다가 나는 영적 서투름 때문에 어떤 의식(儀式)이건 잘 참여하지 못하는 부류의 인간이기도 했다.[14]

루이스가 기독교 신앙의 이런 집단적 측면을 좋게 여긴 적이 있을까? 무엇보다, 루이스는 그 위험을 예리하게 인식했다. 교회 생활의 부정적인 면에 주목하게 되는 것은 성인이 되어 회심한 이들의 공통된 특징인 듯하다. 어릴 때부터 교회를 떠난 적이 없는 이들은 그런 것들이 눈에 들어오지 않을 수 있다. 어쨌건, 진짜 문제에 대해 경고하는 능력이 불리한 점일 수는 없다. 루이스는 의식주의의 심각한 위험을 경고했다. 그는 그리스도인의 삶이 "마지못한 '예배 참석'과 힘없이 처진 '형식적 기도'"로 전락하는 것이 얼마든지 가능하다는 데 주목했다.[15] 종교적 문제들에 할당된 구획화된 삶의 일부로 존재하는 교회생활은 극도로 위험하고, 심지어 우상 숭배에 가까울 수도 있다.

종교는 … [삶의] 한 부문으로 존재하는 듯하고, 종교 자체가 번성한 시기도 있었네. 그것이 번성한 부분적인 이유는 많은 사람들 안에 "종교의식을 사랑하는 마음"이 있기 때문일세. … (다른 분야에서처럼) 종교 단체에 대한 애호심도 존재하지. 게다가 온갖 심미적, 감상적, 역사적, 정치적 이해관계도 얽혀 있다네. 자선바자회, 교구 잡지, 타종법, 산타클로스는 또 어떻고 … 종교는 '신성한'이라는 딱지가 붙은 삶의 한 부문이 되어 그 자체가 목적이 돼 버릴 수 있어. 하나님과 내 이웃들을 가리는 우상이 되는 거지.[16]

루이스는 기독교 신앙이 인간에게 총체적 요구를 한다는 점을 확고히 믿었다. 교회생활은 그 자체가 목적이 되어서는 안 되고, 더 깊은 소속감의 외적 표현이어야 한다.

종교는 환각이거나 삶 전체를 포괄하는 것, 둘 중 하나일 걸세.

우리 삶의 모든 영역은 하나님과의 관계와 적절히 연결되어 있어야 한다.

우리에게 종교와 관계없는 활동이란 없네. 종교적 활동과 반(反)종교적 활동이 있을 뿐이야.[17]

그러면 교회는 왜 존재해야 할까?

교회는 오직 사람들을 그리스도께 이끌어 작은 그리스도로 만들기 위해 존재합니다. 이 일을 하지 않는다면 교회 건물도, 성직자도, 선교도, 설교도, 심지어 성경 자체도 낭비에 불과합니다.[18]

루이스는 더 나아가 온 우주가 같은 목적을 위해 창조되었을 가능성이 높다고 말했다. 루이스의 구원중심적 취지가 담긴 명확한 진술은 이렇게 정리할 수 있다. '모든 것은 하나님의 영원하고 지혜로운 계획에 따라 세상을 구원하시려는 하나님의 거대한 목적 안에 들어 있다.' 이 목적이 교회 안에서 수행되지 않으면, 그 결과는 비효율을 넘어 악마적인 것으로 드러나게 된다. 스크루테이프는 "현재 우리의 가장 큰 협력자 중 하나는 바로 교회"라고 주장한다. 순전히 인간적이고 거의 사업적 요소들은 사람들이 그리스도께 나오는 데 방해가 될 수 있다.

네 환자의 눈에 보이는 것이라곤 신축 부지에 반쯤 짓다 만 듯 서 있는 싸구려 고딕 건물뿐이야. 그나마 안으로 들어가면, 동네 이발사가 아첨하는 표정으로 뜻도 모를 기도문이 적힌 반들반들한 소책자 한 권, 엉터리로 변조된 저질 종교 시가 깨알처럼 박혀 있는 낡아빠진 소책자 한 권을 부지런히 건네는 모습과 마주치기 십상이고.[19]

스크루테이프는 이 그림이 하나님이 세우신 권위 있는 교회의 실체와 얼마나 다른지를 설명한다. 하나님의 교회는 "영원에 뿌리를 박고 모든 시공간으로 뻗어 나가는 교회, 기치를 높이 올린 군대처럼 두려운 교회"다.[20] 불행히도, 이 교회는 인간의 눈에 보이지 않기에 흔히 인간들은 눈앞에서 벌어지는 일에만 초점을 맞춘다. 교회를 오해할 위험은 매우 실제적이다.

그렇지만 세상에서 흔히 별 볼 일 없어 보이는 교회는 영적 우선순위가 아주 높다. 성령이 교회를 통해 구원을 선포하시기 때문이다. 하나님은 자연이 줄 수 없는 것을 제공하도록 교회를 세우셨다.

하나님께로 가는 참된 여정에는 끊임없이 [자연에] 등을 돌려야 하는 일이 포함되어 있습니다. 새벽녘의 들판을 떠나 비좁은 예배당에 들어가거나 어느 빈민가 교회에 봉사하러 가는 일(일 수도 있겠지요).[21]

교회는 구원의 메시지를 세상에 선포하기 위해 존재한다. 더 나아가, 교회는 함께 예배하고 하나님이 누구신지 발견하는 곳이다. 정의상 교회는 예배 공동체다. 루이스는 예배나 경배가 공적이고 공동체적인 행위라는 것과 이 특성이 더없이 중요하다는 사실을 인정했다. 그는 경배의 행위 안에서는 혼자만의 예배조차도 자연스럽게 "천국의 모든 이가 다 아는 상태"로 "천사들과 천사장들과 천국의 모든 사람들과 함께" 하는 공동체적 예배가 된다고 덧붙였다.[22]
루이스는 예배 의식의 문제에 대해 말할 만한 권위가 자신에게 없다고 생각했다. 그는 그저 예배에서 예배 행위에 집중하지 못하게 만드는 요소를 없애고 싶어 했다.

교회에서는 하나님을 영화롭게 하는 일이나 사람에게 덕을 끼치는 일, 혹은 둘 모두를 직간접적 목표로 삼지 않는 일은 행동으로든 노래로든 말로든 아무것도 하지 말아야 한다는 점을 먼저 말씀드립니다.

물론 좋은 예배에 문화적 가치가 있긴 하지만, 그것을 위해 예배가 존재하는 것은 아닙니다.[23]

이를테면, 음악의 문제에 있어서 단지 음악으로서만 탁월한 음악은 예배의 목적을 달성하지 못한다.

탁월함은 '열심'을 입증합니다. 그러나 인간은 자연적 동기, 심지어 악한 동기를 갖고도 열중할 수 있습니다.[24]

루이스는 문화적 의미만 있는 교회 생활의 위험성을 분명히 알아보았다. 초자연주의적 시각을 상당 부분 상실한 탈기독교 시대의 서구에서는 이런 징후가 더욱 두드러졌다. 루이스는 자신이 속한 문화적 상황에서 나타나는 이런 영적 쇠퇴를 깊이 슬퍼했다. 교회 모임은 문화적 경험이 아니다. 교회 모임은 그리스도의 몸인 예배하는 신자들의 공동체가 되어 그 모임의 초자연적 의미를 기념하고 구원의 주님께 영광을 돌려야 한다.

더 나아가, 교회는 하나님의 말씀을 전하는 둘도 없이 효과적인 통로다. 사실 루이스는 신자들의 공동체인 교회가 "하나님을 아는 과학"의 특별하고 효과적인 도구라고 보았다.

하나님은 참다운 사람들에게만 자신을 있는 모습 그대로 보여 주실 수 있습니다. 여기에서 참다운 사람들이란 단순히 선한 개인들을 가리키는 말이 아니라, 한 몸으로 연합되어 서로 사랑하고 서로 도우며 서로에게 하나님을 보여 주는 사람들을 가리키는 말입니다. 그것이 하나님이 원래 의도하신 사람들의 모습입니다. 한 악단에 모여 있는 연주자들이나 한 몸에 속한 신체 기관들 같은 모습 말이지요. 따라서 하나님을 배우기에 정말 적합한 도구는 다 함께 하나님을 기다리는 그리스도인 공동체입니다. 즉 그리스도인의 모임은 이 과학 연구를 위한 기술 장비-실험 도구-인 셈입니다.[25]

기독교 공동체가 올바로 초점을 맞추고 참된 목표에 맞게 깨끗하고 밝게 유지된다면, 하나님이 자신을 그분의 백성에게 드러내는 일을 위해 특별하게 쓰시는 도구라는 사실이 드러나게 된다.

멤버십의 의미

루이스의 강연 하나가 기독교 공동체에 대한 그의 성숙한 견해를 가장 잘 드러내는 글로 돋보인다. 제목은 "멤버십"이고, 1945년 옥스퍼드의 어느 협회 모임[26]에서 발표되었다. 이 글에서 루이스는 종교를 "사람이 혼자 있을 때 하는 일"[27]로 정의해야 한다는 생각을 거부했다. 그는 사적인 종교 개념이 "역설적이고 위험하고 자연적인" 것이라고 주장했다.

그것이 역설적인 이유는 "지금은 모든 분야에서 집단주의가 개인을 가차 없이 몰아내고 있는 시대인데, 유독 종교 분야에서만 개인을 높이는 현상이 나타나기" 때문이다."[28] 현대 생활의 특징은 군중,

소음, 북적거림 속에 있는 것이다.

> 우리가 사는 세상은 고독, 침묵, 사생활에 굶주렸고, 따라서 명상과 참된 우정에 굶주렸습니다.[29]

이런 역설적 상황에는 두 가지 큰 위험이 따르는데, 두 위험은 자연스럽게 사적 종교 개념의 위험을 반영한다. 첫째, 기독교를 사적인 문제로 만드는 동시에 모든 사생활을 추방하는 것이다. 이것은 원수의 영리한 전략이고 그 결과는 개인의 삶에서 기독교를 완전히 몰아내는 것으로 나타난다. 둘째, 기독교가 고독한 종교가 아니라는 것을 아는 이들이 저지르는 오류다. 그들은 "이미 세속생활을 정복해 버린 집단주의를 우리의 신앙생활로 고스란히 옮겨 올 위험이 있"다.[30] 이것은 원수의 또 다른 전략이다. 현대의 집단주의는 "인간성을 침해"한다. 그 결과, 우리는 집단 종교 개념과 잘못인 줄 알지만 자연스럽게 느껴지는 사적 종교 개념 사이에서 동요하고, 그리고 둘 모두에서 불편함을 느끼게 된다.[31]

그래서 루이스는 기독교 신앙의 공동체적 개념을 이해할 새로운 패러다임을 제안했다. 교회는 그리스도의 신부이자 몸이기 때문이다. 루이스는 이 실재를 3단계 구조로 제시했다. 그리스도의 몸에 참여하는 것이 가장 높은 단계다. 개인적이고 사적인 삶이 두 번째 단계를 차지한다. 그리고 세속 공동체의 집단생활이 가장 낮은 단계다. 낮은 단계는 더 높은 단계를 지지하고 촉진한다.

세속 공동체는 초자연적인 유익이 아니라 자연적 유익을 위해 존재하기 때문에, 가정, 우정, 고독을 원활하게 하고 지키는 일이 세속 공동체의 가장 중요한 목적입니다.32

루이스에 따르면, 이것이 건강한 사회의 모습이다.

자연적 가치만 놓고 본다면, 태양이 가장 따뜻한 미소를 보내는 대상은 웃으며 식사하는 가족, 맥주 한 잔을 들며 대화하는 두 친구, 관심 있는 책을 혼자 읽는 한 사람입니다. 이런 장면들을 연장시키고 늘려 주지 못한다면 모든 경제활동, 정치, 법률, 군대와 제도들은 모래사장을 쟁기질하고 바다에 씨를 뿌리는 일과 같고, 공연히 마음만 들뜨게 하거나 애태우게 하는 무의미한 일에 불과합니다.33

집단적 문제들이 사회 안에서 집중적으로 관심을 받으면 안 된다. 건강한 사람이 자신의 소화 상태만 끊임없이 생각해서는 안 되는 것과 같다. 하지만 루이스는 수단에 사로잡혀 목적을 시야에서 놓치는 것이 자연스러운 일임을 깨달았다.

집단주의는 우리 생활에 필요하고 앞으로 점점 증가할 것입니다. 저는 집단주의의 치명적 특성에 대한 방어책이 그리스도인의 삶에만 있다고 생각합니다.34

그리스도인의 삶은 어떤 면에서 집단주의에 맞설 방어책일 수 있을까? 집단주의의 치료법은 고독 가운데서 찾을 수 있으니 기독교는 집단주의에 맞서기 위해 사적 종교를 자처해야 한다고 생각하는 것은 오해다.

> 그리스도인은 개인주의가 아니라 신비한 몸의 멤버십으로 부름 받은 사람입니다.[35]

그렇다면 신비한 몸은 세속 집단주의와 어떻게 다를까? 루이스는 '멤버십'이라는 용어를 원래의 기독교적 맥락에서 재정의해야 한다고 말했다. '멤버십'의 현대적 의미는 하나의 사회구조에 속하는 사람들의 균질적 집단을 의미하는 반면, 그리스어 어근에서 나온 '멤버'의 원래 의미는 '장기'(臟器)다. 그러므로 멤버들은 "본질적으로는 서로 다르지만 상호 보완적"인 것들을 가리킨다. 그것들은 "구조와 기능뿐 아니라 위계도" 다르다.[36] 루이스가 "극단적으로 다른 사람들이 이루는 조화로운 연합"이라 부른 이런 종류의 하나 됨이 "고독과 집단주의 모두로부터 벗어날 수 있는 유일한 피난처"다.[37]

그리스도인은 세례를 통해 한 몸에 불려 들어왔고, 그것은 그저 사람들을 한데 뭉쳐 놓은 것이 아니라 서로 다른 기능과 임무를 가진 사람들의 역동적이고 영적인 연합이다. 우리는 이것을 《순례자의 귀향》에서도 배울 수 있다. 순례자들의 수는 많지만 그들 모두는 같은 목적지에 이르는 다른 길을 할당받는다. 존과 '미덕'은 같은 시간에 세례의 죽음에 도착하지만 각자 다른 길로 여행을 해야 하고, 다른 모습으로 나타난 원수를 상대해야 한다. 그리스도인들은 그리스도의 한 몸으로 부름을 받지만, 그와 동시에 모두가 남들과 다른 여행을 하게 된다. 하나님은 각 사람에게 각자의 이야기를 주신다.

이 주제는《나니아 나라 이야기 3 말과 소년》(시공주니어 역간, 2001)에도 나온다. 샤스타는 위대한 사자 아슬란이 자기 길동무 아라비스를 다치게 한 장본인임을 알게 되자 놀라움을 감추지 못한다.

"그럼 당신이 아라비스를 다치게 했나요?"
"그렇단다."
"왜죠?"
그 음성이 대답했다. "얘야. 난 그 애가 아니라 네 얘기를 하고 있다. 난 당사자 이야기만 하지."

소년 샤스타는 놀라서 아슬란이 누구이기에 각 사람을 개인적으로 부를 수 있는지 물었고, 완전히 신적인 답변을 들었다.

"당신은 누구신가요?" 샤스타가 물었다.
"나 자신이다." 이렇게 말하는 목소리가 어찌나 깊고 낮은지 땅이 흔들렸다. 또다시 "나 자신이다" 하는 목소리가 크고 맑고 유쾌하게 울려 나왔다. 그리고 세 번째 "나 자신이다"는 간신히 알아들을 수 있을 정도의 너무나 부드러운 속삭임이면서도 나뭇잎이 바스락대는 것처

럼 사방에서 들려오는 것 같았다.[38]

이것은 심오한 주제다. 장엄하신 하나님은 각 개인을 고유의 여행으로 이끄신다. 하나님이 그렇게 하시는 이유는 그분이 위대한 '스스로 있는 자'이시기 때문이다. 누구도 그것에 의문을 제기할 수 없다. 누구도 자신과 관련 없는 답변을 요구할 자격이 없다. 바울은 "내 은혜가 네게 족하도다 이는 내 능력이 약한 데서 온전하여짐이라"(고후 12:9)라는 하나님의 음성을 들었다. 바로 그 바울이 하나님의 주권적 은혜와 심판에 반대하는 이들에게 이렇게 말했다.

"이 사람아, 네가 누구이기에 감히 하나님께 반문하느냐? 지음을 받은 물건이 지은 자에게 '어찌 나를 이같이 만들었느냐?' 말하겠느냐? 토기장이가 진흙 한 덩이로 하나는 귀히 쓸 그릇을, 하나는 천히 쓸 그릇을 만들 권한이 없느냐?"[39]

신자들의 공동체에서 다양성은 하나님의 방식이 얼마나 풍요한지를 가리키는 표지다. 루이스는 "그렇기 때문에 성도들이 거의 환상일 만큼 다양한 데 비해 세상 사람들은 단조롭고 똑같습니다"라고 말했다. 그는 바로 이어서 이렇게 선언했다.

순종은 자유로 가는 길이며, 겸손은 즐거움으로 가는 길, 연합은 개성으로 가는 길입니다.[40]

물론 그리스도의 몸의 심오한 하나 됨은 그 공동 목표에서 나온 결과다.

그분의 임재, 그분과 우리의 상호 작용은 그 몸 안에서 영위하는 삶에서 언제나 가장 중요한 요소가 되어야 합니다. 그분과의 교제가 중심이 되지 않은 기독교적 교제란 있을 수 없습니다.[41]

이 말들은 루이스의 '순전한 기독교'와 조화를 이룬다. 이 목표는 분명히 구원중심적이고, 하나님과의 관계를 회복하고 계속해서 누리게 한다. 이것은 결코 타협할 수 없는 목표이며, 이 부분이 무너지면 더 이상 기독교 공동체라고 할 수 없다. 이 하나 됨이 확립되면 우리는 하나님 앞에서 매혹적일 만큼 다양한 순전한 삶을 누릴 수 있다. 누구도 인위적 평등의 유니폼("국민으로 살아갈 때 필요한" 것)을 입도록 강요받지 않는다.

교회 안에서 우리는 이 가장을 벗어버리고, 진정한 불평등을 회복하며, 그로 인해 활력을 얻고 소생합니다.[42]

루이스는 평등 개념이 타락의 결과이자 그에 대한 구제책이라고 보았다. 이것은 평등의 기능이 보호적인 것이지 최종적인 것이 아니라는 뜻이다. 평등 개념 배후에 놓인 진정한 의미는 모든 사람이 선하다는 생각이 아니라 모든 타락한 사람은 악하다는 생각이다. 민주

주의는 상호 자기주장의 체제가 아니라 상호 견제와 균형의 체제다. 타락한 존재들은 권력을 감당할 수 없기 때문이다. "[모든] 권력은 부패하고 절대 권력은 절대 부패한다."[43]

루이스는 인간의 가치가 평등하다고 말하는 것은 무의미하다고 생각했다. "하나님과 관계없이 각 인간의 영혼 자체만 놓고 볼 때 그 가치는 0"이기 때문이다. 하나님이 우리를 사랑하시는 것은 "우리가 사랑받을 만하기 때문이 아니라 하나님이 사랑이시기 때문"이다. 그래서 루이스는 이렇게 결론을 내렸다. "평등이 존재한다면, 그것은 그분의 사랑 안에 있지 우리 안에 있지 않습니다."[44] 다시 말하지만,

> 권위를 행사할 때는 겸손하게, 순종할 때는 기쁨으로. 이것이 우리 영혼이 살아가는 방식입니다. 누군가를 사랑할 때 우리는 "나는 너와 똑같다"고 말하는 세상 바깥으로 걸어 나옵니다. 그리스도의 몸 안에서는 더욱 그렇습니다. 이것은 행진이 춤으로 바뀌는 것과 같습니다.[45]

그러나 단순한 개별성이 그리스도의 몸 안에서 높임을 받는다고 오해해서는 안 된다. 교회는 분명히 여러 다양한 지체로 구성된 한 몸이다. 각 신자는 불멸의 머리와 연결되고, 그분의 영원한 생명에 참여한다.

> 그리스도께서는 사회나 국가를 위해서가 아니라 사람들을 위해 죽으셨습니다.[46]

하지만 그리스도의 죽음에 참여하기 위해 신자들은 "자연적 자아를 십자가에 못 박는 일"로 부름을 받는다. 우리는 승리자 안에 있음으로 그분의 승리에 참여하는데, 그분은 하나님의 뜻에 자신을 온전히 드림으로 죽으셨다. 루이스는 기독교 신앙의 심오한 역설에 놀라며 이렇게 지적했다.

바로 이 부분에서 우리 신앙은 외부자들이 화가 날 만큼 모호하게 보이기 마련입니다. 기독교 신앙은 우리의 자연적인 개인주의를 가차없이 적대시합니다. 반면 개인주의를 버리는 사람들에게는 개성과 함께 그들의 몸에 대한 영원한 소유권을 되돌려 줍니다.[47]

놀랍게도, 그리스도 안에서 우리의 자기정체성은 영원히 보존된다. 사실 진정한 개성은 아직 우리의 것이 아니다. 이 진정한 개성은 우리의 내적 잠재력에서 자라지 않는다. 루이스의 '순전한 기독교'는 이 부분에서 아리스토텔레스의 생각과 다른 노선을 택했다. "영원한 우주의 구조 안에서" 창조주께서 친히 우리를 "설계 내지 발명하신 목적에 합당한 자리를 우리가 차지할 때" 진정한 개성이 우리에게 찾아올 것이다.[48]

루이스가 그리스 신화의 프시케 이야기를 재해석한 《우리가 얼굴을 찾을 때까지》에서 오루알의 변화는 소크라테스식 자기 개선이 아니라 "신의 심판"을 통해, "가장 두렵고 가장 아름다운 분, 유일한 두려움이요 아름다움이신 분"의 오심으로 이루어진다.[49] 루이스는 구원을 "씨앗이 꽃이 되는 것과 같은 발전"으로 생각하는 것을 거부했다. 그는 기독교적 구원에 훨씬 더 파국적인 어떤 것이 들어 있다고 생각했다.

> 회개, 중생, 새사람 같은 단어들은 전혀 다른 것을 암시합니다.[50]

각 개인의 진정한 가치는 그리스도와 연합함으로써만 얻을 수 있다. 사실 그리스도의 몸에 들어감으로써 그리스도와 연합하기 전까지는 누구도 자기 자신이 되지 못한다. 그리스도의 몸이 우리의 진정한 본향이다. 여행길이 아직 남았다고 해서 우리의 영혼이 본향 바깥에 있는 것은 아니다. 종말론적 성취에 비추어 보면 이것은 "본향길에 누리는 본향"이지만, 여전히 우리의 진정한 본향이다.

"멤버십"에서 루이스는 이중의 목적을 성공적으로 달성했다. 첫째, 그는 "인간 개인에 대한 비(非)기독교적 숭배를 몰아내려" 했다. 그는 "각 사람의 출발점이 인간 내부에 갇혀 있는 보물인 '개성'이고, 이것을 확장시키고 표현하고 외부의 간섭에서 지켜 내는 것, '독창적'이 되는 것이 삶의 주된 목표"라는 "펠라기우스적" 오류를 거부했다.[51] 둘째, 루이스는 "기독교의 궁극적 관심사가 개인도 집단도 아닌 … 새로운 피조물"임을 보이고 싶어 했다.[52] 그는 우리에게 유용한 교회론적 통찰을 제시했다. 그리스도의 몸 된 교회의 의미와 그 초자연주의적이고 구원중심적 목표를 밝혀 준 것이다. 이 두 가지는 교회의 경계를 분명하게 정해 준다.

성경의 성례전적 역할

세례의 물에서 나온 후 존과 '미덕'은 "잘생긴 사람"을 만나는데, 그는 "그들의 안내자로 임명을 받았다"고 말한다. 안내자는 지주가 거하는 산에서 태어났고 순례자들의 "귀향"을 이끄는 임무를 맡았다. 1943년에 출간된 제프리블레스 출판사 판본에서 루이스는 매 쪽마다 머리글을 실었는데, 그중 하나에서 이 안내자가 천사라고 밝혔다.[53]

일반적으로 기독교 신학에서는 순례자들의 여행을 이끄는 이 안내자가 삼위일체의 삼위이신 성령이라고 말할 것이다. 《순례자의 귀향》에서 순례자들과 안내자가 끊임없이 나누는 대화를 볼 때 그렇게 생각하는 것이 자연스러울 듯하다. 하지만 이것은 루이스의 의도가 아니었다. 사실 성령의 교리는 루이스의 신학에서 가장 덜 발달되고 구체화되지 않은 측면인 것 같다.

우리는 안내자의 정체보다는 그의 역할에 관심을 기울여야 할 것이다. 안내자는 순례자들을 지도하고 이끌어 주는 것 외에도 그들에게 두 가지 중요한 선물을 준다. 첫째, 안내자는 순례자들의 눈을 "날카롭게 해 준다." 둘째, 그는 순례자들을 "빈틈없이 무장시킨다."

안내자는 지주가 거하는 산에서 태어났고 '슬리키스타인사우가'(Slikisteinsauga)라는 이름을 받았다. 그의 "시력이 매우 날카로워 함께 여행하는 사람도 덩달아 시력이 날카로워지기 때문"이었다.[54] 캐스린 린즈쿡은 그 이름이 사물을 매끈하게 만드는 돌인 "숫돌"에서 유래한다고 생각했다.[55] 슬리키스타인사우가의 첫 번째 효과는 존과 '미덕'의 눈을 매끈하고 날카롭게 만들어 동쪽 산에 있는 지주의 성을 또렷이 보게 했다. 그 성은 사실 존이 평생 찾아다녔던 섬이다. 눈이 날카로워진 그들은 사물을 또렷하게 볼 뿐 아니라, 이전에 방랑할 때 다녔던 옛 땅을 회심 이후의 "귀향길" 또는 순례길에서 전혀 다른 모습으로 보기 시작한다.[56] 안내자는 그들의 새로워진 눈이 속임수가 아니라는 점을 상기시킨다. 사실은 이제야말로 그 땅의 실제 모습을 보는 것이다.

> 두 분의 눈이 달라졌어요. 이제 두 분은 실재가 아닌 것은 보지 못해요.[57]

보는 눈

루이스의 글 "보는 눈"(The Seeing Eye)의 주제는 이런 지각의 변화다. 이 글은 원래 "그리스도인 우주인이여, 전진하라"라는 제목으로 1963년에 출간되었다.[58] 루이스는 이렇게 선언했다.

> 어떤 이들은 하나님을 어디서나 발견할 수 있습니다. 다른 이들은 어디서도 발견하지 못합니다. … 많은 것이 보는 눈에 달려 있습니다.[59]

"보는 눈"은 두 가지 다른 방식으로 이해할 수 있다. (1) 사물을 보는 과학적 방식과 대비되는, 실재를 보는 특정한 방식이다. 이것은 자연주의적 세계관에 반대하는 초자연적 세계관이다. (2) 하나님을 하나님으로 알아보는 능력을 포함한 특정한 "인식 능력"의 획득이다. (1)을 침해하는 생각 중에는 신이 존재한다면 우주 공간에 나가기만 해도 그를 볼 수 있을 것이라는 발상이 있는데, 이런 발상은 "그리스도의 피를 표본 추출하거나 그리스도를 해부해서 그의 신성을 증명 또는 반증하려는 시도와 흡사"하다.[60] 이것은 부질없는 시도다.

하나님이 우주를 창조하셨다면 그분은 시공간을 만드신 것이며, 시공간과 우주는 운율과 시 혹은 음조와 음악의 관계와 같습니다. 하나님을, 그분이 고안해 낸 틀 안에 있는 한 요소로 생각하고 찾는 것은 터무니없는 일입니다.[61]

이런 오해를 극복한 사람은 다른 곳을 보기 시작하고, 자기 자신이나 양심 같은 신비의 영역을 들여다볼 수도 있다. 그렇다고 해도 (2)의 "인식 능력"이 없으면 하나님의 일하심 자체를 알아볼 수 없다. 루이스는 이 요점을 전달하기 위해 자신의 회심 이야기를 비유적 언어로 다시 들려주었다. 그는 자신은 하나님을 찾으려 하지 않았다고 주장했다. 오히려 자신의 양심 앞에서 정직해지려고 진지하게 노력했다고 썼다. 그 과정에서 그는 자신을 쫓고 계신 하나님을 인식했다.

하나님은 사냥꾼이었고—적어도 제게는 그렇게 보였습니다—저는 쫓기는 사슴이었습니다. 하나님은 아메리카 인디언처럼 저를 몰래 추적했고, 확실하게 겨냥하여 적중시켰습니다.[62]

그 결과, 루이스는 목소리를 알아듣기 시작했다(그는 "상징적으로" 말했다).

당신의 양심에 대고 말하는 그 목소리, 그리고 당신의 가장 강렬한 기쁨 속에서 말하는 그 목소리, 때로는 고집스럽게 침묵하고, 때로는 매우 쉽게 침묵시킬 수 있고, 때로는 너무도 시끄럽고 단호한 그 목소리가, 실은 그 신비에 가장 가까이 접촉할 기회이고, 따라서 결국 다른 어떤 것보다 그 목소리를 신뢰하고, 순종하고, 두려워하고, 갈망해야 한다는 것입니다.[63]

루이스는 그 목소리를 경험했고, 그에 따라 응답했다. 즉 다방면에서 이루어지는 하나님의 압도적인 추적에 굴복했다. 그는 "보는 눈"을 받았기 때문이다. 우리는 이중의 강조점에 주목해야 한다. 사람은 지식의 올바른 길을 통해 하나님을 알게 되고, 올바른 길로 가더라도 올바른 인식의 장치와 적절한 인식 능력이 필요하다. 다시 말해, 먼저 올바른 장소로 가야 하고, 그다음 특정한 "도약"이나 "변화"가 있어야 한다.

루이스는 실재의 객관성을 강조했을 뿐 아니라 실재를 있는 그대로 보려면 내적(즉 주관적), 영적 변화가 필요하다는 점도 분명히 강조했다. 이것은 루이스의 타락 및 인류 부패에 대한 견해와 일치한다. 루이스가 종교를 심리적인 것으로만 보았다는 말이 아니다. 그보다 진실과 먼 주장도 없을 것이다.[64] 그러나 우리는 초자연계가 객관적으로 실재한다는 것과 그 실재성을 있는 그대로 보려면 일정한 영적, 심리적 변화를 겪어야 한다는 이중의 인식이 루이스에게 있음을 이해해야 한다. 루이스의 '순전한 기독교'는 죄가 지성에 미치는 영향을 대단히 중요한 문제로 받아들인다.

안내자의 주목할 만한 두 번째 중요한 행동은 순례자들을 무장시키는 것이다. 《순례자의 귀향》에서 안내자는 "존과 미덕을 빈틈없이 무장시키고 그들을 이끌어 그들이 이전에 여행했던 땅으로 돌아왔다."[65] 그들은 무장을 하고, 특히 칼을 가지고 용을 죽여야 한다. 북쪽의 용을 상대한 존은 "칼자루를 단단히 쥐었고 눈은 어둠 속을 뚫어져라 응시하고 발은 튀어오를 준비를 했다." 용의 얼어붙을 듯 차가운 입김이 그의 얼굴에 닿았을 때 겁에 질리기는커녕 "존의 힘은 몇 배로 커졌다." 존은 웃으며 "짐승의 목을 거듭거듭 찔렀다."[66] 순례자에 대한 루이스의 묘사는 바울의 권고를 참고한 것이 분명하다.

> 너희가 주 안에서와 그 힘의 능력으로 강건하여지고 마귀의 간계를 능히 대적하기 위하여 하나님의 전신 갑주를 입으라 … 서서 진리로 너희 허리띠를 띠고 의의 호심경을 붙이고 평안의 복음이 준비한 것으로 신을 신고 … 성령의 검 곧 하나님의 말씀을 가지라(엡 6:10-11, 14-15, 17).

전신갑주를 입은 순례자들은 영적 전쟁에서 악마의 간계에 맞설 준비가 된다. 《순례자의 귀향》에서 검은 특별히 중요하다. 안내자는 이렇게 묻는다. "칼을 써 본 적이 있나요?" 존이 대답한다. "없습니다." 그러자 안내자는 뜻밖의 말을 한다. "베려고만 안 하면 돼요."[67] 이것은 "고사리 포자는 본다고 하면서 대낮에 10미터 앞에 있는 코끼리는 보지 못하는" 무분별한 성경학자들을 향한 루이스의 영리한 경고[68] 중 하나일까?

문학 학자이자 신학자로서 루이스는 성경과 하나님의 말씀이라는 주제를 다루는 데 상당한 논의를 할애했다. 성경은 참으로 순례의 삶에서 "우리의 교훈을 위하여 기록"되었다. 하지만 루이스에게 성경은 하나님의 말씀을 담는 "물 새는 그릇"이었다.[69] 이제 우리는 이 주제로 넘어가야 한다.

성경과 하나님의 말씀

루이스의 성경관은 논란거리였다. 오랫동안 성경 교리가 어떤 "신학적 입장"을 지지하는지 알리는 리트머스 시험지 역할을 감당했던 미국에서는 특히나 그러했다. 이 부분을 깊이 파고들면 우리의 중심 주제에서 벗어나게 될 테고, 이 주제를 직접 다룬 책들이 이미 나와 있다.[70] 이 말은 추가 연구가 필요하지 않다는 뜻이 아니다. 하지만 우리의 목적상 지금은 루이스가 이해한 성경과 하나님의 말씀의 관계, 그리고 그리스도인의 순례에서 성경의 위치에 초점을 맞추고자 한다.

루이스는 성경과 하나님의 말씀을 같은 것으로 보지 않았고, 성경의 무오성과 무류성 문제에 큰 관심이 없었다. 그는 성경이 "하나님의 말씀을 담아내"는 불완전한 그릇이라고 말하는 것으로 만족했다.

우리는 성경을 백과사전이나 교황의 회칙 같은 것으로 사용하여 하나님의 말씀을 받는 것이 아닙니다. 우리 자신을 성경의 논조나 기풍으로 흠뻑 적시고 그것이 전해 주는 종합적인 메시지를 듣고 배움으로써 (은혜 아래서 전통 및 우리보다 더 지혜로운 주석가들의 말에 귀 기울이고, 나름의 지성과 학식도 활용해 가며) 하나님의 말씀을 받게 됩니다.[71]

루이스는 성경을 구성하는 것이 인간의 문학이라는 점, 그중 일부는 원래 종교적 목적을 염두에 두지 않고 쓰였다는 사실을 독자들이 유념하기를 원했다. 마이클 크리스텐슨(Michael J. Christensen)은 루이스에 따르면 성경은 "신의 메시지를 실어 나르는 인간의 문학"이고 "하나님의 말씀은 '질그릇'을 통해 드러나는 '보물'"인 것 같다고 결론을 내렸고, 그 말은 옳다.[72] 하지만 루이스는 "이것은 하나님이 하신 일이니, 우리는 이것이 우리에게 최선의 것이라는 결론을 내려야 한다"고 생각했다.[73]

루이스가 무오성이나 무류성 교리를 거부한 것은 자유주의 성경학자들처럼 성경 안의 초자연적 요소들을 믿지 못해서가 아니었다.[74] "현대 신학과 성경 비평"(이전에는 "고사리 포자와 코끼리"로 알려졌던 글)에서 그는 루돌프 불트만을 대표로 하는 현대 성경 학자들에게 문학적, 역사적, 영적 판단력이 결여되어 있다고 가차 없이 공격했다. 그는 이렇게 비난했다.

이 사람들은 저더러 자신들이 옛 문서의 행간을 읽어 낼 수 있다는 것을 믿으라고 합니다. 그러나 저는 그들에게 행 자체를 (어떤 의미로든 논의할 가치가 있게) 읽어 내는 능력도 없다는 증거들을 봅니다.[75]

우리는 루이스의 성경관에서 다소 흥미로운 복잡성을 발견한다. 그는 이 문제에서 보수주의자는 아니지만, 당대의 자유주의 성경학자들을 신뢰하지 않은 것이 분명하다. 그는 성경을 문학으로 보고 접근했고, 성경의 영감이 다른 좋은 문학의 영감과 다르지 않다고 생각했다. 그렇다면 성경은 어떻게 하나님의 영원한 말씀을 담는 "그릇"으로 따로 구별되었을까? 루이스의 "변환" 개념이 답을 제시한다.

변환

변환 개념은 "분명히 자연적인 현상이 있고 우리가 영적인 것이라 주장하는 현상이 있는데, 그 둘이 전혀 달라 보이지 않는다는" 문제에 대한 루이스의 해결책이다.[76] 변환은 간단히 말해, "풍부한 매개체에서 빈약한 매개체로 옮겨 갈 때 나타나는 각색 현상"이다.[77] 고차원의 실재가 저차원의 실재에서 재현될 때 낮은 매개체의 한계로 인해 필연적으로 몇 가지 어려움에 부딪히게 된다. 그렇지만 그 어려움 때문에 의미를 변환하는 것이 불가능해지는 것은 아니다.

루이스는 이 원리의 예시로 글로소랄리아(glossolalia, 방언)라는 현상을 들었다. 성경에 나오는 방언은 분명히 성령의 초자연적 행하심이 나타난 것이다. 하지만 그것을 인간이 경험할 때는 필연적으로 자연현상이 포함된다. 그것은 사실 "신경의 어떤 작용", 또는 인간 언어로 말하는 것일 뿐이다. 상황이 달라지면 이 현상이 병리적인 것으로 보일 수도 있다. 오순절에 예루살렘 군중이 방언을 하는 제자들을 보고 왜 술 취했다고 생각했는지(행 2:13) 추측해 보기는 어렵지 않다!

루이스는 다른 사례들도 제시했다. 강렬한 미적 환희를 느끼는 순간은 일련의 신체적 감각으로 축소시킬 수 있다. 그 순간의 의미를 고려하지 않는다면, "아무리 철저하게 자신을 살펴도, 나쁜 소식을 들었을 때의 신경 반응과 '마술피리'[모차르트의 오페라] 곡조를 들을 때의 신경 반응의 차이점을 발견할 수 없"다.[78] 이런 의미에서 루이스는 "감각적인 느낌보다 감정적인 느낌이 '더 높은 차원'이라고 생각"했다. "물론 도덕적으로 우월하다는 뜻이 아니라, 보다 풍부하고 다양하고 미묘하다는 뜻"이다.[79]

실제 풍경을 사진으로 찍는 과정에서도 이 같은 사례를 볼 수 있다. 3차원적 실재에 해당하는 것이 2차원으로 축소된다. 그럼에도 불구하고, 두 실재의 동일성이나 연속성은 부인할 수 없다. 그 둘 사이의 거리를 메우려면 원근법을 써야 한다. 즉 "2차원의 모양에 둘 이상의 값을 부여해야" 한다.[80] 관현악단을 위해 작곡된 작품을 피아노곡으로 연주할 때도 같은 일이 벌어진다. 낮은 매개체는 그 한계나 풍부한 다양성의 결핍 때문에 그 구성 요소에 둘 이상의 기능을 할당해야 한다. [관현악 작품을 피아노로 연주할 경우] 같은 피아노 음으로 한 악절에서는 바이올린을, 다른 악절에서는 플루트를 표현해야 한다.

루이스는 변환 원리에 대해 두 가지 중요한 결론을 내렸다.

　　첫째, 낮은 매개체에서 일어나는 상황은 높은 매개체를 알 때만 이해할 수 있"다.[81] 우리가 사진을 이해할 수 있는 것은 우리가 3차원 세계를 알고 그 세계에서 살기 때문이다. 이 유비는 성경에 담긴 하나님의 말씀에 대한 루이스의 이해에 그대로 적용된다. 성경은 인간의 문학으로 이루어져 있지만, 하나님의 말씀을 인간에게 전달할 매개체로 변환하도록 선택된 그릇이기 때문에 특별하다. 이 결론이 옳다면, 변환이 가능한 이유는 오로지 성령께서 우리가 더 높은 실재에 참여하도록 허락하시기 때문이다. 이런 의미에서 변환 과정에서 벌어지는 일은 고차원의 실재가 낮은 매개체로 전환되는 일일 뿐 아니라 낮은 매개체가 더 높은 실재를 담는 그릇으로 들어 올려지는 일이기도 하다.

　　첫째 결론에서 둘째 결론이 자연스럽게 따라온다. 둘째, "높은 매개체와 그것이 낮은 매개체로 변환된 상태의 관계를 상징이라는 말로 다 담아낼 수는 없"다.[82] 루이스의 설명을 들어 보자.

　　그림은 가시계의 일부이고, 그럼으로써만 보이는 세계를 나타낼 수 있습니다. 그림이 보이게 만드는 근원은 동일합니다. 그림 속의 태양과 램프가 빛나는 것처럼 보이는 이유는 진짜 태양이나 램프가 그 위에 빛을 비춰 주기 때문입니다. 즉 그림 속 태양과 램프가 환히 빛나는 것처럼 보이는 이유는 그 원형인 진짜 태양과 램프 빛을 받아 조금이나마 실제로 반사하기 때문입니다. 그러므로 그림 속의 햇빛과 진짜 햇빛의 관계는 글과 말의 관계와는 다릅니다. 그것은 기호이자 기호 이상의 것이며, 기호 이상이기에 기호일 수 있습니다. 태양 그림 안에는 태양이 특정한 방식으로 실제로 존재합니다. 제가 그 관계에 이름을 붙인다면 상징적인 관계라는 말 대신 성례전적 관계라고 하겠습니다.[83]

다시 말해, 더 높은 실재는 변환을 통해 낮은 실재로 내려와 그것을 꿰뚫고 변화시킨다. 이런 의미에서 성경과 하나님의 말씀의 관계는 "성례전적"이라고 묘사할 수 있다. 그러므로 성경이 하나님의 말씀에 대한 "참된" 구현이냐, "거짓된" 구현이냐를 논하는 것은 무의미하다. 성경이 정확한지, 부정확한지도 관건이 아니다. 대신 그것을 적절히 수용하는 것이 가장 중요하다. 낮은 매개체의 관점에서만 성경에 접근하는 사람은 그것이 인간의 문학에 불과하다고 말하는 오류를 피할 수 없다.

루이스는 "변환"이라는 강연에서 변환 개념을 천국, 성육신, 몸의 부활 교리에 적용했을 뿐 성경의 교리에 명시적으로 적용하지는 않았다. 자연적인 것과 초자연적인 것이 어떻게 일관된 전체로 공존하는지를 보여 주는 하나의 지표로만 제시했다. 하지만 문서화된 하나님의 말씀인 성경이 하나님의 초자연적 메시지의 변환이라고 본 것은 분명하다. 그래서 루이스는 자신이 성경의 본질을 성육신과 비슷한 방식으로 이해한다고 소개했다.

왜냐하면 우리는 성육신 자체가 "신성이 육신으로 전환됨으로써 일어난 것이 아니라 (그) 인성을 하나님 속으로 들어 올림으로써" 일어난 것이라고 배웠기 때문입니다. 그 안에서 인간의 생명이 하나님의 생명을 담는 그릇이 되었습니다. 따라서 하나님의 말씀이 어떤 문학으로 전환되어 성경이 이루어진 것이 아니라 어떤 문학을 하나님의 말씀을 담는 그릇이 되도록 들어 올림으로써 이루어진 것이라면, 이 역시 변칙이 아닙니다.[84]

이것은 변환 개념을 적용한 분명한 사례다.

종교적 언어의 본질

루이스 성경관의 바탕에는 종교적 언어의 본질에 대한 독특한 이해가 자리 잡고 있다. 종교적 언어의 본질은 변환 개념과 관련한 그의 또 다른 주요 관심사였다. 여기에 대해서는 간략한 소개가 필요하다. 루이스의 언어 이론은 오언 바필드의 《시어》(詩語)와 이어져 있는데, 이 책은 두 사람이 활발하게 지적 상호 작용을 하던 시기에 나왔다.[85] 루이스는 이렇게 말했다.

> [바필드가] 후에 《시어》라는 작지만 중요한 책에 담아낸 대부분의 사상은, 그 책이 나오기 전에 이미 나의 것이 되어 있었다.[86]

도리스 마이어스는 언어에 대한 바필드와 루이스의 관심이 둘 다

20세기 초의 구체적 상황 속에서 싹튼 것이라고 진술했다.

> 분명 전후 시기에는 언어를 저평가하는 분위기가 지배적이었다. … 지성계에서는 19세기의 다윈주의적 자연주의가 정점에 이르렀고, 20세기 언어학이 발전했고, 버트런드 러셀의 논리적 원자론이 20세기 논리실증주의에 기여했고, 루트비히 비트겐슈타인의 《논리철학논고》(*Tractatus Logico-Philosopicus*, 1918)가 "모든 철학은 언어 비판이다"를 신조로 하는 언어 철학 운동으로 이어졌다.[87]

이런 방향의 대표적 언어 연구서인 C. K. 오그던(C. K. Ogden)과 I. A. 리처즈(I. A. Richards)의 《의미의 의미》(*The Meaning of Meaning*)는 "단어는 … 언제나 그에 대응하는 사물을 의미한다"는 견해를 특징으로 하는 "언어의 미신"을 공격했다. 그리고 단어는 "지시 대상"에 대한 "상징"으로 기능하며, 이 둘을 잇는 감각 작용이 행동주의적 조건화를 유발한다고 보았다. "단어와 사물이 모종의 마법적 결속력으로 이어져 있다는 원시적 생각"을 거부하는 입장인 것이다.[88]

그러나 바필드는 인간의 정신이 우주의 본질에 내재하는 지성에 적극적으로 참여한다고 생각했다. 이런 생각은 세상의 본질이 물질적인 것이 아니라 정신적인 것이라는 그의 인지학[초감각적인 힘에 의해서 파악되는 초물질적 실존의 존재를 주장하며 계몽주의적 인간관, 유물론적 인간관에 반대한 정신 운동-역주]적 신념과 일치한다. 바필드는 그 자체로는 무의미한, 지각된 "순수 감각 자료"가 "내가 내면에서 감각 자료로 가져가는 것", 즉 개념에 의해 처리되거나 그것과 합성될 때 외부 세계에 대한 인간의 인지가 가능해진다고 보았다.[89] 마이어스는 바필드의 언어관을 이렇게 요약했다.

> 무언가를 알려면 그것을 인식해야 하고, 그것을 인식하려면 다른 것들과 관련시킬 수 있어야 한다. 그런 관계가 개념이고, 개념은 닮음과 유비로-은유로-표현해야 한다. 바필드는 지식을 "중요한 닮음과 유비를 알아보는 능력"으로 정의하기 때문에, 우주에 대한 인간의 지식이 은유에 달려 있다는 결론이 따라오게 된다. 인간의 지성은 우주적 지성에 참여하므로 인간이 은유를 통해 얻는 지식은 우주의 실제 존재 방식에 부합한다.[90]

바필드는 언어의 본질적 특성이 은유적이라는 결론을 내리고, 완벽하게 문자적인 언어의 존재를 부정했다. 따라서 그에게는 과학적 언어와 시적 언어를 구분하는 것이 타당하지 않다. 오히려 과학은 "과학의 시어"를 아우른다.[91]

루이스도 바필드처럼 "우주에는 일종의 (혹은 여러 종의) 심리-물리적 평행 관계"가 존재하고 그로 인해 은유적 언어가 가능해지며 의미 있게 된다는 생각을 받아들였다.[92] 루이스는 언어에서 은유의 중요성을 인정했지만 바필드의 견해를 수정해 이 주제에 관한 두 가지 내용을 도입했다. (1) 진리와 의미의 구분, (2) 양-정보성 언어(일상어의 과학적 개선)와 질-정보성 언어(일상어의 시적 개선)의 구분이다.

먼저, 진리(거짓과 반대되는)는 이성의 기능을 통해 도출하는 어떤 것이다. "합리주의자" 루이스는 진리(또는 객관적 사실)를 찾아내려 애썼다. 그런데 진리를 찾기 위한 합리적 노력은 의미[무의미(nonsense)와 반대되는]라는 조건 아래서만 이루어질 수 있다. 그러므로 의미는 "진리와 거짓 모두의 선행적 조건이다."[93] 의미는 새로운 은유를 만들어 내거나 기존의 은유를 되살리는 상상력의 기능에서 나온다. 달리 표현하면, 진리를 규정하는 일은 개념적 의미의 영역 안에서만 가능하다. 무의미한 것을 두고 거짓이라고 말하는 것은 부질없다.

의미와 진리의 관계는 이런 것 같아. 어떤 것이 무언가를 의미하지 않고는 참일 수도 거짓일 수도 없어. 그것의 의미를 알아내는 것은 그것이 참인지 거짓인지를 알아내는 것이 아니야.[94]

하지만 진리는 '참'이거나 '거짓'인 정보에서 나와야 하기 때문에, 진리와 의미는 상호 의존한다고 볼 수 있다. "우리가 은유로 얻는 진리는 은유 자체의 진리보다 클 수 없다. … 모든 진리, 또는 소수의 단편적 내용을 제외한 거의 모든 진리는 은유로 얻게 된다."[95] 그러나 우리는 의미의 문제가 루이스 이론에서 검증이나 반증의 문제와 분리되면서 이원론적 실재관에서 나오는 위험한 신학적 함의에 취약해질 수 있다는 데 주목해야 한다.

둘째, 루이스는 언어를 3가지 유형으로 구분했다. 일상 언어, 과학적 언어, 시적 언어다. 일상 언어는 다른 두 언어의 기초가 된다.

이 두 언어는 일상어를 정교하게 개선한 것이다.[96] 과학적 언어는 양에 대한 보다 정확한 정보를 전달할 수 있도록 일상어를 개선한 것이다. 일상 언어가 "날씨가 무척 추웠다"고 말한다면, 과학적 언어는 "영하 13도였다"라고 알려 준다.[97] 시적 언어는 "훨씬 많은 형용사로" 감정뿐 아니라 질적 정보까지 전달하도록 일상 언어를 개선한 것이다. "추운 날씨"라는 같은 사례에 대해 시적 언어는 이렇게 말한다.

아, 참으로 모진 추위였다!
부엉이의 깃털까지 죄다 얼어 버렸다.
산토끼는 얼어붙은 풀밭 위를 덜덜 떨며 절름발이로 뛰었고,
한데 모여 선 양 떼는 숨을 죽였다.
기도하는 자의 손가락엔 감각이 사라졌다.[98]

루이스는 시적 언어의 놀라운 힘이 "우리가 못해 본 경험, 어쩌면 영영 못해 볼 경험의 특성을 전해 주는 것, 우리의 경험 안에 있는 요소들이 경험 밖에 있는 것을 가리키게 하는 것"이라고 생각했다.[99] 하지만 그는 시적 언어가 "과학적 언어와 비교할 때 두 가지 장애를 안고" 있다고 보았다. 첫째, "시적 언어는 어느 한도까지만 증명 또는 반증될 수 있으며 그나마도 모호함을 피하지 못한다." 둘째, "시적 언어가 줄 수 있는 정보는 그것과 어느 정도 타협할 준비가 되어 있어야만 받을 수 있다." 독자는 시인을 신뢰해야 하고 "그렇게 해야(만) 그가 신뢰할 만한지 아닌지 알아낼 수 있을 것"이다.[100]

루이스는 신학적 언어(변증과 함께 "과학적 문제를 다룰 때와 더 가까운 형식으로 종교적 문제"를 진술한다)와 구별되는 종교의 언어가 "일상 언어와 시적 언어 사이의 어디쯤에 존재한"다고 생각했다.[101] 루이스는 시적 언어를 설명할 때처럼, 종교적 언어가 정보를 전달하지만 그 검증이나 반증에는 한계가 있을 수 있다고 보았다. 종교적 언어로 정보를 받는 사람은 믿음을 가정하는 입장을 취해야 한다. 루이스는 종교적 언어에 대한 자신의 논의에 대해 이렇게 말했다.

> 제가 증명하려 한 것은 종교적 진술이 진짜라는 것이 아니라 의미 있는 것이라는 점입니다. 그런데 조건이 있습니다. 어느 정도 호의를 가지고, 의미를 찾겠다는 자세로 그 진술을 접해야 합니다. 혹이라도 그 진술에 실재에 대한 어떤 정보가 담겨 있을 경우, 다른 방법으로는 그것을 얻을 수 없을 테니 말입니다.[102]

우리는 루이스가 앞서 언급한 진리와 의미의 구분을 여기에 덧붙였음을 알 수 있다. 그는 종교적 언어(시적 언어로 기울어지는)가 받아들일 준비를 하고 그 언어에 다가가는 이들에게 주로 의미를 전달한다고 주장했다. 따라서 우리는 성경을 종교의 언어로 보고 접근해야 한다. 특정한 시각이 필요하다.

> 데카르트를 따르는 철학자들은 동물의 생명을 기계 작용 정도로 이해합니다. 바로 이런 식으로 성경도 인간의 문학 정도로 이해될 수 있습

니다. … 여기서 필요한 것은, 단순한 지식이 아니라 통찰입니다. 제대로 초점을 맞춘 시각 말입니다. … 글을 읽지 못하는 문맹자 청중은 어떤 시(詩)를 두고 백지 위의 검은 부호들에 불과하다고 주장하는 강사의 말을 도저히 반박할 수 없을 것입니다. 현미경으로 시를 들여다보고, 시를 인쇄한 잉크와 종이를 분석해 보십시오. (그런 식으로) 아무리 연구해 본들 분석의 모든 결과물 너머에서 "이것은 시다"라고 말할 수 있게 해 주는 그 어떤 것도 발견해 낼 수 없을 것입니다. 그러나 글을 읽을 줄 아는 사람들은 계속해서 그 시가 존재한다고 주장할 것입니다.[103]

성경 본문의 외형

루이스는 성경 본문의 외형에서 무엇을 보았기에 올바로 초점을 맞춘 시각이 필요하다고 말한 것일까? 한마디로, 그것은 평범한 눈으로 살피면 대단해 보이지도 않고 크게 눈에 띄지도 않는다. 대체로는 인간적 특성들이 선명하게 시야에 들어온다. 루이스는 "순진한 무지(naivety), 오류, 모순, 심지어 (저주 시편들에서처럼) 악독함도 제거되어 있지 않"다고 주장했다.[104] 구약성경에 대해 그는 이렇게 말하기도 했다.

이렇게 본래는 자연적인 것에 불과하던 무언가-대부분의 나라들에서 발견되는 종류의 신화-를 하나님이 그 이상의 것으로 들어 올리셔서, 본래는 감당할 수 없었던 목적들을 감당하게끔 자격을 주어 명령하신 것입니다. 즉 모든 구약성경은 다른 문학과 똑같은 재료들-연대기(일부는 매우 정확한 기록들입니다), 시, 도덕적 정치적 고발문, 로맨스 등등-로 이루어졌지만, 하나님의 말씀으로 쓰임 받게끔 들어 올려졌습니다.[105]

신약성경은 역사적으로는 훨씬 더 정확하지만 여전히 모호한 부분들이 있다. "어떤 불완전도 없는" 예수님의 가르침도 "역설과 격언과 과장과 비유와 아이러니와 심지어 '재치 있는 표현'으로 이루어진다. 그분은 대중적인 격언들처럼 엄밀히 따지면 서로 모순되어 보일 수도 있는 금언들도 사용하신다."[106]

바울은 "명료하게 말하고 조리 있게 설명하는" 은사가 부족하고 그의 편지들은 "난삽하며 궤변으로 들릴 정도로 비논리적"이며 "시시콜콜한 이야기, 개인적 불평, 실제적 충고, 서정적 황홀경이 마구 뒤섞여 있"다.[107] 게다가 마태복음 1장과 누가복음 3장의 족보, 마태복음 27장 5절과 사도행전 1장 18-19절에 나오는 유다의 죽음 같은 문제나 사건에 대한 기록에는 모순이 있는 듯 보인다.[108]

루이스의 해석학 원리

그럼 우리는 성경을 어떻게 읽고 해석해야 할까?

첫째, 성경은 변환의 원리에 따라, 더 낮은 매개체(인간의 문학으로서의 성경)가 아니라 더 높은 매개체(하나님의 말씀)의 시각에서 바라봐야 한다. "어떤 하급 본질이 위로 들어 올려져 새로운 임무와 특권을 부여받아도 본질은 사라지지 않고 그대로 남아 있지만"[109] 그래도 높은 매개체의 시각에서 보아야 한다.

둘째, 성경은 "논리 정연하고 똑떨어지는 체계적인 형태로" 기록된 백과사전이나 교황의 회칙처럼 사용해서는 안 되고, "구구단표처럼 의지할 수 있는" 무언가로 써서도 안 된다.[110] 가장 중요한 것은 사실이 아니라 의미다.

셋째, 루이스는 성경에 대한 "영적 독서"를 권장했는데, 이를 위해서는 성경 구절에서 다양한 의미를 발견하는 "영적 통찰력"이 필요하다.[111] 하나의 구절에 다양한 의미가 담길 수 있다는 루이스의 생각은 변환에 대한 그의 생각과 조화를 이룬다.

넷째, 문자주의적 독해 일반은 오해의 소지가 있을 수 있다.

> 예수님의 말씀에는 거의 '문자'가 없습니다. 문자에 얽매이는 사람들의 눈에는 그분이 알쏭달쏭하기만 한 교사로 보일 것입니다.[112]

성경은 과학적 언어가 아니라 종교적 언어로 대해야 한다. 그리고 각 세부 내용의 진실성이나 정확성보다는 전달된 의미에 초점을 맞추어야 한다.

다섯째, 성경을 읽고 해석할 때 필요한 것은 "전인"의 "총체적 응답"이다. 그런 응답이 나오려면 "하나님의 점진적 자기 계시에 대한 유대인의 체험"을 처음부터 따라 체험해야 하고, "[우리 주님의] 인격 속에 자신을 푹 담금으로써 새로운 시야와 기풍을 얻고, 새로운 공기를 호흡하고, 우리 안에서 허물어진 그분의 형상을 그분의 방법대로 다시 세우시도록 그분께 맡겨야" 한다. 그리고 바울 안에서 "살아 움직이는 온전한 그리스도인의 삶" 또는 "사람의 삶 속에서 움직이시는 예수 그리스도 그분"을 목격해야 한다.[113] 다시 말해, 과학을 연구하듯이 본문을 해부하면 안 되고 본문 안에서 드러나는 초자연적이고 구원하시는 하나님의 임재에 기꺼이 참여해야 한다. 요약하면, 루이스의 해석학은 성경의 **성례전적 사용**이라고 부를 수 있겠다.

그런데 루이스는 "반복적으로 느긋하게 읽는 것"과 "우리의 양심과 비판적 정신 능력"을 사용한 분별력 있는 읽기를 둘 다 권했다.[114] 루이스의 영성 생활의 패턴을 연구하는 사람이라면 그의 "차분하고 꾸준한 성경 읽기"를 놓칠 수 없을 것이다.[115] 그는 많은 편지로 동료 순례자들에게 성경의 가르침에 주목하라고 권했다. 하지만 성경을 논쟁적으로 다루어서는 안 되고 "그 안에서 하나님의 말씀"을 발견하고, "하나님의 말씀과 그 인간적 재료들의 삐걱거리는 마찰을 몸소 느낌"으로써 읽는 이의 영적 성장을 도모해야 한다.[116] 루이스는 이것을 다음과 같이 요약했다.

> 성경의 전반적 사역은 올바른 정신으로 성경을 읽는 독자(그에게도 그분의 영감이 필요하지요)에게 하나님의 말씀을 전달하는 것이라고 저는 전폭적으로 믿습니다. 성경이 독자가 물을 수 있는 모든 질문(종종은 종교적으로 뜬금없는 것들도 있지요)에 정답을 제공한다고 믿지는 않습니다. 우리가 종종 요구하는 그런 종류의 진리는 성경을 쓴 고대인들이 예상하지 못했던 것이라는 게 제 생각입니다.[117]

루이스의 성경관은 몇 가지 심각한 문제점을 드러낸다.

첫째, 그의 원리는 기독교회의 전통뿐 아니라 성경 자체가 내세우는 성경의 규범적 또는 정경적 지위를 설명하지 못한다.

둘째, 의미와 진리의 본질에 대한 그의 통찰이 도움이 되긴 하지만, 그의 성경관에서 보여 주듯 실제 적용에서 의미와 진리를 거듭 나누어 말하는 모습을 보면 근거가 없고 인위적이라는 생각이 든다. 루이스는 의미와 진리가 상호 의존적임을 인정한 바 있다. 종교적 주장은 의미가 있지만 반드시 참된 것은 아니라고 말하는 것은 루이스가 깊은 관심을 갖고 있는 신앙의 합리성과 떳떳한 양심을 저버리는 일인 것 같다.

셋째, 루이스는 그의 성경관에 변환의 원리를 적용할 때 열등한 매개체와 잘못된 매개체를 제대로 구분하지 않았다. 그 둘은 질적으로 분명히 다르다. 2차원의 사진은 열등한 매개체이지만 잘못된 매개체는 아니다. 마찬가지로 피아노 건반의 키를 눌러 관현악곡의 바이올린 부분을 연주하는 것과 잘못된 키를 눌러 악보를 잘못 연주하는 것은 근본적으로 다르다. 다시 말해, 성경이 인간 문학으로 하나님의 말씀을 전달하는 열등한 매개체라는 생각은 성경이 잘못된 매개체라는 것과 구분해야 한다. 하나님의 말씀이 오류를 통해 전해진다는 말은 문제를 악화시킬 뿐이다.

끝으로, 루이스는 성령과 문서화된 말씀 사이의 떼려야 뗄 수 없는 관계를 강조하지 않았다. 루이스의 성례전적 성경관은 성령의 특별한 '영감'을 통해 주어지는 성경의 고유한 권위를 강조하지 않다. 뿐만 아니라 그는 성경이 성령의 인도를 받고 독보적으로 높아진 매개체라고 보지 않았다. 그는 성령께서 "성경, 교회, 그리스도인 친구, 책 등을 통해 내면에서" 사람을 인도하신다고 말한 바 있다.[118]

앞에서 밝힌 대로, 성령 교리는 루이스의 신학에서 가장 구체화되지 않고 전개가 덜 된 측면일 것이다. 그렇다고 해서 그의 신학이 성령의 역할을 무시하는 것은 아니다. 사실 루이스는 하나님의 말씀을 다룰 때보다 기도의 맥락에서 성령의 역할을 더 많이 논했다. 이제 그 주제로 넘어가 보자.

기도와 헌신

"기도"는 루이스의 저작에서 중요한 주제다. 이 사실은 그가 신학의 실제적 문제들을 강조했음을 잘 보여 준다. 《순례자의 귀향》에는 기도 자체에 대한 구체적인 언급은 없다. 하지만 많은 시련과 유혹을 만나는 순례자들에게 용기를 주고 결의를 다지게 하는 노래들이 나온다. 기도를 가리키는 것 같은 이 노래들은 마음의 불안과 갈망의 표현이자 그들이 아는 진리를 굳건히 해 준다. 사실 루이스는 그의 저서 여러 부분에서 기도의 의미와 실천에 대해 상세히 설명해 동료 순례자들을 격려했다.

루이스의 기도 논의에는 두 가지 주요 주제가 등장한다. 하나는 인과적 효력에 관한 것이고, 다른 하나는 실존적인 것이다. 먼저, 하나님은 전지하시고 주권적으로 그분의 섭리를 이루시지만 기도는 효력이 있고 결과를 만들어 낸다. 그렇기 때문에 의미가 있다. 또한 기도는 가장 내밀한 주관적 실천이면서도 하나님의 객관적인 사역을 분명하게 경험할 수 있게 한다. 이런 결과는 기도의 본질과 하나님이 기도 안에서, 기도를 통해 하시는 일에 대한 성경의 약속에서 나온다.

기도의 인과적 효력 측면

루이스는 기도가 기도하는 사람과 그가 기도로 구하는 상황 모두를 변화시키는 수단임을 강조했다. 이를테면 당장 죽을 것 같던 그의 아내가 회복된 것은 그녀를 위해 드려진 많은 기도, 특히 병실에서 두 사람의 혼인 예식을 집전한 피터 바이드 목사의 안수기도 덕분이라고 생각했다.[119] 루이스는 초자연주의적 세계관 덕분에 기적의 가능성을 상당히 자연스럽게 받아들일 수 있었다. 그는 친구에게 이렇게 썼다.

> 의사들의 예상과 달리 아내의 상태는 호전되었습니다. 기적은 아닐지 몰라도 (하지만 누가 알겠습니까?) 어쨌든 놀랍도록 좋아졌어요.[120]

하지만 루이스는 인과적 효력이 기도의 작은 부분일 뿐이라고 생각했다. 기도의 효력은 기도의 전체적 역학에 비추어 이해해야 한다. 기도는 "미숙하고 불완전한 인격체들(우리)과 더없이 구체적인 인격자와의 인격적 접촉"이다.[121] 그러므로 "하나님이 우리의 기도에 응답하신다"는 사실은 기도의 이러한 본질의 "자연스러운 결과이지 가장 중요한 결과는 아닙니다. … 하나님이 누구신지 알게 되면 그분이 어떤 일을 하시는지 알게 됩니다."[122]

그럼에도 불구하고 청원 기도는 그리스도인 순례자들에게 일상적 현실이다. 더 나아가 하나님은 우리에게 청원의 기도를 하라고 명하셨다. 루이스는 청원 기도에 두 가지 어려움이 있다고 보았다. 첫째, 성경은 "주의 뜻이 이루어지이다"라고 기도하라고 가르치는 것 같으면서도, 동시에 청한 것을 들어주신다는 확고한 믿음을 갖고 기도하라고 말한다. 둘째, 기도에 인과적 효력이 있어서 하나님이 우리의 기도를 들으시고 적어도 때로는 그에 따라 우리의 상황을 바꾸신다면, 하나님의 전지하심과 그분의 주권적 섭리는 어떻게 되는가? 이 어려운 문제를 다루는 데 있어서 루이스는 먼저 우리가 주인의 종으로 순종해야 한다는 말부터 꺼냈다.

> 어떤 이론적 난점들이 있건 간에, 우리는 계속해서 하나님께 요청을 드려야 하네.[123]

루이스는 첫째 문제를 짧지만 그답지 않은 성경 주해적 에세이인 "청원 기도: 해답 없는 문제"에서 다루었다. 여기서 그는 문제의 내용을 설명한 다음, 기존에 제안된 답변들을 모두 살피고 모두 부적절하다고 기각했다. 더 이상 남은 선택지가 없는 상태에서 그는 그냥 이렇게 말했다.

존경하는 목회자들께 지도를 구합니다. 오늘 밤 저는 어떻게 기도해야 합니까?[124]

그의 정직함은 충격적이다.

루이스는 성경에 기본적으로 조화시킬 수 없는 청원 기도의 두 가지 유형이 나와 있다고 말했다. A유형은 예수 그리스도께서 가르치셨고 본을 보이신 기도에서 볼 수 있다. 우리는 겸손하게 "당신의 뜻이 이루어지이다"라고 기도해야 한다. B유형에는 기도에 관한 성경 구절에 거듭 등장하는 요구가 담겨 있다. "청원자가 구하는 바로 그것이 주어질 거라는 믿음"을 가져야 한다는 것이다.[125] 마태복음 21장 22절과 마가복음 11장 23-24절 같은 성경 구절이 B유형을 가리키는 핵심 본문이디. 루이스는 이 본문들에 등장하는 "믿음"이 "하나님의 능력과 선하심에 대한 일반적 믿음"이 아니라 "우리가 구하는 '모든 것'을 얻게 된다는 바로 그 의미"라고 보았다.[126]

루이스는 A유형의 청원 자체는 지적으로 복잡한 문제를 만들지 않는다고 생각했다. 하지만 B유형은 다르다. B유형을 한결같이 견지한다면 기적의 발생을 규범적 현실로 고려해야 할 것이다. 기도가 우리의 청원에 따라 응답되지 않는 것처럼 보이는 유일한 이유는 '믿음이 없어서'가 될 것이다. 그리고 구체적인 어떤 것을 위해 기도한 후 "주의 뜻이 이루어지이다"라고 덧붙이는 것은 야고보서 1장

8절에서 나무라는 '두 마음을 품은' 기도의 사례가 될 것이다. '예수님의 이름으로' 기도하라고 배웠으니, 우리는 본질상 하나님의 뜻에 맞는 청원만 올려 드려야 한다고 누군가는 주장할 수도 있다. 그러나 그것만으로는 문제가 해결되지 않는다.

"네가 구하는 것을 얻을 것이다"라는 하나님의 약속의 숨은 뜻은 "내가 너에게 주고 싶은 것을 네가 구한다면 받게 될 것이다"라고 감히 말하는 것입니까?[127]

루이스는 믿음이 없어서 고민한 것이 아니었다. 그는 우리가 구한 대로 늘 이루어지지는 않아도 기도가 참으로 응답된다는 것을 분명히 믿었다.

저는 지금 여기서 기적이 일어날 수 있다고 믿습니다.[128]

루이스는 자신에게 이 문제에 대한 답이 없다고 인정한 후 이렇게 덧붙였다.

믿음의 의미가 무엇이든 … 그것이 심리적 확신의 상태를 말하는 것은 아니라고 생각합니다. 그러니까 강력한 의지가 순종적인 상상력에 자연스럽게 작용하여 내면에서 만들어지는 (저는 가끔 그런 경우가 있다고 생각합니다) 그런 확신을 말하는 게 아니라는 겁니다. 산을 움직이는

믿음은 산을 만드신 그분의 선물입니다.[129]

　루이스는 자신에게 자연스럽게 남은 선택지는 A유형을 따라 기도하는 것이라고 덧붙였다. 자연스럽게 B유형을 따라 기도할 수가 없기 때문이다. 그는 이 결론이 잠정적이나마 자신이 당장 어떻게 기도해야 하는가에 대한 실용적 답은 된다고 생각했다.
　루이스는 기도의 주제를 주로 다룬 책인 《개인 기도: 말콤에게 보내는 편지》에서 이 생각을 좀 더 발전시켰다. B유형의 기도는 초보적이거나 "유치한" 기도가 아니라 보다 앞서고 성숙한 기도요, 평범한 신자들의 기도가 아니라는 것이다. 그러므로 "우리 대부분에게는 겟세마네의 기도가 유일한 본"이다.[130] 루이스는 주관적 확신을 불러일으키는 방식으로 그런 수준의 믿음을 만들어 낼 수 없음을 다시 한 번 강조했다. 그리고 "믿음으로 하는 기도가 다 이루어진다는 약속은 대부분의 신자들이 결코 경험하지 못하는, 아예 종류가 다른 고차원의 믿음을 가리킨다"는 결론을 내렸다. 더 나아가 그런 믿음은 "기도하는 자가 하나님의 동역자로서 공동 사역을 위해 필요한 일을 요청할 때 비로소" 생긴다고 보았다.[131] 루이스가 내린 결론의 실용성에 주목하라.
　이 결론에 따라오는 추가적인 요소가 우리를 매료시킨다. 루이스는 그런 믿음이 신적 예지에 참여하는 영적 선견지명이나 통찰력을 가리킨다고 생각했다. 다시 말하면, 그것은 예언의 은사와 비슷하다.

그러나 하나님의 동역자, 동반자, 또는 동료(감히 이렇게 말해도 될까?)는 특정 순간에 하나님과 너무나 긴밀히 연합된 나머지 하나님의 예지(叡智) 비슷한 것이 그의 머릿속으로 들어가게 되네. 그러니까 그의 믿음은 보이지 않는 것들을 명백하고 분명하게 보여 주는 '증거'일세.[132]

기도하는 사람이 하나님과의 관계에서 이를 수 있는 3가지 수준이 있다. 주로 개인적인 필요를 중심으로 하는 탄원자는 기본적 수준이다. 그다음은 청원 기도나 중보 기도를 드리는 종의 수준이다. 끝으로, 협력자의 기도를 바치는 동역자가 있다. 우리 힘으로는 이 최고 수준을 추구할 수 없다. 우리가 낮은 수준에서 믿음을 붙들고 몸부림치며 기도할 때 하나님은 우리의 기도를 들으신다.[133] 루이스는 이 대목을 마치면서 자신은 추측만 늘어놓았을 뿐이라고 특유의 겸손한 언급을 덧붙였다.

루이스가 제시하는 해결책은 만족스럽지 못하다. 성경은 우리에게 하나님의 동역자가 되라고 자주 초청하시기 때문이다. 하나님과 최고 수준에서 이루는 관계가 대부분의 사람이 도달한 적이 없는 것이라면, 하나님의 동역자나 동료가 된다는 것이 무슨 의미란 말인가? 성경의 가르침이 우리에게 그런 비밀스러운 영적 지위를 허용한 적이 있는가? 하지만 루이스의 솔직함은 신선하면서도 고결하다. 실용적인 문제들을 주로 고민하는 일반 신자들이나 불신자들의 필요에 부응하려는 그의 수고로운 노력은 인상적이고 존경스럽다.

더 어려운 문제가 여전히 남아 있다. 기도에 인과적 효력이 있다면, 하나님의 전지하심 및 그분의 주권적 섭리와 어떻게 조화를 이룰까? 이 질문은 역시 어려운 여러 질문으로 쪼갤 수 있다. 기도에 인과적 효과가 있다는 말은 무슨 뜻인가? 하나님의 전지하심과 섭리는 무엇을 의미하는가? 섭리는 자연적으로 펼쳐지는 연속적 사건들과 어떻게 다른가?

우리는 루이스의 저서 《기적》의 부록 B에서 가장 간결하고 이 문제와 직접적으로 관련된 설명을 볼 수 있다. 거기서 루이스는 이 질문들에 대한 답을 제시하는데, 이 질문들은 시간과 영원(또는 자유의지와 하나님의 주권)에 대한 그의 질문들과 일치한다. 일단 시간을 원근감처럼 "인간의 지각 양식"으로 정의할 수 있는데, 루이스의 기본적 전제는 그렇게 정의된 시간의 관점에서 하나님과 인간이 같은 영역에 있다고 여겨서는 안 된다는 것이다.[134] 그러므로 피조물의 존재 양식에 속하지 않으시는 하나님께는 "모든 물리적 사건과 모든 인간 행위가 영원한 현재 안에 휜존한"다.[135]

우리는 루이스가 보에티우스의 시간과 영원 이해에 의지하는 것을 다시 한 번 보게 된다. 그는 그것이 성경에 나오는 개념이 아니라는 점을 인정하면서도 "위대하고 현명한 그리스도인들이 계속 견지해 온 개념이고 기독교와 충돌하는 면이 전혀 없다"는 의미로 기독교적 개념의 자격을 부여했다.[136] 루이스는 하나님의 무시간성 개념에 근거해 중요한 결론을 하나 끌어냈다.

유한한 의지들에게 자유를 주신 일, 그리고 (여기에 따라올 수밖에 없는 온갖 복잡성 안에서 이루어지는 그 의지들의 행위와 관련된) 우주의 전(全) 물질적 역사를 창조하신 일은, 그분에게는 하나의 단일한 작용입니다. 이런 의미에서 보면, 하나님은 오래전에 이 우주를 창조하셨던 것이 아니라 바로 지금, 매 순간 이 우주를 창조하고 계신 것입니다.[137]

루이스는 섭리를 하나님이 복잡한 그물망처럼 얽힌 사건들을 역동적으로 배열하신 것으로 보았는데, 여기에는 소위 기적과 자연적 사건들이 모두 포함된다. 그의 견해에 따르면, 기도 응답의 역학을 기적이나 자연적 사건들과 구분되는 "특별 섭리"로 생각해서는 안 된다. 루이스는 "특별 섭리"라는 개념 자체를 통째로 버려야 한다고 생각했다. 간단히 말해, 섭리는 어떤 수준에서 피조물이 하나님의 수중에 있는 것이고, 자연적 사건들과 기적은 복잡한 배열로 섭리를 이루는 데 필요한 구성 요소일 뿐이다. 자유로운 행위 주체(시간 속 존재)의 자유로운 행위인 기도는 다른 구성 요소들과 마찬가지로 하나님(그분의 영원한 현재 안에 계신 분)이 그분의 "무시간적" 창조 행위 안에서 섭리 안에 맞추어 내신다. 그리고 "우리의 의식에는 이 무시간적 맞추어 냄이 연속적으로 이어지는 기도와 응답으로 와 닿"는다.[138]

루이스는 셰익스피어의 희곡 《햄릿》을 예로 들어 설명했다. 희곡에는 두 가지 수준의 작용이 있다. 하나는 셰익스피어가 이야기의 흐름을 창조하고 엮어 내는 고차원의 작용이다. 다른 하나는, 이야기 안에서 벌어지는 사건들의 상호 연관성이다. 이것 때문에 사건들의 전개가 논리적이고 자연스럽게 보인다. 이야기 속에서 오필리아가 죽은 것은 한 가지 수준에서는 셰익스피어가 이야기를 그렇게 구성했기 때문이고, 또 다른 수준에서는 그녀가 붙잡았던 가지가 부러지는 바람에 강물에 빠졌기 때문이다. 루이스는 이 사례와 현실 사이에 유사성이 있다고 말했다.

> 그 연극 안의 모든 사건은 셰익스피어적인 사건입니다. 마찬가지로 현실 세계에서 일어나는 모든 사건은 섭리적 사건입니다. 그러나 그 연극 안의 모든 사건은 극적 논리에 의해 생겨나고(혹은 그렇게 생겨나야 마땅합니다), 현실 세계의 모든 사건은 (기적을 제외하고는) 자연적 원인에 의해 생겨납니다. 섭리와 자연적 원인은 양자택일의 문제가 아닙니다. 모든 사건은 그 둘 모두에 의해 결정됩니다. 왜냐하면 그 둘은 사실 하나이기 때문입니다.[139]

"그 둘은 하나"라는 루이스의 말은 "자연적 원인"이 역동적인 작용이고, 하나님이 그분의 섭리적 배열 안에 그 작용을 통합하셨다는 의미다. 둘은 서로 충돌하거나 독립적으로 작용하지 않는다. 자연적 원인은 하나님의 섭리 안에서 의미를 찾는다.

자연적 원인이 하나님의 섭리 안에 통합되듯, 인간의 자유로운 행위도 똑같이 하나님의 섭리에 통합된다. 하나님이 보실 때 인간의 자유의지로 인해 생겨나는 복잡함은 정도의 문제일 뿐이고, 그분의 전지하심에 비추어 보면 상황이 조금 더 복잡해진 것뿐이다. 기도에서 인간의 자유 또한 이와 마찬가지이고 하나님의 뜻과 충돌할 수 없다. 루이스는 이렇게 말했다.

두 인간은 한 지점을 동시에 차지할 수 없지만 하나님과 인간이 만나는 지점에서는 다르다네. 창조주와 피조물로 만나는 그 지점에서는 창조-하나님께서는 시간을 초월한 일, 우리에게는 끊임없이 시간상에서 이루어지는 일-의 신비가 실제로 이루어진다네. "하나님이 그것을 (말씀)하셨다"와 "내가 그것을 (말)했다"가 모두 옳을 수 있다는 뜻일세.[140]

기도는 자유로운 행위이고 하나님이 거기에 관심을 갖겠다고 약속하셨다는 의미에서 인과적 효과가 있다. 우리는 시간 속에서 기도하지만, 하나님의 반응은 시간에 매이지 않는다.

이런 의미에서, 루이스는 정오에 드린 우리의 기도가 오전 10시에 응답될 수 있다고 말했다. 이 답변은 흥미로운 가능성을 제기한다. 예를 들면 이런 질문이다. "어떤 결과가 벌어졌는지 이미 알게 되었을 때 다른 결과를 달라고 기도해서는 안 될 이유가 무엇인가?" 루이스는 그런 기도가 "이미 알게 된 하나님의 뜻에 순복해야 하는 의무를 범하는 죄가 될 것"이라고 대답했다.[141]

루이스는 기도한 대로 일어난 일이 정말 기도의 응답인지, 아니면 자연적 원인 작용에 따라 사건들이 펼쳐진 것에 불과한지 묻는 것은 무의미하다고 생각했다.

그리스도인은 이러저러한 사건이 기도 때문에 일어났는지 아닌지를 물어서는 안 됩니다. 모든 사건은 예외 없이 기도에 대한 응답이라고 믿어야 합니다. 들어주시든 거절하시든, 하여간 하나님은 관계된 모든 이들의 기도와 그들의 필요를 다 고려하고 그렇게 하셨기 때문입니다. … 기도한 그 일이 일어난다면 여러분의 기도가 그 일에 기여한 것입니다. 그러나 그 일이 일어나지 않는 경우에도 여러분의 기도는 결코 무시된 것이 아닙니다. 그것은 고려되었으나 여러분의 궁극적 유익을 위해, 또 우주 전체의 유익을 위해 거부된 것입니다.[142]

우리의 기도에는 인과적 효과가 있다. 하나님이 기도를 그분의 목적을 이루는 수단으로 쓰기로 하셨기 때문이다. 청원 기도에 대한 하나님의 약속은 이 세상에서 여행하는 순례자들에게 참으로 커다란 특권이다.

기도의 실존적 측면

반면 우리는 기도를 하나의 메커니즘이나 기계 장치에 들어가는 요소 정도로 생각해서는 안 된다. 기도에는 하나님의 활동과 기도하는 이가 실제로 만나는 순간이 있다. 따라서 기도는 어떤 의미에서 시간과 영원이 만나는 순간을 실제적, 기적적으로 나타낸다. 기도는 "현재의 실재에" 속한다. 기도 안에서 "주체와 객체의 순간적인 조우가 분명히 일어나고 … 하나님의 활동과 인간의 활동이 실제로 만난다."[143] 이것은 우리를 이끌어 기도의 실존적 의미를 생각하게 한다.

루이스는 기도의 실존적 의미가 인과적 효과보다 더 중요하다고 생각했다. 기도는 본질적으로 인격적 만남이요, 하나님과 그분의 백성이 만나는 자리이기 때문이다.

여기서 실제로 하나님의 활동과 인간의 활동이 만나네. 내가 천사라면 혹은 성육하신 하나님이 내 방에 들어오신다면 어떤 만남이 이루어질지 상상할 필요가 없네. 하나님이 '저 위에' 계신지 '저 밖에' 계신지 따질 필요가 없네. 하나님은 현재 내 존재의 토대로서 '여기 안에' 계시고, 나를 둘러싼 물질의 토대로서 '저기 안에' 계시며, 유한한 의식이라는 일상의 기적 속에서 이 둘을 품고 통합시키시니 말일세.[144]

그러므로 기도할 때 순례자는 참으로 본향에 머문다. 기도하는 순간은 진정 "본향길에 누리는 본향"이다. 그것은 하나님이 임재하신 거룩한 성소로 들어가는 일이다.

무엇인가를 구한다는 청원의 의미로서의 기도는 전체 기도의 작은 한 부분일 뿐입니다. 고백과 참회로 기도의 문지방을 넘고 흠모로 기도의 성소에 들어간다면, 하나님의 임재를 느끼고 그분을 보고 누리는 것은 기도의 떡과 포도주를 먹고 마시는 일입니다. 기도 안에서 하나님은 우리에게 자신을 드러내십니다.[145]

복종과 양도의 기도처럼 고백과 참회로 기도하는 사람 안에서는 실제로 변화가 일어난다. 그들은 죄와 죄책의 짐에서 자유로워진다.

삶의 방향과 질이 달라진다. 자아를 향한 움직임이 분산되고 포기되고, 하나님의 뜻을 향한 진정한 추구, 하나님께로 가는 움직임이 욕망의 중심에 자리 잡는다. 이것이 예수님의 겟세마네 기도의 핵심이다. 이런 이유로 루이스는 이렇게 썼다.

> 우리 대부분에게는 겟세마네의 기도가 유일한 본이네. 산을 움직이는 건 나중 일이네.[146]

하지만 "산을 움직이는 것"이 겟세마네 기도보다 더 수준 높은 기도는 아니다. 앞서 말했다시피 그것은 파생적이거나, 심지어 부차적이다. 다른 글에서 루이스는 그것이 보다 기초적인 것이라고 거리낌 없이 말했다. 그는 "경험 많은 그리스도인"에게 들었던 "가혹한 말"을 소개했다.

> 나는 놀라운 기도 응답을 많이 보았고 그중에는 기적적인 응답도 있었습니다. 그러나 그런 응답은 대체로 신앙생활의 초기에 주어집니다. 회심 직전이나 직후에 말이지요. 그리스도인의 삶이 진행됨에 따라 그런 응답은 드물어지는 경향이 있습니다. 기도가 거절되는 경우가 잦아질 뿐 아니라 그 양상이 더 분명하고 단호해집니다.[147]

그렇다면 청원 기도보다 더 고차원의 것은 고백과 참회의 기도, 의지를 양도하는 기도라고 할 수 있다. 그보다 더 높은 수준은 그런 기도를 흠모의 마음으로 드리는 것이다. 고백, 참회, 양도는 분명 고통스러운 과정일 수 있다. 그러나 거기에 흠모의 정신이 더해지고, 그런 기도를 통해 진정한 기쁨을 찾을 수 있다면 기도의 새로운 차원이 열리는 것이다. 마치 사람이 문지방을 지나 마침내 성소에 들어선 것과 같다.

그런 기도를 드리는 이에게는 "주의 뜻이 이루어지이다"라는 기도가 단순한 복종이 아닐 것이다. "그것은 기쁘게 열망하는 목소리, 허기와 목마름에서 자유로운 열망의 목소리여야 하며, 우리가 계속 성장한다면 그 기도는 갈수록 더 그런 기쁨의 소리가 되어 갈 것"이다. 그것을 "단순한 복종의 문구나 체념의 문구로 취급하면 그 기도는 참으로 빈약한 것이 된다."[148]

사실 공중 예배에는 즐거운 흠모가 가득해야 하고, 그러한 흠모에서 멀어지게 하는 모든 것은 바람직하지 않게 여겨야 한다. 그런데 흠모의 기도가 더 높은 수준의 기도라고 해서 비의(秘儀)적인 기도로 여겨서는 안 된다. 복종이 그렇듯, 흠모의 자세도 우리 삶에 두루 스며들어야 한다. 루이스는 "모든 즐거움을 하나님을 흠모하는 경로로 삼고자 애썼다"고 말했다. 그는 "[즐거움을] 받아들이는 일과 그것이 하나님께로부터 왔음을 파악하는 일이 단일한 경험"이라고 생각했다.[149] 물론 그는 "나쁜 즐거움"을 말한 것이 아니었다. 그는 "나쁜 즐거움"을 "불법적인 행위로 강탈한 즐거움"이라고 정의했다. 즐거움 자체에 문제가 있는 것이 아니라 즐거움을 불법적 행위로 얻으려는 것이 문제라는 의미일 것이다.[150] 그렇다면 모든 합법적 즐거움은 "하나의 메시지다."

우리는 영원한 즐거움이 있는 그 오른손의 손가락이 우리를 만지고 있음을 아네. 감사나 찬양을 어떤 사건이 벌어진 이후에 나타나는 별개의 반응으로 볼 필요가 없어. 하나님의 작은 현현(顯現, theophany)을 경험하는 것 자체가 그분을 흠모하는 것이니까. 감사는 "제게 이것을 주시다니 하나님은 참으로 좋으신 분입니다"라고 외치네. 매우 적절한 일이지. 흠모는 이렇게 말하네. "멀리서 잠시 반짝이는 그분의 빛이 이 정도라면 도대체 그분은 어떤 존재이신가!" 우리 마음이 햇살을 거슬러 태양으로 달려가는 거지.[151]

흠모는 더 깊고, 더 높은 수준의 기도를 전제한다. 하나님의 임재를 기뻐하고 즐거워하는 것이다. 이 인용문에서 루이스는 기본적으로 흠모와 그분의 임재를 즐거워하는 것을 구분하지 않았다. 하지만 보다 섬세한 구분이 도입되었다.

그렇다면 기도의 진정한 핵심은 하나님의 임재를 즐거워하는 것이다. 그런데 여기서 루이스는 스크루테이프의 말을 통해 우리의 성향을 상기시켰다. 하나님의 임재를 즐거워한다는 생각이 흔히 잘못된 방향으로 이끌리는 경우 말이다. 일반적으로 우리는 뭔가 무가치한 대상에서 하나님을 찾아내려 하거나 특정한 감정을 불러일으켜 하나님의 임재를 느끼려고 시도한다. 스크루테이프는 이렇게 말한다.

[기도하는 이들의 주의를 엉뚱한 곳에 돌리는] 간단한 방법은 원수를 바라보고 있는 환자의 시선을 본인에게로 돌려 버리는 것이다. 환자가 제 마음속만 줄곧 들여다보면서 자신의 의지로 감정을 만들어 내려고 노력하게 만들거라.[152]

물론 이것은 루이스가 어린 시절에 겪었던 문제였다. 그 결과로 생겨난 불안은 어찌나 컸던지, 결국 그가 기독교 신앙을 거부하는 데 한몫을 했다. 루이스는 이렇게 엉뚱한 곳에 주의를 기울이는 것이 기도할 때 저지를 수 있는 치명적 오류라고 생각했다. 자기를 살피는 습관에 지친 루이스는 기도할 때 인간적 감정에 의존하지 말라고 강력하게 충고했다. 그는 한 서신 교환자에게 "기도할 때는 자기 성찰을 피하고 의지력으로 감정을 만들어 내려고 절대 시도하지 말라"고 조언했다.[153]

루이스가 감정을 불신했다고 해서 감정이 중요하지 않다는 뜻은 아니다. 다만 그는 감정이 파생적인 것일 뿐, 더 깊은 영성의 증거나 원인이 아니라는 점을 지적한 것이다.

감정의 강렬함 자체는 영적 깊이를 말해 주는 증거가 아닐세.[154]

자기 성찰의 또 다른 위험은 종종 마음이 자연스럽게 엉터리 하나님 이미지를 만들어 내려 한다는 데 있다. 우리 마음속에서 이미지를 만들어 내지 않을 경우, 우리는 하나님을 다른 곳, "침실 천장

모퉁이 좌측이나 [우리] 머릿속, 또는 벽에 걸린 십자가"에서 찾아내려고 끊임없이 시도한다.[155]

그분은 우상 파괴자로 끊임없이 일하셔야 하네. 우리가 하나님에 관해 만들어 내는 모든 개념을 은혜로서 깨뜨려 주셔야 하지.[156]

그러므로 우리는 모호한 영적 감정에 의지하거나 경건한 분위기를 만들어 내려고 애써서는 안 된다. 그보다 하나님의 임재를 알리는 신호와 거리가 먼 것도 없다.

이렇게 메마른 상태에서 올리는 기도야말로 원수를 가장 기쁘게 할 수밖에.[157]

그렇다면 어떻게 해야 기도로 하나님의 임재 앞에 나아갈 수 있을까? 하나님의 임재 앞에 가는 행위는 우리에게 아주 불편한 상황이 될 수 있다. 그렇게 하려면 "진짜 벌거벗은 영혼으로 기도"해야 하기 때문이다. 다시 한 번 루이스는 스크루테이프의 절박한 말을 통해 우리에게 깨우침을 준다.

그런데 만에 하나 환자가 그 차이를 구별하게 되는 경우, 즉 '내가 생각하는 당신이 아니라 하나님 당신이 알고 계시는 당신'을 향해 의식적으로 기도의 방향을 돌리게 되는 경우가 발생할 시에는 우리는 즉

시 궁지에 빠지게 된다. 환자가 자신이 가지고 있던 생각과 이미지들을 모조리 내던져 버리기라도 한다면, 혹시 일부 남는다 해도 그 생각과 이미지들이 주관적인 것에 지나지 않는다는 걸 전심으로 인정하는 가운데, 눈에 보이지는 않지만 분명히 그 방 안, 자신의 곁에 실제로 존재하며 객관적으로 외재(外在)하는 그 존재에게 자신을 맡겨 버리기라도 할 때에는 그 이후의 일을 장담하기가 정말 어렵다.[158]

기도에는 역설이 작용한다. 영적인 존재인 우리는 사랑과 자비가 풍성하신 하나님의 달콤한 임재 앞에 매혹된다. 그러나 또한 우리는 지상의 피조물이므로 진짜 벌거벗은 영혼으로 기도하게 될 때 고통이 따른다. 그렇다면 내가 앞서 기도의 다양한 수준이라 했던 것에 오해의 소지가 있을 수 있다는 말이 된다. 사실 기도는 단순한 고백이거나 복종인 경우가 없고, 흠모이기만 한 경우도 없으며, 그분의 임재를 즐거워하기만 하는 것인 경우도 없다. 회개하고 우리의 의지를 복종하며 내놓지 않고는 우리의 흠모는 빈껍데기에 불과하고, 하나님을 즐거워하는 것도 헛된 가장에 지나지 않는다.

기도 전체가 상하고 가난한 모습으로 본향으로 돌아가는 행위다. 일단 본향에 돌아가면 아버지께서 우리를 맞아 주시고 우리를 위로하고 보살피신다. 루이스는 기도가 수단일 뿐 아니라 목적이기도 하다는 사실을 제대로 상기시켜 주었다.

하나님이 세상을 만드신 데는 기도를 허락하시려는 목적도 있네.[159]

기도는 세상을 향한 하나님의 완전한 계획의 일부다. 타락한 세상에서도 우리는 기도로 하나님의 보좌 앞에 나아가 본향을 발견하게 된다.

그러나 기도에는 더욱 큰 신비가 있다. 기도하는 가운데 신자는 하나님의 경륜의 성취에 참여한다. 단순한 용어로 루이스는 "가장 완전한 상태의 기도는 독백"이 아니겠느냐고 말했다. 왜일까?

> 성령께서 사람 안에서 말씀하신다면, 우리가 기도할 때 하나님이 하나님께 말씀하시는 게 된다네.[160]

이 지점에서 우리는 기도할 때 하나님이 우리를 단순히 인간으로 만나신다는 것과는 전혀 다른 개념을 만나게 된다. 그 이상의 것이다. 하나님은 기도로 우리 안에서 우리를 통해 일하시고, 그 과정에서 우리는 행위 주체가 아니라 도구가 된다. 루이스의 시 "기도"는 이 개념의 이해를 돕는다.

> 주님, 그들이 말합니다.
> 제가 당신과 대화를 나누는 듯 보일 때
> 들리는 건 한 목소리뿐이니, 모두 꿈이라고.
> 한 사람이 둘인 척 흉내 내는 것이라고.
> 분명 그럴 때가 있지만,
> 그들이 생각하는 것과는 다릅니다.

제 안에서 하고 싶은 말을 뒤졌으나
보십시오! 제 우물은 말랐습니다.
그때, 제 우물이 빈 것을 보신 당신께서는
듣는 역할을 멈추시고
제 죽은 입술을 통해 제가 전혀 몰랐던 생각을
속삭이고 표현해 주셨습니다.
그러므로 당신께는 대답이 필요하지 않고
필요할 수도 없습니다. 우리 둘이서
대화를 나누는 듯해도, 당신께서 영원히 홀로 말씀하십니다.
꿈꾸는 것은 제가 아니라 당신이십니다.[161]

기도에 대한 루이스의 사색이 시적 기교를 통해 아름답게 표현되었다. 우리가 메마른 상태일 때 하나님이 친히 성령을 통해 우리 대신 말씀하시어 우리의 죽은 입술을 일깨우신다. 이것은 분명 바울의 다음 말을 시로 옮긴 것이다.

이와 같이 성령도 우리의 연약함을 도우시나니 우리는 마땅히 기도할 바를 알지 못하나 오직 성령이 말할 수 없는 탄식으로 우리를 위하여 친히 간구하시느니라 마음을 살피시는 이가 성령의 생각을 아시나니 이는 성령이 하나님의 뜻대로 성도를 위하여 간구하심이니라(롬 8:26-27).

앞에서 말했지만, 루이스의 신학에서 덜 발달하고 구체적으로 전개되지 않았던 성령론이 루이스의 기도 개념에서는 중요한 역할을 한다. 사람이 기도할 때 성령의 힘을 받는다고 말하는 것은 합당하다. 기도의 정의상, 기도하는 사람은 성령께 자신을 맡기기 때문이다. 기도 시간을 통해 우리는 성령으로 충만해진다. 그로 인해 우리 순례길의 목적을 달성할 힘을 얻고, 격려를 얻고, 활력을 얻는다.

루이스는 우리에게 좀 더 복잡한 삼위일체적 기도 이해를 소개한다. 사람이 기도 행위에 전폭적으로 참여할 때 하나님(성부)이 기도의 대상이 되시고, 동일하신 하나님(성령)이 기도의 내적 동기가 되시며 기도가 전해지는 길(성자)이 되신다. 루이스는 이렇게 기도의 관점에서 성삼위일체의 실제적 의미를 해설했다.

한 평범하고 순진한 그리스도인이 무릎을 꿇고 기도하고 있습니다. 그는 하나님을 만나고 싶습니다. 그러나 그리스도인인 그는 지금 이 기도를 하게 하신 분이 하나님이심을, 즉 자기 안에 계신 하나님이심을 알고 있습니다. 그는 하나님에 대한 모든 참된 지식은 하나님이셨다가 인간이 되신 그리스도를 통해 온다는 것과 바로 그 그리스도께서 지금 자기 옆에서 기도를 돕고 계시며 자기를 위해 기도하고 계시다는 사실도 알고 있습니다.

지금 어떤 일이 일어나고 있는지 아시겠지요. 하나님은 지금 이 사람이 기도하고 있는 대상-그가 도달하고자 하는 목표입니다. 또한 그가 기도하도록 밀어 주고 있는 주체-원동력-입니다. 동시에 이 사람이 목표를 향해 나아가는 길 내지는 다리이기도 합니다.

> 이처럼 한 평범한 사람이 기도하고 있는 평범한 작은 침실 안에서도 삼위일체 하나님의 삼중적인 생명 전체가 실제로 움직입니다. 지금 이 사람은 좀 더 높은 종류의 생명-제 표현대로라면 조에, 또는 영적인 생명-속으로 들어 올려지고 있습니다. 그는 하나님에 의해 하나님 안으로 이끌려 들어가고 있는 동시에, 여전히 자기 자신으로 남아 있습니다.[162]

이것이 신적 삼위일체 개념에 대한 루이스의 실용적 접근이다. 이런 의미에서 그에게 신학은 실험적 지식이다. 우리가 이미 본 바에 따르면, 하나님에 대한 실험적 지식의 개념은 단순한 감정적 경험과 구분해야 한다.

우리는 루이스의 소개로 그리스도인의 순례에서 기도가 갖는 엄청난 중요성을 보았다. 이런 이유로 어떤 이들은 루이스를 변증가나 신학자보다는 영적 지도자로 여겼다. 루이스는 은혜의 수단으로서 기도의 중요성을 강조했다. 또한 그는 기도가 사람의 영적 상태를 보여 준다고 생각했다. 순례자는 타락한 세상에서 금세 주의가 산만해질 수 있다. "하나님을 영화롭게 하고 그를 영원토록 즐거워하기" 위해 창조된 우리는 그 일을 기쁨이 아니라 의무로만 여길 수 있다. 우리가 자주 기도를 꺼리는 것은 [우리의 상태를 보여 주는] 하나의 징후다. "우리가 완전해진다면, 기도는 의무가 아니라 기쁨이 될" 것이다. 그러나 지금은 다르다.

우리가 기도를 주저하게 되는 큰 이유는 무엇일까? 모든 교사의 지적에 따르면, 그것은 상당 부분 우리의 죄 때문이네. 세상일들에 불필요하게 몰두하는 것, 정신 훈련을 소홀히 하는 것도 이유가 되겠지. 그리고 하나님에 대한 불건전한 두려움도 빼놓을 수 없네. 우리는 하나님과의 지나치게 적나라한 접촉을 꺼리네. 우리를 향한 그분의 요구를 듣지 않을 수 없을까 봐 두려워하는 거지.[163]

물론 우리의 문제를 더 복잡하게 만드는 것이 있다. 하나는 타락한 피조물로서 우리의 정신 구조이고, 또 하나는 구체적이고 인격적이면서도 비물질적이신 하나님을 파악하는 데 있어서 그 정신 구조가 겪는 어려움이다. 루이스는 언젠가 하나님이 이 문제를 바로잡아 주시기를 바라고 기대했다. 지금으로서는, 어떻게 기도하는지를 보면 하나님 앞에서의 영적 상태가 잘 드러난다. 기도가 없다면 순례자는 적의 점령지에서 너무나 취약할 수밖에 없다. 그들은 자신의 능력으로 맞설 수 없는 시련과 유혹을 만나게 될 것이다. 유혹자들은 교활하고 강하기 때문이다.

유혹자들과 유혹

《스크루테이프의 편지》의 출간과 더불어 루이스의 대중적 인기가 치솟았다. 루이스는 《스크루테이프의 편지》를 쓰면서 두 가지를 이루고자 했다. 유용성과 재미였다.[164] 다시 말해, 그는 《스크루테이프의 편지》가 독자들이 즐겁게 읽고 실제적인 도움도 받을 만한 책이기를 바랐다. 그의 전략은 먹혔고, 책은 즉시 성공을 거두었다. 1947년 9월 8일자 〈타임〉지는 루이스를 표지 기사로 실었다. 잡지 표지에는 악마 그림을 배경으로 한 루이스의 사진이 나왔다. 표지 기사는 그 책의 놀라운 영향을 이렇게 보도했다.

이 책은 대서양 양단에서 즉각적이고 경이로운 성공을 거두었다. 수많은 목사들이 설교 시간에 《스크루테이프》를 인용했고 교인들에게 그 책을 권했다. 개신교 신자들뿐 아니라 가톨릭 신자들도 이 책을 좋아했다. 한 성직자는 교구민들이 특별히 주목했으면 하는 대목에 표시를 하여 이 책을 건네고 있다. 지금까지 《스크루테이프》는 영국에서 20쇄, 미국에서는 14쇄를 찍었다.[165]

성공의 비결은 유혹의 본질에 대한 실제적인 영적 통찰을 찾고 있던 이들이 원하던 것을 루이스가 써 냈다는 데 있다. 루이스가 말한 "다른 관점에서 보는 유혹의 심리학"은 "가려운 곳을 긁어 주는" 아주 효과적인 방법이었다.

모든 순례자는 유혹자들과 그들의 유혹을 직시하도록 부름 받는다. 루이스가 제시한 것은 실제적 악마론이었다. 그러나 그와 동시에 루이스는 독창적인 관점의 변화를 통해 인간의 마음과 그곳에서 어떻게 영적 전쟁이 펼쳐지는지를 통찰력 있게 제시했다. 루이스의 매력의 비결은 자신의 악마론을 어정쩡한 사변적 작품이 아니라 매우 개인적이고, 거북하고, 현실적이며, 따라서 효과적인 작품으로 성공적으로 내놓았다는 데 있다. 《스크루테이프의 편지》의 핵심은 영적 세계에 대한 성경의 가르침에 비추어 우리 자신을 살펴보는 연구서라는 데 있다.

유혹자들

악령들이나 악마들은 대단히 영리한 동시에, 인간의 삶에서 행하시는 하나님의 은혜로운 사역에 맞서 결코 성공할 수 없는 존재들로 그려진다. 루이스는 악마(그자의 존재와 활동)에 대한 믿음이 구원에 본질적이지 않다고 생각했지만,[166] 그럼에도 그에 대해 말하고 글을 쓸 필요는 있다고 보았다. 그는 악마에 대한 두 가지 오류가 있고, 그 둘의 내용은 정반대이지만 똑같이 위험하다고 생각했다. "하나는 악마의 존재를 믿지 않는 것입니다. 또 다른 하나는 악마를 믿되 불건전한 관심을 지나치게 많이 쏟는 것입니다." 악마들은 "이 두 가지 오류를 똑같이 기뻐하며, 유물론자와 마술사를 가리지 않고 열렬히 환영합니다."[167] 따라서 루이스는 독자에게 건강한 균형을 갖추기를 권했다.

루이스는 "마귀가 한때 천사장이었"고 그의 자연적 재능은 우리보다 훨씬 뛰어났다고 믿었다.[168] 이 천사장 출신의 마귀는 많은 천사를 하나님께 반역하도록 선동해 타락시킨 주범으로 보인다. "타락한 천사"를 뜻하는 악마들은 "좋은 천사"와 마찬가지로 "이 시공간적 자연과의 관계에서" 볼 때 초자연적 존재이고 "자연 바깥에 있고, 자연이 제공해 줄 수 없는 힘과 존재 양식을 갖고 있"다.[169] 그들이 한때 너무나 탁월한 피조물이었다는 사실에서 커다란 비극이 생겨난다.

좋은 재료로 만든 피조물일수록-더 똑똑하고 강하고 자유로운 피조물일수록-옳은 길로 가면 그만큼 더 선해지지만, 그른 길로 가면 그만큼 더 악해지는 법입니다.

짐승은 많이 선해지거나 많이 악해질 수 없지만 "초인간적인 영"은 "그 무엇보다 선해질 수도 있고 악해질 수도" 있다.[170]

마귀와 악마들은 왜 잘못되었을까? 루이스는 우리가 이 질문에 확실하게 답할 수는 없다고 생각했다. 그러나 "그른 길로 가 본 우리 자신의 경험에 비추어 합리적으로 (그리고 전통에 의거하여) 추측해 볼 수는 있"다. 마귀의 큰 죄는 인간 타락에 대한 루이스의 견해와 같이 과도한 자기 의지에 사로잡혀 자기 위치를 잃은 것이었다. 즉 자신을 첫 번째 자리 혹은 "중심에 두고 싶어" 한 것, 간단히 말해 하나님이 되고 싶어 한 것이다. "이것이 바로 사탄이 지은 죄였고, 사탄이 인간에게 가르친 죄"다.[171] 다시 말해, 마귀의 죄는 루이스가 "교만"이라고 밝힌 궁극의 악, 핵심적인 악덕이었다.

마귀는 바로 이 교만 때문에 마귀가 되었습니다. 교만은 온갖 다른 악으로 이어집니다. 이것은 하나님께 전적으로 맞서는 마음 상태입니다.[172]

마귀, 즉 사탄의 명령을 받는 악마들은 인간에게 깊은 관심을 갖는다. 인간은 악마들의 식량이다. 한번은 스크루테이프가 일부 인간들은 정말 맛이 없다며 이렇게 불평한다.

우리 고문자들이 뛰어난 요리 솜씨를 발휘했을 텐데도 그 맛은 밋밋하기만 합니다.[173]

그뿐 아니라 인간의 마음은 악마들이 그들이 두려워하는 원수인 하나님을 대면하는 전쟁터이기도 하다. 인간에 대한 하나님의 관심은 어느 누구보다 압도적으로 크다. 스크루테이프는 이 사실을 진지하게 숙고한다.

우리한테 인간이란 기본적으로 식량에 해당한다. 인간의 의지를 흡수해서 우리 자아의 영역을 확장하는 게 목적이니까. 그러나 원수가 인간에게 요구하는 순종은 이와 전혀 다르지. 원수가 인간을 사랑한다느니 원수를 섬기는 게 외려 완벽한 자유라느니 하는 말들이 단순한 선전 문구가 아니라 (우리야 그렇게 믿고 싶은 마음이 굴뚝같다만) 소름끼치는 진실이라는 점은 우리도 직시해야 한다.
… 우리가 원하는 건 키워서 잡아먹을 가축이지만, 그 작자가 원하는 건 처음엔 종으로 불렀다가 결국 아들로 삼는 것이다. 우리는 빨아들이고 싶어 하지만 그는 내뿜고 싶어 하지. 우리는 비어 있어 채워져야 하지만 그는 충만해서 넘쳐흐른다. 우리의 전쟁 목적은 저 아래 계신

우리 아버지께서 다른 존재들을 모조리 삼켜 버리는 세상이지만, 원수가 바라는 건 원수 자신과 결합했으면서도 여전히 구별되는 존재들로 가득 찬 세상이야.[174]

루이스는 마귀가 자기 목적을 성취하기 위해 구사하는 방법을 《스크루테이프의 편지》에서 탐구하고자 했다. 유혹이라 부를 만한 이 악한 계교는 몇 가지 식별 가능한 핵심 원리로 분류할 수 있다.

유혹의 본질

《스크루테이프의 편지》의 줄거리는 아주 간단하고, 별다른 사건이 없다. 어머니와 함께 사는 젊은 전문직 종사자가 기독교 신앙으로 회심한다. 신참 악마 웜우드가 그의 회심을 되돌리고 지옥으로 이끄는 책임을 맡은 담당 악마가 된다. 웜우드의 삼촌 스크루테이프는 인간에 대한 영리한 지식과 오랜 세월에 걸쳐 축적한 경험에 근거해 31통의 편지를 쓴다.

대부분의 사건은 영적 또는 정신적 영역에서 벌어진다. 경험도 없이 젊은 환자의 치료를 맡게 된 절박한 처지의 인턴 악마는 무시무시한 고참 악마에게 상황 보고를 해야 한다. 젊은이의 문제는 일상적이고 흔할 뿐 극적인 요소가 별로 없다. 어머니, 교회, 친구들, 한 여성 등 많은 사람과의 관계와 불안한 상황 속에서 젊은이는 악마의 계교에 노출된다. 그러나 공습으로 그가 때 이른 죽음을 맞는 순간, 즉 세상이 큰 비극으로 여긴 상황에서 하나님은 궁극적 승리를 거두신다.

이 책의 줄거리에 대해 채드 월시(Chad Walsh)는 이렇게 썼다.

《스크루테이프의 편지》는 어디서도 거창한 악이나 미덕에 관심을 갖지 않는다. 젊은이의 최종 운명은 십계명의 묵직한 명령 못지않게 어머니에게 말할 때 짓는 표정과도 관련이 있다. 루이스의 많은 이야기가 그렇듯, 이 책은 원정 이야기다. 천국을 목표로 하는 '만인'이 등장하지만 그는 너무나 조용하게 살기에 그의 순례길은 잘 보이지 않고 악마의 눈과 그자의 예리한 시력만 그것을 알아본다.[175]

월시의 판단은 더없이 정확하다. 이것은 한 사람의 기독교적 여정을 다룬 루이스식 이야기의 또 다른 사례다. 평범한 일을 다루는 줄거리가 오히려 일상의 유혹과 싸우는 보통 사람들에게 호소력을 발휘한다.

이 책에 소개된 악마의 계교의 본질을 간추리기는 쉽지 않다. "분별의 신학"을 구성하고자 이 책을 수고롭게 살핀 폴 포드(Paul Ford)는 "천국과 지옥의 목표와 전략의 차이에 대한 루이스 가르침의 간결한 종합과 정수"를 다음과 같이 제시했다.

적어도 두 가지 진술이 가능하다. (1) 지옥의 목표는 악마화와 흡수다. 그 전략은 유혹과 혼란이다. (2) 천국의 목표는 신성화와 개별화된 상호 의존성이다. 그 과정은 초청과 명료화다.[176]

포드는 이런 기초적 구분에 근거해 두 가지 주요한 영적 법칙을 찾아냈다. 스크루테이프는 웜우드가 그 법칙에 주목하게 만든다. 그 것은 '시선 전환의 법칙'과 '기복의 법칙'이다. 첫 번째 법칙인 '시선 전환의 법칙'에 따라 웜우드는 내면의 시선을 어지럽게 만들어 환자를 혼란시키는 임무를 맡았다. 선에 대해서는, 환자를 유혹해 선한 대상에서 시선을 돌려 과도한 자기 성찰에 빠지게 한다. 악한 것에 대해서는, 환자를 부추겨 자아에서 눈을 돌려 유혹의 대상에 과도하게 초점을 맞추게 한다. 또 악마는 '기복의 법칙'에 따라 환자가 감정의 기복에 과민하게 반응하도록 유도한다.[177] 이러한 분석은 우리의 이해에 도움이 된다.

우리는 루이스의 가르침에서 악마적 계교의 본질에 대한 몇 가지 다른 원리를 끌어낼 수 있다. 순례자의 본향으로의 여정을 방해하려는 악마의 시도는 영리하고 교활하다.

첫째, 악마는 인간의 자연적 성향에 대한 지식을 잘 갖추고 있다. 한 가지 사례가 '기복의 법칙'이다. 영혼과 몸으로 이루어진 인간은 "골짜기로 떨어졌다 꼭대기로 올라가는 일련의 과정"을 겪는다. 스크루테이프는 "인간이 불변성에 가장 가까이 가는 길은 바로 이 기복의 과정을 이어 가는 데 있다"고 말한다.[178] 인간의 성향을 조작하려 드는 마귀의 계교를 극복하기 위해 순례자는 무엇을 할 수 있을까? 루이스의 충고는 "절대적으로 벌거벗은 영혼으로" 끊임없이 하나님 앞에 서라(또는 무릎을 꿇으라)는 것이다. 순례자는 정직하고 열린 자세로 하나님께 계속 나아가는 생활을 훈련하고 자신의 약점이 악마의 교두보가 되지 않도록 늘 유의해야 한다.

둘째, 마귀의 계교는 교묘하다. 스크루테이프에 따르면, 유혹은 영리하게 조금씩 찾아오기 때문에 유혹에 빠지는 과정도 서서히 이루어질 것이다. 특히 기본적인 것들을 망각하는 인간의 성향이 악마의 전략적 출발점으로 자주 사용된다. 《순례자의 귀향》에서 존에게 다가오는 마녀는 "한 모금만 맛봐요. 그럼 떠나 줄게"라는 단순한 요구로 그를 유인한다. 그녀는 기본적이고 단순한 충동에 호소한다. 갈증과 피로다. 그녀는 "그냥 한 번이면 돼요. … 시간만 낭비하고 있군요"라고 말한다.[179] 스크루테이프도 영혼을 서서히 사로잡는 전술에 대해 강의를 한다.

> 원수가 '잘못된' 길이라 부를 만한 모든 개별적 선택에서, 처음에 피조물들은 온전한 영적 책임을 지는 위치에 있지 않습니다.

> 유혹자들은 이런 작지만 잘못된 선택들을 가지고 무엇을 할까?

> 우리 유혹자들이 할 일은 당연히 꾸준한 반복을 통해 이런 지옥행 길의 선택이 습관으로 굳어지게 하는 것입니다. 그리고 그다음에는 (이것이 가장 중요합니다) 습관이 원리가 되게 합니다. 놈들이 그것을 옹호하게 만드는 것입니다.[180]

그리고 잊히지 않는 다음 대사에 핵심이 완벽하게 요약되어 있다.

정말이지 가장 안전한 지옥행 길은 한 걸음 한 걸음 가게 되어 있다. 그 길은 경사도 완만하고 걷기도 쉬운데다가, 갈림길도, 이정표도, 표지판도 없지.[181]

그러므로 우리는 신실하고 꾸준한 순종으로 작은 의무들을 겸손하게 지킴으로써 끊임없이 자신을 지키라는 부름을 받는 것이다.

셋째, 마귀가 아무리 대단해 보여도 그자는 어떤 것도 (심지어 악한 것도) 창조할 능력이 없다. 따라서 그자의 목표는 오직 하나님이 선하게 만드신 것을 망쳐 놓는 것뿐이다. 루이스는 이원론의 타당성을 논박하면서 악은 선처럼 본질적인 것이 아니라고 주장했다.

건전한 이론에 따르면 … 선이 원형이고 악은 그것이 왜곡된 모습이어야 합니다. 선은 나무이고 악은 담쟁이덩굴이어야 합니다. 선은 악을 꿰뚫어 볼 수 있으나 (정신이 멀쩡한 사람이 정신이상을 이해하듯) 악은 선을 꿰뚫어 볼 수 없습니다. 선은 독자적으로 존재할 수 있으나 악은 선이 있어야 거기에 기생하여 생존을 이어 갈 수 있습니다.[182]

따라서 선과 악 사이에는 진정한 존재론적 불균형이 있다. 악은 오로지 선이 존재하기 때문에 존재한다. 반면에 하나님의 창조물인 선은 선 그 자체로 존재한다. 루이스는 마귀가 "비어 있고", 끊임없이 "빨아들이고 싶어 하고", "다른 존재들을 모조리 삼켜 버리고" 싶어 한다고 말했다.[183] 같은 논리를 사용해 루이스는 이렇게 썼다.

지옥은 지상 세계의 자갈돌 하나보다 작지. 하지만 이 나라, 이 [천상의] 세계에 비하면 원자 하나보다 더 작다네.[184]

여기서 루이스가 보에티우스의 악 개념에 의지하는 것을 보게 되는데, 보에티우스는 악을 부패로 보고, 정의상 존재(존재 자체는 선이므로)의 부재로 보는 어거스틴의 견해를 그대로 따랐다.

어느 누구도 신이 전능하다(*omnium potens*)는 것을 의심할 수 없다. … 전능하신 분이 할 수 없는 일은 없다. … [그러나] 하나님이 악을 행하실 수 있을까? … 악은 무(無)다. 무엇이든 하실 수 있는 분이 악은 행하실 수 없기 때문이다.[185]

실제적으로 말하면, 이것은 악마가 선한 것을 오용하고 남용하도록 우리를 유혹한다는 뜻이다. 스크루테이프는 하나님이 쾌락을 허용하시는 상황에 잔뜩 분개한다.

원수는 내심으로는 영락없는 쾌락주의자다. 금식이니 철야기도니 화형주(火刑柱)니 십자가 같은 건 눈속임에 불과해. 아니면 바닷가에 밀려드는 물거품 같은 것이거나. 원수의 바다로 나가 보면 쾌락, 더 많은 쾌락이 넘실거린다. 원수도 이 사실을 숨기려 하지 않지. 그 작자 우편에 '영원한 즐거움'이 있다고 하지 않더냐. … 그는 세상을 쾌락으로 꽉 채워 놓았다. 자고, 씻고, 먹고, 마시고, 사랑하고, 놀고, 기도하고,

일하는 것처럼 인간이 조금도 개의치 않고 하루 종일 할 수 있는 일들을 주었어. 그러니 무엇이든 비틀지 않으면 유용하게 써먹을 길이 없는 게야. 우리로선 지독하게 불리한 상황에서 싸우는 셈이지. 우리 편에 본래부터 주어진 거라곤 단 하나도 없으니까.[186]

악마는 피조물들의 좌표를 엉망으로 해 놓으려고 아등바등 노력한다. 인간은 상황을 과장하고, 극단적으로 만들고, 자신의 왜곡된 이기적 목적에 유리하게 조작하고 싶은 유혹을 받는다. 그들이 오용하는 대상이 고상한 것일수록 악마는 더 황홀한 즐거움을 얻는다.

흔해 빠진 폭군이나 난봉꾼보다는 타락한 성인이나 바리새인, 종교재판관, 마술사 따위가 지옥에선 훨씬 더 흥미로운 놀림감이니까.[187]

그러므로 우리의 보호 장치는 우리 자신과 우리의 소유와 우리가 즐거워하는 모든 것을 창조주와의 관계에서 적절한 좌표에 끊임없이 정직하게 맞추는 것뿐이다. 우리와 그 모두가 창조주와 올바른 관계에 있을 때만 진정 의미 있게 존재할 수 있다. 따라서 우리는 하나님이 창조하신 세상 안에서 그분의 부요함을 드러내는 것들을 기뻐하는 법을 배워야 한다. 이것이 보다 효과적으로 이루어지려면 우리 자신에게로 향하는 시선을 끊임없이 하나님께 돌리는 법을 배워 나가야 한다.

《스크루테이프의 편지》에 나오는 젊은이는 공습 도중에 죽임을 당한다. 복장이 터진 스크루테이프는 그 젊은이가 그 순간에 겪었을 일을 묘사하며 이렇게 말한다.

> 그 순간 놈의 기분이 어땠을지 생각 좀 해 봐라. 오랜 상처에서 딱지가 떨어져 나간 듯, 조개껍질처럼 흉측한 허물을 벗은 듯, 젖은 채 몸에 착 달라붙어 있던 더러운 옷을 영원히 벗어던진 듯 시원했을 게다.

스크루테이프는 고통스러워하며 그 순례자의 최후의 운명을 인정한다.

> [놈은] … '그'도 보았다. 한갓 짐승이, 침대에서 태어난 그 버러지가 원수를 똑바로 봤다구. 네 눈을 멀게 하고 네 숨을 틀어막는 그 불길이 그에게는 시원한 빛이요 명징함 그 자체로 인간의 형상을 입고 나타났단 말이다. … 환자는 고통과 쾌락이 유한한 가치를 뛰어넘은 세계, 우리의 산수(算數)가 먹혀들지 않는 세계로 휩쓸려 들어간 거야.[188]

앞으로 다가올 일을 참으로 놀랍게 묘사하는 대목이다. 이 말이 온 우주에서 가장 비참한 피조물의 입에서 나왔다는 것이 아이러니하다. 순례자의 최후의 운명에 대한 논의는 다음 장인 "마침내 이른 본향"의 주제다. 거기서 스크루테이프가 고통스럽게 인정한 내용, 즉 유혹이 그치고 순례자가 영광으로 들어가는 일과 유혹자들이 파괴될 최후의 심판에 대해 설명할 것이다.

* * *

우리는 루이스가 말한 "타락한 세상에서의 새 생명"을 논의하면서 그가 강조한 내용인 그리스도인의 여정이 갖는 공동체적 성격, 성례전적 성경관, 기도의 효력, 영적 전쟁의 실재성을 다루었다. 여기서 루이스의 초자연주의적 세계관과 구원중심적 기독교관이 다시 한 번 분명히 드러났다.

기독교는 비기독교적 개념인 개인주의와 집단주의 모두에서 벗어날 해결책을 제시한다. 그리스도께서 자기 백성 및 그리스도의 몸인 교회와 초자연적으로 함께하심을 통해 개별성과 교류가 있는 진정한 "유기체적" 생명이 가능해진다. 이 부분의 논의는 특히나 통찰력이 있다. 우리는 성례전적 텍스트인 성경을 통해 구원을 주시는 하나님의 임재에 직면하게 된다. 기도는 우리 안에서, 그리고 우리를 통해 일하시는 하나님의 초자연적 사역을 대표한다.

영적 존재인 마귀는 우리의 일상생활에 영향을 주려고 하고, 마귀의 계교에 맞선 우리의 전투는 이 세상에서의 여행 내내 계속된다. 하지만 하나님의 구원의 은혜는 우리가 악한 자에 맞서 넉넉히 승리하게 하고 최후의 본향까지 무사히 이르게 돕는다.

하지만 몇 가지 문제점을 지적할 수 있다. 루이스의 성경관은 매개체("물 새는 그릇")와 메시지("하나님의 말씀")를 과격하게 분리한 탓에 심각한 결함을 드러낸다. 루이스의 기도관은 그가 실제적 문제와 진지하게 씨름했음을 보여 준다. 하지만 보에티우스의 시간과 영원 개념을 통해 하나님이 청원 기도를 포함한 모든 자유로운 행위를 참작하시는 것으로 섭리를 이해하는 그의 섭리관은 여전히 불만족스럽다.

루이스는 이런 설명을 자주 제시했지만, 이 해결책은 하나님의 주권과 인간의 자유를 논리적으로 조화시키기에는 부족해 보인다. 루이스는 예정과 자유의지의 문제가 "논할 여지가 없고 해결될 수 없"기에 "무의미하다"고 힘주어 지적했다.[189] 그러면서도 그의 기도관에서 볼 수 있듯, 루이스는 하나님의 섭리를 인간의 자유 행위에 논리적으로 의존하게 만드는 방식으로 다루려고 거듭거듭 시도했다.

하지만 늘 그렇듯, 루이스가 주는 유익은 그의 문제점보다 훨씬 크고, 그의 '순전한 기독교'는 현대의 종교적 회의론의 중요한 교정 도구 역할을 감당한다.

Chapter 6.

마침내 이른 본향

_ 여행의 완성

순례자인 우리의 불완전한 현 상태가
완전히 치유될 우리의 미래는
상상도 못할 만큼 놀라울 것이다.

본향으로 가는 여행길에는 시련과 유혹뿐 아니라 기쁨 어린 소중한 순간들도 가득하다. 《순례자의 귀향》 마지막 장은 천진난만한 웃음과 근심 걱정 없는 즐거움이 담긴 장면을 보여 준다.

　　꿈은 빛과 소음으로 가득했다. 그들은 학생들처럼 노래하고 웃으면서 길을 갔다. 미덕은 근엄함을 내려놓았고 존은 지칠 줄 몰랐다. 그들은 나이 든 바이올린 연주자와 16킬로미터 정도 동행했는데, 그는 지그 춤곡을 신 나게 연주했고 일행은 춤추듯 가뿐하게 걸었다. 미덕은 바이올린 곡조에 우스꽝스러운 가사를 지어 붙여 그가 어릴 적부터 배운 옛 이교의 미덕을 조롱했다.[1]

　　그러나 곧 그들은 건너야 할 마지막 개울이라는 엄중한 현실에 직면한다. 순례자에게는 그 개울을 건너는 것이 또 다른 기쁨일 뿐이라고 생각할 수도 있다. 하지만 루이스는 죽음의 문제를 대할 때 이상주의에 치우치지 않고 정직하다. 모든 사람에게 이생의 마지막 순간은 괴롭고 슬픈 경험이다.

육체적 죽음의 의미

가장 먼저, 순례자 존에게 다른 이들의 죽음이라는 현실이 갑자기 생생하게 다가온다. 아무도 살지 않아 폐가에 가까운 부모님의 오두막에 이르렀을 때 일어난 일이다. 부모님이 남긴 유일한 물건이었다.

흥겨운 분위기 속에서 걷던 존이 갑자기 멈춰 섰다. 그러더니 눈에 눈물이 가득 차올랐다. 그들이 이른 곳은 강 옆의 작은 오두막이었고, 아무도 살지 않는 그곳은 폐가에 가까웠다. … "아버지와 어머니는 진작 개울을 넘어가신 것 같네요. 부모님께 드리고 싶은 말씀이 많았는데"[2]

그들도 개울을 건너야 한다는 생각 또한 불안함을 더하는 듯 보인다. 미덕은 "솔직히 말해 내려가자니 두렵고 슬퍼지네요"라고 말한다. 왜 그렇듯 많은 감정이 밀려오는 것일까? 미덕은 이렇게 덧붙인다.

개울 너머에 뭐가 있건, 이곳과 똑같을 수는 없겠지요. 정말로 끝나 가고 있어요. 이건 진짜 개울이에요.[3]

죽음은 현실이다. 용감하든 소심하든, 그 누구도 죽음을 사소한 문제로 여길 수 없다. 실재하던 구체적인 뭔가가 사라져 간다. 우리가 지상에서 아는 삶은 시간이 지나면 사라지지만 그것은 꿈이 아니다. 미덕은 이렇게 노래한다.

당신이 통일체로 만드신 사람,
그 결합을 푸시는 날에는 정말로 영원히 풀려 버릴 것입니다.
애곡하는 자들 누구도 떠나보낸 사람의 얼굴과 목소리를
특정한 때와 장소에서 돌려받을 거라는 헛된 기대로
위로받지 않게 하소서.
당신의 위대한 퇴장 신호를 받고 무대에서 내려간 사람은
종결부가 아무리 오래 이어져도 조명 비치는 무대로 돌아오지 못합니다.
막이 내릴 때 햄릿 왕자는 어디에 있습니까?
새벽녘이 밝아 올 때 꿈은 어디로 달아납니까?
빛이 지나가면 색깔은 어디로 사라집니까?
우리는 당신의 색깔이요 도망자입니다.
결코 회복되지 못하고 다시는 되풀이되지 못합니다.[4]

짧지만 행복한 결혼생활을 함께한 아내가 세상을 떠났을 때 C. S. 루이스에게 죽음의 현실이 바싹 다가왔다. 아내를 잃은 그는 죽음의 의미와 죽음으로 누군가를 잃는 고통에 대해 숙고했다.

"죽음은 없다"라든가 "죽음이 중요한 게 아니다"라고 말하는 사람들을 참아 내기가 어렵다. 죽음은 있고, 중요하지 않은 것이란 없다. 발생하는 모든 일에는 결과가 있기 마련이고, 그 일과 결과는 회복될 수도 돌이킬 수도 없다. 차라리 출생이 중요치 않다고 말하는 편이 더 낫겠다. 밤하늘을 올려다본다. 이 광대한 시간과 공간을 샅샅이 뒤져도 그녀의 얼굴, 그녀의 목소리, 그녀의 손길을 찾아낼 수 없다. 이 사실보다 더 확실한 게 어디 있는가? 그녀는 죽었다. 죽어 버렸다. 이것이 그렇게나 이해하기 어려운가?5

죽음이 엄연한 사실이라는 루이스의 견해는《순례자의 귀향》과《헤아려 본 슬픔》(홍성사 역간, 2004)이라는 두 책을 가르는 28년의 시간 동안에도 달라지지 않았다. 죽음을 받아들이는 마음자세의 패러다임은 루이스가 어머니를 여의었을 때 이미 그에게 새겨졌던 것이 아닐까? 이후 그가 겪은 모든 죽음은 동일한 패러다임의 반복일 뿐이었던 것이 아닐까? 루이스는 "'요단강 건너'에서 이루어지는 가족의 재회 등과 같은 온갖 말과 이미지"가 잘못된 것이라고 말한 바 있다.

그것은 성경과 전혀 상관이 없으며, 덜 떨어진 찬송가나 석판화에서 나온 것이다.6

삶은 구체적 실재이고, 거기에는 나름의 통일성과 고유성을 갖춘 분명한 독특성이 있다. "실재는 결코 반복되지 않는다. 그것을 빼앗았다가 바로 되돌려 주는 일은 일어나지 않"는다.[7] 루이스는 "소망 없는 다른 이와 같이 슬퍼하지 말라"라는 바울의 권고가 "죽은 자보다 하나님을 더욱 사랑하는 사람들에게만, 또 자기 자신보다 죽은 자들을 더 사랑하는 자들에게만" 위안이 될 수 있다고 생각했다. 가령,

어머니가 아이를 잃은 것을 슬퍼하지 않고 그 아이가 무엇을 잃어버렸나를 생각하며 슬퍼한다면, 죽은 아이가 자신이 창조된 목적을 잃어버리지 않았다고 믿는 것이 위안이 될 것이다. 그녀가 주된 또는 단 하나의 자연적 행복은 잃었으나 더 위대한 것은 잃지 않았다고, 즉 여전히 "하나님을 영화롭게 하고 영원토록 그를 즐거워"하기를 바랄 수 있다고 믿는 것 또한 위안이 될 것이다.

그러나 아들이 죽은 후 어머니로서의 행복은 이어질 수 없다.

어느 곳 어느 때에도 그녀는 다시는 무릎 위에 아이를 올려놓지 못할 것이며, 목욕시키지도, 이야기를 들려주지도, 아이의 미래를 계획하지도, 손주를 보지도 못하리라.[8]

이와 같이 루이스는 우리가 시공간 속에서 느끼는 애착이 우리의 영적 삶과 관계가 있다고 생각했다. 하나님은 우리가 지상에서 가진 것에 대해서도 목적을 갖고 계신다. 그것이 우리 안에 특정한 "아픔"을 만들어 내어 우리가 "보편적 사랑"만이 아니라 어떤 친구나 장소

에 대한 "특별한 사랑"도 알게 하려 하심이다. 따라서 우리가 경험하는 사랑은 하나님의 사랑과 마찬가지로 실체적인 것이 된다. 순례자 존은 이렇게 말한다.

> 그러나 주여, 당신은 당신의 계획을 확실히 아십니다. 천사들은 치우치지 않고 공정하고 보편적인 사랑을 하지만 당신은 인간에게 구체적인 것의 한계와 고통을 주셨습니다. … 그래서 우리, 비록 작으나 당신처럼 실체적 형상을 갖고 불을 내뿜으며 떨리게 됩니다. 달처럼 차가운 불꽃을 반사하기만 하는 천사와 다르지요. 당신은 우리를 가리켜 신이라 하셨습니다. 그리고 우리는 비싼 대가를 치릅니다.[9]

죽음의 슬픔은 저주가 아니라 천사들이 참여하지 못하는 축복의 결과다. 죽음의 슬픔에 담긴 의미를 과소평가하거나 사소하게 여겨서는 안 된다. 시공간적 대상이나 사람과의 이별을 슬퍼하는 것은 인간의 합당한 경험이다.

죽음에 대한 보다 교리적 논의는 《기적》에서 볼 수 있다. 거기서 루이스는 인간 죽음의 의미를 설명했다. 기독교의 죽음관은 죽음이 중요하지 않다고 말하는 스토아철학과 다르고, 인간종의 생존을 절대시하는 현대적 사고에 따라 죽음이 "최고의 악"이라고 말하는 자연주의적 관점과도 다르다.[10] 루이스는 기독교의 죽음 교리를 이렇게 정의했다.

한편으로 죽음은 사탄의 승리이며 타락에 대한 형벌이고 또 마지막 원수입니다. 그리스도께서는 나사로의 무덤에서 눈물을 흘리셨고 겟세마네에서 피땀을 흘리셨습니다. 그분 안에 있던 참 생명(Life of Lives)은 우리 못지않게, 아니 우리보다 더 이 '형벌로 받은 역겨운 것', 즉 죽음을 혐오하셨습니다. 그러나 또 다른 한편으로는, 자기 생명을 잃는 자만이 자기 생명을 구원할 수 있습니다. 우리는 세례를 통해 그리스도의 죽음 속으로 들어가며, 이는 타락에 대한 치유입니다. 실로 죽음은 요즘 말로 '양면성을 가졌'습니다. 죽음은 사탄의 주력 무기이자, 하나님의 주력 무기입니다. 죽음은 거룩하며, 또한 부정합니다. 우리의 최고 불명예이자 유일한 희망입니다. 그리스도께서 정복하러 오신 대상이자 그분이 사용하시는 정복 수단입니다.[11]

죄와 타락의 결과이면서 사탄의 주력 무기인 죽음은 인간의 통일성이 해체됨을 가리킨다. 인간은 "복합적인 존재-초자연적인 영이 자연적 유기체에 점유해 살고 있는, 혹은 그 둘이 공생 관계에 있는 존재"다. 죄로 인해 인간을 구성하는 두 부분이 서로 적대적이 되었고, 병리적 관계를 낳았다.

지금은 영이 부단한 경계 태세를 갖추어야만 (생리적인 그리고 심리적인) 자연의 끊임없는 반격에 맞서 자기 설 곳을 지켜 낼 수 있고, 결국에 가서는 언제나 생리적 자연에게 패배하고 맙니다.

와해 과정을 더 이상 견딜 수 없게 된 몸이 죽음을 맞이하면 계속되던 전투도 멈춘다. 총체적 유기체인 인간은 단순한 "물리적 자연"에 패배해 비유기체 상태가 된다. 그러므로 인간 안의 분열은 죄와 타락의 비극적 결과다.

하지만 하나님은 인류를 파괴하는 사탄의 주력 무기를 사탄에게 맞서는 무기로 바꾸셨고, 구원의 원리로 삼으셨다. 원수의 설득에 넘어가 하나님께 반역했던 인간들은 자신의 유기체 안에서 반역 상태(심리적, 육체적 본성 모두가 영과 전쟁을 벌인다)를 발견한다.[12] 그 결과는 하나님이 인간을 창조하실 때 세우신 원리에 충실한 것이다. 인류가 하나님께 반역한 순간, 피조된 위계질서 전체가 뒤집어졌다. 인간의 영은 자연적 유기체에 대한 제어력을 상실했다. 죽음의 순간에 자연적 유기체는 비유기체적 자연에 극적으로 정복되고, 부패와 해체의 과정을 겪는다.[13]

하나님의 관점에서 죽음은 "끔찍하고 치욕스러운 것"이기에 형벌로 볼 수 있다. 그러나 그것은 "안전장치이기도 하다. 타락한 인간에게 자연적 불멸성은 더할 수 없이 절망적인 운명이기 때문"이다.[14]

완전한 인간의 두 번째 위대한 반역만이 "이런 형벌로서의 죽음을 영생을 위한 방편으로 전환"시킬 수 있다. 루이스는 "완전한 인간"이라는 말로 예수 그리스도를 가리킨 것이 분명하고, "두 번째 위대한 반역"은 예수 그리스도께서 감당하신 자발적 자기 포기를 의미한다. 우리는 그것을 "그리스도의 대리적 회개"라고 부른 바 있다.

그러나 정확히 어떤 과정이 죽음 자체를 전환시키는지는 명확하지 않다. 루이스는 그리스도의 죽음이 "영원히 선하며 최고 차원의 삶을 구성하는 필수적 요소인 더 고차원적이고 신비로운 죽음"의 문을 어떤 식으로든 열었다고만 진술했다.[15] 루이스는 하나님이 창조하신 실재 안에서 '대리'의 원리가 타당함을 믿었고 그것이 "실재의 바로 그 작풍"이라고 말했다. 그리스도께서는 대리적 죽음 가운데 "다른 모든 이들을 위해 죽음 맛보"셨다. 루이스는 이렇게 덧붙였다.

> 그분은 우주의 대표적 '죽음을 행한 자'(Die-er)입니다. 그리고 그렇기 때문에 부활이자 생명이십니다.[16]

루이스는 그리스도의 죽음에 참여하는 회개의 행위(세례의 성례로 가장 생생하게 표현됨)와 지상에서의 유기체적 삶의 상실인 마지막 육체적 죽음의 영적 의미를 명확하게 구분하지 않았다. 둘의 영적 의미는 본질적으로 동일하다. 그는 《순례자의 귀향》에서 그것을 개울을 건너는 것으로 묘사한다. 하지만 육체적 죽음은 마지막 건너감이다. 이때 인간은 하나의 존재 양식에서 다른 존재 양식으로 분명히 옮겨 간다. 그리스도의 죽음이 이 마지막 육체적 죽음의 의미를 변화시켰기에 순례길은 죽음과 함께 일종의 완성 상태에 이른다. 건너편에는 새롭고 더 높은 차원의 실재가 기다리고 있다.

루이스의 종말론 : 실제인가, 허구인가?

루이스는 순례길의 완성에 대해 자신이 말한 내용 중 상당 부분이 잠정적이거나 상상의 것이라고 여겼다. 하지만 이것은 그의 종말론에만 해당하는 사항이 아니다. 우리의 지금 논의는 루이스의 신학 전체에 걸쳐 있는 잠재적 위험을 도드라지게 만들지만, 여기가 이 문제를 전면으로 끄집어내기에 아주 적절한 지점이다.

루이스가 말하는 그리스도인의 순례에서 이 마지막 부분을 구성하는 내용의 많은 출처는 교훈적 장르가 아니라 문학적 장르다. 하지만 루이스의 문학 작품들은 신학적 사실이나 정보가 전혀 담기지 않았다는 의미에서 완전히 허구는 아니다. 그는 온갖 유형의 언어가 다양한 의미에서 나름의 정보를 담고 있다고 보았다.[17]

뿐만 아니라 그의 사상, 특히 개인적이든 우주적이든 종말론에 대한 생각의 잠정성을 인정한다 해도, 그 생각들은 여전히 그의 신학의 전반적 구조를 대표한다. 다시 말해, 초자연주의와 구원중심주의라는 양대 관점을 갖춘 그의 '순전한 기독교'는 그의 문학 작품들이 건설될 수 있는 토대를 이룬다. 그러므로 우리는 루이스의 문학 작품들을 그의 신화와 은유 개념을 깊이 있게 활용해 예술적으로 표현한 것으로 존중하면서도, 그 안에서 그의 구원론적 비전이나 종말론적 비전을 추출해 낼 수 있다.

이 논점에 대해서는 윌리엄 루서 화이트(William Luther White)의 저서를 고려한 상세한 설명이 필요하다. 화이트는 루이스의 사상을 가지고 교의신학을 구성해 낼 가능성을 거부하고, 그렇게 하면 루이스가 이해하는 종교적 언어의 본질을 완전히 훼손하게 될 것이라고 주장했다.

루이스는 언어의 본질을 예리하게 인식하고 있었다. 그는 신학서를 쓰든 소설을 집필하든 자신의 은유 및 신화 이해를 의식적, 의도적으로 활용했다. 이 부분에 주목하지 않는 근본주의자나 인본주의자 독자는 루이스의 글에 담긴 온전한 의미를 파악하지 못한다.[18]

하지만 루이스의 언어 이해를 받아들여 그의 문학 작품에 조심스레 접근해야 한다는 것과 루이스의 모든 종교적 주장을 이런 유형의 언어로 분류하는 것은 전혀 다른 문제다. 이 구분을 놓치면, 사실에 대한 합리적 명제를 표현하는 일관성 있는 신학의 가능성을 내팽개칠 위험에 처하게 된다. 화이트는 이렇게 말했다.

루이스는 신학의 언어가 하나님의 실재를 묘사하기에 부적절하다는 사실을 당연하게 여긴다.[19]

만약 그렇다면 교의신학의 대안이 존재할까? 화이트에 따르면, 우리는 루이스의 신학적 방법(그가 상상력의 기능에 의존하는 것을 강조해)을 따라야 한다. 언어의 본질 자체가 하나님과 그분의 세상의 실재성에 대해 교리적인 주장을 하는 것을 허용하지 않기 때문이다. 화이트의 말은 이렇게 이어진다.

맥도널드에게 그렇듯, 루이스에게도 신화와 은유가 드러내는 실재는 비유적 표현 이상의 것이지 그보다 못한 것이 아니다. 루이스는 종교적 언어에 대한 정교한 지식에 얽매인 나머지 신학적 상징들로 불완전하게 표현된 실재를 무시하는 그리스도인들을 참지 못한다.[20]

화이트의 루이스 안에서는 낭만주의가 합리주의를 이긴다고 결론을 내릴 수도 있을 것 같다. 그런데 화이트가 진정 우려한 것은 "루이스가 신학적 근본주의 쪽으로 기울어져 있다는 널리 퍼진 인상"이다. 그의 설명은 이렇게 이어진다.

보수주의 신학자들과 자유주의 신학자들 모두, 그리고 많은 논평자들이 루이스를 근본주의자로 분류했지만, 이런 판단은 루이스가 이해했던 문학의 본질과 신학적 언어의 본질을 그들이 진지하게 받아들이지 않았음을 보여 준다. 루이스는 신학적 문자주의자와 거리가 멀다. 그는 종교적 언어에 대한 정교한 이론을 전개했고 자신의 저서에서 문학 이론에 관한 광범위한 논의를 펼쳤다. 그리고 40년 넘게 신화와 은유가 종교의 본질적 언어라는 예리한 이해를 반영하는 문학 작품을 써냈다. C. S. 루이스는 탁월하게 기독교적 재신화화를 이루어 낸 사람이었다.[21]

화이트는 루이스가 종교 언어를 쓸 때의 신화적 은유적 의도를 이해하지 못하고는 그의 신학을 논할 수 없다고 말한 것 같다. 또 그런 언어관에 따르면, 우리는 종교적 개념에서 정확성이나 확실성을 "집착적으로" 추구하는 일을 포기해야 한다. 이것은 이성의 관점에서는 초자연적 실재를 잠정적으로 포착할 뿐이지만, 신화와 은유의 의미를 알아볼 수 있는 상상력의 관점에서는 초자연적 실재를 강력하고 구체적으로 포착한다는 뜻이다.

그러나 우리는 루이스를 신학적 근본주의자로 분류하는 일에 전혀 관심이 없고, 전문적 의미에서 '근본주의자'가 무엇을 의미하는지에 대한 합의가 존재하는 것 같지도 않다. 루이스를 특정한 신학 학파로 분류하는 것은 부질없는 일이라는 화이트의 생각은 옳지만, 그가 앞에서 내린 결론은 신학의 합리성에 대한 부정으로 이어질 위험이 있다.

그의 말대로라면 무언가를 참으로 알고 주장하는 일이 과연 가능할까? 사람들이 상상력으로 구체적인 무엇인가를 인식할 수 있다면, 균일성을 가진 것들도 인식할 수 있을까? 만약 그럴 수 없다면, 진정한 지식(정당화된 신념)은 어떻게 가능할까? 만약 그럴 수 있다면, 이런 인식들은 특정한 원리들로 조직화되어 신뢰할 만하고 분석적인 지식을 전달해 줄까? 화이트는 두 선택지 모두 동의하지 않을 것이다. 그러나 루이스라면 다를 것이다.

루이스의 인식론에 따르면, 도출된 원리들은 실재 자체에서 한 단계 멀어진다. 그렇지만 루이스는 그 원리들도 진리라고 부를 것이다. 그는 진리와 실재의 차이를 분명히 말하고 있다.

> [진리는] 언제나 무언가에 대한 것이지만, 실재는 진리의 내용입니다.[22]

실재는 진리가 가능하게 만드는 조건일 뿐 진리를 무효화하지 않는다. 루이스가 기독교 진리의 합리성을 증명하는 데 상당히 많은 시간을 들인 것은 바로 이 때문이다. 그는 객관적 진리와 객관적 실재에 깊은 관심을 가졌다. 그의 진리관과 은유관은 신학에서 언어를 분석적 도구로 사용하는 것을 부당한 일로 보지 않는다. 적어도 루이스의 경우에는, 신화와 은유가 분석적 언어 사용에 대한 이해를 보완하고, 높여 주고, 언어의 분석적 용도가 적절한 영역에 자리 잡게 해 준다.

기독교 메시지의 진리성(신화적 은유적 진리성뿐 아니라 사실적 역사적 진리성)을 끊임없이 내세우는 루이스의 모습은 우리가 앞에서 간단히 살펴본, 상상력을 강조하는 현대의 신학자들과 그를 구별 짓는다. 화이트는 이 사실을 잘 알고 있다. 그는 루이스가 "[고전적 기독교 교리]의 핵심"을 꿰뚫고 "본질적인 것과 비본질적인 것을 구분"했다고 밝혔다.[23] 또한 "기독교 신앙을 지지하는 설득력 있는 논증"을 확립하는 데 루이스가 열렬한 관심을 가졌음을 인정했다.

> [전통적] 기독교는 하나님과 사람에 대해 상당히 분명하고 적극적인 진술을 내세웠다. 이런 믿음의 중심 내용을 최대한 분명하고 강력하

게 제시하는 것이 루이스의 의도였다.[24]

이와 같이 화이트는 "루이스를 교리적 작가로 생각하는 것이 오해는 아닐 것"임을 인정하지만, 그러면서도 바로 다음과 같은 조건을 달았다.

하지만 (1) 대중을 상대로 강연하고 글을 쓰는 상황에서 필요한 요약된 해석, (2) 그가 쓴 여러 서문에서 제시된 유보적 단서, (3) 교수 기법으로 극적 주장을 사용하는 것, (4) 그가 영적 자서전이 아니라 전통적 기독교를 제시한다는 사실 등을 생각하면, 루이스의 교리적이고 독선적인 이미지가 다소 흔들린다.[25]

화이트의 분석은 도움이 되지만, 루이스가 기독교를 지지하는 논승을 종종 "너무 강하게" 내세우고 이런 경향이 그가 옹호하는 듯 보이는 종교적 언어의 본질에 대한 견해와 잘 안 맞는 것 같다고 인정하는 그의 어조에서는 모종의 불안(자신의 주요 주장에 대한 독단과 자기 확신이 다소 약화되는 듯 보인다)이 감지된다. 그리고 이 불안 요인은 화이트 논제의 중심 요점을 뒤흔든다.

나는 루이스가 신학적 방법의 한계를 전제한 후에 단순한 인상이나 가능한 영향만이 아니라 특정한 내용(즉 다른 모든 신학적 생각을 가능하게 만드는 실질적 명제들)을 전달하려 했다고 말했다. 우리의 목표는 루이스의 기독교 사상 또는 신학에서 실질적인 내용을 찾아내는 것이었다. 그렇게 하려면 어떤 생각들이 루이스의 사상에서 중심이 되는지를 알아보는 것이 중요했다.

루이스의 교훈적 산문에는 그가 가진 잠정적 생각들이 자주 등장하는데, 그것은 언어의 본질이 잠정성을 요구해서가 아니라 루이스가 그런 특정한 신학적 생각들은 기독교 메시지의 중심적인 것이 아니라고 생각했기 때문이다. 이런 교리들의 지위에 대한 루이스의 판단이 옳았는지 아닌지는 별도로 다루어야 할 또 다른 문제다.

우리는 루이스의 교훈적 산문과 그의 픽션 또는 문학 작품들을 분명히 구분해야 한다. 둘 다 그의 기독교 메시지를 전달하는 역할을 힘차게 수행하지만, 호소력을 발휘하는 방식은 상당히 다르다. 전자의 경우, 루이스는 기술적(記述的) 신학을 시도했고 기독교 신앙의 내용들을 합리적 방식으로 설명했다("과학적 언어"와 유사한 소위 "신학적" 또는 "변증적" 언어를 구사해). 후자를 통해서는 루이스의 신학이 기술하는 세계를 극화하거나 상상력을 동원해 거기에 참여하려 했고, 신화와 은유로 실재의 의미를 전달하려 했다("시적 언어"와 유사한 "종교적 언어"를 써서).[26]

하지만 때로는 그 경계가 분명하지 않다. 루이스의 교훈적 저서들은 효과적인 은유와 유비로 가득 차 있고, 그의 문학 작품들이 지나치게 교훈적이라는 비판도 종종 받는다. 전체적으로 볼 때, 둘 사이의 경계가 불분명한 것은 부정적 특성이 아니라 루이스의 변증적 예술적 의도에서 자연스럽게 나온 긍정적 결과물이다. 그 둘이 늘 상호 포괄적이지는 않지만, 감사하게도 늘 상호 배타적인 것도 아니다.

그래서 우리는 두 매체를 자유롭게, 그러나 조심스럽게 사용해 루이스의 신학 사상을 계속 탐구할 수 있고, 어떤 생각은 그의 기독교적 "교리"에서 다른 생각보다 더 중심이 된다고 주장할 수 있다. 앞에서도 밝혔다시피, 여행의 완성을 논할 때는 문학 작품들에 더 많이 의존해야 한다. 문학 작품들에는 잠정적인 생각들이 등장하지만, 그 생각들은 여전히 루이스의 것이다. 성경에 대한 지식과 하나님과 그분의 세상에 대한 기본 가정들에서 도출한 추론을 바탕으로 한 박식한 추측이다. 미래에 대한 루이스의 기독교적 소망은 이런 '잠정적' 생각들과 분리되지 않는 것이 분명하다.

루이스의 종말론 사상은 두 책에 맞춰 크게 두 부분으로 나눌 수 있다. 종말론을 다룬 두 책은 《천국과 지옥의 이혼》(개인적 종말론)과 《마지막 전투》(우주적 종말론, 시공주니어 역간)다. 이 두 작품은 미래 실재의 큰 두 영역에 대한 폭넓은 범례가 될 만한 여러 그림을 제공한다.

루이스는 다가올 실재의 구별되는 두 영역을 명시적으로, 그리고 암묵적으로 언급했다. 많은 사람이 마지막 때의 일들에 대한 그의 생각이 충격적일 만큼 정통적이라고 보았다. 심지어 "광신적"이라고 표현하기도 했다.[27] 루이스가 전통적 이미지들을 굳게 고수했기 때문이다. 그는 성경의 이미지들을 새로운 이미지로 대체하는 것이 혼란만 초래한다는 것을 깨달았다. 그래서 전통적 이미지를 새롭게 설명하는 쪽을 선택했다.

《천국과 지옥의 이혼》: 개인적 종말론

루이스는 개인적 종말에 지나친 관심을 가져서는 안 된다는 생각을 분명히 지지했다. 그런 관심은 신앙의 동기가 보상임을 드러내는 징후일 수 있고, 그것은 종교적으로 열등한 동기라고 생각했기 때문이다. 루이스는 《시편 사색》에서 "시편이 말하는 죽음"이라는 주제를 다루었다. 그는 시편에서 "사후의" 소망을 찾아볼 수 없다는 느낌을 받았다.

> 시편 기자들은 스올('지옥' 혹은 '수렁')에 대해, 마치 오늘날 내세를 전혀 믿지 않는 사람이 '죽음'이나 '무덤'을 언급하듯이 말합니다. 죽은 사람은 그저 죽었을 뿐 아무것도 아니고 더 말할 거리도 없다는 것입니다.[28]

사후의 소망이 진짜라고 굳게 확신했던 루이스는 이렇게 된 이유를 알아내려 했다. 루이스의 답변은 흥미롭다. 그는 아직 종교적 의식(意識)이 많이 발달하지 않았던 구약의 신자들에게 하나님이 미래의 소망에 대한 분명한 계시를 숨기셨다고 생각했다. 주변 민족들의 수많은 종교적 관습의 특징이었던 지독히 이기적인 종교적 동기로부터 그들을 보호하고 싶으셨기 때문이다. 소위 "내세의 소망"은 흔히 하나님을 중심에 두지 않고 "자기 자신만 바라"도록 사람들을 자극한다. 그들에게 하나님은 "여전히 그저 다른 무언가를 위해 중요한 존재일 뿐"이다.

따라서 하나님이 사람들에게 자신을 계시하기 시작하셨을 때, 다른 무엇이 아니라 오직 자신만이 그들의 참된 목적이요 만족이라는 사실을 계시하기 시작하셨을 때, 그분이 주실 수 있는 무엇 때문이 아니라 그분 자체를 섬겨야 한다는 사실을 계시하기 시작하셨을 때, 내세의 복이나 화에 대해 아무런 언급도 하시지 않은 것은 필연이었을 것입니다.[29]

루이스의 생각은 한편으로는 점진적 계시 개념에, 다른 한편으로는 종교에 대한 인류학적 또는 발전론적 개념에 근거한 듯하다. 사람들의 종교적 의식이 시간이 지나면서 실제로 더 높은 단계로 발달했는지의 여부는 분명 논란의 여지가 있다. 그러나 "내세의 소망"의 초점이 잘못될 수 있다는 생각은 우리가 주목할 만한 루이스다운 통찰이다. 그는 이렇게 결론을 내렸다.

사실 '천국'이 하나님과의 연합을 의미하지 않고 '지옥'이 그분과의 결별을 의미하지 않는 때에는 천국이나 지옥에 대한 믿음이 해로운 미신에 불과하다고 말할 수 있습니다. 그런 믿음을 가진 사람에게는 그저 '보상'(험난한 인생 이야기 끝에 이어지는 모든 것이 다 잘되는 후편)이 있거나 인간을 정신병자 또는 박해자로 만드는 악몽이 있을 따름입니다.[30]

현실이 된 분리

루이스의 이런 생각을 참고할 때 사후의 상태는 자기 의지를 하나님께 양도한 이들과 자기중심적인 이들 사이의 분리가 더욱 심해지는 것으로 요약할 수 있다.

> 결국 두 종류의 인간밖에 없어. 하나님께 '당신의 뜻이 이루어지이다'라고 말하는 인간들과, 하나님의 입에서 끝내 '그래, 네 뜻대로 되게 해 주마'라는 말을 듣고야 마는 인간들.[31]

이 둘의 분리는 이생에서 이미 뚜렷이 드러난다. 사후에는 이것이 극적으로 확대되거나 더욱 깊게 실현될 뿐이다. 이것은 루이스의 종말론 사상에서 가장 근본이 되는 생각이다. 지옥 교리에 반대하는 이들에게 루이스는 자신이 그것을 확고하게 믿는 논리적 근거를 제시했다.

> "당신이 정말 하나님께 요구하는 바가 무엇입니까?" 그들이 과거에 지은 죄를 씻어 주고 모든 장애를 제거하고 기적적인 도움을 제공하여 어떻게 해서든지 새롭게 출발할 수 있게 해 주는 것입니까? 하나님은 갈보리에서 이미 그 일을 하셨습니다. 그들을 용서해 주는 것입니까? 그들에게는 용서받을 마음이 없습니다. 그들을 내버려 두는 것입니까? 아, 유감스럽게도 하나님은 지금 그렇게 하고 계십니다.[32]

루이스가 묘사하는 천국과 지옥을 전부 논할 필요는 없을 것이다. 클래런스 프랜시스 다이는 박사 학위 논문 "C. S. 루이스의 진화하는 종말론"에서 두 장에 걸쳐 그 일을 제대로 해 냈다. 다이가 "인간의 자유의지"(그의 중심 논제)의 중요성을 지나치게 강조하고 루이스가 하나님의 은혜("은혜"라는 용어가 현대 독자들에게 분명하지 않기 때문에 루이스는 그 용어를 피하려 했다[33]는 다이의 지적은 옳지만)의 의미를 강조한 것을 과소평가하는 듯 보인다는 사실만 빼면, 루이스가 제시한 천국과 지옥의 이미지를 제대로 설명했다고 할 수 있다.

여기서는 분리 개념을 열쇠로 보고 초점을 맞추고자 한다. 먼저 우리는 사후의 실재를 다룬 루이스의 상상 문학인 《천국과 지옥의 이혼》을 살펴볼 것이다. 이 책은 《순례자의 귀향》처럼 꿈을 다룬다. 루이스는 독자들에게 이렇게 경고했다.

이 글이 판타지라는 사실을 명심해 달라는 것이다. … 사후의 상태에 대한 내용은 순전한 상상의 산물이다.

그러나 루이스는 분명히 이렇게 진술했다.

물론 이 이야기에는 교훈이 있고, 그것이 애초의 의도였다고도 할 수 있다.[34]

루이스를 아는 우리로서는 그 교훈이 추상적 생각인 동시에 특정한 세부 내용을 갖춘 구체적 실재임을 짐작할 수 있다. 그 교훈이 《이솝 우화》의 교훈 같은 것이라고 생각해서는 안 된다.

《천국과 지옥의 이혼》의 중심 교훈은 머리말에 나와 있다. 루이스는 이 작품이 윌리엄 블레이크(William Blake)의 《천국과 지옥의 결혼》을 숙고한 내용이라고 말했다. 블레이크의 책이 전달하는 의미가 아주 선명하지가 않기 때문에 그 책에 대한 직접적 대응이라고 말할 수는 없지만, 루이스는 천국과 지옥의 결혼을 성사시키려는 오랜 시도를 바로잡기 원했다.

이런 시도는 현실에서 반드시 '흑 아니면 백'이 되는 경우는 절대 없다는 믿음에서 나온 것이다. 숙련된 기술과 참을성과 충분한 시간(뭐니 뭐니 해도)만 있다면 양자를 다 포용할 수 있는 길을 언제든 찾아낼 수 있다는 믿음, 갖고 싶은 것을 철저하고 단호하게 거부할 필요 없이 그저 악을 약간만 발전시키고 조정하고 다듬기만 하면 선으로 바꿀 수 있다는 믿음 말이다. 그러나 이런 믿음은 파국으로 치닫는 실수라고 나는 생각한다.

더 나아가 루이스는 인생 여정이 어떤 것인지에 대한 잘못된 견해를 바로잡았다.

우리가 사는 세상에서 원의 반지름처럼 중심을 향해 가는 길은 하나도 없고, 따라서 아무리 오래 걸어도 길이 서로 가까워져 중심에서 만나는 경우는 찾아볼 수 없다. 오히려 어떤 길이든 몇 마일만 지나면 두 갈래로 갈라지고, 그 두 갈래 길은 각기 두 갈래로 또 갈라지기 때문에 매번 선택의 기로에 서야 한다.[35]

　루이스의 요지는 더없이 선명하다. 분리 또는 대조의 완성이 분명히 드러난다. 루이스는 시간이 흐르면 저절로 잘못이 바로잡힐 수 있다는 오류를 저지르지 말라고 촉구했다. 잘못을 바로잡는 유일한 길은 "지난 과정을 되짚어서 오류를 찾아낸 다음 거기서부터 새롭게 시작하는 것이지, 그대로 죽 가는 것이 아니다."[36] 악이 "발전해서" 선이 될 수는 없다. 악은 무위(無爲)로 돌려야 한다. 그리스도만이 악을 무위로 돌리는 과정을 이루셨고, 우리는 믿음으로 그분과 연합하라는 초청을 받는다.
　《천국과 지옥의 이혼》에 등장하는 지옥의 불평하는 '유령들'은 자신들의 존재 조건을 향상시키길 바라고 천국 여행을 시도한다. 그러나 천국행 버스 여행은 그리 성공적이지 않다. 지옥에서 애써 여행에 나선 많은 유령 중 자신의 '당혹스러운' 정욕을 죽음에 넘기는 오직 한 '유령'만 "견고한 사람"으로 변화한다.
　대체로 이 이야기는 충격적인 비극이다. 자아 추구에 열중하는 등장인물들의 모습은 우리의 여러 성향에서도 그대로 찾아볼 수 있다. 그것은 그들이 애초에 왜 지옥에 있으며, 왜 거기서 빠져나올 수 없는지 분명히 보여 준다.

구원받지 못한 영혼의 특징은 '자기 자신 외에는 무엇이든지 거부한다'는 데 있습니다.[37]

루이스는 저주받은 영혼에게는 본질적으로 "타자에 대한 기호"인 선한 것을 즐기는 역량이 아예 없다고 말했다. 루이스는 몸의 죽음이 이 문제를 심화시켜 그들을 지옥의 상태로 내몬다고 생각했다.

타자에 대한 기호 … 가 그 사람 안에서 꺼져 버립니다. 그나마 몸이 남아 있을 때는 외부 세계와 어느 정도 초보적인 접촉은 합니다. 그러나 죽음과 함께 이 마지막 접촉점마저 사라집니다. 그의 소망, 즉 전적으로 자아 안에만 머물면서 거기서 얻는 것에 만족하겠다는 소망이 이루어지는 것이지요. 그리고 거기서 얻는 것이 지옥입니다.[38]

제2의 기회

다이와 화이트 모두 사후의 존재 방식은 영혼이 끊임없이 자유로운 선택을 하는 과정임을 증명하고 싶어 했다. 그들은 지옥으로 가는 사람들에게 제2의 기회가 있다는 생각을 실제적 가능성으로 고려했다. 화이트는 이렇게 말했다.

루이스는 현재 선택의 긴박성을 강조했지만, 나는 그가 무덤 너머에서는 어떤 선택도 가능하지 않다는 입장을 천명한 적이 없다고 본다. 그는 만인구원론의 결론을 의지하지 말라고 조언했지만, 그 문제는 열어 놓은 것으로 보인다. 그는 사후의 추가적 기회가 도움이 된다면 하나님이 그런 기회를 주실 거라고 말했다.[39]

다이도 화이트의 진술을 검토한 후 "나는 화이트의 생각에 동의하는 쪽이다"[40]라고 덧붙였다. 그는 루이스가 "지옥은 영혼을 천국으로 이끄는 진화론적 과정일 수 있다고 보았다"라고 생각했다.[41]

하지만 루이스의 말은 그가 무엇보다 분화 과정을 강조한다는 결론을 한결같이 지지하는 듯 보인다. 《천국과 지옥의 이혼》이 강조하는 것은 영혼들이 사후에도 자유롭게 천국을 선택할 수 있다는 것이 아니라, 어떤 기회가 주어지든 그들이 실제로는 선택할 수 없다는 것이다. 요점은 "그들이 천국을 맛볼 기회를 갖게 되는지의 여부는 중요하지 않다"는 데 있다. 사실 천국은 그들에게 대단히 불편한 장소일 것이다.

천국으로 들어가게 되는 한 사람은 전형이 아니라 드문 예외로 제시된다. 게다가 루이스는 의도적으로 그 남자의 문제를 육욕으로 그렸다. 일부 종교인들은 육욕을 교만의 문제보다 더 심각하게 여겼지만 실제로는 그렇지 않다. 이 에피소드의 진짜 초점은 그 사람의 변화가 아니라 '육욕'의 변화다. 이것은 내세가 아니라 이생에서 일어나기를 기도해야 하는 일에 대한 멋진 이야기다.

선은 오직 하나, 하나님뿐이라네. 그 밖의 모든 것은 하나님을 바라보고 있을 때는 선하고 하나님을 등질 때는 악한 게야.[42]

하나님을 외면하게 하고 인간을 좌지우지하는 육욕은 인간의 어깨 위에 얹힌 "붉은 도마뱀"으로 표현된다. "[그놈은] 꼬리를 채찍처럼 흔들며 유령의 귀에 뭔가를 속삭이고 있"었다. 그러나 불타는 존재인 천사가 저항하는 그놈을 비틀어 바다에 던져 버렸을 때 믿을 수 없는 일이 벌어진다. 그 사람의 키가 자라나 "순간순간 점점 더 견고해졌다." 그리고 도마뱀에게도 일이 벌어지기 시작한다.

그 생물은 죽기는커녕 여전히 사투를 벌이고 있었고, 심지어 점점 커지고 있었다. 그렇게 커지면서 모양도 달라졌다.

도마뱀은 《천국과 지옥의 이혼》의 꿈꾸는 화자가 한 번도 본 적이 없는 "거대한 종마"로 바뀌어 황금빛으로 번쩍인다. "새로 태어난 인간"은 빛나는 얼굴로 기쁨의 눈물을 흘리며 말의 등에 훌쩍 올라타 발꿈치로 말의 옆구리를 톡 찬다. 둘은 함께 "영원한 여명의 밝은 장밋빛" 속으로 모습을 감춘다.[43] 다시 말하지만, 이 사건의 결론은 인간보다는 "육욕"에 초점을 맞춘다.

정욕은 그 도마뱀처럼 초라하고 약하고 칭얼거리고 속살거리는 것에 불과하다네. 그러나 일단 죽고 나면 저렇게 풍요롭고 힘이 넘치는 갈망으로 새로 솟아나지.[44]

이 이야기의 '교훈'은 자명하다. "두 번째 기회"에 강조점이 있지 않다.⁴⁵ 루이스는《고통의 문제》에서 평이하고 교훈적인 산문으로 이를 분명히 했다. 그는 "죽음이 끝이어서는 안 되며 마땅히 두 번째 기회를 주어야 한다"는 반론의 타당성을 인정한 후 이렇게 대답했다.

> 저는 그렇게 해서 도움이 될 것 같으면, 아마 백만 번이라도 더 기회가 주어질 것이라고 믿습니다. 그러나 아이나 부모는 모르지만 선생님은 아는 사실이 있습니다. 아이에게 시험을 다시 치를 기회를 주는 것이 사실은 아무 소용이 없다는 것을 말입니다. 언제든 끝은 와야 하고, 전지하신 분이 그때를 아신다는 것은 대단한 믿음이 없는 사람도 믿을 수 있습니다.⁴⁶

루이스의 논점은 오해의 여지가 없다. 화이트는 "사후의 추가 기회가 도움이 될 것 같으면 하나님이 그런 기회를 주실 것"이라는 루이스의 말에 두 번째 기회의 가능성을 강조하려는 의도가 담겨 있다고 주장했다. 하지만 문맥을 보면, 저주받은 영혼에게 무한한 기회가 주어지기를 바라는 우리의 소망과 관계없이, 루이스는 더 많은 기회가 주어져도 아무것도 달라지지 않을 것이라는 견해를 분명히 밝히고 있다.

그러면 루이스가 '연옥'과 '림보'를 인정하는 것은 어떻게 된 일일까? 루이스는《개인 기도: 말콤에게 보내는 편지》에서 "나는 연옥을 믿네"라고 썼다. 하지만 그가 말하는 연옥은 "연옥에 관한 천주교 교리"와 다르다. 오히려 그는 구원받은 영혼들이 정화의 장소를 감사하게 여길 것이라고 생각했다. 그리고 그곳에 고통이 있다면 정화를 위한 것이지 공로를 쌓기 위함이 아닐 것이라고 했다. 고통도 연옥의 목적이 아니다.[47] 흥미롭게도, 루이스는 림보라는 장소도 몇 번 언급했는데, 스크루테이프는 그곳을 이렇게 설명했다.

> 천국에도 지옥에도 적합하지 않은 피조물 … 필요한 수준에 이르지 못한 채 인간 이하의 상태로 영원히 만족하고 지내는 존재들[을 위한 곳].[48]

이 언급이 기록된 맥락을 보면, 이 말을 루이스의 교리적 주장으로 받아들일 수는 없다. 다행히 루이스는 이 문제에 대해 아주 명확한 진술을 남겨 놓았다.

> '두 번째 기회'의 개념을 연옥(이미 구원받은 영혼들을 위한 곳)이나 림보(이미 저주받은 영혼들을 위한 곳) 개념과 혼동해서는 안 됩니다.[49]

루이스의 논점은 의미 있는 "자유로운 선택들"이 끊임없이 뒤얽히는 상태를 말한다기보다는 "이혼 상태"에도 어느 정도 차이가 있음을 인정하는 것 같다. 이런 의미로 볼 때 우리는 루이스가 "영원토록 이어지면서" "진화하는 종말"의 "역동적 과정"을 가져오는 "인간의 자유"를 강조했다고 본 다이의 확신[50]에 의심을 품어야 마땅하다.
한편 루이스는 《천국과 지옥의 이혼》에서 같은 지역이 결과에 따라 연옥일 수도 있고 림보일 수도 있는 가능성을 열어 놓은 듯하다.

(적어도 이것이 그가 선택한 표현 방식인 것은 분명하다.) 꿈속의 화자가 안내자(조지 맥도널드)에게 "정말 지옥에서 빠져나와 천국으로 올 수가 있습니까?"라고 묻는다. 안내자는 대답한다.

> 그건 자네가 단어를 어떻게 사용하느냐에 달려 있네. 그 회색 도시를 버리고 떠난 사람에게 그곳은 지옥이 아니네. 그 사람들한테는 연옥인 셈이지.[51]

이런 의미에서 육욕을 제거한 젊은이는 연옥에서 정화의 과정을 거치는 사람들을 대표한다. 같은 논리로, 유령들이 견고한 영들을 만나는 "생명의 그늘이 드리운 골짜기"는 지옥으로 돌아가기로 선택하는 이들에게 줄곧 림보였을 것이다. 하지만 그 결과는 자의적인 것이 아니다. 분화는 "죽기 전에" 시작되기 때문이다. 어떤 의미에서 지옥에 사는 사람들은 언제나 지옥에서 살았고, 천국에 사는 사람들은 언제나 천국에서 살았다.[52] 이 생각은 시공간의 틀 안에서 파악하기가 어렵지만, 분화와 대립의 개념을 더욱 분명히 해 준다.

지옥과 천국

지옥과 천국의 특징은 무엇일까? 루이스는 지옥에 대한 3가지 성경적 이미지를 제시했다. (1) 형벌("영벌", 마 25:46), (2) 파멸("몸과 영혼을 능히 지옥에 멸하실 수 있는 이를 두려워하라", 마 10:28), (3) "바깥 어두움"(여러 비유에 나오는 대로)으로 쫓겨나는 박탈, 배제, 추방 등이다.[53]

루이스는 지옥에 대한 합당한 해석은 "말할 수 없이 무서운" 상태를 담아내는 것이어야 한다고 믿었다. 그는 지옥에서 영혼이 "멸절"된다는 생각도 거부했다. 그는 이 3가지 이미지를 모두 결합하면 "전에 인간의 영혼이었던 상태"가 될 것이라고 생각했다.

> 천국에 들어간다는 것은 이 땅에서 살 때보다 더 인간다워진다는 뜻입니다. 반면에 지옥에 들어간다는 것은 인간성을 박탈당한다는 뜻입니다. 지옥에 던져지는 (또는 스스로 뛰어 들어가는) 것은 인간이 아니라 인간의 '잔해'입니다. 완전한 인간이 된다는 것은 자신의 열정을 의지에 순종시키며 그 의지를 하나님께 바친다는 것입니다. 전에 인간이었던 것-전(前) 인간(ex-man) 내지는 저주받은 혼령-이란 전적으로 자아에 집중된 의지와, 의지의 통제를 전혀 받지 않는 열정으로 구성된 존재라는 뜻일 것입니다.[54]

지옥은 "마음의 상태", 또는 끊임없는 자아에 대한 집착으로 구성된다. 이런 마음 상태나 집착이 지옥이라는 존재 상태를 만들어 낸다.
루이스는 (선과 달리) 악이 실체가 없다는 견해를 논리적으로 끝까지 밀어붙였다. 루이스의 상상력은 악의 궁극적 완성인 지옥을 "지상 세계의 자갈돌 하나보다 작"고 "[천국] 세계, 이 참된 세계의 원자 하나보다 작은" 것으로 그려 냈다.[55] "저주받은 영혼은 무(無)에 가깝고 쭈그러들어 자기 안에 갇혀 버리"기 때문이다.[56] 이것이 바로 "지옥은 마음의 상태다"[57]라는 진술의 의미다. 이 진술은 지옥이 그에 대응하는 실재가 없는 추상이라는 뜻은 아니다. 그러나 지옥은 마음의 상태에 의해 유지된다.

> 모든 마음의 상태는 그대로 방치해 두면, 즉 피조물이 자기 마음의 감옥 속에 자신을 가두어 고립을 자초하다 보면 결국 지옥이 되는 거야.[58]

그 결과는 비극적이다.

> 음파가 귀머거리의 고막을 두드리듯 선이 저주받은 영혼을 끝없이 두드려도 그들은 받아들일 수가 없다네. 그들은 주먹을 꽉 쥐고 있고, 이를 악물고 있으며, 두 눈을 꼭 감고 있지. 물론 처음에는 자의로 거부하지만, 나중에는 선물을 받고 싶어도 손을 펴지 못하고, 먹고 싶어도 입을 벌리지 못하고, 보고 싶어도 눈을 뜨지 못하는 상태가 된다네.[59]

따라서 "지옥의 문은 안쪽에서 잠겨 있다"고 말하는 것은 합당하다.[60]

천국은 어떤가? 천국에서는 어떤 일이 벌어질까? 루이스는 그의 설교 "영광의 무게"에서 성경 자료에 의거한 천국의 이미지를 제시했다. 그는 성경 자료가 "우리보다 하나님께 더 가까웠던 저자들이 전해 준 것이고 수 세기에 걸쳐 그리스도인들의 경험을 통해 검증되었"기 때문에 "권위가 있다"고 썼다.[61] 그는 5가지 제목으로 "성경의 약속들"을 제시했다.

이런 약속이 주어져 있습니다. (1) 우리는 그리스도와 함께 있을 것입니다. (2) 우리는 그리스도처럼 될 것입니다. (3) 어마어마하게 풍부한 이미지로 보건대, 우리는 "영광"을 갖게 될 것입니다. (4) 우리는 모종의 의미에서 잘 먹거나, 대접을 받거나, 즐거워하게 될 것입니다. (5) 우리는 우주에서 공식적인 지위를 갖게 될 것입니다. 그래서 도시들을 다스리고, 천사들을 심판하고, 하나님의 성전의 기둥이 될 것입니다.[62]

한마디로, 천국은 하나님이 우리를 받아 주시는 곳이고, 그 일은 그리스도의 사역으로 가능해졌다.

하나님을 기쁘시게 하고 … 하나님의 행복에 실제로 기여하고, 하나님의 사랑을 받는다니 … 그저 불쌍히 여김을 받는 정도가 아니라 예술가가 자기 작품을 기뻐하듯, 아버지가 아들을 기뻐하듯 하나님의 기뻐하심을 받는다니 …. 이 모든 것은 불가능해 보이는 일이며, 그 영광의 무게 내지 부담은 생각하기조차 벅찰 정도입니다. 하지만 이것은 사실입니다.[63]

《천국과 지옥의 이혼》의 잊히지 않는 한 장면에는 살인자였던 견고한 영, 렌이 등장한다. "흔들림 없는 젊음과 발랄함이 넘쳐서" 보고 있으면 춤을 추고 싶어지는 이 사람은 지옥에서 온 유령인 옛날 사장을 만난다. 사장은 천국에 와 있는 렌을 발견하고 극도로 심기가 불편해진다. 그리고 "부끄럽지도 않나?" 하고 묻는다. 렌이 대답한다. "아뇨. 사장님 말뜻대로라면 전혀 부끄럽지 않습니다. 저는 저 자신을 보지 않거든요. 저에 대해서라면 이미 포기했습니다."

사장은 뜻밖의 결과에 대한 거북함을 거침없이 표현한다. 그는 자신이 자신의 권리로 천국에 있어야 하고, 렌은 지옥에 있어야 한다고 믿는다. 그래서 불평한다. "나 역시 자네와 똑같은 권리를 가지고 있다구, 알겠어?" 렌은 이렇게 말할 따름이다. "아, 그렇지 않아요. 사장님 생각처럼 지금 상황이 나쁜 건 아닙니다. 저는 여기서 제 권리를 찾은 게 아니에요. 그런 걸 찾으려 들었다면 이렇게 여기 있지도 못했겠지요. 사장님도 사장님 권리를 찾지는 못할 겁니다. 하지만 권리보다 훨씬 좋은 것을 받을 테니 겁내지 마세요."

사장은 렌의 말을 받아서 이어 간다. "난 내 권리를 찾고 싶을 뿐이야. 엄청난 자비를 베풀어 달라는 게 아니라구." 렌은 진심으로 간청한다. "아니, 그렇게 구하세요. 지금 당장. 엄청난 자비를 베풀어 달라고 구하세요. 여기서는 무엇이든 돈을 주고 사는 것이 아니라, 구해서 얻게 되어 있습니다."[64]

물론 유령은 그 제안을 받아들일 수 없다. 자존심에 깊은 상처를 입었기 때문이다. 그는 자신이 점잖은 사람이라는 생각에 빠져 있고, 살인자보다 더 나은 취급을 받을 권리가 있다고 주장한다. 자신의 직원이었던 사람의 제안을 거절한 후 사장은 반쯤 의기양양한 상태로 떠나간다. 그는 자신의 '품위'를 어느 정도 지킨다. 분화는 계속된다.

유령과 견고한 영의 대립은 각각의 행동으로 이루어지는 것이 아니다. 그들 둘 다 하나님 앞에서 받아들여질 만하지 않고, 둘 다 지독히 잔인한 사람들로서 내세울 권리 같은 것은 없다. 그러나 그리스도의 사역이 개입하고, 천국과 지옥의 차이가 생겨났다. 상상도 못할 진실은, '점잖은' 사람이 지옥에 갇힐 수 있다는 것이 아니라 살인자가 하나님의 인정을 받고 그분이 기뻐하시는 대상이 될 수 있다는 것이다.

지옥이 "평소의 자기에게로 돌아가는 여행"65이라면, 천국은 끝없는 "춤"으로 바뀌는 여행이고 무한히 깊은 하나님의 임재 안으로 들어가는 행진이다. 《천국과 지옥의 이혼》에서 견고한 영들은 "깊은 천국", "산속으로 점점 더 깊숙이" 들어가는 여행을 이어 간다.66 《마지막 전투》에서 피조물들과 아이들은 진짜 나니아 안, "더 높은 곳으로, 더 깊은 곳으로" 여행한다. 진짜 나니아는 "더 심오하고 더 놀라우며 이야기 속 장소들과 더욱 비슷하고 … 새 나니아는 더 깊은 나라였다. 바위와 꽃과 풀잎 하나하나가 그 이상의 의미를 갖는 것처럼 보였다."67 거기서 유니콘은 "모든 이들이 느끼고 있던 바를 요약해 주는" 외침을 터트렸다.

드디어 본향에 왔습니다! 이곳이 진정한 고국입니다! 여기가 내가 있을 곳입니다. 지금까지는 몰랐지만, 여기가 바로 우리가 평생 찾던 땅입니다. 우리가 옛 나니아를 사랑했던 것도 그곳이 가끔 이곳과 조금 비슷해 보였기 때문이었습니다. 히히히힝! 더 높은 곳으로, 더 깊은 곳으로!68

그들 모두 전력질주하고, 달리고, 춤추며 더 깊은 나니아로 간다. "모두들 점점 더 빨리 달려갔지만 누구도 덥거나 피곤하거나 숨이 차지 않"는다.[69] 그리고 그곳에서 그들은 아슬란을 만나는데, 그는 "더 이상 사자처럼 보이지 않았다." 아슬란은 이렇게 외친다.

너희는 그림자 나라식으로 말하자면 죽은 것이다. 학기가 끝나고 휴일이 시작됐다고 할까. 꿈이 끝나고 이제는 아침이 된 거다.[70]

여행의 완성이 찾아온 것이다.

《마지막 전투》: 우주적 종말론

루이스는 개인의 종말뿐 아니라 우주적 종말도 믿었다. 우주의 종말은 간단히 말해 두 가지 큰 파국적 또는 "선(善)파국적"(톨킨의 용어) 사건으로 이루어진다. 그리스도의 재림과 신자들의 몸의 부활이다. 루이스는 우주의 종말에 대해 많은 내용을 남기지 않았다. 그렇지만 그가 무엇을 믿었는지 구성할 정도의 제안은 충분히 남겨 놓았다. 그렇다면 그리스도인의 여행은 개인적 관점과 역사적 관점 등 두 가지 관점에서 볼 수 있다. 첫 번째 관점은 최후의 본향으로 가는 각 개인의 순례를, 두 번째 관점은 인류 전체의 순례를 다룬다.

만인구원론에 대한 루이스의 입장

인류 전체의 순례에 모든 인류가 결국 구원받을 것이라는 만인구원론 개념이 반드시 따라오는 것은 아니다. 하지만 인류의 순례를 다룰 때 이 문제가 분명히 제기되고, 루이스 연구에서 끈질기게 등장하는 것도 사실이다. 루이스는 《고통의 문제》에서 만인구원론에 반대한다고 분명히 밝혔다.

> 구원받지 못하는 이들이 있을 것입니다. 제 마음대로 할 수 있다면 기독교에서 이것만큼 없애 버리고 싶은 교리도 없습니다. 그러나 이것은 성경, 특히 우리 주님의 말씀이 전폭적으로 지지하는 교리입니다. 기독교 세계는 언제나 이 교리를 견지해 왔습니다. 또한 이것은 이성의 지지를 받는 교리이기도 합니다.[71]

반면 루이스는 모두가 인정하는 그의 스승 조지 맥도널드가 일종의 만인구원론을 믿었음을 알고 있었다. 이 문제는 《천국과 지옥의 이혼》 속 화자가 자신의 안내자로 등장하는 맥도널드에게 질문하는 방식으로 다루어진다.

> 선생님의 책들을 보면 … 만인구원론을 믿으시던데요. 마치 모든 인간이 구원받을 수 있는 것처럼 말씀하셨어요.

루이스의 맥도널드는 그 말을 듣고 자신의 만인구원론을 내세우는 대신에 "만물의 결국에 대해서는 아무것도 알 수 없고, 그런 용어로는 표현할 수 없다네"라고 대답한다.

하지만 루이스는 만인구원론에 대한 믿음에 맞서 인간의 자유를 지켜야 한다고 주장했다. 우리는 자유라는 선물 덕분에 "창조주와 가장 닮은 존재가 되었고, 영원한 실재의 일부"로 존재하기 때문이다.[72] 자유는 더 심오한 진리이므로 만인구원론으로 자유를 부정할 수 없다. 아이러니하게도 만인구원론은 개인의 자유가 들어설 여지를 남기지 않는다.

루이스는 맥도널드(진짜 맥도널드)의 만인구원론이 인간의 자유를 귀하게 여긴 맥도널드 본인의 견해와 조화를 이룰 수 없다고 지적했다. 맥도널드의 자유관에 따르면, 개인에게는 하나님의 은혜를 거부할 최종 선택의 여지가 남아 있어야 하기 때문이다. 하나님은 사람 인생의 문 앞에 서 계실 수 있지만 "어떤 문도 강제로 열고 들어가지 않으"신다. 이 말을 한 사람이 바로 맥도널드였다.

사랑의 발이 문지방을 넘으려면 안에 있는 자의 손이 먼저 자발적으로 문을 열어야 합니다.[73]

루이스는 우주의 종말이 있다고 분명히 믿었지만, 만인구원론 교리를 받아들이지는 않았다.

몸의 부활

루이스는 개인의 종말과 우주의 종말을 조화시키는 것이 간단한 문제가 아니라는 것을 깨달았다.

> 저는 부활을 믿습니다. … 그러나 부활 이전까지 죽은 이들의 상태는 상상이 안 됩니다. 그들은 우리가 속한 시간과 같은 시간에 있을까요? 그렇지 않다면, "지금" 그들에 대해 묻는 것이 무슨 의미가 있을까요?[74]

시간과 영원이라는 까다로운 문제가 여기 다시 끼어들지만, 루이스는 죽은 자들의 상태 및 다가올 부활의 날과 관련해서 이 문제를 다뤄야 한다는 부담은 느끼지 않았다. 대신에 그는 종말론적 선(善) 파국으로서 몸의 부활의 의미를 진지하게 설명했다.

루이스는 《기적》의 "새 창조의 기적"이라는 장에서 종말에 있을 몸의 부활을 논했다. 그는 논의의 장을 마련하고 알려진 사실에서 미지의 사실로 나아가기 위해 먼저, 그리스도의 부활체의 의미를 기술했다. 성경의 자료는 일차원적 해석을 거부한다. 예수님의 부활은 참으로 몸의 부활이었기에 성육한 몸과 연속성을 가지지만, 새로운 인간성이라는 그림으로 볼 때 부활체는 "죽을 몸과 전혀 다르"다.[75] 부활은 "되돌릴 수 없는 죽음과 되돌릴 수 없는 엔트로피"의 흐름을 바꾸는 새로운 실재를 들여놓았다. 장래에 있을 우리의 부활에는 "역전의 과정이 전 우주적으로 일어나고 영들의 부름에 물질이 순식간에 몰려와 조직화되는 일"이 포함될 것이다.[76]

하지만 루이스는 우리가 "새로운 자연"에 대해 알 수 있는 바가 아주 적다고 생각했다. 그것을 상상하는 일은 실제로 벌어질 일에 대한 예언 또는 예측이 아니라, 실제로 벌어질 수 있는 일을 성급하게 제한하는 일이 없도록 "보다 온전하고 신중한 불가지론이 들어설 여지를 만드는 것"이었다.[77] 급진적 초자연주의에 대한 루이스의 신념이 인상적으로 강렬하게 모습을 드러낸다. 루이스는 다가올 시대에는 우리의 존재 상황 자체가 아주 다를 것이라고 믿었다.

다차원적 우주 공간은 우리가 현재 알고 있는 이 우주와 거의 못 알아볼 정도로 다를 수도 있지만 이 우주와의 연속성이 아예 없지는 않을 것입니다. 시간은 지금처럼 늘 단선적이고 비가역적으로 흐르지 않을 수도 있습니다. 언젠가는 자연의 어떤 부분들이 지금 우리의 대뇌피질이 그렇듯 우리에게 순종하게 될지도 모릅니다.[78]

이 실재는 낯설고 새로운 것이기에 은유적 언어로 생각해야 한다. 그러나 그와 동시에 그리스도의 부활체와 그 새로움은 시공간의 세계와 부분적으로 상호 연동된 것이기에 우리는 그 모든 내용을 "문자적 사실적 의미 그대로" 받아들여야 한다.[79]

이 긴장을 극복하기는 어려운 것 같다. 계몽주의 이후의 사람들은 일층 실재관(자연주의자들이 믿는 내용)이나 이층 실재관(임마누엘 칸트가 생각한 그림)에 익숙하기 때문이다. 이층 실재관은 "일층(자연)이 있고 그 위에 또 다른 한 개의 층이 더 있으며, 이층은 영원하고 무공간

적이고 무시간적이고 영적인 그 무엇으로서, 그것에 대한 어떤 이미지도 없다"는 것이다.[80]

그러나 루이스는 우리가 새로운 자연을 받아들이려 한다면, "무조건의 세계와 우리가 감지하는 현 세계 사이에 있는 여러 중간 층 내지 중간 단계들"을 포함하는 다층의 실재를 인정할 준비를 해야 한다고 말했다.[81] 기독교의 메시지는 복잡한 실재를 제시하고, 그 안에서 우리의 새로운 자연이 옛 자연으로부터 만들어지고 있다.

> 우리는 지금 재건축 중인 집의 모든 변칙성, 불편, 희망, 흥분의 와중에서 살고 있습니다.[82]

그러므로 새 "하늘"은 "그리스도 안에 있는 삶, 하나님을 뵈옴, 끝없는 흠모"와 "몸을 가지고 향유하는 삶"을 모두 포함해야 한다.[83] 우리가 고대하는 것은 "플라톤적 낙원 같은 모호한 꿈"이 아니다. 그리고 현재 우리가 느끼는 상태, 즉 "몸, 장소성과 이동성, 시간"이 최고 경지의 영적 삶에 부적절하다고 느끼는 상태는 치유가 필요한 "증상"이자 "질병"이라고 주장해야 한다. 우리 안에서 영과 자연이 다투는 현재 우리의 상태는 새 창조를 통해 바로잡힐 것이다. [그때가 되면] "영과 자연 사이를 칼로 무 자르듯 나누어 사고할 여지가 없어질 것"이다.[84] 그래서 루이스는 이런 결론을 내렸다.

> 기독교는 몸의 부활을 가르침으로써 천국이 단순히 영의 상태가 아니

라 몸의 상태이기도 하다는 것, 따라서 자연 전체의 상태이기도 하다는 것을 가르쳤습니다.[85]

이 새로운 "천국"은 단지 마음의 상태가 아니라 우리 앞에 펼쳐지는 견고한 실재다. 《개인 기도: 말콤에게 보내는 편지》의 마지막 편지에는 보다 시적인 표현들이 등장한다. 여기서 루이스는 장래의 사건들에 대해 "추측하는데", 먼저 "영광스럽게 된 몸"에 대해 말했다.

현재 우리는 영혼이 어떤 식으로든 몸 '안에' 있다고 생각하는 경향이 있네. 그러나 내가 상상하는 부활의 영광스러운 몸-죽음에서 부활한 감각적 생명-은 영혼 안에 있을 걸세.[86]

이 몸의 부활은 하나님 아버지만 아시는 정해진 시간까지 기다려야 한다. "우리의 이 부분은 죽음 가운데 잠자고" 그 사이에 "지적 영혼은 사순절의 땅(Lenten lands)으로 보내져 그곳에서 벌거벗은 영혼의 상태로-유령 비슷한 불완전한 인간의 상태로-금식하며 지낼 것 같네." 그리고 어느 날,

우리가 그리스도 안에서 다시 살아난 것처럼, 이 하늘, 이 땅과 같으면서도 전혀 다른 새 하늘과 새 땅이 우리 안에서 다시 살아날 걸세. 그리고 얼마나 될지 아무도 모르는 오랜 침묵과 어둠이 지난 후, 다시 한 번 새들이 노래하고 물이 흐르고 빛과 그림자가 언덕을 가로질러 지

나가는 풍경과 우리를 알아보고 웃는 친구들의 얼굴을 보며 놀라게 될 걸세.[87]

그날 우리는 진정 본향에 도착할 것이다.

그리스도의 재림

루이스는 그리스도의 재림에 대해 무슨 말을 했을까? 1952년에 쓴 "세상의 마지막 밤"에서 그는 이에 대한 생각을 분명히 밝혔다. 그는 재림 교리가 현대 신학자들에게 인기가 없지만 이 교리를 포기할 수 없다는 전제에서 출발했다.

> 그리스도께서는 다시 오시겠다고 약속하셨고, 어찌 보면 으름장을 놓으셨다고 말할 수도 있습니다. 그렇다면 재림에 대한 가르침을 완전히 내버리거나 지속적으로 무시하면서 그리스도의 신성과 기독교 계시의 진리성에 대한 믿음을 알아볼 수 있는 형태로 보존하기는 불가능할 것입니다.[88]

루이스는 현대의 사상가들이 재림 교리를 거부한 데는 이론적 근거와 실천적 근거가 있다고 밝혔다. 첫째, 현대의 재림 교리 거부는 알베르트 슈바이처(Albert Schweitzer)와 주로 연관된 묵시론적 학파에 대한 반발이다. "보다 부드러운 신학"은 슈바이처의 과격한 묵시론적 그리스도관에 반발해 그리스도의 묵시론적 예언을 통째로 없애려고 시도했고, 그 과정에서 성경의 묵시론적 내용은 그리스도가 당대의 시대정신에 불가피하게 참여한 결과라는 발언이 나왔다. 묵시론적 그리스도관에 반발하는 이들은 성경의 특정 문화와 연계된 징후들에 초점을 맞추는 대신, "당대의 사상을 '초월하고' '모든 시대에 해당하는' 교리들"을 강조하고 싶어 한다.[89]

루이스는 이 맥락에서 "연대기적 속물주의"라는 표현을 쓰지는 않지만 ['당대 초월, 모든 시대' 운운하는] 그들의 가정에서 동일한 징후를 포착하고 거부했다. 그들의 반응은 기본적으로 "우리 시대의 사고가 옳"다는 생각을 반영하기 때문이다. "위인의 자기 시대를 초월하는 사상이라는 말의 실제적 의미는 '우리의 생각과 일치하는 사상'"이다.[90]

재림 교리가 의심을 받는 이유는 "진화론적이고 발전적인 현대 사상의 특성과 도대체 맞지 않"기 때문이다. 루이스는 "우리가 세상이 완전을 향해 서서히 자라 가는 그 무엇, '진보'하거나 '진화'하는 그 무엇이라고 생각하도록 배웠"음을 지적했다. 그런데 그리스도인들이 고대하는 그리스도의 재림에 대한 교리는 "외부 세력의 개입으로 갑작스럽게, 폭력적으로 종말이 임할 것이라고 예언"한다.[91]

루이스는 "현대의 진보 또는 진화 개념"이 뒷받침하는 증거가 전혀 없는 현대의 신화라고 말하며 거부했다. 그는 생물학 이론으로서의 다윈주의는 그 '신화'와 근본적으로 아무 연관이 없다고 생각했다. 그리고 역사적으로 볼 때 그 '신화'는 다윈의 자연선택 개념이 도래하기 전에 생겨났음을 지적했다. 루이스는 "우리가 좋아하는 현대의 신화"인 진보가 슬프게도 우리를 오도한다고 확신했다. 그러므로

그리스도의 재림 교리는 "지금 우리 상태에 꼭 필요한 약"으로 받아야 한다.[92]

그렇지만 임박한 '파루시아'(parousia, 재림)에 대한 기대는 골치 아픈 문제로 남아 있다. 예수님과 제자들은 실제로 당대 문명의 종말이 임박했다고 생각했다. 예수께서는 "이 세대가 지나가기 전에 이 일이 다 일어나리라"(막 13:30)라고 분명히 말씀하셨다. "그리고 그는 틀렸다"[93]고 루이스는 말했다. 그러나 그는 이것, "성경에서 가장 당혹스러운 구절"을 복음서 저자가 놀리려고 작정이라도 한 듯 "열 단어도 지나기 전에" 적어 놓은 또 다른 구절의 다음 내용에 비추어서 읽어야 한다고 생각했다.

그러나 그날과 그때는 아무도 모르나니 하늘에 있는 천사들도, 아들도 모르고 아버지만 아시느니라(막 13:30).

루이스는 "예수님은 자신이 (어떤 의미에서) 모르는 것이 있다고 털어놓으셨고, 잠시 후 정말 그렇다는 것을 보여 주셨습니다"라고 결론을 내렸다. 그다음 이렇게 덧붙였다.

성육신을 믿으면, 즉 예수님이 하나님이심을 믿으면 어떻게 그분이 모르는 것이 있을 수 있는지 이해하기 어려워집니다만, 한편으로는 그분이 모르는 것이 있다고 말씀하신다면 정말 그럴 수 있을 거라는 확신도 가질 수 있습니다.[94]

시간 예측에 문제가 있는 것이지, 재림 자체에 대한 기대는 문제가 아니라는 점을 확실히 하려는 것이 루이스의 의도임이 분명하다. 재림 교리에 대한 실천적 반론은 타이밍의 문제와 정확히 연결되어 있다. 이 교리 때문에 "그리스도인들이 대단히 어리석은 일들을 저질렀"다.

> 많은 사람들이 이 위대한 사건을 믿는 데에서 멈추지 않고 그 날짜를 알아맞히려 하거나 사기꾼이나 히스테리 환자가 제시하는 날짜를 확실한 것으로 받아들입니다.[95]

루이스는 재림 교리를 믿는 사람으로서 그리스도께서 가르치신 내용을 철저히 의지해야 한다고 경계했다. 그 내용은 이렇다.

> (1) 그분은 분명히 돌아오실 것입니다. (2) 우리는 그때가 언제인지 결코 알 수 없습니다. (3) 그러므로 항상 그분을 맞을 준비를 해야 합니다.[96]

재림 교리의 진정한 요점은 우리가 항상 준비된 상태에 있어야 한다는 것이다. 이 준비 상태는 두려움을 특징으로 하는 일시적 '위기감'에 근거한 것이어서는 안 된다. "우리는 종말을 언제나 기억하고 염두에 두면서 살아가야" 하고 "'이 순간이 세상의 마지막 밤이라면 어떻게 하지?'라는 던(Donne)의 질문이 우리 삶의 매년 매 순간 유

효함을" 깨달아야 한다.⁹⁷

루이스는 '죽음'이라는 개인의 종말을 재림이라는 우주적 종말을 이해하는 패러다임으로 썼다. 전자는 각 개인에게 실현되고, 후자는 온 인류에게 실현된다. 현명한 사람이라면 누구나 죽음을 두려워하며 살지 않는다. 다만 이생의 삶이 "얼마나 짧고 불안정하며 일시적이고 잠정적인 것인지" 항상 기억한다. 마찬가지로 지혜로운 문명이라는 것이 존재한다면 그 문명은 "인류의 삶 전체가 불안정하고 일시적이고 잠정적이라는 사실"을 기억할 것이다.⁹⁸

이것은 우리가 미래와 미래를 살아갈 후손을 위해 건설하는 노력을 포기해야 한다는 뜻일까? 루이스는 "세상에 대한 만병통치식 정책을 미친 듯이 집행"하는 것을 경계했는데, 그런 정책들이 동시대 사람들에게 온갖 잔혹 행위와 불의를 강요한 바 있기 때문이다. 대신에 루이스는 독자들에게 자신의 소명에 충실한 "조용한 삶"을 권했다. 거기에는 "평범한 도덕과 분별력의 한계 안에서 미래를 위해 진지하게 노력하는 일"이 포함된다.⁹⁹

재림 교리에 대한 루이스의 정통적 입장에 놀라야 할까? 그렇지 않다. 이것은 루이스의 '순전한 기독교'의 논리적 결론임이 분명하다. 루이스가 강조하는 초자연주의와 구원중심주의는 자연의 현재 상태에 대한 근본적 변화를 요구한다. 하나님의 구속 사역의 방향은 논리적으로 개인의 종말뿐 아니라 우주의 종말로 이어진다. 이에 대한 성경적 가르침에서 가장 분명한 요소는 그리스도께서 세상을 심판하는 분으로 오신다는 것이다. 《순전한 기독교》에서 루이스는 이것을 '침공'이라고 표현했다.

> 그리스도인들은 때가 되면 하나님이 대군을 이끌고 오시리라고 생각하고 있습니다. 그때가 언제인지는 모릅니다. 그러나 그가 지체하시는 이유는 짐작할 수 있습니다. 그는 자진해서 그의 편에 가담할 수 있는 기회를 주고 계신 것입니다. … 하나님은 세상을 침공하실 것입니다. … 그런 일이 일어나는 날은 바로 세상이 끝나는 날입니다. 극작가가 무대 위로 걸어 나오면 연극은 끝난 것입니다.[100]

우리가 그토록 오랫동안 편안하게 여겼던 세상이 극적으로 막을 내리는 일이 있을 것이다. 온 우주가 꿈처럼 녹아 버리고 상상도 못 했던 다른 무엇인가가 밀고 들어올 것이다. "어떤 이들에게 그것은 너무나도 아름답고, 또 어떤 이들에게는 너무나도 무서울 것이다. 그날, 우리에게는 더 이상 선택의 여지가 없을 것"이다. 왜 선택의 기회가 더 이상 남아 있지 않을까?

> 그때 하나님은 변장하지 않은 모습으로 나타나실 것입니다. 그 모습은 너무나도 압도적이어서 피조물들은 거역할 수 없는 사랑에 뒤덮이든지, 거역할 수 없는 공포에 사로잡힐 것입니다. 그때 가서 어느 편에 설 것인지 선택하려 하면 이미 늦습니다. 일어서는 것이 불가능해진 상황에서 엎드리겠다고 말하는 것은 쓸데없는 짓입니다. 그날은 선택의 때가 아닙니다. 그날은 이전에 알았든 몰랐든, 우리가 참으로 어느

편을 선택했는지 드러나는 때입니다."¹⁰¹

마지막 문장은 몇 가지 중요한 생각할 거리를 안겨 준다.
첫째, 루이스는 최후의 심판 날이 우리가 정말 누구인지 "발견"하는 때라고 보았다. 그것은 꼭 "선고나 보상"을 받는 것은 아니고 "평결"에 해당한다. 그것은 "오류 없는 심판"일 것이다. "절대적으로 정확한 평결이 … 우리 각 사람에게 내려질 것"이다. 루이스는 "구름 속 표적, 두루마리처럼 말린 하늘" 같은 물리적 재난의 그림들이 "적나라한 심판 개념"을 가리킨다고 생각했다.¹⁰² 그것은 사람이 여러 옷을 입어 보고 "전깃불 아래서 옷매무새를 살피며 햇빛에 나갔을 때 옷이 어떻게 보일지 헤아리는 것"과 같다.¹⁰³ 그날 우리의 모든 실체가 밝히 드러날 것이고 누구도 자신의 진정한 정체성을 가릴 수 없을 것이다.

그런데 "그날은 이전에 알았든 몰랐든, … 드러나는 때입니다"라는 루이스의 말은 무슨 의미일까? 어떤 이들은 자신이 그리스도 안에 있는 줄 몰랐지만 "양", "알곡", "지혜로운 처녀", "좋은 물고기"로 분류될 것이라는 뜻일까?¹⁰⁴ 루이스는 신앙을 고백하는 가시적 그리스도인 공동체 바깥에 '익명의 그리스도인들'이 있다고 생각했을까? 분명히 그런 것 같다. 그는 이렇게 말했다.

그리스도에 대해 들어 볼 기회를 얻었고 그래서 그를 믿을 수 있게 된 사람들만 이 새 생명을 얻는다는 것은 엄청나게 불공평한 일 같지 않습니까? 분명한 사실은, 그리스도에 대해 들을 기회가 없었던 이들을 어떻게 할 것인지에 대해 하나님이 우리에게 말씀하신 바가 없다는 것입니다. 우리는 오직 그리스도를 통해서만 구원받을 수 있다는 사실을 압니다. 그러나 그를 아는 사람들만 그를 통해 구원받을 수 있는가에 대해서는 잘 모릅니다.[105]

이것은 루이스가 "보다 온전하고 신중한 불가지론"이 들어설 여지를 만드는 또 다른 사례일 가능성이 있다. 그는 이런 태도가 신학적 추론에 건강하게 접근하는 방식이라고 생각했다.

하지만 이 부분에서 루이스는 좀 더 과감한 상상력의 도약을 제안했다. 《마지막 전투》에는 에메스라는 젊은 칼로르멘인(나니아인들의 천적)이 등장한다. 그는 사는 동안 진심으로 '타슈'(칼로르멘인들의 거짓 신)를 추구했다. 그는 "어린 시절부터 저는 타슈 신을 섬겼습니다. 저의 큰 소망은 그분을 더 아는 것이었고, 가능하다면 그분의 얼굴을 뵙는 것이었습니다"[106]라고 말한다. 결국 에메스는 구원받고 새 나니아의 복으로 초청을 받는다.

루이스는 에메스를 덕스러운 이교도로 그렸는데, 그는 진리를 위해 진리를 섬겼고 (그의 이름은 '진리'를 뜻하는 히브리어에서 따온 것이다) 그 결과 자신도 모르는 채 진리의 주를 섬겼다. 아슬란은 이렇게 선언한다.

아들아, 환영한다. ⋯ 네가 타슈에게 바친 모든 정성을, 내게 바친 정

성으로 인정한다.[107]

놀란 에메스가 "주여, 당신과 타슈가 같은 분이라는 말이 … 사실입니까?"라고 묻자 아슬란이 대답한다.

그 말은 거짓이다. 타슈와 나는 하나가 아니라 정반대이기 때문에, 타슈에게 바친 네 정성을 네가 나에게 바친 정성으로 받아 주는 것이다. 타슈와 나는 너무나 다른 존재라서, 사악한 정성이 나에게 바치는 정성일 수 없듯, 사악하지 않은 정성은 타슈에게 바치는 정성일 수 없다. 그런 까닭에 누군가가 타슈의 이름으로 맹세한 뒤 그 맹세를 충실히 지킨다면, 진정으로 한 그 맹세는 나한테 하는 것이 되느니라. 비록 본인은 그 사실을 모르더라도 그 맹세에 보답하는 이는 바로 나다. 어떤 이가 내 이름으로 잔인한 짓을 저지른다면, 그가 내 이름 아슬란을 부른다 할지라도 실상 타슈를 섬기는 것이며, 그 사람의 행위를 인정해 주는 이 역시 타슈다.[108]

이 놀라운 선언은 에메스로서는 믿기 어려운 것이었기에, 그는 이렇게 말한다. "하지만 저는 평생 타슈 신을 추구했습니다." 아슬란이 대답한다.

사랑하는 아이야 … 너의 갈망이 나를 향한 것이 아니었다면 너는 그토록 오랫동안 그토록 참되게 찾지 않았을 것이다. 진심으로 구하는

자들은 다 찾게 된다.[109]

에메스 사건은 이 이야기에서 드문 예외이지만, 루이스의 "신중한 불가지론"(가능할지 모르는 일에 여지를 남겨 둠)을 표현한 것이거나, 덕스러운 이교도에 대한 그의 소망을 적극적으로 진술한 것이다. 루이스의 주장은 진리와 선은 객관적인 것이고, 하나님의 법은 객관적 특성을 갖고 있으며 선에 확고히 근거하지 않은 자의적 명령이 아니라는 견해에 근거한다. 《시편 사색》에서 루이스는 "하나님이 선한 것을 명령하시는 것은, 그것이 선하고 그분 자신이 선하기 때문"이라고 지적했다. 그리고 여기서는 에메스라는 이름의 의미를 설명했다.

> 그래서 하나님의 율법은 '에메스'(진리), 다시 말해 하나님 자신의 본질에 뿌리내린 고유한 타당성 혹은 궁극적 실재성을 갖고 있고, 그분이 창조하신 사연 만물만큼이나 견고합니다.[110]

루이스는 참으로 선한 것은 어떤 상황에서도 선하게 남아 있으며 선이 악하게 끝나지는 않는다고 확신했다. 선과 악은 근본적으로 다른 진영에 속하기 때문이다. 그는 선의 궁극적 재판관으로 자처하지 않았다. 공평하고 오류가 없는 재판장께서 문 앞에 서 계신다. 그분이 진리와 의로움을 확립하실 것이다. 그분이 진리와 의로움이시기 때문이다.

격렬한 마지막 전투가 끝난 후 나니아에 밤이 찾아온다. 아슬란은 모든 피조물을 가르는 자로 서고, 모든 얼굴이 그 곁을 지나가야 한다.

[공포와 증오]로 아슬란을 바라본 피조물들은 다들 오른쪽으로, 즉 아슬란의 왼쪽으로 방향을 틀어 그의 거대하고 어두운 그림자 속으로 사라져 갔다. … 그러나 다른 피조물들은 아슬란의 얼굴을 보고 사랑을 느꼈는데, 그중 일부는 커다란 두려움도 함께 느꼈다. 그들 모두는 아슬란의 오른쪽에 있는 문을 통해 안으로 들어왔다.[111]

문을 통과한 이들은 새 나니아의 여명 속으로 들어선다. 안도와 만족의 커다란 한숨을 내쉬며 한 목소리가 이렇게 외친다.

드디어 본향에 왔어요! … 여기가 내가 있을 곳입니다.[112]

이것이 최후의 본향에 대한 루이스의 비전이다. 하지만 그는 이것이 절대 끝이 아님을 상기시킨다. 이것은 위대한 이야기의 시작일 뿐이다.

우리는 이것이 나니아 이야기의 끝이며, 그들 모두 영원히 행복하게 살았다고 진심으로 말할 수 있습니다. 그러나 그들의 진짜 이야기는 이제 막 시작되었을 뿐입니다. 인간 세계에서 보낸 그들의 삶과 나니아에서 겪은 모든 모험은 책으로 치면 표지와 속표지에 불과했습니다. 이제 그들 앞에는 지구상의 어느 누구도 읽어 보지 못한 위대한 이야기의 첫 장이 펼쳐지고 있습니다. 그 이야기는 영원히 계속될 것이며, 새로운 장이 그 앞 장보다 항상 나을 것입니다.[113]

진짜 여행이 이제 막 시작되었다.

* * *

루이스가 그려 낸 그리스도인의 순례의 여러 단계 중에서 "마침내 이른 본향"에 대한 묘사가 가장 성경에 충실하다. 아이러니하게도, 그의 신학에서 가장 상상력이 넘치는 측면으로 보였던 부분에서 오히려 성경 자료에 더 자주 호소한 것을 알 수 있다. 종말에 대한 루이스의 그림은 사변적인 것에 그치지 않는다. 그 주제에 대한 루이스의 교훈적 글은 관련된 성경의 가르침에 충실하려는 다양한 시도를 담고 있다. 특히 《기적》에서 그는 모을 수 있는 모든 관련 성경 자료를 고려하려 했다. "당혹스러운 구절들"도 폐기하지 않았다. 루이스는 마르키온(Marcion of Sinope)의 유령을 효과적으로 몰아냈다.[114]

그럼 루이스의 "신중한 불가지론"은 어떻게 봐야 할까? 루이스에게 불가지론은 "전혀 모르겠어!"라고 말하게 만드는 것이 아니라, "몇 가지 가능성을 제안해 보겠다!"고 말하게 만든다는 것이 흥미롭다. 이런 의미에서 그것은 주도적 불가지론이고, 기존의 확신에 토대를 두고 상상력을 발휘하는 것이다. 부활한 몸의 "새로운 본질"을 생각할 때는 초자연주의에 충실하게 논의를 전개한다. 덕스러운 이교도 문제를 생각할 때는 선의 객관성을 강조한다.

덕스러운 이교도에 대한 루이스의 생각은 만인구원론(그는 자유를 중요하게 여겼기에 이것을 받아들일 수 없었다)과 구원은 자신을 그리스도인으로 인식하는 신자들에게만 제한된다는 생각(루이스는 선의 보편적이고 객관적인 특성, 즉 선은 어디서 발견하더라도 선하다는 믿음에 근거해 이 생각을 거부했다)의 절충안이다. 하지만 이 생각에는 칼 라너(Karl Rahner)의 "익명의 그리스도인" 개념에 있는 것과 유사한, 중요한 신학적 함의가 담겨 있다.

가장 심각한 문제는 이것이다. 어떤 특별계시가 없어도 "초자연적 실존 가운데 하나님의 은혜로운 함께하심에 자유롭게 협력하는 이는 누구나 구원받을 수 있고 구원받게 된"다면, "인간들에게 특별한 역사적 계시가 왜 필요할까?"[115] 그저 일을 더 쉽게 만들고 접근성을 높이기 위한 것일까? 이것은 다른 면에서는 그리스도 중심적인 (그러므로 특별한 구원 계시에 초점을 맞춘) 루이스의 대속관에 부담으로 작용하지 않을까?

하지만 그의 '순전한 기독교'는 다시 한 번 우리 앞에 분명한 모습을 드러낸다. 미래에 어떤 일이 기다리든, 그에 대한 우리의 기대가 현대의 자연주의적 편견에 근거한 것이어서는 안 된다. 자연주의적 편견은 다가올 일의 믿기지 않는 풍성함을 앗아 갈 수밖에 없기 때문이다. 순례자인 우리의 불완전한 현 상태가 완전히 치유될 우리의 미래는 상상도 못할 만큼 놀라울 것이다. 초자연주의와 구원중심주의를 모두 갖춘 루이스의 '순전한 기독교'는 그의 종말론적 비전의 핵심에 자리 잡고 있다.

Chapter 7.

루이스 신학의 성찰

_'순전한 기독교 사상'의 비평

루이스의 신학은
당대의 자연주의적이고 윤리중심적 종교와는 반대로
철저히 초자연주의적이고 구원중심적이다.

지난 몇 장에 걸쳐 나는 그리스도인의 순례라는 패러다임으로 C. S. 루이스의 신학을 제시해 그의 사상 체계를 알아볼 수 있게 분명히 드러내고자 했다. 첫눈에 볼 때 루이스의 신학 저술들은 체계적으로 전개되지 않고 느슨하게 연관된 개념들로 이루어져 있는 것 같다. 여기에는 몇 가지 요인이 있다.

첫째, 루이스는 다양한 학파의 영향을 받았다. 우리는 그의 배경을 통해 그가 다양한 주제, 문학 장르, 신학적 입장의 문헌들에 대단히 박식하다는 데 주목했다. 그는 문필가, 철학자를 포함한 여러 인상적 사상가들과 직접적인 관련이 있었고, 그들 중 상당수는 기독교 학자들이었다. 그들이 그의 지성에 미친 영향은 다양했고, 루이스는 실재에 대한 다소 절충적이고 관점주의적 접근 방식으로 그런 영향을 반영했다. 따라서 루이스를 연구하는 현명한 학자들은 그를 특정한 학파나 운동으로 엄격하게 분류하려는 일체의 시도를 포기했다.

둘째, 루이스의 저술들은 대체로 적용적이고 실천적이다. 그는 자신의 출간 도서, 개인 서한, 공개 강연 등 여러 방식으로 접촉하는 사람들의 실제적인 영적 필요에 부응하고자 했다. 이런 의미에서 그는 탁월하게 실제적이고, 심지어 목회적이기까지 한 기독교 교사였다.

하지만 이런 요소들이 있다고 해서 루이스의 구체적인 신앙 내용들과 기독교 신학에 대한 다양한 "잠정적" 생각들을 묶어 주는 통일된 체계가 없다는 결론이 따라오지는 않는다. 내가 이 책에서 줄곧 주장한 것처럼, 그의 저서들에 나오는 몇 가지 통합적 주제들을 발견해 'C. S. 루이스의 신학'을 말하는 것은 타당한 일이다.

이 책의 구조로 빌려온 루이스의 주된 구성 원리는 그리스도인의 삶을 여행이나 순례로 보는 견해다. 루이스는 자신의 생각들을 대단히 중요한 이 패러다임으로 엮어 냄으로써, 합리적이고 상상력이 넘치는 글의 저자는 물론 삶의 이야기에 참여하는 동료 순례자이자 영적 중요성을 지닌 탁월한 이야기꾼이 되었다. 나는 루이스의 순례신학을 4개의 단계로 나누었다. "타향살이", "본향 쪽으로 돌아섬", "본향길에 누리는 본향", "마침내 이른 본향." 그 결과, 루이스의 신학을 그리스도인의 삶에 대한 자립적이고 포괄적인 파노라마식 시각으로 제시할 수 있었다.

루이스는 이 순례길 비전에서 '순전한 기독교'의 시각을 한결같이 견지했고, 그것이 기독교의 본질임을 알아보았다. 루이스가 순전한 기독교를 제시한 '건설적 동기'는 복음 전도였다. 기독교 신앙의 본질적인 내용을 교파 간의 분열과 전통이라는 짐 덩어리 없이 제시하려는 것이었다.

리처드 백스터가 그러했듯이, 루이스도 다양한 교파와 전통 사이의 간극을 메우려고 시도했다. 순전한 기독교의 '교정적 동기'는 신학에서든, 철학에서든, 대중문화에서든 탈기독교 세계관에 맞서게 하는 변증적인 것이었다. 루이스의 신학은 예언자적 특성을 갖춘 상황신학, 결정적으로 내재주의적(즉, 자연주의적이고 인본주의적인)인 시대정신에 맞서 초월적 세계관을 내세운다. 루이스의 '순전한 기독교'는 합리적 논증과 상상의 담론으로 표현된다.

'순전한 기독교'는 무엇일까? 클래런스 프랜시스 다이는 루이스의 '순전한 기독교'를 "교회의 위대한 신조들인 아타나시우스 신경, 니케아 신경, 사도신경으로 요약"할 수 있다고 말했다.[1] 그리고 이렇게 덧붙였다. "그러나 루이스가 '순전한 기독교'에 대해 말할 때 종말의 과정을 제시하는 것이 분명하다." 왜냐하면 루이스에게 "순전한 기독교는 그리스도인들이 믿는 일련의 진술 이상의 것이기" 때문이다.[2] 다이의 정의는 너무 자의적이고 유동적이라 루이스의 메시지가 가진 예언자적 특성을 담아내지 못하는 것 같다.

반면 채드 월시는 루이스의 '순전한 기독교'를 '근본주의 기독교' 및 '현대주의 기독교'와 구분되는 '고전적 기독교'로 보았다. 월시가 말한 '고전적 기독교'는 루이스의 '순전한 기독교'의 의미를 나타내기 위해 그가 만들어 낸 단어다. '고전적 기독교'의 가장 중요한 특성은 그것이 "기독교 전통의 한복판에" 위치한다는 점이다. 그래서 루이스는 "여러 신경에 요약된 교리들을 단호하게 옹호하면서도 과도한 성경 숭배를 꺼려"했다.[3] 하지만 월시는 이렇게 덧붙였다.

그가 가끔 어느 한쪽으로 기울어질 때는 근본주의의 방향으로 살짝 더 자주 기울어지는 것 같다.⁴

월시가 루이스를 위해 만들어 낸 범주 안에 루이스의 생각을 가둘 수 없다는 것이 아이러니하게 느껴진다.

한편으로 나는 루이스의 '순전한 기독교'가 역사와 전통을 고스란히 반영하고, 현대의 '탈기독교적' 견해와 대립하는 전통적 기독교의 주요 특성들을 드러낸다고 주장했다. 본질적으로, 그것은 현대의 '물 탄 기독교'가 거부한 양 기둥의 관점 또는 세계관인 초자연주의와 구원중심주의를 재구성한 것이다. 따라서 루이스의 신학은 당대의 자연주의적이고 윤리중심적 종교와는 반대로 철저히 초자연주의적이고 구원중심적이다.

우리가 본 대로, 루이스의 양 기둥 관점은 그가 자의적으로 선택한 것이 아니다. 그것은 당대와 우리 시대의 종교적 '삶의 정황'(Sitz im Leben)에 대한 교정책일 뿐 아니라, 전통 신학이 성경의 두 가지 중심 교리라고 주장했던 창조주 하나님 및 구원자 하나님과 대응한다. 루이스의 '순전한 기독교'는 환원될 수 없는 적절히 기초적인 기독교적 전제로 이루어져 있는데, 그는 그 전제에 따라오는 파생적 논점들을 다양한 저서에서 때로는 보다 일관성 있게, 때로는 그렇지 못하게 설명했다.

루이스에게 초자연주의는 유신론(그중에서도 인격적 신에 대한 믿음), 창조론(자존적 존재가 의존적 존재들을 만들어 냈다), 창조주-피조물의 구분

(존재의 두 영역 사이에는 근본적인 구분이 존재한다)을 포용하는 용어다.

루이스의 말뭉치를 놓고 보면, 초자연주의의 관점에서 본 '순전한 기독교'는 다음과 같은 즉각적 귀결을 포함한다.

첫째, 자존하는 신이 존재한다(그분은 "삼위이신 하나님"이다). 둘째, 그 하나님은 모든 우연적 존재를 창조하셨고, 그중에서 인간을 우연적일 뿐 아니라 자유로운 존재로 지으셨다. 셋째, 창조주의 존재 영역과 피조물의 존재 영역 사이에는 근본적인 구분이 있다. 넷째, 피조된 실재는 창조주를 반영하고 창조주의 본을 따라 만들어졌다[따라서 창조의 '텔로스'(Telos, 최종 목적)이시다]. 다섯째, 그러므로 피조물의 존재 영역 안에서 어떤 객관적 가치가 존재한다.

또한 구원중심주의 관점에서 본 '순전한 기독교'는 적어도 다음의 즉각적이고 파생적인 결과를 포함한다.

첫째, 우리가 아는 인류에게는 근본적인 문제가 있기에 인격적 창조주께서 설계하신 창조의 '텔로스'(목적과 의미)에 따라 존재하는 것이 불가능하다. 둘째, 인류에게는 자립적 해결책이 없다. 해결책은 외부에서(창조주로부터) 와야 하고 문제점 못지않게 근본적인 것이어야 한다. 셋째, 해결책에는 '텔로스'(새로운 인류)에 맞게 상황을 바로잡는 계획이 포함되어야 한다. 넷째, 해결책은 그리스도 안에서 (초자연주의와 구원중심주의라는 기독교적 비전의 정점이 되는 성육신의 신비를 통해) 인류에게 주어졌고, 그 해결책을 받아들이는 사람들은 '구원'(또는 '텔로스적 존재')을 얻는다. 다섯째, 구원받는 이들과 구원받지 못하는 이들 사이에는 대립의 상태가 존재하고, 그 대립 상태는 텔로스적 존재의 완성과 더불어 온전히 실현될 것이다.

이상의 명제들은 루이스 신학의 요약에 해당한다. 이것들은 그가 기독교를 이해하는 데 있어 본질적인 내용이다. 이런 주장들에 따라오는 필연적 결과들이 더 있는데, 루이스는 그중 상당수가 '잠정적' 또는 '일시적'이라고 보았다.

기독교 신앙의 구체적 신조들을 제시하는 것은 루이스의 문학적 정신에 다소 역행하는 것으로 보일 수 있다. 하지만 앞에서 말한 대로, 루이스는 분명히 구체적 '내용'이나 '가르침'을 제시하고 싶어 했다. 신학적 추상 개념은 이야기꾼 루이스가 중요하게 생각하는 '신화적'이고 '은유적인' 힘을 약화시키는 경향이 있다. 그렇지만 루이스는 기술적(記述的) 학문으로서의 신학을 거부하지 않았고, 그것은 그의 신학적 수고의 중요한 측면을 차지했다.

하지만 그는 기술 활동에는 관점의 한계가 있을 수밖에 없음을 상기시켰는데, '실재'는 그에 대한 기술보다 크기 때문이다. 그리고 '실재'의 객관성은 기술적 '진리'에 대한 의미 있는 탐구의 조건을 구성한다. 루이스에게 신학은 "하나님에 대한, 그리고 종교를 믿는 사람이 그분과 맺는 관계에 대한 일련의 체계적 진술"이다.[5] 그것은 대서양 지도와 같은 것이다.

지도는 색칠한 종이에 불과하지만, 여러분이 지도에 관해 기억해야 할 사실이 두 가지 있습니다. 첫째는, 그 지도가 수백 수천 명의 사람들이 진짜 대서양을 항해하면서 발견한 사실에 토대를 두고 있다는 것입니다. 지도의 이면에는 해변에서 바다를 본 당신의 경험 못지않게 생생한 경험의 덩어리가 자리 잡고 있습니다. 또, 당신의 경험은 바다를 고작 한 번 흘낏 본 것이 전부지만, 지도는 서로 다른 경험들이 한데 모여 만들어진 것입니다.

둘째는, 여러분이 어딘가로 가고자 할 때는 지도가 절대적으로 필요하다는 사실입니다. 여러분이 해변을 거니는 데 만족한다면 지도를 보느니 해변에서 바다를 보는 편이 훨씬 재미있을 것입니다. 그러나 대서양을 건너 미국에 가고 싶다면 해변을 거니는 것보다는 지도를 보는 편이 훨씬 유용할 것입니다.[6]

대서양이 존재하지 않는다면 지도가 쓸모없겠지만, 대서양을 건너야 할 상황이라면 지도는 꼭 필요한 동반자일 것이다. 루이스는 신학적 추상화 작업이 적절한 자리에서 필요하고 유용한 일이라고 생각했다.

평가

우리의 연구를 마무리하기 위해서는 루이스의 신학을 균형 있게 바라볼 필요가 있다. 나는 기독교 메시지의 전달자로서 루이스가 누리는 광범위한 인기를 언급했다.

실용적 관점에서 볼 때, 루이스의 신학이라는 기획은 ('방식'과 '내용' 모두에서) 대성공이다. 많은 사람이 그의 저서들을 통해 기독교 신앙에 이르는 길을 안내받았다. 루이스의 글이라는 효과적인 도구를 통해 복음이 청중에게 닿았다. 그의 문학적 도구들은 대체로 매력적이고 좋은 평가를 받는다. 종종 독자들은 루이스의 글에 깊은 감동을 받는다. 그의 '순전한 기독교' 해설은 지적으로나 정서적으로 매력적이다. 그의 소설들은 복음을 힘 있게 다시 들려준다. 아이들은 (어른들도 똑같이) 신화나 은유의 문학적 의미를 이해하지 못한 채로 《나니아 연대기》를 읽고 나서 선악, 경외감과 공포, 행복과 슬픔에 대한 깊은 인식을 갖게 된다. 그 결과, 그들은 기독교적 실재관과 조우한다.

하지만 우리는 루이스 신학의 실용적 결과를 넘어서서 그 내용, 신학적 기여, 그리고 내적 논리의 명료성과 일관성의 관점에서 그것을 평가해야 한다. 우선, 몇 가지 긍정적 측면을 지적해 보면 다음과 같다.

루이스 신학의 긍정적 측면

첫째, 우리가 이미 살펴보았다시피, '순전한 기독교'를 강조하는 루이스의 동기는 건설적인 것과 교정적인 것 등 이중으로 구성되어 있다. 그의 동기는 신학적 시도에 필요한 두 과정을 가리킨다. 즉 기독교 메시지를 가르치기 위해 (교훈적, 복음 전도의 목적에서) 주도적으로 진술하는 것과 다양한 비기독교적, 유사기독교적 요소들로부터 기독교 메시지의 온전성을 보호하기 위해 (교정적, 변증적 목적을 위해) 반응적으로 진술하는 것이다.

가르치고 변호하기 위해서는 신학적 추상화라는 작업이 필요하다. 루이스의 초자연주의와 구원중심주의 신학은 이런 의미에서 이해해야 한다. 특히 교정적 조치로 제시된 그의 '순전한 기독교'는 기독교의 본질적 의미의 정수를 제시해야 한다는 당대의 절박감에서 나온 것이었다.

고린도에서 바울이 내놓은 기독교 메시지의 정수는 "십자가에 못 박히신 그리스도"였다.

> 내가 너희 중에서 예수 그리스도와 그가 십자가에 못 박히신 것 외에는 아무것도 알지 아니하기로 작정하였음이라(고전 2:2).

유대인들이 기적을 요구하고 그리스인들은 지혜를 추구할 때 바울은 "십자가에 못 박히신 그리스도"에 관한 메시지를 전했다. 사도 요한은 거짓 교사들 또는 '적그리스도'의 등장을 경고하면서 예수 그리스도께서 "육체로"(요이 1:7) 오셨다는 사실을 메시지의 정수로 제시했다.

루이스의 '순전한 기독교' 역시 당대의 시대정신으로 볼 때 대단히 과격했다. 그의 기독교는 서구 교회의 영적 방종, 교리적 안주, 학문적 부적절성에 이의를 제기했다. 그들에게 '순전한 기독교'는 '스칸달론'(넘어지게 하는 것)이었다. 그러나 믿고자 하는 이들에게는 '에방겔리움'(복음)이었다. 당시 두 차례의 세계대전이 유럽과 전 세계를 휩쓸었다. 환멸과 적개심이 문화 속에 자리를 잡았다. 한때 당연하게 여겼던 안정은 더 이상 기대할 수 없었다. 루이스는 세상이 기독교를 새롭게 바라볼 필요가 있다고 진심으로 믿었다. 아버지 하나님의 마음이 모든 사람에게 인생 여정을 새로운 시각으로 보라고 촉구했다. 불안한 방랑은 본향으로 가는 여행으로 바뀌어야 했다. 루이스는 선포해야 한다는 부담을 느꼈고, 그렇게 함으로써 변화를 가져왔다.

둘째, 루이스의 순례 모티프는 그의 신학적 목적을 잘 감당했다. 그것은 단지 시적 장치로만 활용된 것이 아니고, 여행이라는 "대체로 낭만주의적" 주제의 표현으로만 등장한 것도 아니다. 사실 순례로서의 인생관은 심오한 신학적 출발점과 다양한 함의를 갖고 있다. 그것은 루이스의 초자연주의적이고 구원중심적 세계관에서 나왔고, 그는 그 세계관에 이끌려 이 세상에서 인류가 거주하는 것은 낯선 땅에서의 체류라는 결론을 내리게 되었다.

우리는 이 우주에서 나오지 않았습니다. 우리는 이곳에서 이방인입니다. 우리는 다른 곳에서 왔습니다. 자연이 존재하는 전부가 아닙니다. '다른 세계'가 있고, 우리는 바로 그곳에서 왔습니다.[7]

그래서 우리는 "이곳에서 편안하게 느끼지 못하"고 "우리의 불안에는 이유가 있다."[8] 나는 이렇게 "신학적 심리학"을 끌어들인 것이 루이스가 이룬 주요한 변증적 성취라고 본다.

자연신학의 전통적인 유신론적 논증과 달리, 루이스의 [자연, '기쁨', 도(道), 이스라엘 역사, 이교의 구원 신화들로부터의] 논증은 우리가 앞서 4장에서 살펴본 것처럼 각 유신론적 표지 안에 내재하는 긴장 상태를 활용한다. 자연은 질서정연하고 즐거울 뿐 아니라 위험하고 무시무시하다. 사람은 '기쁨'을 쾌락과 슬픔으로 동시에 경험하고, 도는 의무감과 무력감을 동시에 떠올리게 하고, 이스라엘 역사와 이교의 구원 신화는 그 자체로는 불완전하다.

그 결과로 나타나는 소외감과 불완전감을 제대로 포착하면 예수 그리스도의 복음이 등장할 무대가 마련된다. 불안한 마음은 적절한 갈망의 대상을 성육하신 성자 하나님이 드러내신 사랑의 창조주 안에서 발견한다. 구원의 완성은 우리를 마침내 본향에 이르게 해 줄 것이고, 그때 순례자들은 지극한 만족감을 느끼며 "드디어 본향에 왔습니다! … 여기가 내가 있을 곳입니다!"[9]라고 외칠 것이다. 현재의 삶에 내재하는 긴장에 대한 루이스의 통찰은 중요한 신학적 변증적 발견이다.

루이스 신학에서 발견되는 몇 가지 결함

하지만 우리는 여기서 더 나아가 몇 가지 문제를 지적해야 한다.

첫째, 가장 먼저 다루어야 할 중요한 문제는 인식론적 정당화 개념이다. 루이스는 자신의 진리 주장을 어떻게 정당화했을까? 그는 어떤 규범적 기준을 활용했을까?

루이스는 자신만의 다관점적 방책에 따라 움직인 듯하다. 그는 "종교: 실재인가 대체물인가?"라는 글에서 지식이 3가지 경로로 주어진다고 주장했다. "권위, 이성, 경험, 다양한 비율로 결합되는 이 3가지에 우리의 지식이 달려 있"다고 했다. 기독교의 진리에 대한 자신의 확신에 대해 그는 이렇게 적었다.

> 다양한 시대와 장소에서 살았던 여러 지혜로운 사람들의 권위를 생각하면 저는 영적인 세계를 환상으로 여길 수 없습니다. 또한 제 이성은 물질주의가 지닌 명백히 해결 불가능한 난제를 바라보게 하고, 영적인 세계에 대한 가설이 훨씬 적은 가정으로 월등히 많은 사실을 설명한다는 것을 밝혀내기에 영적인 세계를 환상으로 여길 수 없습니다. 영적인 삶을 살고자 미약하게나마 시도해 본 결과 환상을 추구할 때 일반적으로 도달하게 되는 결말에 이르지 않음을 경험했기에 또다시 저는 영적인 세계를 환상으로 여길 수 없습니다.[10]

여기서 우리는 인식론적 정당화에 대한 세 관점에서의 접근법(권위, 이성, 경험)을 보게 된다.

권위에 대한 루이스의 견해는 교회사에서 볼 수 있는 학자들의 전승과 고대의 위대한 철학자들에게 권위적 지위를 부여한 중세적 개념과 닮았다. 신학적 지식의 구성물이 역사적, 종교적 합의에서 볼 수 있는 공통의 주장으로 정당화되는 듯하다. 루이스는 성경의 증언을 바로 이런 범주 아래 두었다. 그는 "성경의 약속들"이 권위를 갖는 이유가 "우리보다 하나님께 더 가까웠던 저자들이 전해 준 것이고 수 세기에 걸쳐 그리스도인들의 경험을 통해 검증되었"기 때문이라고 진술했다.[11] 루이스는 성경(하나님의 말씀과 구분되는)의 권위가 갖는 근거를 그것을 쓴 "영적으로 앞선" 개인들의 합의에 둠으로써, 성경의 초월적 의미를 과소평가했다. 더 나아가 루이스는 성경이 하나님의 영감된 계시로서 유일무이한 지위를 갖는다고 주장하지 않았다.

> 모든 선하고 완전한 선물이 빛들의 아버지께로부터 나온다면, 성경에 들어 있든 그렇지 않든 모든 참되고 덕을 세우는 저술들은 모종의 의미에서 영감된 것이 분명합니다.[12]

루이스는 성경을 구성하는 여러 부분들은 균등하게 영감되지 않았고 "성경의 전반적 작용은 하나님의 말씀을 … 올바른 정신으로 성경을 읽는 독자에게 전달하는 것입니다"[13]라고 말했다. 루이스의 영감관은 "하나님의 감동으로 된"(딤후 3:16) 증언이기에 권위 있고 참된 것이라는 신학적 의미의 초점을 잃은 것 같다. 제대로 된 성경의 영감 교리는 성경 안의 구체적 진술의 특징보다는 문서화 과정에 초점을 맞추고, 그것이 성경을 신뢰할 만하게 만든다는 것을 강조한다. 루이스는 성경 영감의 의미를 오해한 것 같다.

예를 들어, 그는 고린도전서 7장의 "내가 명하노니 (명하는 자는 내가 아니요 주시라)"(10절)와 "내가 말하노니 (이는 주의 명령이 아니라)"(12절)라는 바울의 말을 대비시키며 이 두 진술이 영감의 다른 '방식'이나 '정도'를 나타낸다는 결론을 내렸다. 하지만 영감 교리의 가르침에 따르면, 두 진술 모두 동등하게 영감되었기에 그것이 실제로 말하는 내용은 믿을 수 있고 신뢰할 만하다. 그러나 두 구절의 의미가 다르므로 독자들은 이를 고려해야 한다. 즉 전자는 절대적인 하나님의 명령으로, 후자는 사도의 권고로 받아들여야 한다. 안타깝게도, 루이스의 불충분한 성경관은 그의 인식론적 권위의 토대를 결정적으로 약화시킨다.

반면 루이스의 이성(理性)관은 그의 인식론의 핵심으로 우리를 이끈다. 그는 "우주 안에 있는 일종의 (혹은 여러 종의) 심리-물리적 평행 관계"에 따라 이성과 실재 사이에 연관성이 존재하고, 그로 인해 실재에 대한 온갖 담론이 가능하며 의미 있게 된다고 한결같이 생각했다.[14] 이성과 실재의 이런 조화는 궁극적 실재이신 창조주께서 제정하신 것이다. 이것은 또한 우리의 이성이 유효한 이유가 하나님의 이성을 반영하기[15] 때문이라는 뜻인데, 하나님의 이성은 온 우주와 모든 우주적 현상 배후에 있다. 루이스는 인간 이성이 타당한 근거가 그것이 자연선택이 아니라 설계자로부터 나왔기 때문이라고 주장했다.

자연주의에 내재된 문제는 이성의 타당성을 확보할 수 없다는 데 있다. 이성이 비이성적 근원에서 나왔다면, 그 이성은 신뢰할 수 없다. "[그렇게 되면] 신학이니 존재론이니 형이상학이니 하는 것은 더 이상 존재하지 않게 될 것이다. … 그러나 만약에 그렇다면," 사변의 산물인 "자연주의 역시 존재하지 않게 될 것"이다.[16] 이런 의미에서 이성을 높이 평가하는 루이스의 견해는 그의 초자연주의적 세계관에 근거한다.

루이스의 경험관은 루이스 인식론의 뒷면(이성관을 앞면이라고 할 수 있겠다)을 강조한다. 그는 분석적, 추상적 지식과 구분되는 실험적, 관계적 지식의 중요성을 강조했다. 특히 믿음에 대한 논의에서 동의로서의 믿음-1과 신뢰로서의 믿음-2의 구분을 강조했다. 신뢰로서의 믿음에는 하나님에 대한 관계적 지식의 역학이 포함된다.

하나님은 개념이 아니라 인격이시기에 우리와 관계를 맺으신다. 기독교 신앙이 다른 형태의 지식이나 믿음과 다른 면은 인격이신 하나님을 알고 하나님이 아시는 바가 된다는 것에 있다. 이러한 앎은 이성보다 상상력의 기능에 더 의존한다. 물론 이성과 상상력이 상호 배타적인 것은 아니다. 루이스는 자신을 "합리주의자"라고 불렀지만, "나는 경험적 유신론자다"라고 선언하기도 했다. 왜냐하면 그는 "되풀이되는 특정한 경험"을 숙고해 하나님에 대한 믿음에 이르렀기 때문이다.[17]

불행히도 루이스가 설명한 이런 지식의 경로들은 신학을 세우기 위한 확고한 근거를 제공하지 못한다. 종교적 합의에 의거한 권위, 이성, 경험은 진리의 객관적 근거를 개별적으로 구성하지 못하고, 집합적으로 신뢰성의 정도를 높여 주기는 하겠지만 객관적 확실성을 보장할 정도는 아니다. 이를테면, 절대적인 도덕적 기준, 또는 도를 지지하는 루이스의 주장은 기독교 및 기타 역사적, 지적 전통에 대한 이해뿐 아니라 인류의 집단적 의식에 대한 인식에 근거하고 있다(합의에 의거한 권위). 그리고 미적, 윤리적 가치에 대한 주관적 견해와 다른, 도덕의 객관적 존재를 정당하게 인정할 것을 지지하는 합리적 논증이 그의 주장을 뒷받침한다(이성). 루이스의 주장은 본인을 포함해 사람들이 내면의 도덕적 의무감을 경험했다는 가정에 토대를 둔다(경험).

하지만 이렇게 결합된 지식은 절대적 도덕법의 초월적 특성을 가리키기에는 역부족이다. 반대로 역사적, 철학적, 심리적 고려 사항에만 호소한다는 점에서 결국 그것은 내재적이다. 객관적 실재를 지지하는 루이스의 논증은 집단적 주관성에 근거하고 있기에 객관적 실재가 초월적으로 존재한다는 근거로는 부족하다. 루이스의 '기쁨'과 신화 개념에도 같은 비판을 적용할 수 있다.

요컨대, 루이스의 가장 심각한 문제로 드러나는 것은 그의 사상 체계에 초월적 규범성(또는 절대적 기준)이 결여되어 있다는 것이고, 그것은 주로 그의 잠정적 성경관에 기인한다. 이 문제는 다른 면에서는 초월적인 (따라서 예언자적인) 그의 신학적 비전을 근본적으로 저해해 내재주의적 경향을 가져오고, 아이러니하게도 이런 내재주의적 경향은 루이스가 현대적 또는 탈기독교 세계관에서 이의를 제기하고자 했던 문제의 핵심이다.

둘째, 루이스는 유신론적 표지들의 초월적 의미를 정당화하는 정점으로 그리스도의 성육신의 계시적 의미를 지목했다. 그리스도 안에는 의로움(도를 성취하여), 즐거움(기쁨을 성취하여), 구원(신화들을 성취하여)의 초월적 실재가 내재한다. 루이스의 '사실이 된 신화'관에 따르면, 예수 그리스도 안에서 신화와 역사가 만나 완전히 하나가 되고 상상력과 이성의 결혼이 이루어진다. 구원의 신화들이 그리스도 안에서 기댈 곳을 발견하는 이유는 죽었다가 살아나는 신들의 이야기들이 예수 그리스도 안에서 성취되기 때문이다.

하지만 《마지막 전투》에서 진리와 선을 전심으로 추구해 정당성을 인정받고 구원받은 에메스가 등장함으로써 루이스의 내재주의적 경향이 또다시 머리를 들었다. 그는 "[하나님의] 율법은 '에메스'(진리)를 가진 것, 다시 말해 하나님 자신의 본질에 뿌리내린 본질적 타당성 혹은 궁극적 실재성을 가진 것으로서, 그분이 창조하신 자연 만물만큼이나 견고한 것이었습니다"[18]라고 주장하면서 그리스도를 우회해 "자연인"이 선천적으로 이해하는 자명한 진리에 직접 호소했다.

그리스도 안에서 자신의 의로움을 계시하시는 하나님에 대한 기독교의 가르침이 루이스의 사상 안에서 뒤집어졌다. 그리스도가 진리와 의로움이라는 객관적 실재에 종속된 것이다. 진리와 의로움은 그리스도 안에서만이 아니라 다른 곳에서도 찾을 수 있게 되었다. 루이스가 주장한 대로 그리스도가 하나님 자신이시라 해도, 그분은 선함과 진리의 저자이자 온전하게 하시는 이가 아니라 그것들을 가리키는 표지 중 하나가 되신다. 루이스의 그리스도 중심적 기독교관("신화가 사실이 되었다")이 차질을 빚는 대목이다.

'덕스러운 이교도' 개념이 "그리스도를 우회함"을 뜻하지 않는다고 주장할 수도 있다. 궁극적으로 이 개념은 그들도 그리스도 안에서 그리스도를 통해 구원받는 것으로 전제하기 때문이다. 하지만 그것으로 긴장이 모두 해소되지는 않는다. 계시(말 그대로 '가려져 있던 것이 드러나 볼 수 있게 된 것'을 뜻한다) 개념이 자의적인 것이 되어 버리기 때문이다. 이런 의미라면 그리스도 안에 있는 하나님의 특별계시의 구원 효과는 사람이 그것을 주관적으로 파악하는 일과 근본적으로 별개의 문제가 된다. 그러나 "그런즉 그들이 믿지 아니하는 이를 어찌 부르리요 듣지도 못한 이를 어찌 믿으리요"(롬 10:14).

이 지점에서 루이스의 에메스 이야기를 그리스도께서 우리를 아심으로 우리가 구원을 받는 것이지 반드시 우리가 그리스도를 알아서 구원받는 것은 아니라는 주장으로 해석하고 싶은 마음이 들 수 있다.[19] 만약 그렇다면 구원은 외부의 출처에서 나오는 것이고, 철저히 하나님의 구원의 은혜로 주어질 것이다. 이것이 루이스가 "네가 타슈에게 바친 모든 정성을, 내게 바친 정성으로 인정한다"[20]는 말의 의미일까? 천만의 말씀이다! 사실 그는 정반대 방향을 가리킨다. 강조점은 하나님이 원하심이 아닌 주관적 "갈망"에 있다.

> 사랑하는 아이야, 영광스러운 존재가 말했다. 너의 갈망이 나를 향한 것이 아니었다면 너는 그토록 오랫동안 그토록 참되게 찾지 않았을 것이다. 진심으로 구하는 자들은 다 찾게 되는 까닭이다.[21]

구원을 베푸는 이는 아슬란이지만, 에메스에게 구원을 가져다준 것은 바로 갈망의 질(즉 참으로 갈망함)이다.

그런 까닭에 누군가가 타슈의 이름에 대고 맹세한 뒤 맹세를 충실히 지킨다면, 진정으로 한 맹세는 나한테 하는 것이 된다. 비록 본인은

그 사실을 모르더라도 그 맹세에 보답하는 이는 바로 나다.[22]

이 구절에 표현된 루이스의 내재주의적 구원관도 그리스도-계시가 자의적인 것이 되게 할 위험을 그대로 남겨 둔다. 루이스가 지적한 대로, 실재는 그에 대한 우리의 설명보다 크다. 하지만 우리의 신학은 사변, 상상, 마음의 열성에 맡겨 둘 수가 없다. 루이스의 말처럼, "하나님만이 우리 안의 심연 속까지 두레박을 내려 주실 수 있"고 있는 그대로의 그분을 드러내실 수 있기 때문이다. 그렇지 않으면 우리의 수고는 결국 우리의 형상을 따라 하나님을 만들어 내는 결과만 낳게 된다.

그분은 우상 파괴자로 끊임없이 일하셔야 하네. 우리가 하나님에 관해 만들어 내는 모든 개념을 은혜로서 깨뜨려 주셔야 하지.[23]

이 구절대로라면, 루이스는 계시적 신학(사변적 신학 또는 실험적 신학과 대비되는), 특히 특별계시에 의존하는 계시적 신학이 반드시 필요하다고 여기지 않았을까? 신학은 하나님의 말씀 안에서와 그리스도 안에 있는 하나님의 위격 안에서 객관적으로 구현된 하나님의 진리에 초점을 맞추어야 한다는 것을 루이스가 인정했다면 그의 논증은 더 굳건해졌을 것이다.

셋째, 하지만 가끔 루이스는 사변보다 계시의 우위성을 인정했다.

교회는 '계시의 담지자'라고 주장합니다. … 그 주장이 옳다면, 교회 안에는 불신자들이 불합리하다고 여기고 신자들은 초합리적이라고 여길 요소가 있을 거라 짐작할 수 있습니다. … 우리가 이 요소를 내버리고 계몽된 상식의 법정에서 신중함과 편의의 기준에 의거해 인정할 수 있는 요소만 남겨 둔다면 어떻게 될까요? 계시는 갖다 버리고 이제는 죽어 버린 옛 자연종교를 취하는 꼴이 될 것입니다.[24]

루이스는 계시종교와 자연종교를 대립시켰다. 이것은 그의 초자연주의와 일치한다. 하지만 그의 ('변환' 원리에 대응하는) **성례전적 실재관** 때문에 우리는 종종 계시가 의미하는 바에 대한 혼란스런 그림에 직면한다. 성례전적 실재관이라는 말은 피조된 실재를 낮은 매개체(기호)로 인식하는 것인데, 낮은 매개체는 들어 올려져 높은 매개체(실재)를 담아냄으로써 성례전적 재현을 이루어 낸다. 루이스의 '변환적 견해'에 따르면, 성만찬의 떡과 포도주는 그리스도의 찢긴 몸과 흘린 피를 성례전적으로 나타낸다. 낮은 매개체는 물질적으로 여전히 같은 상태로 남아 있으면서도 들어 올려져서 더 높은 실재를 나타낸다.[25]

그러므로 성례전적 견해에 따르면, 낮은 매개체는 역설적 특성을 갖고 있을 수밖에 없다. 그것은 낮은 매개체로 머물되 아주 실제적 방식으로 더 높은 실재를 나타내야 한다. 예를 들면, 자연은 하나님의 계시로서 이런 특성을 보인다.

하나님이 자연을 창조하셨다는 말은, 하나님과 자연을 묶어 주는 말임과 동시에 그 둘을 떼어 놓는 말입니다. 만드는 존재와 만들어진 존재는 분명 하나가 아니라 별개의 존재이기 때문입니다. 이처럼 창조 교리는 우선 자연에서 신성을 벗겨 냅니다. … 그러나 창조 교리에는 또 다른 측면이 있습니다. 자연에서 신성을 벗겨 내는 그 교리는 또한 자연을 참된 신성을 가리키는 표시, 상징, 현시로 만들어 주기도 합니다.[26]

자연적 의미에서의 자연은 자연주의적으로 조사하는 것이 가능한 대상이다. 루이스는 생물학적 진화에 대한 다윈주의적 이론을 반대하지 않았다. 그러나 자연의 성례전적 의미를 찾겠다고 자연을 자연주의적으로 살피는 것은 무의미한 일이다. 그것은 인쇄된 활자와 종이의 특성을 검토해 시를 찾으려는 것과 마찬가지다.

성례전적 원리는 성경을 "어떤 문학을 하나님의 말씀을 담는 그릇이 되도록 들어 올린" 것으로 본 루이스의 성경관에도 적용된다.[27] 낮은 매개체로서 성경은 인간의 문학으로 이루어지고 "순진한 무지, 오류, 모순, 심지어 … 악독함"까지 보인다.[28] 그러나 들어 올려진 성경은 하나님의 말씀을 담는다. 이 주제는 본서 6장에서 상당한 분량으로 다루었다.

성례전적 원리는 성육신에 대한 루이스의 견해에도 적용된다. "그 안에서 인간의 생명이 하나님의 생명을 담는 그릇이 됩니다."[29] 그러나 "어떤 하급 본질이 위로 들어 올려져 새로운 임무와 특권을 부여받더라도 본질은 그대로 남아 있어서 … 사람들은 우리 주님의 삶을 그저 한 인간의 삶 정도로 (실제 한 인간의 삶이므로) 이해할 수 있습니다."30

루이스의 성례전적 실재관은 일관성 있는 전체로서 자연과 초자연이 공존하는 역학 관계를 설명하는 지점까지는 그의 초자연주의를 뒷받침한다. 하지만 이 견해로 인해 그는 실재를 낮은 것과 높은 것으로 구분하게 되었다. 낮은 차원의 실재가 비기독교적 사상 체계에 마구 휘둘리도록 내버려 두는 그의 성향도 이 견해에서 나온 것 같다.

생물학적 본성과 종교 발달에 대한 견해로 보자면, 루이스는 진화론을 전폭적으로 받아들였다. 그의 발전론적 종교관은 사회이론으로서의 진화주의, 즉 진보의 '신화' 또는 발전론적 역사관을 날카롭게 비판하던 그의 모습과 잘 맞지 않는 것 같다. 그럼에도 불구하고 그는 인류의 진화론적 발전 개념과 인간의 종교적 의식 개념의 진화론적 발달을 자유롭게 통합해 낮은 차원의 매개체를 분석했다.

다른 예를 들자면, 루이스는 믿음을 동의로서의 믿음-1과 신뢰로서의 믿음-2 등 두 영역으로 나누었다. 루이스에 따르면, 믿음-1은 경험적 또는 자연주의적 분석의 대상이 되고 반증될 수 있다. 하지만 살아 있는 존재에 대한 인격적 신뢰로서의 믿음-2는 "계속해서 믿는 힘", 즉 "믿음의 고집"을 보여 준다. 전자의 영역에서 루이스는 비기독교적 사상 체계의 타당성을 인정했다. 후자의 영역에서는 기독교의 전제적 입장의 내적 일관성을 강조했다. 이렇게 되면 기독교는 실재에 대한 전일적 권리 주장을 내세울 자격을 상실하고

구획화되는데, 루이스는 이렇게 되는 가능성 자체를 질색했다.[31]

끝으로, 나는 자연주의적 개선과 근본적으로 결별한 루이스의 구원관과 구속관을 그의 신학이 기여한 주요 내용으로 강조했다. 내성에 몰두하지 않고 (즉 감정주의에 반대하고), 부흥주의적이지 않고 (즉 결단주의에 반대하고), 발전주의적이지 않은 (즉 지성주의나 도덕주의에 반대하는) 구원관의 옹호자로서 루이스가 내세운 '순전한 기독교'는 현대 문화가 만들어 낸 종교를 바로잡는 데 꼭 필요한 교정 수단으로 등장했다.

하지만 인간의 자유를 지나치게 귀하게 보는 그의 구원관은 인본주의적 성향을 드러낸다. 이런 구원관에서는 구원의 결과가 궁극적으로 개인의 "추구"와 "선택"에 좌우되고 하나님은 그분을 진심으로 추구하기로 자유롭게 선택하는 이들에게 부응하셔야 하는 처지가 된다. 자연인도 진심으로 진리를 추구할 수 있고 그런 수고에 대해 보상을 받을 수 있게 된다(우리는 에메스를 통해 그것을 살펴보았다).

루이스는 인간의 자유의지와 하나님의 주권을 조화시키는 것은 "논할 수 없고 해결할 수 없다"고 거듭거듭 말하면서도,[32] 하나님의 섭리가 인간의 자유로운 행동에 달려 있는 것으로 한결같이 묘사했다. 이런 의미에서, 루이스는 하나님의 주권을 분명한 성경의 가르침으로 인정할 수밖에 없으면서도 인간의 자발성에 늘 더 큰 강조점을 부여했다.

* * *

아무리 봐도, 루이스는 본인이 즐겨 말했던 바와 달리 '아마추어 신학자'가 아닌 듯하다. 그는 방대한 지식을 갖추었고 그것을 아주 다양한 경로로 표현했다. 그는 자신이 속한 탈기독교 세계에 '순전한 기독교'를 전파하려고 나름의 방식으로 분투했던 신학자였다. 평신도였던 그는 기독교 저술가이자 교사로서 하나님이 주신 소명을 성공적으로 감당했다. 그는 그리스도께서 자신의 삶에서 행하시는 일을 진지하게 받아들였고 그것을 부끄러워하지 않고 표현했다.

나는 그가 제시한 신학의 몇 가지 결함을 추적했지만, 그는 우리 세대의 진정한 기독교 지성인이었고 그의 영향력은 앞으로도 계속 이어질 것 같다. 이것은 무엇보다 그가 유행을 좇지 않고 솔직하기로 선택했기 때문이다.[33] 하나님을 위해 "조용"하지만 "열정적인" 삶을 살겠노라는 포부를 품었던 이 교수로부터 우리 모두 배울 것이 많다.

주

Chapter 1. 루이스에 대한 재평가_왜 C. S. 루이스인가?

1   Alister McGrath, *A Cloud of Witnesses*(Wipf & Stock Publishers, 2005), p. 125. (《위대한 기독교 사상가 10인》, IVP 역간, 1992).

2   Lee, *C. S. Lewis and Some Modern Theologians*, p. 1. 리(Lee)는 루이스에 대한 멸시감을 드러내며 그가 고대인들과 현대인들의 불연속성을 강조하는 '신학 혁명'에 역행하는 부질없는 반동을 대표한다고 주장했다. 또 루이스가 인기를 끄는 이유는 전쟁이 초래한 불안 때문에 다들 일시적으로 영속성과 안정을 갈망하게 된 탓이라며 그런 인기는 오래가지 않을 것이라고 예상했다.

3   Alister McGrath, *The Intellectual World of C. S. Lewis*(John Wiley & Sons Inc, 2013), p. 1-2.

4   같은 책, p. 1.

5   메리 마이클(Mary Michael)은 이렇게 전한다. "1980년까지 그의 저서는 전 세계적으로 매년 100만 부에서 200만 부 정도 팔렸다." Mary Michael, "Our Love Affair with C. S. Lewis," p. 34.

6   그레이엄 콜(Graham Cole)은 메리 마이클이 "Our Love Affair with C. S. Lewis"에서 제시한 수치와 기록에 대한 최신 자료를 제시하며 이렇게 썼다. "1990년대 중반에 루이스의 책은 미국과 영국에서만 매년 600만 부가 팔리고 있다." Graham Cole, "C. S. Lewis:

An Evangelical Appreciation," p. 102.

7 나는 2002년부터 동아시아의 여러 나라를 다니며 C. S. 루이스에 대해 강연을 했고, 그때마다 청중의 규모와 뜨거운 관심에 깊이 감동했다. 대한민국에서는 홍성사가 루이스의 출간된 저작 대부분을 번역하는 프로젝트를 진행하여 지금까지 상당수의 책을 출간했다.

8 "Don v. Devil," *Time*, p. 65.

9 같은 글.

10 Mary Michael, 앞의 책, p. 34.

11 같은 글, *Time*.

12 John Wilson, "An Appraisal of C. S. Lewis," p. 35.

13 J. I. Packer, "What Lewis Was and Wasn't," p. 11.

14 Graham Cole, 앞의 책, p. 106.

15 이름을 밝히지 않은 어느 비판자는 "루이스의 기독교 선전은 싸구려 궤변"이라고 말했다. "Don v. Devil," *Time*, p. 72.

16 John Wilson, 앞의 책, p. 25. 윌슨은 루이스의 신학을 '성경, 그리스도의 인성, 구원, 그리고 인류의 영원한 운명에 대한' 믿음의 관점에서 간략하게 정리해 준다.

17 J. I. Packer, 앞의 책, p. 11.

18 Adam Schwartz, "Review of Permanent Things," p. 34. 앵거스 메뉴지(Angus Menuge)는 Angus Menuge, *C. S. Lewis: Light-Bearer in the Shadowlands*(CrosswayBooks, 1997), p. 13에 실린 도입에서 슈워츠의 지적에 지지를 보냈다. 2010년에는 로버트 맥스웨인(Robert MacSwain)도 "일반 학계에서는 그에 대한 지속적인 연구나 비판이 거의 없었고 신학 연구나 종교학 연구의 주류에서도 사정은 마찬가지"라고 말했다. Robert MacSwain and Michael Ward, *The Cambridge Companion to C. S. Lewis*(Cambridge University Press, 2010), p. 4.

19 루이스가 주도한 '잉클링스'(Inklings, 본서 2장을 참조하라) 모임 시간은 종종 강도 높고 활기찬 신학적 토론으로 채워졌다. 루이스는 이렇게 말한 바 있다. "'잉클링스'는 … 원칙적으로는 문학 토론 모임이지만 실제로는 거의 언제나 더 나은 것을 이야기한다네. 따스한 불가에 함께 모이는 그리스도인 친구들의 모임만큼 즐거운 일이 지상에 또 있겠나?" C. S. Lewis, *Letters of C. S. Lewis*(HarvestBooks, 2003), p. 363. 루이스는 이렇게도 말했다. "워니와 톨킨, [윌리엄스]와 내가 브로드스트리트의 주점에서 만나 맥주를 마실 때면 빠른 속도로 정신없이 신 나게 이야기를 풀어놓는다네. 그곳 사람들은 우리가

음담패설이라도 하는 줄 알 거야. 사실 우리의 화제는 대체로 신학인데 말일세." C. S. Lewis, *They Stand Together*(New York: Macmillan Publishing, 1979), p. 501.

20 이런 공백을 메우려고 시도한 주목할 만한 저서와 논문들이 있다. 윌 바우스(Will Vaus)가 쓴 *Mere Theology*(InterVarsityPress, 2004), 브루스 에드워즈(Bruce Edwards)가 엮은 4권짜리 시리즈 *C. S. Lewis: Life, Works and Legacy*(Greenwood, 2007, 신학자인 루이스를 숙고한 몇 편의 논문이 들어 있다), 로버트 맥스웨인과 마이클 워드(Michael Ward)가 엮은 《The Cambridge Companion to C. S. Lewis》가 그것이다. 하지만 이런 저서들은 루이스의 저작에 등장하는 신학적 주제들을 상대적으로 간략히 다룬 논문들을 싣고 있으며, 신학자 루이스에 대한 엄격한 신학적 숙고라고 하기에는 부족하다.

21 C. S. Lewis, *Mere Christianity*, p. 6. (《순전한 기독교》, 홍성사 역간).

22 C. S. Lewis, *The Problem of Pain*, p. 10. (《고통의 문제》, 홍성사 역간).

23 John M. Frame, *The Doctrine of the Knowledge of God*(P&R Publishing, 1989), p. 85.

24 C. S. Lewis, *Letters of C. S. Lewis*, p. 327.

25 리처드 백스터(Richard Baxter, 1615-1691)가 루이스의 '순전한 기독교'에 기여한 부분에 대해서는 본서 3장에서 다룬다. 백스터는 영국의 청교도로서 단호한 교회 일치 정신과 신율법주의 구원론(neonomian soteriology, 그리스도의 구속을 통해 유효하게 된 '새로운 율법'을 강조함, 순종하는 이들에게 이 새로운 율법은 구원을 가져다주는 의가 된다)으로 두각을 나타냈다.

26 C. S. Lewis, "on Living in an atomic age," in *Present Concerns*, p. 78.

27 C. S. Lewis, *They Stand Together*, p. 316.

28 《순례자의 귀향》에 '반(半)자서전적'이라는 수식어를 붙인 이유는 루이스가 그 책 제3판 '저자의 말'에서 언급한 내용 때문이다. 그는 그 책의 자서전적 성격을 인정하면서도 그 의미를 너무 확대하지 말라고 당부한다. "이 책의 모든 내용이 자전적인 것이라고 생각하면 곤란합니다. 저는 제 인생이 아니라 일반적으로 통용되는 이야기를 하려 했습니다." C. S. Lewis, "Afterword to Third edition," *The Pilgrim's Regress*(BlackstoneAudiobooks, 2001), p. 209. (《순례자의 귀향》, 홍성사 역간, 2013).

29 Clarence Francis Dye, "The Evolving Eschaton in C. S. Lewis," p. 263.

30 C. S. Lewis, "Rejoinder to Dr. Pittenger," in *God in the Dock*(Eerdmans, 2014), p. 182. (《피고석의 하나님》, 홍성사 역간, 2011).

Chapter 2. 루이스 신학의 중심 _ '순전한 기독교 사상'의 기원

1. C. S. Lewis, "Modern Theology and Biblical Criticism," in *Christian Reflections* (Eerdmans), p. 158-160. (《기독교적 숙고》, 홍성사 역간, 2013).
2. C. S. Lewis, *God in the Dock*, p. 200. 《피고석의 하나님》.
3. 같은 책, p. 203.
4. 같은 책.
5. 같은 책.
6. 같은 책, p. 204.
7. 같은 책, p. 260.
8. Fey Harold, *Christian Century*, p. 719.
9. C. S. Lewis, *Reflections on the Psalms*, p. 108. (《시편 사색》, 홍성사 역간, 2004). 루이스는 이렇게 말하기까지 했다. "우리는 그들이 이제는 진리를 알고 있고 받아들였기를 즐거운 희망을 품고 기도할 수 있습니다. '동서로부터 많은 사람이 이르러 아브라함과 이삭과 야곱과 함께 천국에 앉으려니와'(마 8:11)."
10. John Beversluis, *C. S. Lewis and the Search for Rational Religion* (PrometheusBooks, 2007), p. 22.
11. 루이스가 죄를 어떻게 보는지를 다룬 본서 4장을 참고하라.
12. C. S. Lewis, *Miracles* (HarperCollins), p. 159, 161. (《기적》, 홍성사 역간, 2008).
13. John Beversluis, 앞의 책, p. 23, 25.
14. 존 칼뱅(John Calvin)은 《기독교 강요》 1:3:1에서 이렇게 지적하고 있다. "사람의 마음에는 자연적 본성에 따른 신에 대한 감각[*Divinitatis sensum*(원문 그대로)]이 있다. 이것은 논쟁의 여지가 없다고 본다. 누구도 몰랐다고 평계할 수 없도록 하시고자 하나님은 친히 모든 사람 안에 그분의 신적 위엄에 대한 이해력을 어느 정도 심어 놓으셨다. 늘 그 기억을 새롭게 하시고 조금이나마 새로운 이해를 거듭해서 허락하신다. … 삶의 다른 면에서는 짐승과 다를 바 없는 이들도 종교의 씨앗을 여전히 간직하고 있다." John McNeill, *Calvin: Institutes of the Christian Religion*, vol. 1 (Presbyterian Pub Corp, 2012), p. 43-44.
15. C. S. Lewis, "Membership," in *The Weight of Glory* (Harpercollins, 2004), p. 118. (《영광의 무게》, 홍성사 역간, 2008).

16 C. S. Lewis, "Christianity and Culture," in *Christian Reflections*, p. 22.《기독교적 숙고》.

17 Norman L. Geisler, *Thomas Aquinas: An Evangelical Appraisal*(Wipf & Stock Publishers, 2003), p. 14. 가이슬러는 이렇게 썼다. "C. S. 루이스는 우리 시대의 가장 인기 있는 변증가이고 논증을 펼칠 때 아퀴나스에게 많은 신세를 졌다. 이것은《순전한 기독교》,《기적》,《고통의 문제》에서 분명히 드러난다."

18 Corbin Carnell, *Bright Shadow of Reality*(Wm. B. Eerdmans Publishing Company, 1999), p. 70-71.

19 같은 책, p. 70.

20 C. S. Lewis, *The Allegory of Love*(Cambridge University Press, 2013), p. 88.

21 Henry Chadwick, *Boethius*(Oxford University Press, 1990), p. 250.

22 C. S. Lewis, *The Discarded Image*(Cambridge University Press, 1994), p. 78.

23 같은 책, p. 75.

24 같은 책.

25 루이스의 기도관을 다루는 본서 5장을 참고하라.

26 C. S. Lewis, *The Screwtape Letters*, p. 127. (《스크루테이프의 편지》, 홍성사 역간).

27 Anicius Manlius Severinus Boethius, *Theological Tractates*, p. 401.

28 같은 책, p. 405.

29 같은 책, p. 411.

30 같은 책.

31 C. S. Lewis, *Mere Christianity*, p. 149.《순전한 기독교》.

32 C. S. Lewis, "Evil and God," in *God in the Dock*, p. 22.《피고석의 하나님》.

33 Clarence Francis Dye, "The Evolving Eschaton in C. S. Lewis," p. 74.

34 Peter Kreeft, *C. S. Lewis: A Critical Essay*(ChristendomPr, 2012), p. 15-16. 크리프트는《예기치 못한 기쁨》의 다음 구절을 인용해 회심 이전에 루이스가 겪은 갈등을 소개한다. "내 정신을 이룬 두 반구(半球)는 날카로운 대조를 이루고 있었다. 한쪽에는 시와 신화의 다도해(多島海)가 있었고, 다른 한쪽에는 그럴듯하기는 하지만 사실은 얄팍한 '합리주의'가 있었다. 나는 내가 사랑하는 것들은 거의 모두 상상의 영역에 속해 있다고 믿었다. 그리고 내가 실재라고 믿고 있던 것들은 거의 모두 냉혹하고 무의미하다고 생각했다."

35　Corbin Carnell, 앞의 책, p. 14.
36　같은 책, p. 158.
37　C. S. Lewis, "Preface," in *Essays Presented to Charles Williams* (Oxford University Press, 1947), p. 6.
38　Corbin Carnell, 앞의 책, p. 162.
39　루이스는 일반계시와 특별계시의 구분을 인정했다. "기독교 신학은 그리스도인들과 (그 이전에는) 유대인들에게 특별한 조명이 주어졌다고 말할 뿐 아니라, 모든 인간에게 얼마간의 신적 조명이 주어졌다고도 말합니다." C. S. Lewis, "Is Theology Poetry?," in *Weight of Glory*, p. 83.《영광의 무게》.
40　Corbin Carnell, 앞의 책, p. 11.
41　Abrams 외, *The Norton Anthology of English Literature* (W. W. Norton & Company, 2015), p. 1448.
42　C. S. Lewis, *They Stand Together*, p. 261.
43　C. S. Lewis, *Letters of C. S. Lewis*, p. 408.
44　Abrams 외, 앞의 책, p. 1441.
45　James Como, "Introduction: Within the Realm of Plenitude," in *C. S. Lewis at the Breakfast Table* (Mariner Books: Reissue edition, 1992), p. 27.
46　C. S. Lewis, *Surprised by Joy*, p. 166.《예기치 못한 기쁨》.
47　같은 책, p. 167.
48　C. S. Lewis, "Christianity and Culture," in *Christian Reflections*, p. 22.《기독교적 숙고》.
49　같은 책, p. 23.
50　Abrams 외, 앞의 책, p. 1472.
51　존 하비(John Harvey)의 영어 번역본은 *The Idea of the Holy: An Inquiry into the Non-Rational Factor in the Idea of the Divine and its Relation to the Rational* (London: Oxford University Press, 1923)로 처음 출간되었다.
52　라틴어 용어 '누멘'은 흔히 빛이나 광채를 뜻한다.
53　Rudolf Otto, *Idea of the Holy*, p. 6.
54　같은 책.
55　같은 책, p. 7.

56 같은 책.
57 같은 책, p. 41.
58 같은 책, p. 177.
59 같은 책, p. 177-178.
60 같은 책, p. 178.
61 C. S. Lewis, *The Problem of Pain*, p. 17-19.《고통의 문제》.
62 같은 책, p. 16-23.
63 로마서 1장 18-20절은 신성의 감각이 인류가 "경건하지 않음과 불의"와 진리를 막는 것에 대해 핑계하지 못하는 근거가 된다고 말한다.
64 C. S. Lewis, "On the Reading of Old Books," in *God in the Dock*, p. 203-204.《피고석의 하나님》.
65 C. S. Lewis, *Essays Presented to Charles Williams*, p. 6.
66 C. S. Lewis, "The Novels of Charles Williams," in *On Stories and Other Essays*(Harvest Books, 2002), p. 25.
67 C. S. Lewis, "William Morris," in *Selected Literary Essays*(HarperOne, 2013), p. 231.
68 C. S. Lewis, *Letters of C. S. Lewis*, p. 363.
69 C. S. Lewis, *Essays Presented to Charles Williams*, p. 14.
70 같은 책, p. 7-8.
71 C. S. Lewis, *The Great Divorce*, p. 69. (《천국과 지옥의 이혼》, 홍성사 역간, 2003).
72 C. S. Lewis, *The Problem of Pain*, p. 152.《고통의 문제》.
73 같은 책, p. 127.
74 이 개념들은 Alice Mary Hadfield, *Charles Williams: An Exploration of His Life and Work*(Oxford University Press, 1983), p. 32에서 탐구하고 있다. "상호내재(Co-inherence): 그리스도가 우리를 위해 그분의 목숨을 주셨고, 그분의 부활한 생명은 우리가 받아들이기만 하면 우리 안에도 임한다. 우리는 자의식에 사로잡히거나 거들먹거리지 않고 삼위일체의 신적 상호내재 안에서 그저 남자와 여자로 이 생명에 참여할 수 있고, 그로 인해 서로의 지체로 살아갈 수 있다. … 교환(Exchange): 세상의 자연적, 사회적 삶은 좋든 나쁘든 서로의 힘으로 더불어 살아가는 과정이다. 우리는 물리적 교환 없이 태어날 수 없고, 물리적 교환 없이는 살 수도 없다. 그러나 개인적 접촉에서든, 이웃들 속에서든, 법 아래 사회 속에서든 매일 물리적 교환을 자발적으로 선택할 수도 있고 분개하며

받아들일 수도 있다. 이것을 상호내재에 접근하는 방식에 적용하고 익히면 모든 사람을 이어 주는 그리스도의 부활 능력 안에서 힘을 얻게 된다. 대신(Substitution): 상호내재에 접근하는 또 다른 방식은 협약을 맺어 서로의 짐을 지는 것이다. 그리스도의 생명의 지체인 우리는 그 생명을 통해 곤경에 처한 다른 지체를 돕는 사람들이고, 사랑으로 다른 사람의 염려를 짊어지거나 두려움을 견딜 수 있다.

75 Ford, "C. S. Lewis, Ecumenical Spiritual Director," p. 50. 글렌 카발리에로(Glen Cavaliero)는 윌리엄스가 에블린 언더힐(Evelyn Underhill) 같은 기독교 신비가와 함께 마법과 카발라[중세 유대교의 신비주의-역주]의 가르침을 신봉하는 집단인 '황금여명회'(Hermetic Order of the Golden Dawn)의 회원이었던 것을 감안해, 적어도 젊은 시절에는 윌리엄스에게 영지주의적 성향이 있었다는 결론을 내렸다. Glen Cavaliero, *Charles Williams: Poet of Theology*(Wipf & Stock Pub, 2007), p. 4-5.

76 C. S. Lewis, *Letters of C. S. Lewis*, p. 363.

77 Alzina Stone Dale, *The Outline of Sanity*(IuniverseInc, 2005), p. 298에서 인용.

78 C. S. Lewis, *Surprised by Joy*, p. 190-191.《예기치 못한 기쁨》.

79 같은 책, p. 223.

80 Walter Hooper, Roger Lancelyn Green, *C. S. Lewis: A Biography*(Fount, 2002), p. 127. 이 책에 따르면, 루이스는《순례자의 귀향》을 쓰기 전에 신학적 주제를 다룬 G. K. 체스터턴의 책을 대부분 읽었다.

81 Michael Ffinch, *G. K. Chesterton*, p. 299에서 인용.

82 G. K. Chesterton, *Everlasting Man*, p. 36.

83 같은 책, p. 265.

84 같은 책.

85 같은 책.

86 같은 책.

87 같은 책, p. 184.

88 같은 책, p. 178.

89 같은 책, p. 196.

90 같은 책, p. 202-203.

91 같은 책, p. 207.

92 C. S. Lewis, *They Stand Together*, p. 316.

93 Walter Hooper, Roger Lancelyn Green, 앞의 책.
94 C. S. Lewis, "Preface," in *George MacDonald: An Anthology 365 Readings*, p. 21. (《조지 맥도널드 선집》, 홍성사 역간, 2011).
95 같은 책, p. 20-21.
96 C. S. Lewis, *Surprised by Joy*, p. 179, 181. 《예기치 못한 기쁨》.
97 Rolland Hein, *Harmony Within*, p. 8.
98 같은 책, p. 7.
99 C. S. Lewis, *George MacDonald: An Anthology 365 Readings*, p. 88. 《조지 맥도널드 선집》.
100 C. S. Lewis, 같은 책, "Preface," p. 11-21.
101 같은 책, p. 87.
102 같은 책, p. 49. 루이스는 하나님이 누군가의 인생의 문 앞에 서 계실 수 있지만 "하나님은 어떤 문도 강제로 열고 들어가지 않으십니다. … 사랑의 발이 문지방을 넘으려면 안에 있는 자의 손이 먼저 자발적으로 문을 열어야 합니다"라고 말했다.
103 Rolland Hein, 앞의 책, p. 10에서 인용.
104 C. S. Lewis, *George MacDonald: An Anthology 365 Readings*, p. 115. 《조지 맥도널드 선집》.
105 같은 책, p. 85.
106 C. S. Lewis, *The Great Divorce*, p. 123. 《천국과 지옥의 이혼》.
107 George MacDonald, *Golden Key*, p. 31-32.
108 George MacDonald, *Phantastes*. 이 작품은 1858년에 처음 출판되었다.
109 이것이 논란의 여지없이 합의된 내용은 아니다. 롤랜드 헤인(Rolland Hein)은 이 그리스어 단어가 "길이 없음"과 "일어남"의 두 가지 뜻을 갖고 있다고 생각한다. 다른 이들은 "돌아가는 길", "위쪽 방향" 등을 제안했다. Rolland Hein, 앞의 책, p. 56.
110 C. S. Lewis, *Surprised by Joy*, p. 180. 《예기치 못한 기쁨》.
111 C. S. Lewis, *A Preface to Paradise Lost*, p. 54. (《실낙원 서문》, 홍성사 역간, 2015).
112 같은 책, p. 53-54.
113 같은 책, p. 54.
114 C. S. Lewis, *The Four Loves*, p. 37-38. 《네 가지 사랑》.

115　Corbin Carnell, 앞의 책, p. 16.
116　C. S. Lewis, *Mere Christianity*, p. 6.《순전한 기독교》. 백스터에 대한 간략한 소개가 궁금하다면 본서 1장 각주 26을 보라.
117　N. H. Keeble, "C. S. Lewis, Richard Baxter, and 'Mere Christianity,'" p. 31.
118　같은 책.
119　C. S. Lewis, "On the Reading of Old Books," in *God in the Dock*, p. 203.《피고석의 하나님》.
120　같은 책.
121　C. S. Lewis, *Mere Christianity*, p. 7.《순전한 기독교》.
122　같은 책, p. 8.
123　같은 책, p. 12.
124　같은 책.
125　N. H. Keeble, 앞의 책, p. 28.
126　같은 책.
127　같은 책, p. 201.
128　C. S. Lewis, "De Descriptione Temporum," in *Selected Literary Essays*, p. 5.
129　같은 책, p. 10-11.
130　C. S. Lewis, "Modern Man and his Categories of Thought," in *Present Concerns*, p. 65.
131　같은 책.
132　C. S. Lewis, "Modern Theology and Biblical Criticism," in *Christian Reflections*, p. 152-166.《기독교적 숙고》.
133　같은 책, p. 158.
134　C. S. Lewis, "Christian Apologetics," in *God in the Dock*, p. 89.《피고석의 하나님》.
135　C. S. Lewis, "De Descriptione Temporum," in *Selected Literary Essays*, p. 14. 하지만 도리스 마이어스(Doris Myers)는 "공룡, 살아남은 표본이라는 루이스의 자화상은 지나치게 과장된 것"이라고 주장한다. 그녀는 루이스의 언어관을 놓고 볼 때 그가 "상당 부분 그가 속한 시대의 자식"이었음을 알 수 있다고 주장한다. "20세기의 언어에 대한 몰두는 특히 철학과 문학비평의 영역에서 루이스에게 영향을 끼쳤기" 때문이다. Doris Myers, *C. S. Lewis in Context*(Kent State University Press), p. 11. 하지만 루이스가 학자로서 학계의 흐름을 놓치지 않았고 문학비평가로서 언어에 전문적 관심을 가졌다고 해서

그가 스스로 주장한 것처럼 대체로 전통주의자였다는 사실이 훼손되지는 않는다.

136 브루스 에드워즈(Bruce Edwards)는 문학적 관점에서 루이스의 입장을 "갱생적" (rehabilitative)이라고 표현한다. "그의 변증과 창작뿐 아니라 그의 비평의 중심에도 '갱생적'이라 부를 만한 태도가 놓여 있다. 이 갱생적 태도는 과거에 대한 존중, 자기 시대의 관습과 독단에 대한 원칙 있는 회의론, 그리고 잃어버린 가치와 이상을 회복하고 보존하려는 심오한 경향으로 나타났다." Bruce Edwards, "Rehabilitating Reading: C. S. Lewis and Contemporary Critical Theory," in *Taste of the Pineapple*(Popular Pr, 1988), p. 30.

137 C. S. Lewis, *Letters of C. S. Lewis*, p. 327.

138 C. S. Lewis, *Miracles*, p. 6. 《기적》.

139 같은 책, p. 7.

140 C. S. Lewis, "On Living in an Atomic Age," in *Present Concerns*, p. 78.

Chapter 3. 타향살이 _ 불안과 방랑은 복음의 준비

1 Charles Williams and C. S. Lewis, *Taliessin through Logres*(William B. Eerdmans Publishing, 1974), p. 382.

2 Charles Williams and C. S. Lewis, *Arthurian Torso*(Oxford University Press 1948), p. 151.

3 루이스에게 초자연은 자연의 토대이고 자연을 가능하게 만드는 근거다. 루이스의 견해는 하나님의 초자연적 세계 창조를 분명히 전제한다. 루이스가 종종 유신진화론적 창조관을 옹호하긴 했지만, 하나님의 초자연적 임재와 행위라는 그의 기본 전제는 달라지지 않았다.

4 전통적 신학 범주에 따르면, 하나님의 일반사역은 그분의 특별(또는 구속적) 사역과 구분된다. 루이스 벌코프(Louis Berkhof)는 하나님이 자연 속에서 행하시는 일반사역에 대해 이렇게 말했다. "구원 역사(役事) 안에서 나타나는 성령의 특별사역은 자연과 인간의 삶에서 이루어지는 그분의 일반사역이라는 배경에 비추어 바라보는 것이 대단히 중요하다. … 자연의 영역에서 생물학적인 것이든, 지적인 것이든, 도덕적인 것이든 모든 생명체가 태어나게 하시고, 모든 변화 가운데 생명을 보존하시고, 그것을 발전

시켜 제 운명에 이르도록 인도하시는 존재가 바로 성령이시다. … 성령의 일반사역은 자연과 인간의 삶의 정해진 질서와 관련이 있는데, 그 질서는 창조세계에 뿌리내리고 있고 창조세계의 발전과 완성을 보장하기 때문이다. … 성령의 일반사역이 없이는 … 그분의 특별사역이 이루어지는 영역도 없을 것이다"[Louis Berkhof, *Manual of Reformed Doctrine*(Wm. B. Eerdmans, 1933), p. 223-224]. 더 나아가, 하나님의 일반사역은 두 가지 구별된 방식으로 나눌 수 있다. 첫째, 자연계시 또는 일반계시. 둘째, 일반은총. 첫째, 자연계시 또는 일반계시는 창조주를 알 수 있는 인식론적 배경을 제공하고 불신을 핑계할 수 없도록 그분의 성품에 대한 피할 수 없는 인상을 남긴다. 사도 바울은 이렇게 말한 바 있다. "이는 하나님을 알 만한 것이 그들 속에 보임이라 하나님께서 이를 그들에게 보이셨느니라 창세로부터 그의 보이지 아니하는 것들 곧 그의 영원하신 능력과 신성이 그가 만드신 만물에 분명히 보여 알려졌나니 그러므로 그들이 핑계하지 못할지니라"(롬 1:19-20). 이런 주목할 만한 주장은 하나님이 그분의 피조물에게 자기 존재를 분명히 증거하셨다고 확신할 수 있는 근거가 된다. 둘째, 일반은총은 타락한 세상에서도 삶이 여전히 가능하도록 주어진 일반 사람들의 실존적이고 윤리적인 상황을 말한다. 실존적 측면에서 일반은총은 하나님이 그분의 기쁘신 뜻에 따라 세상에서 생명이 보존될 수 있도록 모든 사람에게 동등하게 주시는 일반적 복을 가리킨다. 그리고 그 자체로는 구원의 효과를 내지 못하지만 죄를 억제하고, 사회 질서를 유지하고, 시민 의식을 고취하는 결과를 내는 인류에 대한 하나님의 도덕적 영향력 행사를 가리킨다. 그러므로 하나님의 일반사역은 의식(意識)이 있는 삶이 가능한 환경을 조성한다. 인류는 자신이 의식을 갖춘 존재이며 특정한 도덕적 의무를 진다는 것을 인지하고 자연을 바라보며 그것을 창조하시고 보존하시는 하나님의 초자연적 실체를 강하게 인식한다. 루이스의 주된 신학적 논의는 하나님의 일반사역이라는 주제와 관련해 고유한 견해를 제시한다.

5   C. S. Lewis, *Mere Christianity*. 《순전한 기독교》, 1장 "옳고 그름, 우주의 의미를 푸는 실마리").

6   C. S. Lewis, "Is Theology Poetry?," in *Weight of Glory*, p. 83. 《영광의 무게》.

7   C. S. Lewis, *The Problem of Pain*, p. 16-13. 《고통의 문제》. 누미노제에 대해서는 본서 2장에서 다룬 루돌프 오토에 대한 논의를 참고하라.

8   같은 책, p. 17. 루이스는 누미노제 경험이 두려움과 공포만 불러일으키고 인류가 경외감이나 흠모 같은 것을 감지하지 못하던 때를 이론적으로 상정할 수 있다고 생각했지만 이것은 불필요한 억측인 것 같다.

9   같은 책, p. 19.

10 같은 책, p. 17.
11 같은 책, p. 20.
12 같은 책, p. 20-21.
13 C. S. Lewis, *Four Loves*, p. 36. 《네 가지 사랑》.
14 같은 책.
15 같은 책.
16 같은 책, p. 39.
17 C. S. Lewis, *Surprised by Joy*, p. 17-18. 《예기치 못한 기쁨》.
18 C. S. Lewis, *The Pilgrim's Regress*, p. 8. 《순례자의 귀향》.
19 C. S. Lewis, *Surprised by Joy*, p. 72. 《예기치 못한 기쁨》.
20 같은 책, p. 7.
21 같은 책.
22 같은 책, p. 16.
23 같은 책, p. 16-17.
24 같은 책, p. 17.
25 같은 책.
26 C. S. Lewis, *Letters of C. S. Lewis*, p. 289. 베네딕트회 비드 그리피츠(Bede Griffiths) 수사에게 보낸 이 편지는 1959년 11월 5일자로 되어 있는데, 1993년에 나온 하베스트(Harvest) 출판사 개정판본에는 빠져 있다. *Letters of C. S. Lewis*를 인용한 대목은 따로 구체적으로 밝히지 않은 경우 바로 이 판본을 말한다.
27 Corbin Carnell, *Bright Shadow of Reality*, p. 23.
28 C. S. Lewis, *Surprised by Joy*, p. 18. 《예기치 못한 기쁨》.
29 같은 책.
30 Abrams 외, *Norton Anthology of English Literature*, p. 1441.
31 C. S. Lewis, "Afterword to Third Edition," in *Pilgrim's Regress*, p. 204-205. 《순례자의 귀향》.
32 Alister McGrath, *A Cloud of Witnesses*, p. 127. 《위대한 기독교 사상가 10인》.
33 C. S. Lewis, "The Weight of Glory," in *Weight of Glory*, p. 7. 《영광의 무게》.

34 C. S. Lewis, "Christianity and Culture," in *Christian Reflections*, p. 22.《기독교적 숙고》.
35 Walter Hooper, Roger Lancelyn Green, *C. S. Lewis: A Biography*, p. 113.
36 C. S. Lewis, "Afterword to Third Edition," in *Pilgrim's Regress*, p. 205.《순례자의 귀향》.
37 C. S. Lewis, *Mere Christianity*, p. 119.《순전한 기독교》.
38 같은 책, p. 120.
39 같은 책.
40 C. S. Lewis, *Surprised by Joy*, p. 238.《예기치 못한 기쁨》.
41 같은 책.
42 C. S. Lewis, *Mere Christianity*, p. 37.《순전한 기독교》.
43 C. S. Lewis, *The Problem of Pain*, p. 21.《고통의 문제》.
44 같은 책, p. 22.
45 C. S. Lewis, *The Abolition of Man*, p. 28. (《인간 폐지》, 홍성사 역간, 2006).
46 같은 책, p. 29.
47 같은 책.
48 Peter Kreeft, *C. S. Lewis: A Critical Essay*, p. 27, 41.
49 C. S. Lewis, *English Literature in the Sixteenth Century*, p. 47.
50 같은 책, p. 48.
51 로마서 1장 15절이 출전으로 잘못 나와 있다. 그러나 문맥을 고려할 때 루이스는 로마서 2장 15절을 염두에 둔 것이 분명하다. 로마서 2장 14-15절은 다음과 같다. "율법이 없는 이방 사람이 본성으로 율법의 일을 행한다면 비록 그에게는 율법이 없을지라도 자기 자신이 자기에게 율법이 됩니다. 이런 사람은 율법의 요구가 자기 마음에 기록돼 있음을 보여 줍니다. 그들의 양심도 이것을 증거합니다. 그들의 생각이 서로 고발하기도 하고 변호하기도 합니다"(우리말 성경).
52 C. S. Lewis, *English Literature in the Sixteenth Century*, p. 48.
53 같은 책, p. 49.
54 같은 책.
55 같은 책.
56 같은 책, p. 51.
57 같은 책, p. 50.

58 John McNeill, *Calvin: Institutes of the Christian Religion*, vol. 2, book 4, ch. 10, sec. 1. 칼뱅의 이 논평에 대해 존 맥닐은 이렇게 지적했다. 이 문장들(1559)은 재세례파와 마키아벨리를 가리키는 것이 분명하다. 마키아벨리가 이탈리아어로 쓴《군주론》은 1553년에야 라틴어로 번역되었다. 칼뱅은 고대의 황제 숭배까지 염두에 두었을 수도 있다.

59 Peter Kreeft, *C. S. Lewis for the Third Millennium* (Ignatius Press, 1994), p. 84.

60 C. S. Lewis, *Reflections on the Psalms*, p. 61.《시편 사색》.

61 정통 개혁파나 고전적 칼뱅주의 입장이 하나님의 '주권'을 강조하기 위해 하나님의 '선함'을 타협한다고 볼 수는 없다. 하나님의 주권은 '무엇이 선한가?'에 대한 인간의 주관적 판단을 물론 기각할 수 있지만 그것이 하나님의 선함과 모순되지 않으며 그럴 수도 없다.

62 C. S. Lewis, "The Poison of Subjectivism," in *Christian Reflections*, p. 79.《기독교적 숙고》.

63 같은 책.

64 같은 책, p. 80.

65 같은 책. 안타깝게도, 루이스는 '리타'와 '도'를 언급함으로써 기독교의 하나님을 비기독교적 신성 개념과 동일시할 위험을 감수했다. 에드먼드 클라우니(Edmund Clowney)는 이 부분에 대한 우려를 잘 표현했다. "루이스는 도덕법에 다들 동의한다는 것을 보이기 위해 법의 진리성이라는 성경적 개념을 힌두교의 리타 및 도교의 심연과 한 덩어리로 취급한다. … 그러나 자연법을 보호하기 위해 유신론을 잠시 치워 둘 수 있을까? 자연법의 원리들은 현대 상대주의에서 그렇듯 고대 이교 사상에서도 심각하게 왜곡되고 훼손되지 않았는가?"(Edmund Clowney, "Review of The Abolition of Man," p. 80).

66 Peter Kreeft, *C. S. Lewis for the Third Millennium*, p. 85.

67 C. S. Lewis, *Surprised by Joy*, p. 231-232.《예기치 못한 기쁨》.

68 C. S. Lewis, *Mere Christianity*, p. 21.《순전한 기독교》.

69 Walter Hooper, Roger Lancelyn Green, *C. S. Lewis: A Biography*, p. 202에서 인용.

70 C. S. Lewis, *Mere Christianity*, p. 18-19.《순전한 기독교》.

71 같은 책, p. 22-23.

72 같은 책, p. 31-32.

73 같은 책, p. 44-45.

74 같은 책, p. 49.

75 C. S. Lewis, *Pilgrim's Regress*, p. 146.《순례자의 귀향》.

76 같은 책, p. 148.

77 같은 책, p. 149.

78 같은 책.

79 같은 책, p. 147.

80 C. S. Lewis, *The Problem of Pain*, p. 23.《고통의 문제》.

81 C. S. Lewis, *Mere Christianity*, p. 54.《순전한 기독교》.

82 C. S. Lewis, "Is Theology Poetry?," in *Weight of Glory*, p. 83.《영광의 무게》.

83 같은 책, p. 84.

84 C. S. Lewis, *Letters of C. S. Lewis*, p. 448-449.

85 여기서 루이스는 '그의 씨'가 이스라엘 민족뿐 아니라 궁극적으로 그리스도를 가리킨다는 점을 다루지 않는다.

86 C. S. Lewis, *Miracles*, p. 118.《기적》. 루이스는 이사야 53장을 염두에 둔 것이 분명하다. 여기서 루이스가 고난받는 종을 오실 메시아에 대한 선지자의 언급으로 보지 않고 해당 본문에 대한 전형적인 랍비 해석을 따라 이스라엘 민족을 가리킨다고 본 점이 흥미롭다. 루이스가 이사야 53장의 기독론적 중요성을 염두에 두지 않았다고 결론을 내리기는 이르지만, 이스라엘의 대리적 고난을 주장하는 듯 보인다는 점은 아주 부드럽게 말해 흥미롭다.

87 C. S. Lewis, "The Grand Miracle," in *God in the Dock*, p. 85. (《피고석의 하나님》, 1부 9장 "장엄한 기적").

88 같은 책, p. 84.

89 C. S. Lewis, *The Problem of Pain*, p. 16.《고통의 문제》.

90 C. S. Lewis, *Reflections on the Psalms*, p. 28.《시편 사색》.

91 C. S. Lewis, "Answers to Questions on Christianity," in *God in the Dock*, p. 54.《피고석의 하나님》.

92 F. F. Bruce, "Myth and History," in Brown, Colin, ed. *History, Criticism, and Faith: Four Explanatory Studies*(InterVarsity Press, 1998), p. 79.

93 같은 책.

94　같은 책.

95　같은 책, p. 80.

96　같은 책.

97　C. S. Lewis, *Miracles*, p. 134.《기적》.

98　같은 책.

99　C. S. Lewis, "Preface," in *George MacDonald: An Anthology 365 Readings*, p. 15.《조지 맥도널드 선집》.

100　같은 책, p. 16.

101　같은 책.

102　C. S. Lewis, *An Experiment in Criticism*, p. 41-42. (《오독: 문학 비평의 실험》, 홍성사 역간, 2017).

103　같은 책, p. 42.

104　같은 책, p. 47-48.

105　같은 책, p. 43-44. 루이스가 제시한 논점을 요약했다.

106　Roland Hein, "That Perilous Journey," p. 6.

107　같은 책.

108　같은 책, p. 211.

109　C. S. Lewis, "Myth Became Fact," in *God in the Dock*, p. 66. (《피고석의 하나님》, 1부 5장 "신화가 사실이 되었다").

110　같은 책, p. 65-66.

111　C. S. Lewis, *Surprised by Joy*, p. 217-218.《예기치 못한 기쁨》.

112　C. S. Lewis, "Bluspels and Flalansferes: A Semantic Nightmare," in *Selected Literary Essays*, p. 265.

113　C. S. Lewis, *Poems* (Harvest Books, 2002), p. 81.

114　Garrett Green, *Imagining God* (Wm. B. Eerdmans, 1998), p. 9.

115　같은 책, p. 11.

116　C. S. Lewis, *Pilgrim's Regress*, p. 147.《순례자의 귀향》.

117　같은 책, p. 149.

118 C. S. Lewis, "Myth Became Fact," in *God in the Dock*, p. 63. 《피고석의 하나님》, 1부 5장 "신화가 사실이 되었다").

119 같은 책, p. 64.

120 같은 책, p. 65.

121 같은 책.

122 같은 책, p. 66.

123 같은 책.

124 같은 책.

125 Mark Edwards Freshwater, *C. S. Lewis and the Truth of Myth* (Rowman & Littlefield, 1987), p. 124. 프레쉬워터는 루이스가 성경을 배경으로 한 '그리스도의 신화'를 '나니아'라는 가상의 세계로 옮기면서 그 본질적 메시지를 보존할 수 있었다는 것을 판단의 증거로 제시한다. 하지만 프레쉬워터는 상상의 나니아 연대기가 원형적 성경 이야기에 대한 복사물에 불과하다는 요점을 놓치고 있다. 루이스는 좋은 문학에 대한 견해(창조적 독창성이 아니라 객관적 진리와 가치에 대한 창조적 반영)에 따라 원형과 복사물을 구분했을 것이다.

126 같은 책, p. 126.

127 C. S. Lewis, "Myth Became Fact," in *God in the Dock*, p. 66. 《피고석의 하나님》, 1부 5장 "신화가 사실이 되었다").

128 같은 책, p. 67.

Chapter 4. 본향 쪽으로 돌아섬 _ 회심의 교리

1 C. S. Lewis, *Letters of C. S. Lewis*, p. 359.

2 C. S. Lewis, *God in the Dock*, p. 181. 《피고석의 하나님》. 이 인용문은 루이스가 W. 노만 피텐저(W. Norman Pittenger)의 "A Critique of C. S. Lewis"(1958)에 대한 답변으로 루이스가 쓴 글에 나온다. 윌리엄 루터 화이트(William Luther White)는 이 인용문을 문맥과 상관없이 사용해 루이스는 장르를 불문하고 모든 책을 복음을 전하겠다는 동기

로 썼다고 주장한 이들에게 반대했다. William Luther White, *Image of Man in C. S. Lewis*(Abingdon Press, 1969), p. 79를 보라. 나는 화이트의 생각에 동의하고, 이 부분에서 루이스는 대체로 기독교적 주제를 다룬 저서들을 염두에 두고 말한 것이라고 생각한다. 하지만 루이스의 다른 책들이 그의 기독교적 신념을 드러내지 않는다는 말은 아니다.

3 같은 책, p. 182.

4 C. S. Lewis, *Weight of Glory*, p. 14.《영광의 무게》. 루이스가 즐겨 인용한 이 문구는 키츠(Keats)의 것이다.

5 C. S. Lewis, *God in the Dock*, p. 183.《피고석의 하나님》.

6 "저는 '성직자들을 위해서'(ad clerum)가 아니라 '대중을 위해'(ad populum) 글을 씁니다." 앞서 인용한 루이스의 이 진술을 가리킨다. 같은 책, p. 182.

7 루이스는 자신의 유신론적 회심이 소망의 실현이 아니라 자신의 성향과는 반대로 이루어진 일이었음을 특히 강조했다. 그는 하나님의 "꾸준히, 가차 없이 다가오심"에 제압되어 마침내 굴복했다. "1929년 여름 학기에 나는 드디어 항복했고, 하나님이 하나님이시라는 사실을 인정했으며, 무릎을 꿇고 기도했다. 그날 밤의 나는 아마 온 영국을 통틀어 가장 맥 빠진 회심자이자 내키지 않는 회심자였을 것이다." 루이스는 자신의 내면적 상황을 "[끌려가는 와중에도] 발길질을 하고 몸부림을 치고 화를 내면서 사방을 두리번거리며 도망갈 기회를 찾"았다는 말로 묘사했다. C. S. Lewis, *Surprised by Joy*, p. 228-229.《예기치 못한 기쁨》.

8 루이스의 기독교로의 회심(유신론으로의 회심에 뒤이어 찾아온)의 특징은 눈에 띄는 극적인 요소가 없다는 점이다. 루이스는 이렇게 회상했다. "어느 화창한 아침, 윕스네이드 동물원으로 가는 길이었다. 출발했을 때는 예수 그리스도가 하나님의 아들이라는 사실을 믿지 않았지만, 동물원에 도착했을 때에는 믿고 있었다." 같은 책, p. 237.

9 C. S. Lewis, *Letters of C. S. Lewis*, p. 421.

10 같은 책, p. 419.

11 C. S. Lewis, *The Screwtape Letters*, p. 65.《스크루테이프의 편지》.

12 C. S. Lewis, *Mere Christianity*, p. 38.《순전한 기독교》.

13 C. S. Lewis, *The Problem of Pain*, p. 57.《고통의 문제》.

14 알렉산더 화이트(Alexander Whyte, 1836-1921)는 스코틀랜드의 목사였다. 뛰어난 설교자였고, 에든버러의 뉴칼리지에서 신약성서를 가르쳤다. 그는 '최후의 청교도'로 불렸다.

15 C. S. Lewis, *Letters to Malcolm*, p. 98. (《개인 기도: 말콤에게 보내는 편지》, 홍성사 역간, 2007).

16 같은 책.

17 같은 책.

18 같은 책, p. 98-99.

19 C. S. Lewis, *The Problem of Pain*, p. 68.《고통의 문제》.

20 같은 책, p. 75.

21 같은 책, p. 76.

22 같은 책, p. 69.

23 같은 책, p. 77.

24 C. S. Lewis, *Letters of C. S. Lewis*, p. 417.

25 루이스는 이 문장에 담긴 생각이 후커의 법 개념을 발전시킨 것이라고 썼다. "여러분이 여러분 본연의 법(하나님이 여러분 같은 존재를 위해 만드신 법)을 따르지 않으면 하나님이 만드신 더 낮은 차원의 법들 중 하나를 따르게 됩니다." 그리고 이해를 돕는 예를 하나 제시했다. "미끄러운 포장도로를 걸을 때 신중함의 법을 소홀히 하면 즉시 중력의 법칙을 따르게 되는 것과 같습니다." C. S. Lewis, *The Problem of Pain*, p. 82.《고통의 문제》.

26 이것은 루이스가 C. S. Lewis, *The Problem of Pain*, p. 77-74,《고통의 문제》에서 타락을 설명한 내용을 요약한 것이다.

27 다윈주의 진화론에 대한 루이스의 평가는 일관성이 부족하다. 1946년에 그는 이렇게 썼다. "저는 그리스도인이 생물학 이론인 다윈주의와 싸울 필요가 없다고 생각합니다"(C. S. Lewis, "Modern Man and his Categories of Thought," in *Present Concerns*, p. 63). 하지만 그보다 몇 년 전(1944년)에는 그 이론에 대해 심각한 의문을 제기한 바 있다. "[왓슨(D. M. S. Watson)은] '동물학자들이 진화 자체를 받아들인 것은 진화가 관찰되었거나 … 논리적 정합성이 있는 증거로 입증되었기 때문이 아니라, 유일한 대안인 특별 창조를 믿을 수 없었기 때문'이라고 썼습니다. 그런 사정이 있었습니까? 현대 자연주의의 방대한 구조물 전체의 근거가 선험적인(*a priori*) 형이상학적 편견에 불과하단 말입니까? 사실을 파악하기 위해서가 아니라 하나님을 몰아내기 위해 고안된 것입니까?"(C. S. Lewis, "Is Theology Poetry?," in *Weight of Glory*, p. 89.《영광의 무게》). 1952년에 출간된 에세이에서 루이스는 진화론의 지위가 약해지고 있음을 인정하면서도 그 이론을 반박하지는 않았다. "생물학의 한 가지 이론인 다윈주의를 반박할 생각은 전혀 없습니다. 그 이론에 여러 결함이 있을 수도 있습니다만, 여기서 그것을 다룰 생각은 전혀 없습니다. 생물학자들이 다윈주의적인 입장 전체에서 물러날 생각을 하고 있다는 조짐들이 있을 수도 있지만, 저는 그런 조짐들을 평가할 자격이 없습니다"[C. S. Lewis, "The World's Last Night,"

in *World's Last Night*, p. 101. (《세상의 마지막 밤》, 홍성사 역간, 2014)]. 반면, 루이스는 발전론적 역사관에 대해서는 "진보의 거대한 신화"라고 부르며 분명하게 반대했다. "생물학 이론으로서의 진화론과 신화임이 분명한 대중적 진화주의 혹은 발전주의는 뚜렷이 구분해야 합니다. … 제가 그것을 신화라고 부르는 이유는 … '현대과학'이라고 막연하게 불리는 것에서 비롯된 논리적 결과가 아니라 상상력의 산물이기 때문입니다"(C. S. Lewis, "The Funeral of a Great Myth," in *Christian Reflections*, p. 82-83, 《기독교적 숙고》). 그는 다시 이렇게 말했다. "현대의 진보 또는 진화(대중적으로 상상되는) 개념은 신화에 불과하고 그것을 뒷받침하는 증거는 전혀 없습니다"(C. S. Lewis, "The World's Last Night," in *World's Last Night*, p. 101. 《세상의 마지막 밤》).

28 루이스는 이렇게 썼다. "저는 창세기의 창조 이야기가 이교적이고 신화적이었던 초기 셈족 이야기들에서 유래했다고 말하는 학자들의 견해를 받아들이는 데에 조금도 어려움이 없습니다. … 처음에는 종교적, 형이상학적 의미가 거의 없던 창조 이야기가 일련의 이야기 전달자들이 다시 들려주는 가운데 참된 창조와 초월적 창조자를 깨닫게 해주는 이야기로 바뀐다면 (창세기가 그러하듯), 그 이야기 전달자들에게 하나님의 인도하심이 있었다고 제가 믿지 않을 이유는 조금도 없습니다. 본래는 자연적인 것에 불과하던 무언가-대부분의 나라들에서 발견되는 그런 종류의 신화-를 하나님이 그 이상의 것으로 들어 올리셔서, 처음에는 감당할 수 없었던 목적들을 감당하게끔 자격을 주어 명령하신 것입니다"(C. S. Lewis, *Reflections on the Psalms*, p. 111. 《시편 사색》). 비종교적인 신화를 종교적 의미가 있는 이야기로 바꾼다는 루이스의 생각은 신학적으로 순진한 것이다. 이교의 신화는 비종교적인 것으로 여겨진 적이 없다. 논리적으로 생각할 때 그 과정에는 '진화'나 전달이 아니라 철저한 재해석이 필요하다.

29 C. S. Lewis, *The Problem of Pain*, p. 82. 《고통의 문제》.

30 같은 책.

31 같은 책. 루이스는 당대의 정신분석 이론의 여러 전제에 적대적이었지만 인간 심리학에 대한 일부 진단은 편안히 받아들였다.

32 같은 책, p. 83.

33 같은 책, p. 83-84. 여기서 루이스는 독자들에게 펠라기우스-어거스틴 논쟁에서 자신이 어떤 입장을 지지하는지 판단을 내리지 말라고 경고했다. 그는 그 논쟁에 일조할 생각이 없다고 했다. "저는 지금이라도 하나님께 돌아가는 일이 불가능하지 않다는 뜻에서 이 말을 한 것일 뿐입니다. 저는 사람이 하나님께 돌아갈 때 주도권이 어디에 있느냐에 대해서는 아무 의견도 제시하지 않았습니다"(p. 83).

34 같은 책, p. 83.

35 C. S. Lewis, *Mere Christianity*, p. 59.《순전한 기독교》.
36 같은 책.
37 같은 책, p. 60.
38 같은 책. 루이스의 훌륭한 수사는 오해의 소지가 있다. 그리스도의 완전한 포기가 가능했던 이유는 그분이 하나님이셨기 때문일 뿐 아니라 완전한 사람이셨기 때문이기도 하다.
39 C. S. Lewis, *Mere Christianity*, p. 57.《순전한 기독교》.
40 같은 책, p. 58.
41 Edgar W. Boss, "The Theology of C. S. Lewis," p. 190. 에드가 보스가 말하는 "아주 중요한 수정"은 루이스가 초자연적인 부분을 강조했다는 의미다. "모범론이 흔히 자연주의자들의 입장"이라고 본 것이다.
42 C. S. Lewis, *The Problem of Pain*, p. 61.《고통의 문제》.
43 C. S. Lewis, *Mere Christianity*, p. 59.《순전한 기독교》.
44 C. S. Lewis, *The Problem of Pain*, p. 88.《고통의 문제》.
45 C. S. Lewis, *Mere Christianity*, p. 59.《순전한 기독교》.
46 찰스 탈리아페로(Charles Taliaferro)는 이렇게 주장했다. "아슬란이 자기 목숨을 에드먼드의 몸값으로 지불하고 죽었다가 이후 부활하는 것은 속죄에 대한 고전적 속전론에 딱 들어맞는다." Charles Taliaferro, "A Narnian Theory of the Atonement," p. 75. 나는 그것을 '수정된 속전론'이라 부르는데, 고전석 속선톤의 주요 악짐, 즉 악한 자가 달램을 받을 권리가 있다는 생각을 극복하고 있기 때문이다. 나니아 이론에서 진정시켜야 할 대상은 마녀가 아니라 "바다 너머에 있는 황제"의 법이다.
47 C. S. Lewis, *The Lion, the Witch and the Wardrobe*, p. 155. (《나니아 연대기 사자, 마녀 그리고 옷장》, 계림, 2005).
48 같은 책, p. 156.
49 같은 책, p. 178-179.
50 C. S. Lewis, *Mere Christianity*, p. 59-60.《순전한 기독교》.
51 Christian Kettler, "Vicarious Repentance of Christ," p. 529.
52 같은 책, p. 530-531.
53 같은 책, p. 534.
54 이것은《순전한 기독교》에서 루이스의 속죄관을 다루는 장의 제목이다.

55 Christian Kettler, 앞의 책, p. 538.

56 같은 책, p. 539-540; James B. Torrance, "The Contribution of John McLeod Campbell to Scottish Thelogy," p. 310.

57 루이스는 신학적으로 조지 맥도널드를 자주 의지했는데, 맥도널드는 같은 스코틀랜드 사람이었던 존 매클라우드 캠벨(맥도널드가 캠벨보다 24살 어렸다)의 신학을 알고 있었을 테니, 영향의 경로를 짐작할 수 있다. 맥도널드와 캠벨 모두 형벌 대속의 속죄론을 거부했고, 하나님의 용서하시는 사랑을 강조하려 했다. 그런 사랑은 형벌로 진노를 가라앉힐 것을 요구하지 않는다고 본 것이다. 맥도널드는 '대신적 회개'나 '완전한 참회' 같은 문구를 쓰지는 않았지만, 그리스도의 죽음을 "자신에 대해 죽는 일"의 최고 사례로 묘사했다. "[그리스도께서] 죽으신 것은 우리가 살게 하려 하심입니다. 그분이 그분 자신에 대해 죽으신 것처럼 우리도 그렇게 죽음으로써 그분처럼 살게 하려 하심입니다"(C. S. Lewis, *George MacDonald: An Anthology 365 Readings*, p. 85.《조지 맥도널드 선집》). 루이스는 "자신에 대해 죽는 일"이 "회개"의 근본적 의미라고 본다.

58 C. S. Lewis, *Mere Christianity*, p. 61.《순전한 기독교》.

59 같은 책, p. 62.

60 같은 책, p. 138.

61 같은 책, p. 140.

62 같은 책.

63 철저한 내재성의 신학은 종종 '신정통주의'라 불리는 신학 운동을 떠올리게 한다. 철저히 기독론 중심의 이 신학은 기독교 세계관의 핵심에 자리 잡은 창조주-피조물의 구분을 견지하지 못한다. 그리스도 안에서 신자들은 신이 되는 것이 아니라 성령의 새롭게 하시는 역사에 의해 참된 하나님의 형상이 된다. 중생한 생명은 신적 생명이 아니라 내주하시는 하나님의 영에게 순종하는 생명이다.

64 C. S. Lewis, *Mere Christianity*, p. 153.《순전한 기독교》.

65 같은 책, p. 62-63.

66 '믿음'은 좀 더 내적인 어떤 것이 분명하다. 루이스가 생각하는 믿음에 대한 논의가 곧 이어질 것이다.

67 C. S. Lewis, *Mere Christianity*, p. 161.《순전한 기독교》.

68 같은 책, p. 167.

69 C. S. Lewis, *Pilgrim's Regress*, p. 166-167.《순례자의 귀향》.

70 같은 책, p. 164.

71 자유주의 개신교의 아버지로 불리는 독일의 신학자 프리드리히 슐라이어마허(Friedrich D. E. Schleiermacher, 1768-1834)는 경건을 기독교 신학의 중심으로 삼았다. 그는 임마누엘 칸트(Immanuel Kant)의 사변신학 비판에 대한 반응으로 본질적으로 비개념적인 신학의 구성을 시도하면서 종교의 본질을 "절대적 의존의 'Gefühl'(흔히 '감정'으로 번역된다)"로 정의했다. 그는 철저한 의존상태에 대한 전(前)개념적, 전(前)감정적 인식 또는 의식을 염두에 둔 것 같다. 그러나 그 결과는 주관주의적이고 모호해 보인다.

72 루이스는 자신이 조지 허버트(George Herbert, 1593-1633)의 시, 그중에서도 《성전》(聖殿, The Temple)에 깊은 영향을 받았다고 밝힌 바 있다. 이 작품은 루이스의 인생관에 가장 큰 영향을 끼친 10권의 책 목록에 들어 있다. Fey Harold, *Christian Century*, p. 719.

73 George Herbert, *Country Parson*, p. 139.

74 C. S. Lewis, "Preface," in *George MacDonald: An Anthology 365 Readings*, p. 21. 《조지 맥도널드 선집》.

75 같은 책, p. 127.

76 C. S. Lewis, *The Lion, the Witch and the Wardrobe*, p. 86. 《나니아 연대기 사자, 마녀 그리고 옷장》.

77 Antony Flew and Alasdair MacIntyre, *New Essays in Philosophical Theology*(SCM Press), p. 96-97.

78 C. S. Lewis, "Religion: Reality or Substitute?," in *Christian Reflections*, p. 42. 《기독교적 숙고》.

79 같은 책.

80 같은 책.

81 C. S. Lewis, "Is Theism Important?," in *God in the Dock*, p. 172-173. 《피고석의 하나님》.

82 같은 책, p. 173.

83 C. S. Lewis, "Religion: Reality or Substitute?," in *Christian Reflections*, p. 41. 《기독교적 숙고》.

84 C. S. Lewis, "Is Theism Important?," in *God in the Dock*, p. 173. 《피고석의 하나님》.

85 C. S. Lewis, "On Obstinacy in Belief," in *World's Last Night*, p. 30. 《세상의 마지막 밤》.

86 C. S. Lewis, "Is Theism Important?," in *God in the Dock*, p. 174. 《피고석의 하나님》. 루이스는 고린도전서 12장 1-11절과 에베소서 2장 8절을 증거 본문으로 제시했다.

87　C. S. Lewis, "The Seeing Eye," in *Christian Reflections*, p. 171.《기독교적 숙고》.

88　루이스의 이의 제기는 그의 출간된 저서에 암시되어 있을 뿐 명시적으로 진술되지는 않았다.

89　루이스의 '2층위' 믿음관은 앤터니 플루의 논증을 반박하기에 여전히 적절하지 않다. 핵심적으로 볼 때 플루는 믿음-1이냐, 믿음-2냐에 상관없이 기독교 주장 전체의 타당성에 이의를 제기하기 때문이다. 플루의 진짜 문제는 그의 생각의 전제가 되는 편견이고, 그 때문에 그는 기독교적 시각에서 볼 수가 없다. 이 문제는 두 가지 방식으로 다룰 수 있다. 첫째, 플루의 실증주의적 편견은 경험적 관찰만이 의미 있는 담론의 적절한 근거가 될 수 있다고 주장하며 종교적 언어 일반을 배제한다. 이것은 그의 자연주의적 편견을 분명히 보여 준다. 둘째, 플루의 "무신론 추정"은 무신론이 유신론보다 인간의 자연적 인지에 더 기본이 된다고 생각하는 그의 편견을 분명히 보여 준다. 그가 볼 때 무신론자는 "신의 비존재를 적극적으로 주장하는 사람이 아니라 유신론자가 아닌 사람"이다. 그래서 그는 "입증 책임은 유신론자가 져야 한다"고 주장한다[Antony Flew, *Presumption of Atheism*(Barnes & Noble, 1976), p. 14]. 기독교 신앙의 성경적 세계관은 플루의 두 가지 편견 모두에 이의를 제기한다. 기독교 세계관은 초자연주의와 유신론 추정을 전제한다. 성경의 맨 첫 번째 절 "태초에 하나님이 천지를 창조하시니라"(창 1:1)라는 말씀은 성경의 두 가지 기본 전제를 분명히 밝힌다. 하나님의 초자연적 실재는 자연계의 창조에 앞선다. 하나님의 존재는 인간의 인지를 포함한 모든 것의 조건이다.

90　C. S. Lewis, "On Obstinacy in Belief," in *World's Last Night*, p. 25.《세상의 마지막 밤》.

91　같은 책, p. 26.

92　같은 책.

93　같은 책, p. 23.

94　같은 책, p. 24-25.

95　C. S. Lewis, *Till We Have Faces*, p. 279, 281-282. (《우리가 얼굴을 찾을 때까지》, 홍성사 역간, 2007).

96　같은 책, p. 282.

97　같은 책, p. 292.

98　같은 책.

99　같은 책, p. 307.

100　같은 책, p. 308.

101 같은 책.

102 Clarence Francis Dye, "The Evolving Eschaton in C. S. Lewis," p. 69.

103 루이스의 입장이 인간의 부패 전체를 무시하는 것이라고 이해해서는 안 된다. 그는 인간의 근본적 부패를 인정했지만 "전적 부패"라는 용어에 불만을 표시했다. "저는 전적 부패의 교리를 믿지 않습니다. 왜냐하면 논리적으로 볼 때 우리가 전적으로 부패했다면 자신이 부패했다는 사실 자체를 아예 깨닫지 못할 것이고, 경험적으로 볼 때에도 인간의 본성에는 선한 요소가 많기 때문입니다"(C. S. Lewis, *The Problem of Pain*, p. 66.《고통의 문제》). "전적 부패"가 인간이 자기 능력으로 스스로를 구원하는 일이 절대 불가능하다는 뜻이라면, 루이스는 거기에 동의했을 것이다. 그러나 하나님이 인간을 창조하셨지만 인간은 모든 건전한 지식과 도덕의식을 상실해 그 안에 어떤 선한 것도 남아 있지 않다는 뜻이라면 (루이스는 이런 의미로 이해한 것 같다) 루이스는 그 교리를 거부할 것이다. 아닌 게 아니라 앞의 진술에서 그는 분명히 그렇게 했다.

104 C. S. Lewis, *The Problem of Pain*, p. 83.《고통의 문제》.

105 C. S. Lewis, *Letters of C. S. Lewis*, p. 433.

106 같은 책.

107 C. S. Lewis, *Surprised by Joy*, p. 228-229.《예기치 못한 기쁨》.

108 같은 책, p. 227.

109 같은 책, p. 224.

110 C. S. Lewis, *Letters to Malcolm*, p. 49-50.《개인 기도: 말콤에게 보내는 편지》.

111 같은 책, p. 49. 하지만 "너희 구원을 이루라"라는 말씀을 펠라기우스적 권고로 이해해서는 안 된다("구원을 얻기 위해 일하라" 또는 "구원에 이르기 위해 일하라"라는 의미가 아니다). 우리의 의식적 노력을 분명히 강조하고 있지만, 그것은 구원을 만들어 내기 위해서가 아니라 구원에 따르는 결과(즉 성화)를 이루기 위한 것이다. 더 나아가, 이 구절은 개인의 구원을 완성하라는 의미보다는 공동체적 권고로 해석하는 것이 나을 수 있다. 이 구절을 맥락에 맞게 해석하면 보다 공동체적인 원동력이 작동하고 있음이 드러난다. 그래서 랄프 마틴(Ralph Martin)은 이런 주석을 붙였다. "진정한 주해는 구원의 의미를 개인적 용어로서가 아니라 빌립보 교회의 단체 생활과 관련해 정의하는 데서 출발해야 한다. 이 편지를 읽는 이들은 교회 생활을 개혁하는 데 집중하고 다툼과 악감정으로 병든 공동체의 영적 건강이 회복될 때까지 이 문제에 힘을 쏟으라는 격려를 받고 있다." 그리고 "꼭 필요한 교회 내의 조화로운 관계의 회복, 교회의 집단적 '구원'은 하나님의 능력을 의지할 때만 이루어질 수 있다."(Ralph Martin, *The Epistle of Paul to the*

  Philippians, p. 115-116).
112 같은 책, p. 50.
113 Anicius Manlius Severinus Boethius, *Theological Tractates*, p. 347, 411.
114 C. S. Lewis, *Mere Christianity*, p. 147.《순전한 기독교》.
115 같은 책.
116 C. S. Lewis, *Pilgrim's Regress*, p. 164.《순례자의 귀향》.

Chapter 5. 본향길에 누리는 본향 _ 타락한 세상에서의 새 생명

1 C. S. Lewis, *Mere Christianity*, p. 66.《순전한 기독교》.
2 C. S. Lewis, *Pilgrim's Regress*, p. 166.《순례자의 귀향》.
3 C. S. Lewis, "Afterword to Third Edition," in *Pilgrim's Regress*, p. 209.《순례자의 귀향》.
4 같은 책, p. 70-71.
5 같은 책, p. 71.
6 같은 책, p. 168-169.
7 같은 책, p. 169.
8 C. S. Lewis, *Reflections on the Psalms*, p. 52.《시편 사색》.
9 G. P. Kingsley, "The Doctrine of Soteriology in the Writings of C. S. Lewis," p. 39.
10 C. S. Lewis, *Mere Christianity*, p. 62.《순전한 기독교》.
11 같은 책, p. 65.
12 C. S. Lewis, *Pilgrim's Regress*, p. 169.《순례자의 귀향》.
13 C. S. Lewis, *Surprised by Joy*, p. 233-234.《예기치 못한 기쁨》.
14 같은 책, p. 234.
15 C. S. Lewis, *Reflections on the Psalms*, p. 46.《시편 사색》.
16 C. S. Lewis, *Letters to Malcolm*, p. 30.《개인 기도: 말콤에게 보내는 편지》.
17 같은 책.

18 C. S. Lewis, *Mere Christianity*, p. 170. 《순전한 기독교》.
19 C. S. Lewis, *The Screwtape Letters*, p. 25. 《스크루테이프의 편지》.
20 같은 책.
21 C. S. Lewis, *Four Loves*, p. 39. 《네 가지 사랑》.
22 C. S. Lewis, *Letters to Malcolm*, p. 100. 《개인 기도: 말콤에게 보내는 편지》.
23 C. S. Lewis, *Christian Reflections*, p. 94. 《기독교적 숙고》.
24 같은 책, p. 98.
25 C. S. Lewis, *Mere Christianity*, p. 144. 《순전한 기독교》.
26 The Society of St. Alban and St. Sergius, Oxford. [옥스퍼드에서 동방정교회와 서방교회의 화합을 위해 일하는 협회였다-역주].
27 C. S. Lewis, "Membership," in *Weight of Glory*, p. 106. 《영광의 무게》.
28 같은 책.
29 같은 책, p. 107.
30 같은 책, p. 108.
31 같은 책.
32 같은 책.
33 같은 책, p. 108-109.
34 같은 책, p. 109.
35 같은 책, p. 110.
36 같은 책.
37 같은 책, p. 111.
38 C. S. Lewis, *The Horse and His Boy*, p. 176. 《나니아 나라 이야기 3 말과 소년》(시공주니어 역간, 2001).
39 고후 12:9; 롬 9:20-21.
40 C. S. Lewis, "Membership," in *Weight of Glory*, p. 113. 《영광의 무게》.
41 같은 책, p. 112.
42 같은 책, p. 113.
43 같은 책, p. 114. 존 달버그 액턴 경(Lord John Dalberg Acton, 1834-1902, 영국의 역사가, 종

교가)이 남긴 명언이다.

44 같은 책, p. 115.
45 같은 책, p. 115-116.
46 같은 책, p. 117.
47 같은 책.
48 같은 책, p. 118.
49 C. S. Lewis, *Till We Have Faces*, p. 307.《우리가 얼굴을 찾을 때까지》. 오루알은 앞서 변화하겠다는 의식적인 다짐을 한다. "내 영혼은 웅깃처럼 추했다. 탐욕스럽고 피에 굶주렸다. 그러나 소크라테스가 말한 대로 진정한 철학을 연마한다면 내 추한 영혼도 아름답게 변화되리라. 신들이 도와준다면 할 수 있으리라. 지금 당장 시작하리라"(p. 281-282). 그러나 이것은 헛된 다짐으로 밝혀진다.
50 C. S. Lewis, "Membership," in *Weight of Glory*, 118.《영광의 무게》.
51 같은 책, p. 119.
52 같은 책, p. 120.
53 C. S. Lewis, *Pilgrim's Regress*, p. 199.《순례자의 귀향》. 같은 텍스트를 1958년, 1981년에 에드만스 출판사에서 출간했다. 내가 참고한 것은 1981년 판본이다.
54 같은 책, p. 170.
55 Kathryn Lindskoog 외, *Finding the Landlord*(Cornerstone, 1997), p. 99.
56 C. S. Lewis, *Pilgrim's Regress*, p. 171.《순례자의 귀향》.
57 같은 책, p. 177.
58 이 제목은 미국에서 출간되는 잡지 〈쇼〉(*Show*)의 편집자들이 붙인 것이다. 두 번째 제목을 붙인 월터 후퍼는 루이스가 원래 제목을 "정말 싫어했다"고 회상했다. Walter Hooper, "Preface," in C. S. Lewis, *Christian Reflections*, p. 14,《기독교적 숙고》. 이 글은 1963년 최초의 유인우주선 스푸트니크호의 우주 여행 후에 나왔다. 이 글은 이렇게 시작된다. "러시아인들이 우주 공간에서 하나님을 발견하지 못했다고 전했다는 이야기를 들었습니다." C. S. Lewis, "The Seeing Eye," in *Christian Reflections*, p. 167.《기독교적 숙고》.
59 같은 책, p. 171.
60 같은 책, p. 172.
61 같은 책, p. 168.

62 같은 책, p. 169.

63 같은 책, p. 170.

64 [피터 크리프트(C. S. Lewis: A Critical Essay에서)와 스코트 아우리(Scott Oury), 피터 스카켈(Peter J. Schakel)이 엮은 The Longing for a Form에 실린 "'The Thing Itself': C. S. Lewis and the Value of Something Other"에서]는 '객관성'을 루이스의 마음과 철학을 이해하는 핵심 열쇠로 다루었다. 그들이 루이스에게서 이 강조점을 찾아낸 것은 분명히 옳다. 루이스는 당대의 주관주의적 성향에 대해 불만을 토로했다. 그렇지만 나는 루이스의 균형 잡힌 '순전한 기독교' 이해 안에서 타락과 부패가 지성에 미치는 영향에 대한 분명한 인식 또한 발견했다. 루이스의 '객관성' 개념을 강조하는 학자들이 그의 사상의 또 다른 이 측면을 알아보려는 노력을 별로 하지 않는다는 것은 안타까운 일이다.

65 C. S. Lewis, *Pilgrim's Regress*, p. 175. 《순례자의 귀향》.

66 같은 책, p. 194.

67 같은 책, p. 191.

68 C. S. Lewis, "Modern Theology and Biblical Criticism," in *Christian Reflections*, p. 157. 《기독교적 숙고》. 루이스는 현대의 성경 비평학에서 문학적, 영적 무능함을 발견하고 그것을 공격했다.

69 C. S. Lewis, *Reflections on the Psalms*, p. 22, 112. 《시편 사색》.

70 이 주제를 다룬 유용한 저술을 일부 소개하면 다음과 같다. Garry Friesen, *Scripture in the Writings of C. S. Lewis*; Michael J. Christensen, *C. S. Lewis on Scripture*; Mark Edwards Freshwater, "C. S. Lewis and the Quest for the Historical Jesus"; Alasdair I. C. Heron, "What is Wrong with Biblical Exegesis? Reflection upon C. S. Lewis' Criticism," in *Walker, Different Gospels*; Edgar W. Boss "The Theology of C. S. Lewis."

71 C. S. Lewis, *Reflections on the Psalms*, p. 112. 《시편 사색》.

72 Michael J. Christensen, *C. S. Lewis on Scripture*, p. 96.

73 C. S. Lewis, *Reflections on the Psalms*, p. 113. 《시편 사색》.

74 코빈 카넬(Corbin Carnell)에게 쓴 1953년 4월 4일자 편지에서 루이스는 요나서가 역사적인 책이 아니라고 생각하는 자신의 근거를 옹호했다. 그는 요나 이야기의 역사성을 부정하는 것은 신약성경의 기적들을 부인하는 것과는 다르다고 말했다. "제가 구약성경에 나오는 어느 이야기의 역사성을 의심할 때는 기적이 원래 믿을 수 없는 것이라고 생각해서가 아닙니다." 이 편지는 마이클 크리스텐슨의 책 부록 97-98쪽에 실려 있다.

75 C. S. Lewis, "Modern Theology and Biblical Criticism," in *Christian Reflections*, p.

157. 《기독교적 숙고》, 13장 "현대 신학과 성경 비평").
76 C. S. Lewis, "Transposition," in *Weight of Glory*, p. 56. 《영광의 무게》.
77 같은 책, p. 60.
78 같은 책, p. 58.
79 같은 책, p. 59.
80 같은 책, p. 60.
81 같은 책, p. 61.
82 같은 책, p. 62.
83 같은 책, p. 62-63.
84 C. S. Lewis, *Reflections on the Psalms*, p. 116. 《시편 사색》.
85 Owen Barfield, *Poetic Diction*. 이 책은 1928년에 처음 출간되었다. 오언 바필드는 이 책을 쓰기 시작한 직후에 루이스와 "대전"을 벌였다(1925-1927). Lionel Adey, *C. S. Lewis's "Great War" with Owen Barfield*, p. 12-13.
86 C. S. Lewis, *Surprised by Joy*, p. 200. 《예기치 못한 기쁨》.
87 Doris Myers, *C. S. Lewis in Context*, p. 2. 도리스 마이어스에 따르면, 언어에 대한 이런 식의 태도 변화는 주로 제1차 세계대전 중에 (제2차 세계대전 때는 상황이 더욱 심각했다) 언어를 오용한 대중매체를 통해 이루어진 선전과 여론 동원 때문이었다.
88 C. K. Ogden and I. A. Richards, *Meaning of Meaning* (Mariner Books, 1989), p. 31, 47, 53.
89 Owen Barfield, 앞의 책, p. 55.
90 Doris Myers, 앞의 책, p. 8.
91 Owen Barfield, 앞의 책, p. 138.
92 C. S. Lewis, "Bluspels and Flalansferes: A Semantic Nightmare," in *Selected Literary Essays*, p. 265.
93 같은 책.
94 루이스가 바필드에게 보낸 이 미출간 편지(날짜 모름)는 다음 책에 인용되었다. Robert Holyer, *C. S. Lewis on the Epistemic Significance of the Imagination* (Penn State University Press, Spring/Summer 1991), p. 217-218.
95 C. S. Lewis, "Bluspels and Flalansferes: A Semantic Nightmare," in *Selected Literary*

Essays, p. 265.

96   C. S. Lewis, "The Language of Religion," in *Christian Reflections*, p. 129.《기독교적 숙고》.
97   같은 책, p. 129-130.
98   같은 책, p. 129, 131.
99   같은 책, p. 133.
100 같은 책, p. 135.
101 같은 책.
102 같은 책, p. 141.
103 C. S. Lewis, *Reflections on the Psalms*, p. 116-117.《시편 사색》.
104 같은 책, p. 111.
105 같은 책.
106 같은 책, p. 113.
107 같은 책, p. 113-114.
108 휘튼칼리지의 클라이드 킬비(Clyde Kilby) 교수에게 쓴 답장에서. 킬비 교수는 성경의 영감에 대한 칼리지의 선언문에 관해 루이스의 견해를 물었다. C. S. Lewis, *Letters of C. S. Lewis*, p. 480.
109 C. S. Lewis, *Reflections on the Psalms*, p. 116.《시편 사색》.
110 같은 책, p. 112.
111 루이스는 이렇게 말했다. "이렇게 구약성경이 인간의 차원 이상의 것을 전해 주는 매개물이 되도록 '들어 올려진' 문학이라면, 그 위에 담을 수 있는 의미들의 무게나 다양성에 한계가 있을 수 없음은 물론입니다." 같은 책, p. 117.
112 같은 책, p. 119.
113 같은 책, p. 114.
114 같은 책.
115 Paul Clasper, "C. S. Lewis's Contribution to a 'Missionary Theology'," *The Bulletin of the New York C. S. Lewis Society* 141(1981), p. 6.
116 C. S. Lewis, *Reflections on the Psalms*, p. 114.《시편 사색》.
117 C. S. Lewis, *Letters of C. S. Lewis*, p. 480.
118 같은 책, p. 423.

119 Walter Hooper, *C. S. Lewis: Companion and Guide* (HarperSanFrancisco, 1998), p. 82.
120 C. S. Lewis, *Letters of C. S. Lewis*, p. 469.
121 C. S. Lewis, "The Efficacy of Prayer," in *World's Last Night*, p. 8.《세상의 마지막 밤》.
122 같은 책.
123 C. S. Lewis, *Letters to Malcolm*, p. 36.《개인 기도: 말콤에게 보내는 편지》.
124 C. S. Lewis, "Petitionary Prayer: A Problem Without an Answer," in *Christian Reflections*, p. 151. (《기독교적 숙고》, 12장 "청원 기도: 해답 없는 문제").
125 같은 책, p. 143-144.
126 같은 책, p. 147.
127 같은 책, p. 149.
128 같은 책, p. 150.
129 같은 책.
130 C. S. Lewis, *Letters to Malcolm*, p. 60.《개인 기도: 말콤에게 보내는 편지》.
131 같은 책.
132 같은 책, p. 61.
133 같은 책.
134 C. S. Lewis, *Miracles*, p. 176-177.《기적》.
135 같은 책, p. 177.
136 C. S. Lewis, *Mere Christianity*, p. 149.《순전한 기독교》.
137 C. S. Lewis, *Miracles*, p. 177.《기적》.
138 같은 책, p. 178.
139 같은 책, p. 179.
140 C. S. Lewis, *Letters to Malcolm*, p. 68.《개인 기도: 말콤에게 보내는 편지》.
141 C. S. Lewis, *Miracles*, p. 180.《기적》.
142 같은 책, p. 180-181.
143 C. S. Lewis, *Letters to Malcolm*, p. 79.《개인 기도: 말콤에게 보내는 편지》.
144 같은 책, p. 79-80.
145 C. S. Lewis, "The Efficacy of Prayer," in *World's Last Night*, p. 8.《세상의 마지막 밤》.

146　C. S. Lewis, *Letters to Malcolm*, p. 60.《개인 기도: 말콤에게 보내는 편지》.

147　C. S. Lewis, "The Efficacy of Prayer," in *World's Last Night*, p. 10.《세상의 마지막 밤》.

148　C. S. Lewis, "Petitionary Prayer: A Problem Without an Answer," in *Christian Reflections*, p. 143.《기독교적 숙고》.

149　C. S. Lewis, *Letters to Malcolm*, p. 89-90.《개인 기도: 말콤에게 보내는 편지》.

150　같은 책, p. 89.

151　같은 책, p. 90.

152　C. S. Lewis, *The Screwtape Letters*, p. 34.《스크루테이프의 편지》.

153　C. S. Lewis, *Letters of C. S. Lewis*, p. 439.

154　C. S. Lewis, *Letters to Malcolm*, p. 82.《개인 기도: 말콤에게 보내는 편지》.

155　C. S. Lewis, *The Screwtape Letters*, p. 35.《스크루테이프의 편지》.

156　C. S. Lewis, *Letters to Malcolm*, p. 82.《개인 기도: 말콤에게 보내는 편지》.

157　C. S. Lewis, *The Screwtape Letters*, p. 51.《스크루테이프의 편지》.

158　같은 책, p. 35.

159　C. S. Lewis, *Letters to Malcolm*, p. 56.《개인 기도: 말콤에게 보내는 편지》.

160　같은 책, p. 68.

161　C. S. Lewis, *Poems*, p. 122-123. 같은 시가 거의 비슷한 형태로 C. S. Lewis, *Letters to Malcolm*, p. 67-68,《개인 기도: 말콤에게 보내는 편지》에 실려 있다. 11행의 "죽은 입술"이 "어눌한 입술"로 되어 있다.

162　C. S. Lewis, *Mere Christianity*, p. 142-143.《순전한 기독교》.

163　C. S. Lewis, *Letters to Malcolm*, p. 114.《개인 기도: 말콤에게 보내는 편지》.

164　루이스는 형에게 편지를 보내 이 책의 착상을 떠올린 일에 대해 썼다(1940년 7월 20일). "아파서 몇 주 만에 교회에 갔어. … 예배가 끝나기 전-이런 생각들이 좀 더 적절한 시기에 찾아와 주면 얼마나 좋을까-유용하고 재미도 있을 것 같은 작품 구상이 떠올랐어. '악마가 악마에게'(As One Devil to Another)라는 제목의 이 책은 은퇴한 노령의 악마가 첫 번째 '환자'를 맡아 막 일을 시작한 젊은 악마에게 보내는 편지 모음집이 될 거야. 다른 관점에서 보는 유혹의 심리학을 제시하는 내용이 되겠지." C. S. Lewis, *Letters of C. S. Lewis*, p. 355.

165　"Don v. Devil," *Time*(1947년 9월 8일), p. 71.

166 C. S. Lewis, *Letters of C. S. Lewis*, p. 446.

167 C. S. Lewis, "Preface," in *The Screwtape Letters*, p. 17.《스크루테이프의 편지》.

168 C. S. Lewis, *Mere Christianity*, p. 181.《순전한 기독교》.

169 C. S. Lewis, *Miracles*, p. 170.《기적》.

170 C. S. Lewis, *Mere Christianity*, p. 53.《순전한 기독교》.

171 같은 책.

172 같은 책, p. 109.

173 C. S. Lewis, "Screwtape Proposes a Toast," *The Screwtape Letters: with Screwtape Proposes a Toast*, p. 154. ["스크루테이프, 축배를 제안하다"는 《세상의 마지막 밤》에 실려 있다.-역주]

174 같은 책, p. 50.

175 Chad Walsh, *The Literary Legacy of C. S. Lewis*, p. 24-25.

176 Paul Ford, "C. S. Lewis, Ecumenical Spiritual Director," p. 105.

177 같은 책, p. 105-109.

178 C. S. Lewis, *The Screwtape Letters*, p. 49.《스크루테이프의 편지》.

179 같은 책, p. 189.

180 C. S. Lewis, *The Screwtape Letters: with Screwtape Proposes a Toast*, p. 156.

181 C. S. Lewis, *The Screwtape Letters*, p. 67.《스크루테이프의 편지》.

182 C. S. Lewis, "Evil and Good," in *God in the Dock*, p. 23.《피고석의 하나님》.

183 C. S. Lewis, *The Screwtape Letters*, p. 50.《스크루테이프의 편지》.

184 C. S. Lewis, *Great Divorce*, p. 122.《천국과 지옥의 이혼》.

185 Anicius Manlius Severinus Boethius, *Theological Tractates*, p. 291. 루이스가 어거스틴의 책을 직접 읽지 않은 것은 아니다. 이런 연결 관계를 밝힌 것은 루이스가 보에티우스의 《철학의 위안》에서 큰 영향을 받았음을 거듭해서 인정했기 때문이다.

186 C. S. Lewis, *The Screwtape Letters*, p. 106.《스크루테이프의 편지》.

187 같은 책, p. 109.

188 같은 책, p. 141, 144-145.

189 C. S. Lewis, *Letters of C. S. Lewis*, p. 426-427.

Chapter 6. 마침내 이른 본향 _ 여행의 완성

1 C. S. Lewis, *Pilgrim's Regress*, p. 196.《순례자의 귀향》.
2 같은 책, p. 196-197.
3 같은 책, p. 197.
4 같은 책.
5 C. S. Lewis, *A Grief Observed*, p. 16. 《헤아려 본 슬픔》, 홍성사 역간, 2004).
6 같은 책, p. 28-29.
7 같은 책, p. 29.
8 같은 책, p. 29-30.
9 C. S. Lewis, *Pilgrim's Regress*, p. 198-199.《순례자의 귀향》.
10 C. S. Lewis, *Miracles*, p. 125.《기적》.
11 같은 책.
12 여기서 루이스는 인간이 영, 심리적 측면(혼 또는 마음), 그리고 육체적 측면으로 이루어졌다는 삼분설을 옹호하는 것처럼 보일 수 있다. 하지만 그는 심리적 요소와 육체적 요소를 자연적 유기체로 묶고 영을 초자연적 실체로 여겼다.
13 C. S. Lewis, *Miracles*, p. 129.《기적》.
14 같은 책, p. 129-130.
15 같은 책, p. 129.
16 같은 책, p. 130.
17 일상 언어, 과학적 언어, 시적 언어에 대한 루이스의 견해를 다룬 논의는 본서 5장의 "성경과 하나님의 말씀"에서 볼 수 있다.
18 William Luther White, *Image of Man in C. S. Lewis*, p. 37.
19 같은 책, p. 39.
20 같은 책.
21 같은 책, p. 213.
22 C. S. Lewis, "Myth Became Fact," in *God in the Dock*, p. 66.《피고석의 하나님》.
23 William Luther White, 앞의 책, p. 212.

24 같은 책, p. 87.

25 같은 책.

26 루이스는 "신학적 언어"가 "우리가 과학적 문제를 다룰 때 쓰는 것과 비슷한 형태로 종교적 문제를 진술"하는 데 필요하다고 말했다. "가르치고 명료하게 하고 논쟁하는 등등의 목적을 위해 이것이 종종 필요하다." 그러나 "우리가 신학의 언어와 구분해야 하는 종교의 언어는 … 대체로 일상 대화에서 쓰는 언어와 같은 종류 또는 시에서 쓰는 언어와 같은 종류, 또는 그 둘 사이 어디쯤에 있다." C. S. Lewis, "The Language of Religion," in *Christian Reflections*, p. 129, 135-136.《기독교적 숙고》.

27 월터 후퍼는 "개인의 자유와 권리" 개념에 집착하는 현대인들에게는 루이스의 "진짜 천국과 지옥에 대한 정통적 믿음이 거의 광신적 신앙으로 느껴진다"고 지적했다. Walter Hooper, "Preface," in C. S. Lewis, *Christian Reflections*, p. 9.《기독교적 숙고》.

28 C. S. Lewis, *Reflections on the Psalms*, p. 38.《시편 사색》.

29 같은 책, p. 40.

30 같은 책, p. 41.

31 C. S. Lewis, *Great Divorce*, p. 72.《천국과 지옥의 이혼》.

32 C. S. Lewis, *Problem of Pain*, p. 128.《고통의 문제》.

33 Clarence Francis Dye, "The Evolving Eschaton in C. S. Lewis," p. 202.

34 C. S. Lewis, *Great Divorce*, p. 7-8.《천국과 지옥의 이혼》.

35 같은 책, p. 5-6.

36 같은 책, p. 6.

37 C. S. Lewis, *Problem of Pain*, p. 123.《고통의 문제》.

38 같은 책.

39 William Luther White, *Image of Man in C. S. Lewis*, p. 203-204.

40 Clarence Francis Dye, 앞의 책, p. 225.

41 같은 책, p. 205.

42 C. S. Lewis, *Great Divorce*, p. 97-98.《천국과 지옥의 이혼》.

43 같은 책, p. 98-103.

44 같은 책, p. 104-105.

45 천국을 맛볼 '찬스'나 기회 개념이《천국과 지옥의 이혼》의 드라마에 깔려 있다는 점은

무시할 수 없다. 하지만 루이스는 외부 상황보다 훨씬 심각한 분리 상태를 강조하려 했다는 점을 지적할 필요가 있다. 천국에서 쫓겨난다든지 지옥에 갇힌다든지 하는 것보다 더 심오한 무언가가 있는 듯하다. 사실 사람이 아직 지상에 있는 동안에도 현실에서 그런 분리 상태를 경험한다. "천국 대신 지상을 선택한 사람은 지상이 처음부터 지옥의 한 구역이었음을 알게 될 것이다. 또 지상을 천국 다음 자리에 놓은 사람은 지상이 애초부터 천국의 일부였음을 알게 될 것이다"(같은 책, p. 7).

46　C. S. Lewis, *Problem of Pain*, p. 124.《고통의 문제》.

47　C. S. Lewis, *Letters to Malcolm*, p. 108-109.《개인 기도: 말콤에게 보내는 편지》.

48　C. S. Lewis, "Screwtape Proposes a Toast," in *World's Last Night*, p. 54.《세상의 마지막 밤》.

49　C. S. Lewis, *Problem of Pain*, p. 124.《고통의 문제》.

50　Clarence Francis Dye, 앞의 책, p. 229.

51　C. S. Lewis, *Great Divorce*, p. 66-67.《천국과 지옥의 이혼》.

52　같은 책, p. 68.

53　C. S. Lewis, *Problem of Pain*, p. 124-125.《고통의 문제》.

54　같은 책, p. 125-126.

55　C. S. Lewis, *Great Divorce*, p. 122.《천국과 지옥의 이혼》.

56　같은 책, p. 123.

57　같은 책, p. 69.

58　같은 책.

59　같은 책, p. 123.

60　C. S. Lewis, *Problem of Pain*, p. 127.《고통의 문제》.

61　C. S. Lewis, "The Weight of Glory," in *Weight of Glory*, p. 9. (《영광의 무게》, 1장 "영광의 무게"). 여기서 루이스는 성경의 권위에 대한 흥미로운 근거를 제시했다. 이런 의미의 권위라니, 자의적이라는 느낌을 피할 수 없다. 본서 5장에서 다루는 루이스의 성경관에 대한 논의를 참고하라.

62　같은 책, p. 10.

63　같은 책, p. 13.

64　C. S. Lewis, *Great Divorce*, p. 32-34.《천국과 지옥의 이혼》.

65 C. S. Lewis, "The Weight of Glory," in *Weight of Glory*, p. 14. 《영광의 무게》. 루이스는 이 문구를 키츠(Keats)에게서 인용했다.

66 C. S. Lewis, *Great Divorce*, p. 67, 72. 《천국과 지옥의 이혼》.

67 C. S. Lewis, *Last Battle*, p. 213. (《마지막 전투》, 시공주니어 역간).

68 같은 책.

69 같은 책, p. 214.

70 같은 책, p. 228.

71 C. S. Lewis, *Problem of Pain*, p. 118. 《고통의 문제》.

72 C. S. Lewis, *Great Divorce*, p. 124-125. 《천국과 지옥의 이혼》.

73 George MacDonald, Unspoken Sermons, Second Series, C. S. Lewis, *George MacDonald: An Anthology 365 Readings*, p. 49에서 인용. 《조지 맥도널드 선집》.

74 C. S. Lewis, *Letters of C. S. Lewis*, p. 491.

75 C. S. Lewis, *Miracles*, p. 149. (《기적》, 16장 "새 창조의 기적").

76 같은 책, p. 151.

77 같은 책, p. 153.

78 같은 책.

79 같은 책, p. 154.

80 같은 책.

81 같은 책.

82 같은 책, p. 155.

83 같은 책, p. 159.

84 같은 책, p. 161.

85 같은 책, p. 162.

86 C. S. Lewis, *Letters to Malcolm*, p. 122. 《개인 기도: 말콤에게 보내는 편지》.

87 같은 책, p. 124.

88 C. S. Lewis, "The World's Last Night," in *World's Last Night*, p. 93. (《세상의 마지막 밤》, 7장 "세상의 마지막 밤").

89 같은 책, p. 96.

90 같은 책.

91 같은 책, p. 100-101.

92 같은 책, p. 106.

93 같은 책, p. 98.

94 같은 책, p. 98-99.

95 같은 책, p. 106.

96 같은 책, p. 107.

97 같은 책, p. 109-110.

98 같은 책, p. 110.

99 같은 책, p. 111.

100 C. S. Lewis, *Mere Christianity*, p. 65-66.《순전한 기독교》.

101 같은 책, p. 66.

102 C. S. Lewis, "The World's Last Night," in *World's Last Night*, p. 112-113.《세상의 마지막 밤》.

103 같은 책, p. 113.

104 이 표현들은 루이스의 글에서 직접 가져온 것이다. "우리 주님의 가르침 중에서 어떤 마술로도 없앨 수 없는 개념이 하나 있다면, 그것은 바로 거대한 분리의 개념일 것입니다. 양과 염소, 넓은 길과 좁은 길, 알곡과 가라지, 그것을 나누는 키, 지혜로운 처녀와 어리석은 처녀, 좋은 물고기와 찌꺼기, 안으로 들어가는 사람과 바깥 어둠 속에 남는 사람을 가르는 결혼 잔칫날의 닫힌 문" C. S. Lewis, "The Psalms," in *Christian Reflections*, p. 123.《기독교적 숙고》.

105 C. S. Lewis, *Mere Christianity*, p. 65.《순전한 기독교》.

106 C. S. Lewis, *Last Battle*, p. 202.《마지막 전투》.

107 같은 책, p. 205.

108 같은 책.

109 같은 책, p. 205-206.

110 C. S. Lewis, *Reflections on the Psalms*, p. 61.《시편 사색》.

111 C. S. Lewis, *Last Battle*, p. 193.《마지막 전투》.

112 같은 책, p. 213.

113 같은 책, p. 228.

114 마르키온(Marcion of Sinope)은 자기 마음에 맞는 대로 취사선택한 신약정경을 만들어 낸 일로 유명한 초기 교회의 이단이다.

115 Stanley J. Grenz and Roger E. Olson, *20th-Century Theology*(Intervarsity, 1993), p. 246.

Chapter 7. 루이스 신학의 성찰 _ '순전한 기독교 사상'의 비평

1   Clarence Francis Dye, "The Evolving Eschaton in C. S. Lewis," p. 264.

2   같은 책.

3   Chad Walsh, *C. S. Lewis: Apostle to the Skeptics*(Wipf & Stock Publishers, 2008), p. 75.

4   같은 책.

5   C. S. Lewis, "Is Theology Poetry?," in *Weight of Glory*, p. 74.《영광의 무게》.

6   C. S. Lewis, *Mere Christianity*, p. 135-136.《순전한 기독교》.

7   C. S. Lewis, "On Living in an Atomic Age," in *Present Concerns*, p. 78.

8   C. S. Lewis, *Mere Christianity*, p. 36.《순전한 기독교》.

9   C. S. Lewis, *Last Battle*, p. 193, 213.《마지막 전투》.

10 C. S. Lewis, "Religion: Reality or Substitute?" in *Christian Reflections*, p. 41. (《기독교적 숙고》, 3장 "종교: 실재인가 대체물인가?")

11 C. S. Lewis, "The Weight of Glory," in *Weight of Glory*, p. 10.《영광의 무게》.

12 C. S. Lewis, *Letters of C. S. Lewis*, p. 480.

13 같은 책.

14 C. S. Lewis, "Bluspels and Flalansferes: A Semantic Nightmare," in *Selected Literary Essays*, p. 265.

15 루이스는 젊은 시절에 바필드의 생각을 많이 받아들였고 실제로 "마음이라는 것이 뒤늦게 나타난 부수적 현상이 아니라는 것과 우주 전체가 결국은 정신적인 것이며 우리의 논리란 곧 우주적 로고스에 동참하는 것임을" 인정했다. C. S. Lewis, *Surprised by Joy*, p. 209.《예기치 못한 기쁨》. 그는 기독교로 회심하면서 창조주와 피조물의 구분을

더욱 분명히 인식하게 되었다. 그렇지만 인간 이성과 하나님의 이성 사이의 고도의 연속성을 계속해서 강조했다. "저는 하나님이 이성적 피조물을 창조하셨을 때 이성적이라는 점에서 자신과 비슷한 존재를 창조하셨다고 생각합니다"(Bodleian Library, ms. facs. c. 53, *Letters of C. S. Lewis*, p. 194. Newell, "Participatory Knowledge," p. 185에서 인용).

16 C. S. Lewis, *Miracles*, p. 22. 《기적》. 인용문의 출처인 3장 "자연주의의 근본 난점"(The Cardinal Difficulty of Naturalism)의 원래 제목은 "자연주의자의 자기모순"(The Self-Contradiction of the Naturalist)이었다. 3장의 제목과 마지막 몇 쪽이 바뀐 배경에는 루이스와 G. E. M. 앤스컴(G. E. M. Anscombe)의 유명한 철학적 토론이 자리 잡고 있다. 하지만 흔히 생각하는 바와는 달리, 앤스컴의 논증은 자연주의를 반대하는 루이스의 논증을 무력화시키지 못했다. 자연주의에 반대하는 루이스의 논증은, 자연주의는 인간 이성의 합리성을 설명할 수 없기에 자연주의 이론 자체의 합리성을 확보할 수 없다는 것이었다. 언어철학자인 앤스컴은 루이스가 '비이성적 원인'(irrational causes)과 '이성과 무관한 원인'(non-rational causes)을 제대로 구분하지 못했고 원인, 이유 등의 몇 가지 핵심 개념을 혼동했다고 지적했다. 해당 토론에 대한 이해를 돕는 논의로는 *Lightbearer in the Shadowlands*(Crossway Books), p. 341-346에 실린 Mitchell, "C. S. Lewis and the Oxford University Socratic Club"을 참고하라.

17 Walter Hooper, Roger Lancelyn Green, *C. S. Lewis: A Biography*, p. 113. 그가 '기쁨'이라고 불렀던 경험의 특성을 가리킨 것 같다.

18 C. S. Lewis, *Reflections on the Psalms*, p. 61. 《시편 사색》.

19 어떤 이들의 견해에 따르면, 웨스트민스터 신앙고백서 같은 고전적 개혁파 신앙고백서조차 "더 큰 소망"을 표현한다. "영아 상태에서 죽는 택함 받은 영아들은 성령께서 원하시는 때와 장소와 방법으로 역사하심을 통하여 그리스도로 말미암아 중생하고 구원받는다. 택함을 받았으나 '말씀'의 사역에 의해 외적으로 부름을 받을 수 없는 다른 모든 사람의 경우도 이와 마찬가지다"(10:3). William G. T. Shedd, *Calvinism Pure and Mixed*, p. 116-131.

20 C. S. Lewis, *Last Battle*, p. 205. 《마지막 전투》.

21 같은 책, p. 205-206.

22 같은 책, p. 205.

23 C. S. Lewis, *Letters to Malcolm*, p. 82. 《개인 기도: 말콤에게 보내는 편지》.

24 C. S. Lewis, "Priestesses in the Church?," in *God in the Dock*, p. 238. 《피고석의 하나님》.

25 이 견해는 '화체설'(化體說, Transubstantiation)과 다르다. 하지만 기호와 실재 사이의 연

속성(우리가 본서 6장에서 살펴본 대로, 이것은 상징적이기보다는 신화적이다)에 대한 강한 강조는 루이스가 속한 교파의 입장에서 분명히 이탈한 것이다. 성공회 39개 신조는 '화체설'을 분명하게 부인하고 믿음의 역할을 강조하며 이렇게 밝힌다. "그리스도의 몸은 하늘의 신령한 방식으로만 성찬식 가운데 주고, 받고, 먹는다. 성찬식 가운데 그리스도의 몸을 받고 먹는 수단은 믿음이다"(28조). *The Book of Common Prayer*, p. 873.

26 C. S. Lewis, *Reflections on the Psalms*, p. 80-81. 《시편 사색》.
27 같은 책, p. 116.
28 같은 책, p. 111.
29 같은 책, p. 116.
30 같은 책.
31 우리가 본서 4장에서 살펴본 것처럼, 루이스는 그리스도께서 우리에게 전적 양도를 요구하시는 전일적 기독교를 선포했다. "나에게 전부를 다오. … 미봉책은 필요 없다." C. S. Lewis, *Mere Christianity*, p. 167. 《순전한 기독교》.
32 C. S. Lewis, *Letters of C. S. Lewis*, p. 426.
33 많은 논쟁을 불러온 존 로빈슨(John Robinson)의 새 책 《신에게 솔직히》(대한기독교서회)에 대한 질문을 받고 루이스는 이렇게 대답했다. "저는 '하나님께 솔직'한 것보다는 그냥 솔직한 게 낫다고 생각합니다." C. S. Lewis, "Cross-Examination," in *God in the Dock*, p. 260. 《피고석의 하나님》.

Journey Towards Home